ESTUDOS DE DIREITO DA BIOÉTICA

ASSOCIAÇÃO PORTUGUESA DE DIREITO INTELECTUAL

ESTUDOS DE DIREITO DA BIOÉTICA

VOL. II

José de Oliveira Ascenção
Stela Barbas
Diogo Leite de Campos
Judith Martins Costa
Márcia Santana Fernandes
José Roberto Goldim
Diogo Costa Gonçalves
Susan Haack
J.P. Remédio Marques
Rui Manuel Lopes Nunes
Walter Osswald
Jorge Duarte Pinheiro
Daniel Serrão
João Ribeiro da Silva

ESTUDOS DE DIREITO DA BIOÉTICA

COORDENADOR
JOSÉ DE OLIVEIRA ASCENÇÃO

EDITOR
EDIÇÕES ALMEDINA, SA
Avenida Fernão de Magalhães, n.° 584, 5.° Andar
3000-174 Coimbra
Tel.: 239 851 904
Fax: 239 851 901
www.almedina.net
editora@almedina.net

PRÉ-IMPRESSÃO • IMPRESSÃO • ACABAMENTO
G.C. – GRÁFICA DE COIMBRA, LDA.
PALHEIRA – ASSAFARGE
3001-453 COIMBRA
producao@graficadecoimbra.pt

Janeiro, 2008

DEPÓSITO LEGAL
262797/07

Os dados e as opiniões inseridos na presente publicação
são da exclusiva responsabilidade do(s) seu(s) autor(es).

Toda a reprodução desta obra, por fotocópia ou outro qualquer processo,
sem prévia autorização escrita do Editor,
é ilícita e passível de procedimento judicial contra o infractor.

ÍNDICE

	Pág.
Ascensão, José de Oliveira	
O início da vida	9
Barbas, Stela	
Investigação da filiação	29
Campos, Diogo Leite de	
A procriação medicamente assistida heteróloga e o sigilo sobre o dador – ou a omnipotência do sujeito	73
Costa, Judith Martins	
Bioética e dignidade da pessoa humana: rumo à construção do biodireito	87
Costa, Judith Martins / Fernandes, Márcia / Goldim, José Roberto	
Lei da Biossegurança – Revisitando a Medusa *legislativa*	111
Gonçalves, Diogo Costa	
Pessoa e Ontologia: uma questão prévia da ordem jurídica	125
Haack, Susan	
The Integrity of Science: What it means, why it matters	183
Marques, J. P. Remédio	
A patenteabilidade dos métodos de diagnóstico, terapêuticos e cirúrgicos: questão (bio)ética ou questão técnica? – O actual estado do problema	211
Nunes, Rui Manuel Lopes	
Informação genética pessoal e informação de saúde	299
Osswald, Walter	
Toda a verdade ao doente	317
Pinheiro, Jorge Duarte	
Mãe portadora – A problemática da maternidade de substituição	323
Serrão, Daniel	
O clone humano	345
Serrão, Daniel	
Os desafios contemporâneos da genética	369
Silva, João Ribeiro da	
A morte medicalizada e o pensamento de Hipócrates	381

APRESENTAÇÃO

A Associação Portuguesa de Direito Intelectual tem a satisfação de trazer a público o II volume da colectânea *Direito da Bioética*.

Surge num momento em que a sociedade portuguesa está bem desperta para a relevância fundamental desta matéria, porque é a pessoa humana que está em jogo nas questões implicadas na Bioética.

Propõe-se contribuir para a reflexão num sector que tem sido menos trabalhado – o do **Direito** da Bioética.

Mas este Direito é – **da Bioética**. Não é Biodireito, nem Direito da Saúde. O acento na Ética traduz a centralidade das questões éticas. Não lhes podemos fugir, substituindo-as por uma pragmática, ou por um divisor comum de consensos, ou até pelo "eticamente correcto". Daí o necessário recurso a se versarem temas, desde os biológicos e sociológicos aos filosóficos, que dão a base indispensável para sobre eles se realizar a reflexão jurídica.

É este debate sereno, aprofundado e de confronto de várias orientações que aqui se prossegue, graças à excelência dos contributos que foi possível reunir. Aos que acederam à chamada cabe o mérito desta realização. A A.P.D.I. sente-se deste modo recompensada pelo apoio que tem dado, pela palavra e pela escrita, ao sector emergente do Direito da Bioética.

O Presidente da APDI

(Prof. Doutor José de Oliveira Ascensão)

O INÍCIO DA VIDA *

JOSÉ DE OLIVEIRA ASCENSÃO

SUMÁRIO: 1. Da concepção (singamia) ao nascimento; 2. A procriação medicamente assistida; 3. A reprodução pós-morte; 4. A clonagem; 5. A lei e a procriação medicamente assistida; 6. A mulher só, o par homossexual e o casal infértil; 7. A utilização de embriões para fins de pesquisa e terapêuticos; 8. A gestação em substituição; 9. Apreciação ética da protecção do embrião.

1. Da concepção (singamia) ao nascimento

O início da vida, no seu desenvolvimento natural, cobre um período particularmente delicado do ponto de vista da Bioética. Vai desde o encontro dos gâmetas masculino e feminino com a fusão dos núcleos (a singamia, consequente à penetração do espermatozóide no ovócito) até ao nascimento.

Na fase antecedente à singamia não há ainda uma nova vida humana. Encontramos células, masculinas e femininas, que têm como única função a reprodução, mas não há ainda a matriz biológica duma nova criatura. É só com a fusão dos núcleos das células masculina e feminina que surge um novo genoma, distinto do dos progenitores, diferenciado de todos os existentes e que previsivelmente jamais terá uma réplica no futuro. A nova vida não é assim vida de qualquer dos progenitores mas uma vida individualizada, ainda que se vá conformando no interior do corpo da mãe. Conduzirá ao nascimento de um novo ser no seu desenvolvimento natural.

---

* O presente estudo foi realizado com referência ao Direito brasileiro. Publicamo--lo agora, apenas com pequenas alterações, porque estão subjacentes questões fundamentais que não dependem da estruturação concreta duma ordem jurídica.

Isto não significa que antes da singamia os gâmetas não tenham relevância ético-jurídica. Os gâmetas não são coisas. Como todos os elementos que representam o suporte da vida, *são da ordem das pessoas*, o que se repercute no seu regime jurídico. Assim, é repetidamente acentuada nas convenções internacionais a proibição de *comercialização* de órgãos humanos, de produtos como o sangue e gâmetas, ou do próprio cadáver ou partes deste[1].

No outro extremo do processo está o *nascimento completo*. É indispensável que ocorra *com vida*: sem isso não há nascimento, há um processo truncado. Já se não aceita como requisito adicional a *viabilidade*, nem ética nem juridicamente, porque o ser que nasce com vida, mesmo que não tenha condições para vingar, é uma pessoa tal qual[2], merecendo em consequência o máximo de protecção como qualquer outra pessoa[3].

2. A procriação medicamente assistida

Os progressos do conhecimento científico trouxeram a procriação medicamente assistida. Surge nomeadamente à fertilização *in vitro*, que torna possível o nascimento do que se chamou bebés-proveta.

Com isto se prescinde das vias naturais de procriação e se caminha para formas cada vez mais ambiciosas de manipulação da reprodução, como vicissitude laboratorialmente dirigida.

---

[1] Mesmo após o acto sexual e enquanto a singamia não opera têm relevo jurídico e poderão receber protecção específica; mas essa protecção não se confunde com a protecção da vida humana nascente. Esta só se inicia com a fusão dos núcleos, portanto, com a formação do embrião, diferenciado por um novo genoma.

[2] A *viabilidade* é exigida por Direitos como o espanhol: requer-se que o recém-nascido viva por 24 horas. Mas nem isto contraria o que acabamos de afirmar. Pode a lei apenas regular aspectos civis, particularmente sucessórios, sem em nada pôr em causa a personalidade ôntica do recém-nascido. O Direito pode, se assim se entender, determinar que se não verifica a sucessão em benefício de quem não sobreviver 24 horas sem atingir com isso quaisquer princípios éticos. Mas o recém-nascido é logo plenamente pessoa. Por exemplo, pode ser vítima de homicídio ou tentativa de homicídio, nas 24 horas que se seguem ao seu nascimento.

[3] Surgem problemas particulares com o anencefálico. Não serão por nós considerados, porque apenas nos ocupa o que respeita à fase inicial. Observamos apenas que a discussão tem assentado em grande parte na *viabilidade* do anencefálico. É uma colocação a nosso ver inadequada. A viabilidade aprecia-se nos mesmos termos que no embrião em geral, tal como acabamos de observar. O que é decisivo é determinar se o anencefálico tem uma estrutura física que possa representar o suporte do espírito humano.

O início da vida 11

Este ponto merece uma reflexão prévia.

A procriação medicamente assistida é, como o nome indica, um **acto médico**. Supõe pois que se depare ainda com uma deficiência do aparelho reprodutor de um ou de ambos os membros do casal, pois é isso que a faz cair no foro médico e lhe dá valia ética. Pelo contrário, se for usada para satisfazer preferências ou desejos que não estejam ligados a quaisquer deficiências a legitimidade do recurso a práticas de intervenção no processo de reprodução deve ser posta em causa.

O acto de reprodução deve ser colocado sempre perante a *potencialidade de geração dum novo ser*: ou porque é intencionalmente dirigido a tal, no ideal dum acto de amor, ou pelo menos pela aceitação do coito com as consequências inerentes. Corresponde na sua normalidade a anseios profundos das pessoas mas a sua dignidade última provém de os intervenientes serem chamados a participar num acto por natureza altruísta de propagação da vida. Os progenitores têm a responsabilidade pelo ser que trouxeram à vida. São colocados numa relação de serviço: os interesses do novo ser têm primazia em relação aos deles.

Esta directriz ética ilumina-nos desde o primeiro momento e acompanhar-nos-á durante toda a indagação. Por isso, se as técnicas disponíveis passam a ser utilizadas para satisfazer primacial ou exclusivamente interesses dos progenitores, há um desvio de finalidade que inquina o processo.

Por exemplo, se se usarem as técnicas de procriação assistida para obter seres mais louros, mais robustos, mais inteligentes[4], admitindo que isso se torna possível, inverte-se a ordem natural das coisas: são os interesses dos progenitores que se colocam em primeiro plano e o embrião é instrumentalizado ao serviço destes. Não há o acto de abnegação de aceitar o filho que vier, por este estar em primeiro plano, mas o acto de autocontemplação de alguém procurar rever-se num filho formatado à sua medida.

Todavia, avança-se cada vez mais por este caminho. Há que não fechar os olhos à intervenção neste domínio de interesses de terceiros. Estes são **interesses milionários**: estas técnicas saem caríssimas. A onerosidade é multiplicada por a taxa de êxito ser muito baixa e frequentemente, quando se obtêm resultados, é só ao cabo de várias tentativas.

---

[4] Ou de um sexo determinado, salvo se houver o risco de transmissão duma doença que só afecte seres de um dos géneros.

Assim, tudo o que é tecnicamente possível acaba por se praticar, dentro da lei ou à margem da lei.

Com este detonador económico casa-se o egoísmo próprio da sociedade de massas. Cada pessoa tem todos os direitos e olvida os deveres. Tem sobretudo o maior de todos os direitos, o **direito à felicidade**, que só por distracção os políticos, tão generosos na atribuição de direitos fundamentais porque sai de graça, não inscreveram ainda na Constituição. Sentem-se assim muitas pessoas autorizadas a fazer o que quiserem, sem se deter perante esse pormenor insignificante que é a valia ôntica da célula que encerra a vida humana nascente.

3. A reprodução pós-morte

Esta instrumentalização da vida futura ao serviço de interesses próprios atinge o máximo no planejamento da reprodução para depois da morte.

Todos temos o anseio de nos perpetuarmos. É uma tendência que pode ser filosoficamente explicada, mas que encaramos aqui como um mero facto.

Esse anseio pode encontrar um atalho na *criopreservação de embriões*, para serem dados à luz muitos anos depois. Actualmente, esse período é limitado aos anos em que o embrião mantiver sem degenerescência as suas qualidades, mas os progressos da técnica poderão levar a que o nascimento se verifique até gerações mais tarde.

É uma situação que escapa a todos os quadros em que assenta a nossa ordem legal. No ponto de vista familiar, pela confusão das gerações; no ponto de vista sucessório, porque ou põe em causa as aquisições operadas por morte, ou obriga à suspensão do fenómeno sucessório até que seja segura a ocorrência do nascimento ou pelo contrário, a sua impossibilidade. Estudámos esta hipótese[5], tendo concluído que as leis actuais não lhe dão resposta. Não obstante, o jurista não se poderia omitir de encontrar a solução, se a situação se viesse facticamente a verificar.

Não vamos retomar estas questões. Interessa agora analisá-las do ponto de vista bioético.

---

[5] Cfr. o nosso *Procriação assistida e direito*, in Estudos em Homenagem ao Prof. Doutor Pedro Soares Martinez, vol. I, Almedina, 2000, 645-676.

O início da vida   13

Nenhuma estranheza pode causar que a implementação dum embrião criopreservado seja retardada por razões fortuitas, uma doença da destinatária, por exemplo. Mas sê-lo porque o progenitor se quer perpetuar, ressurgindo sob novas espécies no futuro, transforma o embrião em puro objecto. Merece uma apreciação negativa porque representa uma instrumentalização do embrião. Juridicamente uma cláusula desta ordem que constasse por hipótese de um testamento não poderia deixar de cair sob a alçada da contrariedade à cláusula geral dos bons costumes. Seria portanto inválida, mesmo na ausência de previsão específica da lei.

4. A clonagem

Um passo ainda mais grave seria dado pela clonagem.

A reprodução humana por meio de clonagem não é ainda praticável. Mas é muito de supor que o venha a ser: os progressos científicos levam cada vez mais longe a técnica nos mamíferos superiores. É de toda a prudência estarmos preparados para a avaliar, quando e se essa técnica se tornar praticável.

Prevê-se que a vida humana possa ser formada sem resultar de singamia. Na origem estaria um ovócito que seria desnucleado, no qual seria introduzido o núcleo duma célula somática. Se for da mulher de quem o ovócito se extraiu desenvolve-se um embrião (avancemos a qualificação) resultante de um só gâmeta, no qual todos os componentes são provenientes dessa mesma mulher. Esse embrião teria um genoma que é basicamente idêntico ao genoma da progenitora. Isto constituiria uma perturbação maior do processo de reprodução.

A questão não assenta, repare-se, em qualquer dúvida sobre a identidade pessoal do novo ser. O embrião estaria seguramente na origem duma pessoa diferente. A um genoma diferenciado corresponde necessariamente uma nova pessoa, mas pode a um genoma idêntico corresponderem personalidades diferentes. É o que se passa com os gémeos homozigóticos, cujos genomas são praticamente idênticos: ninguém duvida que são pessoas distintas. Também o clone seria uma pessoa por si. Na realidade, mesmo do ponto de vista biológico o genótipo ou constituição génica estará na origem de 20% dos traços da personalidade, mas tudo o resto não é dele dependente.

Os problemas jurídicos que se suscitariam seriam gravíssimos. O clone seria filho da dadora? Seria irmão? Ou não seria uma coisa nem outra?

Mas não são estas questões que nos ocupam. A clonagem feriria profundamente os princípios da reprodução humana. Representaria a sobreposição ainda mais acentuada do interesse do dador, que se quereria replicar e permanecer assim tal qual num outro ser. Desconheceria que a geração humana é naturalmente bissexuada, resultante do elemento masculino e do elemento feminino, e que na sequência a formação para a vida no novo ente deve ser biparental. A clonagem condená-lo-ia a sair da normalidade, por provir fatalmente privado de vida familiar normal.

Se não é o nascimento de novas pessoas que está hoje na ordem do tecnicamente possível, já o é a fabricação de embriões clonados para serem destruídos, extraindo-se deles células-tronco ou estaminais durante a fase inicial de constituição[6]. Aqui há já eticamente uma questão da maior importância.

Houve quem negasse fundamento à reserva ética a este procedimento, sustentando que nunca de um clone poderá resultar uma pessoa. Com todo o respeito, consideramos a afirmação temerária. Dizer que *nunca será possível* perante uma evolução em progresso, parece anti-científico. O mínimo que se pode fazer será estabelecer um período de espera, enquanto se não prova cientificamente se um clone poderá chegar ou não ao nascimento.

Mas sendo assim, o princípio da *prudência*, fundamental no Direito e também na Bioética, impõe que não sejam permitidas em relação ao clone práticas que são contrárias à sua consideração como uma vida humana nascente. Para que não aconteça virmos amanhã a lamentar que se tenha aproveitado este período de incerteza para praticar violações irreparáveis da dignidade do ser humano.

Segue-se pois que **o estatuto a atribuir ao clone é sem qualquer diferença o estatuto do embrião**. O que se concluir quanto ao embrião abrange o clone; o regime jurídico é o mesmo. Não há necessidade de criar uma disciplina específica, nomeadamente no que respeita à fabricação de clones para serem destruídos e deles se extraírem células-tronco para fins de pesquisa ou terapia, porque o clone participa do regime que se aplicar ao embrião em geral.

Estes princípios poderão ser postos em causa, perante a voracidade da indústria. O precedente coreano, com o seu cortejo de fraudes e de formas de pressão sobre as mulheres para a obtenção dos óvulos a utilizar,

---

[6] Sabendo-se que actualmente este, no seu desenvolvimento normal, terá um desenlace que representa sempre a frustração do nascimento dum novo ser.

O início da vida 15

ensina como esta ameaça deve ser tomada a sério. Acresce que o processo, exigindo a estimulação ovária da mulher para retirada de ovócitos, penaliza gravemente a mulher.

Bem fez por isso a Lei n.° 11 105, de 24 de Março de 2005 (Lei da Biossegurança)[7], ao proibir a clonagem humana no art. 6 IV, afastando quaisquer dúvidas. E repare-se: *a lei proíbe a clonagem humana sem mais* e não apenas a clonagem com fins reprodutivos. O legislador tinha bem consciência do que estabelecia, até porque durante os trabalhos preparatórios se defendeu a admissibilidade da clonagem terapêutica[8]. A posição proibitiva que tomou assenta na realidade de a clonagem ser afinal una. A distinção entre clonagem reprodutiva e clonagem terapêutica tem como critério um elemento extrínseco, a destinação do clone, mas não quebra a unidade do processo.

5. A lei e a procriação medicamente assistida

A PMA (sigla representativa de procriação medicamente assistida) foi disciplinada pela referida Lei n.° 11 105, sobre biossegurança.

Esta lei prevê parcelarmente várias matérias. Pessoalmente lamentamos que os fenómenos humanos tenham sido confundidos e regulados simultaneamente com aspectos gerais da biotecnologia, o que representa sempre uma degradação da pessoa: não aceitamos que o corpo humano seja assimilado ao bife.

Não tentaremos sintetizar a lei, mas simplesmente fazer a ponte para o que pesquisamos. O art. 5 refere a utilização de células-tronco embrionárias obtidas de embriões humanos produzidos por fertilização *in vitro* e não utilizados no respectivo procedimento. Veremos depois o que respeita às células-tronco. Para já, resulta deste preceito a legalização da *procriação medicamente assistida*. Mas com que limites?[9]

---

[7] Esta lei regula também a utilização de células-tronco e outras matérias ligadas à biotecnologia, embora de maneira muito sumária. Foi regulamentada pelo Dec. n.° 5 591, de 22.XI.05.

[8] Isso manifesta-se ainda claramente no Relatório final apresentado ao Congresso por Ney Suassuna.

[9] Sobre toda esta matéria cfr. Heloísa Helena Barboza, *Direito à procriação e às técnicas de reprodução assistida*, in "Bioética e Biodireito" (coord. Eduardo de Oliveira Leite), Forense, 2004, 153; Jussara Maria Leal de Meirelles, *Os embriões humanos mantidos em laboratório e a proteção da pessoa: o novo Código Civil Brasileiro e o texto*

A grande questão está em saber se é permitida a *procriação heteróloga*, ou tão só a procriação homóloga. Ou seja, se a procriação medicamente assistida apenas é admitida em relação a casal (estável) ou se também o é com recurso a gâmetas de pessoa estranha ao casal. Assim, sendo o marido estéril, por exemplo, poderia recorrer-se a espermatozóides de terceiro.

O Código Civil de 2002 já refere esta matéria. O art. 1 597 presume concebidos na constância do matrimónio os filhos concebidos por "fecundação artificial homóloga", mesmo que falecido o marido (inc III); o inc IV, falando agora em "concepção artificial homóloga", estende esta presunção aos resultantes de embriões excedentários, havidos "a qualquer tempo"; e o inc. V, aos nascidos de "inseminação artificial heteróloga", desde que tenha havido prévia autorização do marido.

O preceito prevê assim três realidades:

- a fecundação assistida homóloga, mesmo que esta seja realizada só após o falecimento do marido
- a produção de embriões excedentários e a implantação destes a qualquer tempo
- a procriação assistida heteróloga.

Observamos porém que as ilações que daqui se podem retirar são limitadas. O Código Civil não pretende disciplinar a procriação assistida em si. Como concluímos no nosso citado estudo[10], o Direito, quando regula as incidências da procriação assistida sobre as relações familiares, *toma os processos relativos à procriação como meros factos*, porque tanto tem de regular as suas consequências se forem lícitos como se forem ilícitos. Dificilmente se extrairia pois daqui uma aprovação pelo Direito dos fenómenos referidos, particularmente da "inseminação artificial heteróloga".

A procriação heteróloga suscita inúmeros problemas. Desde logo, o desconforto que provoca a intromissão de terceiro num domínio nuclear da vida do casal. Mais profundamente, o abandono da via natural da procriação. Ainda, a questão do *anonimato ou não do dador*. Por outro lado há uma pressão muito grande no sentido da sua admissão e poderosos interesses económicos sustentam a apologia constante destes métodos.

---

constitucional, in "Novos Temas de Biodireito e Bioética" (coord. Heloísa Helena Barboza *et allii*), Renovar, 2003, 83.

[10] *Procriação assistida e Direito*, sob a epígrafe "A procriação assistida como facto e os seus efeitos".

O início da vida   17

Os problemas jurídicos atingem uma complexidade maior. Quem são os pais? No caso da mãe, corrigimos amistosamente Guilherme de Oliveira, que intitulou um seu livro: *"Mãe há só duas!"*[11]. Dizemos que **mãe há só três**: a "mãe biológica", de quem provém o gâmeta; a "mãe de substituição", que dá à luz; e a "mãe social", a quem a criança que se programa se destina.

Diríamos que a lei brasileira não aborda esta questão.

Mais ainda: pela leitura do art. 5 da Lei n.° 11 105, concluiríamos que a procriação heteróloga está excluída.

O § 1.°, prevendo a utilização de embriões congelados para fins de pesquisa e terapia, dispõe: "Em qualquer caso, é necessário o consentimento dos genitores". A lei prevê *genitores*. Usa o plural, pelo que não pode ser lida como referente a uma pessoa só. Portanto, pressupõe que o embrião resulte de casal a que se destina.

Temos como princípio fundamental neste domínio que *o mero dador de gâmetas não é juridicamente progenitor*. Actua fora de processos naturais e de qualquer projecto de paternidade. Tudo se esgota com o mero fornecimento de material de reprodução que realiza. É esta a razão por que se reconhece que não poderá vir amanhã reivindicar a paternidade ou a sucessão do novo nato.

A lei, falando no consentimento dos genitores, não pode incluir nestes os dadores de gâmetas. Porque seria absurdo que se exigisse o consentimento do dador de gâmetas para a eventual dação posterior do embrião. Quem está fora do projecto de paternidade, deve ser excluído de qualquer decisão futura sobre o embrião.

Isso não impede que o novo ser tenha o direito de conhecer aquele de quem biologicamente deriva. A questão do **anonimato do dador** foi discutida, prevalecendo actualmente a orientação que defende o direito do novo ser a esse conhecimento. Este direito não se limitaria às hipóteses em que há a necessidade médica de determinação de antecedentes genéticos, pois existe independentemente de "justa causa"[12].

---

[11] *Mãe há só Duas: o Contrato de Gestação*, Coimbra Editora, 1992.

[12] Foi esta a posição unânime do Conselho Nacional de Ética para as Ciências da Vida em Portugal, no Parecer sobre procriação medicamente assistida. Mas como isso prejudica o negócio, a posição foi invertida pela Assembleia da República, ao aprovar a actual Lei n.° 32/06, de 26 de Julho, sobre procriação medicamente assistida (e aliás também sobre vários outros aspectos): cfr. o art. 15, que contém uma obscura teia de excepções ao anonimato.

Observe-se que a procriação heteróloga pode levar a que não haja nenhum progenitor. Pode o processo ter por destino um casal, ou pessoa só, mas em que o ovócito provenha de mulher estranha e o espermatozóide de outro homem. Isso é incompatível com a previsão legal dos "genitores". Donde: mãe há só três – *mas no fim de contas pode não haver nenhuma.*

6. A mulher só, o par homossexual e o casal infértil

Esta base legal, logicamente, levaria a concluir que a lei brasileira só admite a procriação assistida homóloga.

Mas é claro que os interesses ligados à procriação heteróloga não silenciarão perante interpretações lógicas.

Isto, a admitir-se, abriria uma nova ordem de problemas.

Haverá um *direito da mulher sozinha a ter filhos*?

Ou do *par homossexual*?

A propensão para a paternidade em geral, e para a maternidade em especial, é um impulso positivo, que deve ser objecto de compreensão. Mas isso não pode levar a superar o princípio que o interesse do novo ser é preponderante.

O interesse do novo ser está na integração numa família normal, que é biparental. Isso não acontece no caso em que esse novo ser surja no ambiente desviante do par homossexual, nem no ambiente carente da pessoa sozinha[13].

A questão pode ser ampliada à própria situação do casal infértil, quando a infertilidade não puder ser superada por técnicas de procriação medicamente assistida aplicadas ao casal. A ânsia de reprodução não poderá ser satisfeita neste caso, quando desejada por um casal normalmente constituído?[14]

Com todo o respeito por este anseio, que enaltecemos como em si positivo, observamos que a anomalia não se elimina criando outra anomalia, que é a resultante da procriação heteróloga. Eticamente não pode deixar de se acentuar o muito maior valor que tem a **adopção**. Havendo tanta

---

[13] Pessoalmente, é muito diferente da situação do filho órfão de um genitor, que vive na memória e respeito dele. Está privado da presença por uma contingência, enquanto que nas hipóteses acima enunciadas fica originariamente colocado em posição psicológica e socialmente diminuída.

[14] Fizemos observações críticas sobre um pretenso direito absoluto de procriar em *Procriação assistida e Direito* cit., sob a epígrafe "O direito de procriar".

O início da vida 19

criança abandonada a reclamar acolhimento, a adopção é o meio privilegiado, pois cria através de laços de dedicação os vínculos de paternidade que naturalmente não foi possível constituir.

A Lei portuguesa n.º 32/2006, sobre procriação medicamente assistida, limita o recurso a técnicas de procriação medicamente assistida a pessoas casadas ou a casais em união de facto (art. 6). Mas admite a procriação heteróloga (art. 10/1), embora esclareça que o dador não pode ser havido como progenitor da criança que nascer (art. 10/2). Nesse caso, não há procriação medicamente assistida em sentido próprio, porque nada se cura: o fim deixou de ser tratar uma deficiência do aparelho reprodutor.

7. A utilização de embriões para fins de pesquisa e terapêuticos

O embrião contém na sua fase inicial células-tronco totipotentes, que são as que se podem diferenciar para qualquer tipo de células. Têm uma grande valia potencial (e nalguns campos já actual) para fins terapêuticos e suscitam vivo interesse por parte dos cientistas[15].

Os embriões são muito cobiçados, enquanto as suas células estão indiferenciadas e podem portanto ter utilização universal. Mas como as obter? A forma mais à mão consiste em liquidar os embriões, aproveitando as células. As convenções internacionais proíbem porém a criação de embriões para serem objecto de destruição.

Acentua-se que no corpo humano se encontram células-tronco fora dos embriões[16]. Recorre-se por isso a outras fontes, como sejam as do cordão umbilical, as de fetos abortados, quer o aborto seja espontâneo quer provocado, as constantes de líquido mitocondrial e as contidas em tumores. Além disso, conforme a função que estiver em causa, é possível o recurso às células multipotentes e unipotentes que se encontram disseminadas por todo o corpo. Muito importantes são já as da medula, para o tratamento da leucemia.

---

[15] Cfr. sobre esta matéria Walter Osswald, *Alguns aspectos éticos da investigação com células tronculares (ou estaminais)*, in "Ciência e Ética: da Célula ao Embrião – Actas do 8.º Seminário do CNECV", Conselho Nacional de Ética para as Ciências da Vida, Lisboa, 2005, 31.

[16] Fala-se em células-tronco *pluripotentes*, como células do embrião que podem originar um organismo completo mas não os seus anexos embrionários; *multipotentes*, que podem dar origem a vários tecidos; e *unipotentes*, que só podem ser referidas a um tecido. Mas a terminologia não é uniforme.

Os olhares continuam porém a voltar-se sobretudo para o que se chama os *embriões excedentes* ou *excedentários*.

O art. 5 da Lei n.º 11 105 permite a utilização de embriões obtidos por fertilização *in vitro* e não utilizados "no respectivo procedimento". Aqui há portanto uma tomada de posição quanto à admissibilidade deste recurso.

Sujeita-o a condições:

– serem embriões inviáveis
– estarem congelados há três anos ou mais
– já estarem congelados à data da publicação da lei, quando passarem três anos sem serem utilizados.

Há, meio oculta, outra lacuna da lei, possivelmente intencional: não se diz se os embriões que forem congelados *após a publicação da lei* podem também vir a ser utilizados quando passarem três anos após o congelamento. Não há que raciocinar por identidade de razão, porque a regra que permitisse a liquidação de vida humana em formação seria tecnicamente uma regra excepcional, que não pode ser estendida por analogia. A conclusão a tirar é a de que a lei permite o aniquilamento de embriões excedentários do passado mas não dos que de futuro caírem nessa condição.

Em todo o caso, há o receio que na origem desta lacuna esteja por parte de alguns uma conciliação calculista de posições para fazer passar a lei e decorridos três anos apresentar propostas de aplicação do mesmo regime aos embriões excedentários entretanto formados, invocando razões de isonomia.

Tomam-se ainda outras cautelas. O § 1.º reclama o consentimento dos genitores, de que já falamos. A regra é de aplaudir, como é de aplaudir que se não fale de *doação* pelos genitores: doam-se coisas, e o embrião não é coisa, porque ou é pessoa ou é da ordem das pessoas. Por outro lado, os pais nunca poderiam doar em *representação* do embrião, porque a representação se faz no interesse do representado, por princípio jurídico geral, e não há maneira de admitir que é do interesse do embrião ser aniquilado. *Dação* em vez de doação já é melhor, porque é neutro. Mas é melhor ainda a posição adoptada pelo art. 5 § 1.º, pois requer apenas um consentimento dos genitores. E este deve realmente ser sempre necessário, dada a particular ligação dos genitores ao embrião.

Pelo § 2.º requer-se ainda a aprovação pelos respectivos comités de ética dos projectos das instituições de pesquisa e terapia que utilizem célu-

O início da vida 21

las-tronco embrionárias – o que se afigura valer muito pouco, porque não há a necessária garantia de isenção.

A razão que eticamente pode sustentar que os embriões inviáveis ou os que estão congelados há mais de três anos possam ser utilizados na pesquisa é uma razão de moral utilitária. Esses embriões não poderiam de qualquer modo ser implantados em condições medicamente indicadas e pereceriam de toda a sorte. Mais vale então que sejam aproveitados para pesquisa ou terapia, tornando-se assim úteis[17].

Mas a esta razão pragmática pode opor-se uma razão pragmática de sentido oposto: se se admite que os embriões excedentários sejam aproveitados para pesquisa e terapia, então pode-se apostar que aparecerão sempre mais embriões excedentários, ao invés da desejável não-criação destes. A tentação é demasiado forte. Quando o que há a fazer é fechar as portas a métodos fáceis, para estimular a ciência a caminhar de maneira a prescindir dos embriões excedentários, aperfeiçoando métodos de obter células-tronco por outras vias.

Neste sentido, o que se poderia fazer?

Antes de mais, há que tomar como factor estratégico que a pesquisa é vastamente sustentada por fundos públicos[18], o que permite impulsionar a ciência a dirigir-se para formas que não provoquem problemas éticos. Esses fundos deveriam canalizar-se para o desenvolvimento de outros métodos, que excluíssem o recurso a células embrionárias[19]. Os resultados obtidos são cada vez mais promissores.

Mas mesmo no que respeita às células embrionárias, foi noticiado recentemente um novo processo que evitaria a destruição do embrião. Nos estádios iniciais[20], pode retirar-se do embrião uma ou duas células. Não se destrói o embrião, porque o blastocisto tem capacidade de reconstituição, voltando à sua composição inicial.

Não é na realidade um método novo, antes, há muito que era conhecido: o "diagnóstico genético pré-implantação" baseia-se justamente na

---

[17] Pode invocar-se mesmo o princípio do *mal menor*, que é um princípio ético. Mas utilitarismo e decisão pelo mal menor não se confundem.

[18] Não esquecendo o financiamento pela indústria farmacêutica, cada vez mais significativo, que é todavia susceptível de direccionar os campos de investigação do cientista.

[19] Como seja o recurso a células progenitoras, que existem nos vários tecidos e recompõem as células desses tecidos.

[20] Portanto, quando não houve ainda a implantação no útero do embrião formado *in vitro*.

retirada de uma ou mais células do embrião para permitir o conhecimento de anomalias ou outras características[21]. Teoricamente poderia servir como fonte de células embrionárias, mas cria também um risco para a futura implantação, em qualquer caso, pois haverá sempre o receio que a ablação das células venha a provocar danos ao desenvolvimento do embrião: não está provado que os provoque, mas também não está provado o contrário. Não seria de supor que os interessados na procriação assistida, homóloga ou heteróloga, aceitassem para o efeito embriões de que tivessem sido retiradas células indiferenciadas[22]. Dificilmente poderá assentar nisso um método efectivo de proporcionar as células totipotentes que se desejam.

A solução, verdadeiramente, consiste em evitar embriões excedentários. Assim se passa noutros países, na Alemanha por exemplo, e parcialmente também em Portugal.

Uma técnica utilizável neste sentido consiste em levar o processo até à beira da singamia mas parar então: a criopreservação asseguraria a disponibilidade dos embriões, para serem implantados no momento oportuno. Se essa oportunidade não chegasse, poderia sempre evitar-se a singamia. Com isso não se faria nunca destruição de vida humana nascente.

Se o método é praticável com iguais condições de êxito, ou até se o fosse com uma pequena diminuição de resultados, esse método torna-se eticamente obrigatório, porque evita a realidade sempre problemática da destruição do embrião[23].

O método não pode porém dar solução exaustiva ou completa, porque por outras causas pode sempre haver embriões excedentários. O destino indicado para esses embriões é a implantação. Se não puder operar a

---

[21] Não entramos na análise ética deste procedimento, que é igualmente contestável: implica que os embriões rejeitados passam à categoria de excedentários. Em defesa do processo pode arguir-se que esta rejeição é um mal menor que a prática de aborto em fase posterior. Por outro lado, no ponto de vista técnico, o método padece de grandes limitações, pois poucas são as anomalias que podem ser detectadas; que as células recolhidas podem não ser indicativas; e que mesmo anomalias reveladas poderiam não conduzir afinal à doença que se receia, pela própria evolução natural do embrião.

[22] Neste risco tem-se porém de incorrer sempre que se pratica o diagnóstico genético pré-implantação.

[23] Podem erguer-se objecções éticas ao próprio processo, como manipulação da vida. Mas a ética funciona também em termos de ponderação de mal menor e a criopreservação nesse estádio preliminar (a que alguns chamam o pré-embrião) levanta menos objecções. Seriam seguramente objecções menos graves que tudo o que possa levar ao aniquilamento do embrião.

O início da vida 23

procriação homóloga, põe-se a hipótese da procriação heteróloga – que é aqui um mal menor, confrontado com o da destruição do embrião[24].

8. A gestação em substituição

Ganhou grande ressonância pública a possibilidade de uma mulher levar a cabo a gestação para outrem. Fala-se em maternidade de substituição ou em mãe portadora ou até em "barriga de aluguer". Preferimos falar em gestação para outrem com base em acordo de gestação. Evitamos falar em maternidade porque como veremos pode não haver maternidade nenhuma.

O método é tipicamente usado em casos em que uma mulher não consegue levar a bom termo a gestação, mesmo que consiga a fertilização. Recorre então a outra mulher para que o faça para ela. Pressupõe-se que essa outra mulher não concorre com gâmetas próprios. O embrião é-lhe implantado no útero, para se desenvolver o processo natural até ao nascimento.

Pode haver variantes quanto à origem dos gâmetas. Se o ovócito usado no embrião é de terceira mulher, temos a situação atrás referida de "mãe há só três".

A supor que a gestação é levada a cabo, quem é então a mãe, afinal?

Pode-se excluir imediatamente que seja a pessoa a quem o novo ser se destina: a "mãe social" ou a "mãe de destino". Não há nenhuma pista legal ou biológica que permita afirmá-lo. Há um contrato, mas a atribuição de maternidade é feita por lei e não por contrato.

O entendimento generalizado é o de que a mãe é a gestante. Por isso se fala em "mãe portadora". Este entendimento baseia-se normalmente na circunstância de a lei associar a maternidade à circunstância de a mulher dar à luz.

Pronunciámo-nos sobre esta matéria em sentido oposto, no domínio do Código de 1916[25], e não vemos motivo para alterar a posição perante o Código novo. A lei considera a hipótese normal, aliás a única admissível

---

[24] Seja a implantação em mulher de onde não provém o gâmeta feminino, seja o recurso a embrião fecundado com espermatozóide de homem estranho ao casal.

[25] Cfr. o nosso *Problemas jurídicos da procriação assistida* cit., sob a epígrafe "Fundamentos actuais da paternidade".

ao tempo quer do Código anterior quer da elaboração do Código actual. Mas a chave das relações familiares continua a encontrar-se nos vínculos de sangue: a lei baseia-se na derivação biológica para constituir a relação de parentesco. Por isso, os impedimentos matrimoniais fundam-se na relação biológica e não na gestação.

A este vínculo de maternidade fazem como dissemos excepção, mesmo no silêncio da lei, os casos de mera dação de gâmetas, porque quem assim fizer entrega um produto separado do corpo, sem participar de nenhum projecto de paternidade.

A mãe é portanto aquela de quem provém o ovócito, desde que esteja empenhada num projecto de paternidade. Assim, a irmã de mulher estéril que cede um ovócito para ser fecundado por espermatozóide do cunhado é a nosso ver juridicamente a mãe[26].

Isto não significa que neguemos importância ao facto da gestação. Nomeadamente, deveria constituir também impedimento matrimonial. Mas a lei não o prevê.

A importância não é apenas esta. A gestação provoca por natureza uma relação entre a gestante e o ser que cresce dentro dela, levando a laços de afeição profundos. Por isso é frequente, nascida a criança, que a gestante se negue a entregá-la à mãe de destino. Isto demonstra aliás a artificialidade do processo, que rompe com a realidade natural da procriação.

Juridicamente, como deve a situação ser resolvida?

Há um contrato na base: o contrato de gestação.

Este contrato pode ser oneroso ou gratuito. Duvidamos desde logo em geral da validade do contrato oneroso, pois não cremos que um processo tão importante como a gestação possa ser venalizado. Basta para tanto a contrariedade à cláusula geral dos bons costumes.

Mesmo sendo gratuito, o contrato deve ou não ser considerado válido?

O contrato atinge gravemente bens indisponíveis, pelo que o temos por nulo. Assim o estabelece o art. 8/1 da Lei portuguesa n.º 32/06, sobre PMA – seja oneroso ou gratuito.

---

[26] O art. 1 597 V CC, que presume nascidos na constância do matrimónio os filhos havidos por inseminação artificial heteróloga, com autorização do marido, não só não é, logo no seu texto, aplicável a esta situação, como estabelece uma mera presunção de "nascimento na constância do matrimónio" e não um critério de atribuição de paternidade ou maternidade.

O início da vida   25

Por isso, a mulher que leva a termo a gestação pode, no final, recusar-
-se a cumprir o contrato.

Mas subsiste a questão: quem é a mãe? Porque será o nexo de maternidade e não o vínculo negocial o decisivo.

A referida Lei portuguesa n.º 32/06 determina que a gestante é havida
para todos os efeitos como a mãe (art. 8/3). Compreende-se a intenção do
legislador: para dissuadir a prática destes negócios, impõe que produzam
o efeito diametralmente oposto ao desejado por quem os celebra.

Mas, se o objectivo é compreensível, o meio é incongruente. Porque
não se joga com a maternidade a título de sanção. Esta atribuição de maternidade só se utiliza para conseguir objectivos de dissuasão. Mas o critério
de atribuição da maternidade deve estar acima de quaisquer outras preocupações do legislador.

E que dizer perante a lei brasileira, em que não há semelhante regra?

Temos de distinguir consoante o ovócito é da encomendante da gestação ou de terceira mulher.

Se é da encomendante, é ela a mãe. Pode assim reivindicar com esse
fundamento a entrega da criança.

Se o ovócito é de terceira mulher, esta pode participar de um projecto
de maternidade ou não.

Se participa, a criança é dela, porque é juridicamente a mãe.

Se não participa, há mera dação de gâmetas e não é mãe. Estaremos
então na hipótese já referida de **nenhuma das três "mães" ser, afinal,
mãe**. Nenhuma pode como tal reivindicar a entrega da criança. O destino
desta resolver-se-á por acordo, ou por modo de destinação estabelecido em
geral por lei, mas já não por força de regras sobre maternidade[27].

9. Apreciação ética da protecção do embrião

Por quê toda esta resistência à destruição do embrião?

Está necessariamente em causa uma visão ontológica da realidade do
embrião.

O embrião não é uma coisa.

O embrião é vida.

---

[27] Recorde-se ainda que, nos termos do art. 1 606 CC, a acção de prova da filiação
compete ao filho.

O embrião é vida humana. Tudo isto é inquestionável.

O embrião é vida humana nascente. O seu desenvolvimento natural conduzirá a uma pessoa como nós próprios.

O embrião é vida humana diferenciada. Nomeadamente, é uma vida diferenciada da vida da mãe, no caso do embrião *in utero.*

No debate sobre o aborto ouve-se muito o *slogan*: do meu corpo faço o que quero. Não tem porém nenhum suporte na realidade. A identidade do corpo humano pressupõe a unidade do genoma. O genoma do embrião é diferente do genoma da mãe, logo não é parte do corpo da mãe[28].

Isto impõe que se entre na caracterização da essência do genoma, nomeadamente na questão: o embrião é uma pessoa?

A resposta não pode ser dada pela Biologia. A Biologia dá-nos o suporte do espírito. Leva até a concluir que há uma vida humana diferenciada da vida da mãe. Todos os elementos caracterizadores do novo ser estão já presentes no embrião, nada mais lhe sendo acrescentado a partir do corpo da mulher em que se aloja em todo o decurso da concepção. O embrião tem até desde o início o seu eixo, donde resultará o seu direccionamento, e assim a posição da cabeça e dos restantes pontos do corpo. Mas a Biologia não resolve a questão de saber se ao novo ente cabe ou não a qualificação de pessoa.

Também não é resolvida pelo Direito. Pode, é certo, discutir-se se o embrião tem ou não personalidade jurídica. Falo à vontade, porque entendo que a tem efectivamente[29]. Mas isso não é decisivo num ponto de vista essencial, porque personalidade jurídica até uma sociedade comercial a tem. A questão aqui não é formal, de qualificação jurídica, mas de valoração da realidade substancial subjacente.

Porém, o Direito brasileiro é mais categórico. O art. 2 do Código Civil, após estabelecer o princípio que a personalidade começa com o nas-

---

[28] Mais profundamente ainda, a pretensão de se *ser dona do corpo* exprime uma visão completamente equivocada da relação pessoa / corpo, que leva a ver este como uma coisa, sujeita a propriedade. Cfr. sobre este ponto Judith Martins-Costa, *Bioética e dignidade da pessoa humana: rumo à construção do Biodireito, in* Rev. Trim. Dir. Civil (Rio de Janeiro), 1/3 (Jul-Set 2000), 59-78 (66), citando Aida Kemelmajer de Carlucci; bem como as várias incidências que Cristiane Avancini Alves relata em *Considerações acerca da qualificação jurídica do embrião humano no Direito Privado, in* Rev. Trim. Dir. Civil (Rio de Janeiro), 7/25, Jan-Mar 06, 253.

[29] Cfr. o nosso *Embrião e personalidade jurídica, in* "Vida e Direito. Reflexões sobre um Referendo" (obra colectiva), Principia (Cascais), 1998, 85.

O início da vida　　27

cimento, dispõe: "mas a lei põe a salvo, desde a concepção, os direitos do nascituro". Se tem direitos, tem personalidade jurídica: caso contrário seria *objecto* de protecção e não sujeito dos direitos. E esses direitos são os direitos ligados essencialmente à pessoa. Não são direitos patrimoniais, como os resultantes de sucessão aberta, porque esses só se adquirem com o nascimento com vida.

Este debate deve abranger todas as modalidades de embrião, e portanto também o embrião produzido *in vitro*. Este é igualmente uma realidade caracterizada como vida humana diferenciada, cujo desenvolvimento natural levaria ao nascimento de uma pessoa humana.

Pode perguntar-se se a destruição do embrião é enquadrável na figura do aborto. Observa-se que o embrião *in vitro* não tem nidação, mas a verdade é que o aborto abrange também a destruição do embrião no útero antes da nidação. Em todo o caso, dado o carácter restritivo dos tipos penais, é dificilmente admissível que caiba no tipo de crime de aborto. Mas não é essa diferença de regime jurídico que impede que eticamente a situação seja análoga.

A questão não é biológica nem jurídica, mas filosófica. Há que subir à caracterização da pessoa humana, como *ens distinctum subsistens*. É tema de larga indagação que não podemos sequer ensaiar resolvê-lo aqui. Basear--se-á na consideração do embrião como ser com fins próprios, diferentes dos dos seres que estão na sua origem.

Mas não precisamos sequer de ir tão longe. Basta que consideremos o que está já adquirido – o embrião é vida / humana / nascente / diferenciada / não é parte do corpo da mãe. A ética manda proteger a vida humana, no que a segue o Direito. O princípio exige que respeitemos a vida desde as suas primeiras manifestações. A primeira mas categórica manifestação dá-se com a singamia. A partir daí, tudo o que represente instrumentalizar o embrião, colocá-lo ao serviço de fins alheios, desrespeita a vida humana nascente e torna-se eticamente reprovável.

A esta luz, o Direito repercute a posição da Bioética. A Constituição federal coloca como fundamento do Estado brasileiro a dignidade da pessoa humana (art. 1 III). No art. 5, proémio, proclama a inviolabilidade do direito à vida, sem fazer nenhuma restrição. A dignidade da pessoa impõe a protecção desta desde a sua constituição e o direito à vida estende-se à vida humana nascente, que é vida diferenciada.

As variantes de regime jurídico, nomeadamente em matéria de aborto e agora na utilização de embriões *in vitro* para pesquisa e terapia, não alteram o princípio-base, apenas o adaptam. No que respeita ao aborto, o princípio é o da proibição: os casos em que é admitido são excepções. Quem é protegido com essa proibição? É a mãe? Mas o embrião é protegido até contra a própria mãe. Não, o sujeito beneficiário da protecção é o próprio embrião, como pessoa. As adaptações e excepções correspondentes aos sucessivos estádios da vida não se fundam numa diversidade de natureza.

INVESTIGAÇÃO DA FILIAÇÃO

STELA BARBAS
Doutora em Direito pela Universidade Autónoma de Lisboa
Mestre em Direito pela Universidade de Coimbra
Professora Universitária

SUMÁRIO: Capítulo I – **Introdução**; 1. A questão essencial da identidade. Capítulo II – **Verdade genómica ou realidade sociológica? Síntese legislativa**; 2. Introdução; 3. Do realismo germânico ao voluntarismo de inspiração francesa. Algumas soluções de direito comparado; 4. Ordenamento jurídico português; 5. Proposta de legislação. Capítulo III – **Direito à identidade genómica**; 6. Razão de ser. Capítulo IV – **Estabelecimento da filiação**; 7. Estabelecimento da maternidade; 8. Estabelecimento da paternidade; 9. Estabelecimento da filiação: continuação. Vantagens da utilização do teste de DNA; 10. Estabelecimento da filiação e procriação medicamente assistida. Proposta de legislação; 10.1. Princípios gerais; 10.2. Maternidade; 10.3. Paternidade; 10.4. Presunção de paternidade; 10.5. Mãe portadora; 10.6. Inseminação e fertilização *in vitro post-mortem*; 10.7. Implantação *post-mortem*. Capítulo V – **Da recusa à sujeição a um teste**; 11. Introdução; 12. Alguns exemplos de direito comparado; 13. Ordenamento jurídico português; 14. Posição adoptada; 14.1. Princípio geral; 14.2. Algumas especificidades; 14.3. Admissibilidade da sujeição compulsiva a testes genéticos? Necessidade de elaboração de uma lei específica que imponha a realização coerciva de testes de DNA para fins de determinação do perfil genómico do progenitor.

CAPÍTULO I[1]
Introdução[1]

1. A questão essencial da identidade

1. A questão essencial da identidade

I. Um dos fenómenos característicos do ser humano é a sua capacidade, se não, mesmo, a obsessão de caracterizar, classificar e nomear tudo o que conhece. A eterna questão "Quem?" desde sempre se colocou e continuará a colocar. Apenas as formas de lhe responder se modificaram. A inovação consiste em, graças aos progressos na área da identificação genética, o juiz, actualmente, poder obter uma resposta *cientificamente comprovada* a esta questão.

II. O respeito da dignidade humana exige uma avaliação prévia do que é justo e bom, do que é aceitável e desejável, do que está ou deve estar ao serviço da pessoa. Nesta óptica, no âmbito da identificação genética é necessário tentar conciliar, harmonizar interesses que nem sempre coincidem: o interesse individual com o colectivo, a verdade genómica com a social, o interesse da criança com o da estabilidade familiar, etc. É premente a reafirmação de princípios fundamentais como a justiça e a equidade, a não maleficência e a autonomia do ser humano.

III. Coloca-se a questão de saber se é o conhecimento da verdade que determina as escolhas da sociedade ou se são as raízes culturais e o estado das mentalidades em relação com os interesses e os valores considerados essenciais.

IV. A possibilidade técnico-científica de aceder à verdadeira progenitura acarretou inúmeras repercussões no direito da filiação[2].

---

[1] O presente estudo corresponde, com algumas alterações, do Capítulo II do Título III da Parte II da minha dissertação de doutoramento subordinada ao tema "Direito do Genoma Humano" (ainda não publicada no momento da alteração deste trabalho).

[2] É já viável, através do líquido amniótico, estabelecer a paternidade da criança mesmo antes do seu nascimento.

V. Ao longo da História, o princípio da desigualdade presidiu ao tratamento das situações de procriação fora do matrimónio.

Actualmente, verifica-se, em diversos ordenamentos jurídicos, uma forte preocupação com o estabelecimento de filiações que correspondam à verdade biológica. As mentalidades modificaram-se e privilegiaram o princípio da igualdade como sendo um critério novo e essencial; há que acabar com as discriminações entre filhos legítimos e ilegítimos. Todo o indivíduo tem direito a não ser discriminado e a gozar de tratamento igual aos restantes. A possibilidade técnica de comprovar a verdade genética da progenitura constitui uma garantia primordial do homem.

VI. Qual a nossa verdadeira identidade? A genómica? A sociológica? O produto de ambas? O fruto de todo um conjunto de factores conexos entre si?

O estabelecimento da filiação será sempre objecto de opções fundamentais quanto aos elementos que devem servir de base ao parentesco em função de valores e de interesses considerados preponderantes no tempo e no espaço. O primeiro dos quais, o direito da criança, em que a verdade genómica assume um lugar de destaque. Contudo, não pode ser, logicamente, o único dado a ter em conta. O balanço ou a correcta articulação dos valores culturais essenciais de cada sociedade está sempre em permanente construção: não está ainda construído, está-se construindo dia a dia. É, precisamente, aqui que residem as grandes dificuldades para o legislador e para o magistrado que têm que optar e decidir em função dessa prévia escolha.

A problemática reside, por vezes, não tanto na opção da filiação *certa* do ponto de vista científico, mas na que se afigura mais desejável para a criança.

A Ciência não dá resposta a esta escolha, não pode *de per si* pôr fim a todos os dilemas existenciais próprios da condição do ser humano; todavia, ela possibilita decifrar os enigmas, os mistérios, com todo o seu cortejo de inverosimilhanças, da identidade humana, não mais permitindo que o homem se refugie na escuridão das trevas, do desconhecido, do imponderável.

CAPÍTULO II
Verdade genómica ou realidade sociológica? Síntese legislativa

2. Introdução
3. Do realismo germânico ao voluntarismo de inspiração francesa. Algumas soluções de direito comparado
4. Ordenamento jurídico português
5. Proposta de legislação

2. Introdução

I. A interrogação verdade genómica ou verdade sociológica é cada vez mais actual. De um lado, a realidade científica, a biológica, a genómica; do outro, a realidade social, a estabilidade sócio-afectiva da criança. Nem sempre estas duas realidades são coincidentes.

II. Para os defensores da vertente social, a opção pela primeira circunscreve a família a uma perspectiva redutora: ao sangue, aos genes, por vezes, em detrimento dos interesses da criança. Daí, o juiz necessitar ter em atenção todo um conjunto de factores como a idade da criança, o meio familiar, etc, antes de proferir a sentença. A descoberta da verdade possibilitada pelos novos testes de DNA imiscui-se na intimidade da família, pondo mesmo em causa a continuidade das relações familiares e a sua legitimidade. O segredo tutela o valor da defesa da intimidade da vida privada; é uma forma de estimular a doação de gâmetas; constitui uma garantia para o dador de que o filho não virá exigir quaisquer direitos; por seu turno, o dador anónimo também não poderá reclamar algum direito sobre o filho; a revelação de certos elementos relativos à origem biológica da criança pode levar os dadores a esconderem características fundamentais para os diagnósticos pré-natais além de que a identidade do dador dificulta a atribuição da paternidade ao cônjuge da mulher inseminada. A utilização do teste genético para efeitos de determinação da filiação é, ainda, susceptível de configurar grave atentado ao direito à privacidade.

III. Pelo contrário, os defensores da verdade genética sustentam que constitui abuso de direito o facto de o presumível pai invocar o direito à privacidade para justificar a sua não sujeição ao teste, na medida em que priva, deliberadamente, e sem justificação razoável, a criança de conhecer as origens genéticas.

Investigação da filiação 33

3. Do realismo germânico ao voluntarismo de inspiração francesa. Algumas soluções de direito comparado

I. As leis e o próprio *Volksgeist* (espírito dos povos) impelem ao desejo de saber ou, pelo contrário, ao de ignorar a verdade do sangue? Verdade genómica ou realidade sociológica?

II. As soluções preconizadas variam consoante os diferentes ordenamentos jurídicos.

A Convenção sobre os Direitos da Criança, aprovada pela Assembleia-geral das Nações Unidas, em 20 de Novembro de 1989, e ratificada por Portugal em 12 de Setembro de 1990[3], estatui, no artigo 7.º, que a criança tem, na medida do possível, direito de conhecer os pais e de ser educada por eles.

Independentemente das interpretações viáveis desta norma pelos Estados, penso que a questão deve ser sempre colocada em função da relação da criança com os progenitores.

No entendimento de alguns autores[4], esta disposição normativa pode ser interpretada no sentido de que o que educa tem direito de ser designado como pai. Assim sendo, esta norma estabelece uma dimensão afectiva que não coincide necessariamente com a genómica.

Outra possível interpretação desta regra jurídica é a de que o artigo 7.º pretende equiparar a noção de pais com a de progenitores, consagrando o direito da criança ao estabelecimento da sua filiação.

III. A Resolução do Parlamento Europeu sobre Fecundação Artificial In Vivo e *In vitro*, de 16 de Março de 1989, bem como a Declaração Universal sobre o Genoma Humano e os Direitos do Homem da UNESCO, de 11 de Novembro de 1997, consagram o direito à identidade genética.

IV. Os juristas alemães costumam contrapor os sistemas germânicos de filiação aos de tradição românica (cujo modelo foi o direito francês) sob a designação respectivamente de *Abstammungssystem* – sistema da des-

---

[3] Resolução n.º 20 / 90, da Assembleia da República, publicada no Diário da República, I Série, n.º 211, de 12 de Setembro de 1990, 3738 – (2) – 3738 (20).

[4] Cfr., entre outros, C. NEIRINCK, *Le droit de l'enfance après la Convention des Nations Unies*, in «Encyclopédie Delmas pour la Vie des Affaires», Collection française, Delmas, pág. 27.

cendência, fundado no sangue – e *Anerkennungssystem* – sistema do reconhecimento, assente na vontade – para traduzir a oposição de base que separa o realismo germânico do voluntarismo de inspiração francesa[5].

V. É da responsabilidade do realismo alemão a formulação de normas relativas à contestação da paternidade do marido e à pensão de alimentos da criança nascida fora do casamento, prevendo ambas a *offenbar unmöglich*, isto é, a prova da impossibilidade manifesta da paternidade.

O direito alemão tornou obrigatória a investigação da verdade a todo o custo e por qualquer meio, ao ponto de chegar a impor às mães não casadas o dever de indicar o nome do (s) possível (eis) pai (s) dos seus filhos[6]. O § 372.ª do Código de Processo Civil (ZPO) estatui a obrigatoriedade da realização dos exames médicos necessários para o estabelecimento da filiação[7]. O Tribunal Constitucional Federal Alemão, a propósito de uma acção de contestação da paternidade intentada por uma filha maior contra o marido da mãe, em Acórdão de 31 de Janeiro de 1989[8], considerou, com base na alínea 1 do artigo 1.° e na alínea 1 do artigo 2.° da Constituição, que o direito de todo o indivíduo conhecer as suas origens genéticas é um direito fundamental.

VI. Pelo contrário, o sistema francês dá particular importância à vontade como fundamento da filiação, condicionando, ainda, a procura da verdade biológica, na esteira do Código Civil de 1804[9].

O direito francês[10], apesar das intenções de "fazer triunfar a verdade",

---

5 No entanto, são muitas as vozes críticas a esta distinção. Destaco, entre outros, G. HOLLEAUX, *De la filiation en droit allemand, suisse et français*, Cujas, Paris, 1966, págs. 105 e seguintes e R. FRANCK, *La signification différente attachée à la filiation par le sang en droit allemand et français de la famille*, «Revue Internationale de Droit Comparé», 1993, págs. 635-637.

6 C. FUNDER, *Constitutional Principle and the Establishment of the Legal Relationship between the Child and the Non-Marital Father: A Study in Germany, the Netherlands and England*, «Inter. Journal of Law and the Family», 1993, págs. 40 e seguintes.

7 Relativamente à questão particular de saber se, no direito comparado, é possível a realização coerciva dos testes genéticos para o estabelecimento da filiação, cfr. n.° 12.

8 *BverfG* 31 Jan. 1989.

9 O célebre *Code Napoléon* aprovado em 21 de Março de 1804.

10 G. RAYMOND, *La volonté individuelle en matière de filiation*, «Revue Trimestriel de Droit Civil», 1982, pág. 538.

proclamadas na Reforma de 1982, deteve, durante muito tempo, o *record* da recusa deliberada da verdade biológica[11-12-13].

VII. Em Espanha, o n.° 5 do artigo 5.° da *Ley 35 / 1988, de 22 de noviembre, sobre Técnicas de Reproducción Asistida*[14-15], que consagra o princípio do anonimato do dador, não foi alterado pela *Ley 45 / 2003, de*

---

[11] O ordenamento jurídico francês na *Loi n.° 93-22, du 8 janvier 1993*, permitia o anonimato da mãe (casada ou não), no acto do nascimento – o célebre *l'accouchement sous X* – (privando a criança, deste modo, do direito de saber quem é o pai e a mãe), e proibia toda e qualquer acção de investigação da filiação nas situações em que a mãe queria manter o segredo do parto.

A *Loi n.° 96-604, du 5 juillet 1996, sur l'adoption*, veio, também, vedar a revelação de informações que pudessem pôr em causa o segredo da identidade.

Posteriormente, na linha da Convenção sobre os Direitos da Criança, de 20 de Novembro de 1989, das Nações Unidas, foi aprovada a *Loi relative à l'acess aux origines des personnes adoptés et pupilles de l'État, du 10 janvier 2002*, que promoveu, de certa forma, a conciliação dos interesses das mães que querem dar à luz mantendo o anonimato e os direitos das crianças que querem conhecer as suas origens.

Todavia, o artigo L. 1244-7 do Code de la Santé Publique, recentemente modificado pelo artigo 12.° da *Loi n.° 2004-800, du 6 août 2004, relative à la bioéthique* (publicada no *Journal Officiel de la République Française, 7 août 2004*), estatui que: *"La donneuse d'ovocytes doit être particulièrement informée des ... conditions légales du don, notamment du principe d'anonymat..."*.

[12] Nos termos do artigo 16.°, n.° 11, do Code Civil Français (com as alterações introduzidas pela referida *Loi n.° 2004-800, du 6 août 2004, relative à la bioéthique*), os exames para identificação genética só podem ser realizados no quadro de um processo judiciário, com o prévio consentimento expresso do interessado.

[13] Cfr. G. DELAISI DE PARSEVAL / P. VERDIER, *Enfant de personne*, Éditions Odile Jacob, Paris, 1994, pág. 10; C. BONNET, *Geste d'amour, l'accouchement sous X*, Éditions Odile Jacob, Paris, 1990, pág. 23; JACQUELINE RUBBELLIN-DEVICHI, *Une importante réforme en droit de la famille. La Loi n.° 93-22, du 8 janvier 1993*, «J. C. P.», 3659, 1993, pág. 5.

[14] Publicada no *Boletín Oficial del Estado*, n.° 282, de 24 de noviembre de 1988.

[15] Cfr., também, *Ley 42 / 1988, de 28 de diciembre, de donación y utilización de embriones y fetos humanos o de sus células, tejidos u órganos*; *Ley Orgánica n.° 10/1995, de 23 de noviembre, del Código Penal*; *Real Decreto 1/3/1996, n.° 412 / 1996, reproducción asistida humana* (Establece los protocolos obligatorios de estudio de los donantes y usuarios relacionados con las técnicas de reproducción humana asistida y regula la creación y organización del Registro Nacional de Donantes de Gametos Y Preembriones con fines de reproducción humana – *Boletín Oficial del Estado, n.° 72, de 23 de marzo de 1996, 11253-11255*); *Sentencia 116/1999, de 17 de junio, del Pleno del Tribunal Constitucional*; *Ley 6 / 1997, de 14 de abril, de Organización y Funcionamiento de la Administración General de Estado*.

21 de noviembre, por la que se modifica la Ley 35 / 1988, de 22 de noviembre, sobre Técnicas de Reproducción Asistida[16].

4. Ordenamento jurídico português

I. Em Portugal, a coincidência entre a filiação natural e a jurídica deixou de ser princípio absoluto[17]. O n.º 3 do artigo 1839.º do Código Civil determina que o cônjuge que consentiu na inseminação artificial não pode impugnar a presunção de paternidade que sobre ele recai. Não será plausível considerar a relação de *parentesco* que resulta da aplicação desta regra como sendo uma diferente forma de relação jurídica familiar? O legislador não distingue de que tipo de inseminação se trata: homóloga ou heteróloga. E, como de acordo com a velha regra de interpretação *ubi lex non distinguit nec nos distinguere debemus*, poder-se-á dizer que abrange as

---

[16] Publicada no *Boletín Oficial del Estado*, n.º 280, de 22 de *noviembre* de 2003, págs. 41458-41463.

[17] Sobre a problemática da procriação medicamente assistida heteróloga, cfr., entre outros, FRANCISCO MANUEL PEREIRA COELHO, *Procriação assistida com gâmetas do casal*, in «Procriação Assistida, Colóquio Interdisciplinar», (12-13 de Dezembro de 1991), Centro de Direito Biomédico da Faculdade de Direito da Universidade de Coimbra, Coimbra, 1993, pág. 25; J. C. VIEIRA DE ANDRADE, *Procriação Assistida com Dador*, in «Procriação Assistida, Colóquio Interdisciplinar», (12-13 de Dezembro de 1991), Centro de Direito Biomédico da Faculdade de Direito da Universidade de Coimbra, Coimbra, 1993, pág. 50; AUGUSTO LOPES CARDOSO, *Os desafios do Direito face às actuais questões de reprodução humana assistida*, «Cadernos de Bioética», n.º 17, Centro de Estudos de Bioética, Coimbra, Novembro de 1998, pág. 45; GUILHERME FREIRE FALCÃO DE OLIVEIRA, *Legislar sobre procriação assistida*, in «Procriação Assistida, Colóquio Interdisciplinar», (12-13 de Dezembro de 1991), Centro de Direito Biomédico da Faculdade de Direito da Universidade de Coimbra, Coimbra, 1993, pág. 90, *Critério jurídico da Paternidade*, Almedina, Coimbra, 1998, pág. 499; CLARA PINTO CORREIA, *O essencial sobre os "bebés-proveta"*, Imprensa Nacional-Casa da Moeda, Lisboa, 1986, pág. 26; JOSÉ SOUTO DE MOURA, *Acesso à filiação, procriação medicamente assistida e filiações enxertadas*, «Revista do Ministério Público», Ano 19.º, n.º 73, Lisboa, Janeiro-Março de 1998, pág. 130; JOSÉ DE OLIVEIRA ASCENSÃO, *Procriação assistida e direito*, sep. «Estudos em Homenagem ao Prof. Doutor Pedro Soares Martínez», Vol. I, Almedina, Coimbra, 2000, pág. 649; STELA BARBAS, *Consequências da Manipulação Genética no Direito das Pessoas e na Condição Jurídica dos Nascituros*, «Tribuna da Justiça», n.º 6, Lisboa, Outubro-Dezembro de 1990, págs. 83 e seguintes; STELA BARBAS, *Da problemática jurídica dos embriões excedentários*, sep. «Revista de Direito e de Estudos Sociais», Ano XXXXI, n.º 1-2, Verbo, Lisboa, 2000, págs. 103 e seguintes.

Investigação da filiação 37

duas[18]. Isto é, se o cônjuge consentiu na inseminação não pode depois impugnar a presunção de paternidade que sobre ele recai mesmo nos casos em que o *seu* filho resultou de uma inseminação artificial com sémen de terceiro?!... Predomina, portanto, nesta norma a verdade social em detrimento da realidade científica. Contudo, o n.º 2 do artigo 1859.º do Código Civil possibilita ao perfilhante impugnar a todo o tempo a paternidade que se estabeleceu mesmo que ele tenha consentido na perfilhação. Assistimos, assim, a mais uma contradição entre disposições legais no seio do mesmo Diploma.

II. Reconheço que se poderá alegar que o sigilo é importante para assegurar a reserva da intimidade da vida privada e familiar prevista no n.º 1 do artigo 26.º da Constituição da República Portuguesa e que é, também, possível argumentar, analogicamente, com o instituto da adopção[19] que preconiza o anonimato do pai biológico.

III. Todavia, o anonimato colide com o preceituado no n.º 1 e no n.º 3 do citado artigo 26.º da Constituição que reconhece a todos o direito à identidade pessoal e à identidade genética[20].

IV. De qualquer modo, assim sendo, o sistema jurídico não pode ficar ferido pela contradição de o artigo 1987.º do Código Civil determinar a impossibilidade de estabelecimento e prova da filiação natural do adoptado fora do processo preliminar de publicações. Julgo, e salvo o devido respeito por quem defende tese contrária, que o próprio regime da adopção deveria ser modificado no sentido de consagrar o direito do adoptado,

---

[18] E de que tipo de consentimento se trata? Expresso ou tácito? Idêntico raciocínio poderá ser aplicado relativamente ao consentimento, sendo, portanto, suficiente o consentimento tácito.

[19] Em especial, os artigos 1985.º e 1987.º do Código Civil.

[20] O CONSELHO NACIONAL DE ÉTICA PARA AS CIÊNCIAS DA VIDA, no *Parecer 44 / CNECV / 04*, de 26 de Julho de 2004, no n.º 10 (disponível em http://www.cnecv.gov.pt/), considerou que no caso de Procriação medicamente assistida com recurso a dador de gâmetas, deverá ser salvaguardada a possibilidade de identificação do dador, a pedido do seu filho biológico e a partir da maioridade legal deste, no reconhecimento ao direito do próprio à identidade pessoal e biológica. A informação genética relevante para a saúde do filho biológico e não identificável do dador deverá manter-se permanentemente acessível, podendo ser solicitada, antes da maioridade do filho biológico, pelos seus representantes legais.

depois de atingir a maioridade, de conhecer as suas raízes genómicas, a sua história, a sua própria identidade, o seu Património Genético[21-22].

V. Em síntese, em virtude das referidas contradições legais existentes e de toda a problemática que o n.º 3 do artigo 1839.º[23] do Código Civil envolve, e uma vez que em Portugal existe um vazio legal[24] na área da procriação medicamente assistida, é urgente a criação de uma norma neste âmbito que consagre o direito à identidade genómica.

5. Proposta de legislação

I. No meu modesto entendimento poderia ser elaborada, em sede de procriação medicamente assistida, uma norma como a seguinte:

Artigo ...
Direito à identidade genómica

1 – O indivíduo nascido por inseminação ou fertilização heteróloga tem direito, após a maioridade, a conhecer a sua identidade.

2 – Para efeitos do disposto no número anterior, deve ser apresentado pelo próprio um requerimento à Comissão Nacional de Procriação Medicamente Assistida.

3 – A Comissão Nacional de Procriação Medicamente Assistida deve não só revelar a identificação do dador como, também, fornecer uma cópia do processo individual inscrito no Registo Nacional de Procriação Medicamente Assistida.

4 – Se existirem razões sérias de natureza médica, pode o representante do interessado durante a menoridade deste solicitar à Comissão Nacional de Procriação Medicamente Assistida informações relativas às características genéticas do dador, incluindo, se necessário, a identificação deste.

---

[21] STELA BARBAS, *Direito ao Património Genético*, Almedina, Coimbra, 1998, págs. 161 e seguintes; STELA BARBAS *Direito à Identidade Genética*, «Forum Iustitiae. Direito & Sociedade», n.º 6, Lisboa, Novembro de 1999, págs. 39 e seguintes.

[22] A justificação para a defesa da consagração do direito à identidade genómica será feita no Capítulo III.

[23] Que é, aliás, a única disposição do Código Civil que se reporta à inseminação artificial.

[24] Este estudo foi elaborado antes da publicação da Lei da Procriação Medicamente Assistida (Lei n.º 32 / 2006, de 26 de Julho).

Investigação da filiação 39

5 – O pedido a que se refere o número anterior deve ser apoiado em pareceres fundamentados de dois médicos geneticistas de diferentes instituições.

CAPÍTULO III
Direito à identidade genómica

6. Razão de ser

6. Razão de ser

I. O ser humano tem direito à identidade genómica.

Não pode haver dois tipos de pessoas: as que podem conhecer e as que não podem conhecer as suas raízes genómicas.

A afirmação de que a paternidade genética não tem valor porque superada pela social é susceptível de críticas. Uma coisa é o reconhecimento da relevância da paternidade social, outra é sacrificar, postergar, em função da ênfase na paternidade social, o direito à identidade, mesmo que não tenha qualquer efeito patrimonial. Além do mais, se a paternidade social estiver despojada de efeitos patrimoniais, que consequências pejorativas teria essa identificação para o doador ao ponto de inviabilizar as doações? Se se considera que a doação acarreta efeitos negativos para o doador, significa que, pelo menos do ponto de vista psicológico, a cedência dessa carga genética está a ser vista na perspectiva de um objecto, de uma coisa, de uma *res*.

II. O direito a conhecer a própria identidade[25], ou seja, poder responder a perguntas como: quem sou eu? Quem são os meus progenitores? É uma interrogação que inquieta não só personagens de obras famosas da literatura como, também, mulheres e homens comuns. Por vezes, a dúvida chega a atingir foros perfeitamente dramáticos em razão de circunstâncias peculiares da existência pessoal. As respostas proporcionadas pelos dife-

---

[25] Sobre o direito à identidade genética, cfr., nomeadamente, PAULO OTERO, *Personalidade e Identidade Pessoal e Genética do Ser Humano: Um perfil constitucional da bioética*, Almedina, Coimbra, 1999, págs. 9 e seguintes.

rentes ordenamentos jurídicos têm estado condicionadas, ao longo da História, por inúmeros factores de pendor sócio-cultural e especialmente científico.

A crise de identidade determinada pela ignorância e, de modo particular, pela obstrução do conhecimento das suas origens genómicas é mais um fundamento para justificar este direito.

A criança deve ter conhecimento[26], o mais cedo possível, que é adoptada para evitar que um dia venha a saber *bruscamente*, por acaso, por descuido ou por terceiros, a verdade. Trata-se de uma realidade que lhe deve ser transmitida progressivamente e clarificada à medida do seu crescimento.

Qual o impacto da descoberta (tardia) da realidade de que afinal o *seu* progenitor não o é? Geram-se, por vezes, crises existenciais de identidade, de escolha entre os pais genéticos e os sociais.

Deve ser consagrado o direito de os filhos conhecerem as suas origens genómicas bem como o direito de os presuntivos progenitores a não lhes ser atribuída uma falsa paternidade ou maternidade.

III. O conhecimento das raízes genómicas permite não só aceder a informação médica fundamental, como também, satisfazer necessidades do foro psicológico, na medida em que o desejo de saber as origens pode consubstanciar um elemento essencial para a integração psicossocial de determinados indivíduos[27].

IV. É significativo o número de filhos cujos pais não são os maridos das mães. É, frequentemente, citada uma taxa de 10% em tratados de gené-

---

[26] ADRIANO DE CUPIS, *I diritti della personalità*, in «Trattato de Diritto Civile e Commerciale», IV, Giuffré, Milano, 1982, págs. 400 e 408, reporta-se à tutela da verdade da pessoa em si mesma, contra alterações à essência pessoal, própria e específica do ser humano realizadas através da omissão de elementos pessoais reais ou pela introdução de elementos irreais.

[27] Tem-se constatado que as pessoas a quem se esconde a verdade acabam por desenvolver perturbações relacionadas com a sua auto-estima, têm pouca confiança em si próprias e têm frequentemente problemas de identidade e afectividade. Cfr. D. M. BRODZINSKY, *The psychology of adoption*, Oxford University Press, 1990, citado por MIGUEL RICOU, *Inseminação artificial com recurso a dação de gâmetas: implicações psicológicas*, in «Genética e Reprodução Humana», Colectânea Bioética Hoje I, Coord. Rui Nunes / / Helena Melo, Serviço de Bioética e Ética Médica, Faculdade de Medicina da Universidade do Porto, Gráfica de Coimbra, Coimbra, 2000, pág. 149.

Investigação da filiação 41

tica. Macintyre e Soomon, após um profundo estudo comparativo, referem que a taxa varia entre 2 e 30 %[28]. Baker e Bellis citam estudos com uma faixa de 9 a 30 %[29]. De acordo com os dados constantes de uma estatística realizada em França, em 1981[30], 7 a 10 % das crianças "pretensamente legítimas" na realidade não o são[31]. Muitos outros autores defendem que a percentagem varia apenas entre 2 e 4 %[32-33].

Estes exemplos permitem demonstrar que, por vezes, os maridos duvidam da sua paternidade e, por seu turno, os filhos questionam a sua filiação, dando origem a um clima de permanente instabilidade e insegurança na relação familiar.

O sigilo condiciona o estabelecimento da filiação implicando a despersonalização da reprodução. Além disso, é susceptível de originar futuros incestos (por exemplo, quando uma mulher é inseminada artificialmente com sémen do próprio pai, irmão, etc).

V. O conhecimento das características genómicas do dador é fundamental para diagnosticar eventuais doenças genéticas e outras anomalias graves. Caso contrário, não é possível definir, em situações concretas, o meio de transmissão hereditária de certas enfermidades (algumas até de manifestação tardia) e em que é preciso saber como serão transmitidas aos descendentes[34].

---

[28] S. MACINTYRE / A. SOOMON, *Non-paternity prenatal genetic screening*, «Lancet», 338, 1991, págs. 868-871.

[29] R. BAKER / M. BELLIS, *Human sperm competition*, Chapman Hall, New York, 1995, págs. 200-222.

[30] DENISE SALMON, *La preuve scientifique de la paternité: état de la science et déontologie*, in «Droit de la filiation et progrès scientifiques», Coord. Catherine Labrusse / / Gérard Cornu, Économica, Paris, 1981, pág. 44.

[31] Muitos filhos são aceites pelo pais apesar de estes estarem conscientes da situação. Esta aceitação pode resultar de várias causas. Tais como o desejo de manter o segredo, a ideia de que não importa apenas a paternidade biológica, o perdão à mulher infiel, etc.

[32] D. J. H. BROCK / A. E. SHRIMPTON, *Non-paternity prenatal genetic screening*, «Lancet», 338, 1991, pág. 1151.

[33] M. G. LEROUX / M. T. PASCAL / O. HERBERT / A. DAVID / J. P. MOISAN, *Non-paternity and genetic counselling*, «Lancet», 340, 1992, pág. 607.

[34] A Comissão de Ética da American Society for Reproductive Medicine considera um imperativo para os profissionais de saúde envolvidos num processo de procriação medicamente assistida providenciarem um *follow-up* da família, incluindo, logicamente, a criança.

O sigilo pode ter sérias consequências, designadamente no momento de um exame em que é fundamental proceder à anamnese dos antecedentes familiares e o doente ignora, por completo, o "historial" clínico dos seus antepassados[35].

A propagação de taras genéticas e de doenças conhecidas e graves através do sémen é um dado adquirido e implica a observância de determinados requisitos dos dadores[36].

VI. Podemos, ainda, alegar que o segredo pode estar, em termos gerais, em profunda contradição com direitos humanos fundamentais.

O espaço familiar e mais circunstâncias sociais são indispensáveis, mas não nos dão o total conhecimento de nós próprios, se for escondido o nosso património genético[37].

Assegurar o anonimato aos dadores implica negar à criança uma parte das suas raízes, da sua história, em suma da sua própria identidade.

Sem sabermos de onde provimos não é possível descobrir para onde vamos ou para onde pretendemos ir. Precisamos de ter consciência da nossa própria identidade; necessitamos da certeza da nossa proveniência genómica até para podermos ter dúvidas acerca de nós próprios.

VII. Todo o ser humano deve ter o direito de saber quem é o seu pai e mãe genéticos.

Actualmente que possuímos meios de prova científica cada vez mais perfeitos, e que o princípio da igualdade entrou nos espíritos e nas leis, uma nova via deverá ser aberta e conduzir ao princípio da verdade genómica como instrumento de um direito fundamental, o da igualdade.

A ninguém pode ser negado o direito de saber a forma como foi gerado ou o direito de se conhecer a si próprio ou a definição integral da sua identidade genómica.

---

[35] JOAQUIM PINTO MACHADO, *Problemas éticos relativos à reprodução / procriação medicamente assistida*, in «Novos desafios à bioética», Coord. Luís Archer / Jorge Biscaia / Walter Osswald / Michel Renaud, Porto Editora, Porto, 2001, pág. 103.

[36] Que nem sempre estão disponíveis, designadamente para a repetição de testes laboratoriais.

[37] STELA BARBAS, *Direito ao Património Genético*, Ob. Cit., págs. 174 e seguintes.

Investigação da filiação 43

CAPÍTULO IV
Estabelecimento da filiação

7. Estabelecimento da maternidade
8. Estabelecimento da paternidade
9. Estabelecimento da filiação: continuação. Vantagens da utilização do teste de DNA
10. Estabelecimento da filiação e procriação medicamente assistida. Proposta de legislação
10.1. *Princípios gerais*
10.2. *Maternidade*
10.3. *Paternidade*
10.4. *Presunção de paternidade*
10.5. *Mãe portadora*
10.6. *Inseminação e fertilização in vitro post-mortem*
10.7. *Implantação / Transferência post-mortem*

7. Estabelecimento da maternidade

I. O n.º 1 do artigo 1796.º do Código Civil consagra o princípio de que a maternidade resulta do nascimento e depende de simples declaração desde que observado o estipulado nos artigos 1803.º a 1805.º daquele Diploma. Isto é, a filiação jurídica (materna) corresponde à filiação biológica oriunda do nascimento[38-39].

Quando a maternidade não estiver mencionada no registo do nascimento deve o funcionário remeter ao tribunal certidão integral do registo bem como cópia do auto de declarações, se existirem, de modo a se pro-

---

[38] Contrariamente ao regime anterior à Reforma de 1977, a mãe deixou de ter a hipótese de impedir a respectiva constituição do vínculo jurídico. Só no caso de a declaração de nascimento não ser exacta no que diz respeito à menção da maternidade é que passou a ser possível à mulher impugnar a maternidade estabelecida desta forma, através da acção de impugnação de maternidade a que se reporta o artigo 1807.º do Código Civil.

[39] Sobre o estabelecimento da filiação, cfr., entre outros, GUILHERME DE OLIVEIRA, *Estabelecimento da Filiação*, Almedina, Coimbra, 1997; *Critério jurídico da Paternidade*, Colecção Teses, Almedina, Coimbra, 1998; JOSÉ DA COSTA PIMENTA, *Filiação*, Coimbra Editora, Coimbra, 1986; RUI EPIFÂNIO e ANTÓNIO FARINHA, *Organização tutelar de menores – contributo para uma visão interdisciplinar do direito de menores e de família*, Almedina, Coimbra, 1997.

ceder à averiguação oficiosa da maternidade[40], nos termos do artigo 1808.° e seguintes do Código Civil.

O Código Civil prevê, nos artigos 1814.° e seguintes, a hipótese de a maternidade poder ser reconhecida em acção especialmente intentada pelo filho para esse efeito, quando não resulte de declaração.

8. Estabelecimento da paternidade

I. Por sua vez, a paternidade pode estabelecer-se pelos meios seguintes:

1 – No que diz respeito a filho nascido de mulher casada, através da presunção legal de paternidade do marido da mãe (artigos 1826.°[41] e 1835.° do Código Civil);

2 – No que concerne a filho de mulher não casada, por perfilhação (artigo 1849.° e seguintes do Código Civil e 120.° do Código de Registo Civil);

3 – Por decisão judicial em acção de investigação (quando não tiver havido reconhecimento voluntário da paternidade, com duas hipóteses):

a) Em acção oficiosa de investigação de paternidade, intentada pelo Ministério Público, precedidas de uma averiguação oficiosa da paternidade[42] (artigos 1864.° a 1868.° do Código Civil, 121.° do Código de Registo Civil e 202.° a 207.° da Organização Tutelar de Menores);

b) Em acção não oficiosa de investigação de paternidade, especialmente intentada pelo filho se a maternidade já se encontrar estabelecida ou for pedido conjuntamente o reconhecimento de uma e outra. O filho pode intentar a acção por si, ou através de representante legal[43] ou, ainda, repre-

---

[40] A averiguação oficiosa da maternidade não é admitida quando, existindo perfilhação, a pretensa mãe e o perfilhante forem parentes ou afins em linha recta ou parentes no segundo grau da linha colateral ou se já passaram dois anos sobre a data do nascimento. Cfr. artigo 1809.° do Código Civil.

[41] Cfr. n.° 2 do artigo 1796.° do Código Civil.

[42] A averiguação oficiosa da paternidade não pode ser intentada se a mãe e o pretenso pai forem parentes ou afins em linha recta ou parentes no segundo grau da linha colateral ou se já tiverem decorridos dois anos a contar do nascimento. Cfr. artigo 1866.° do Código Civil.

[43] A mãe menor também tem legitimidade para intentar a acção em representação do filho sem necessitar de autorização dos pais. Todavia, terá sempre de ser representada na causa por curador especial nomeado pelo tribunal. Cfr. artigo 1870.° do Código Civil.

Investigação da filiação

sentado pelo Ministério Público, segundo o preceituado nos artigos 3.º, n.º 1, a) e 5.º, n.º 1, c), do Estatuto do Ministério Público, aprovado pela Lei n.º 47 / 86, de 15 de Outubro[44], e nos artigos 1869.º a 1873.º do Código Civil.

9. Estabelecimento da filiação: continuação. Vantagens da utilização do teste de DNA

I. Até há pouco tempo o Direito operava com relativa segurança quanto ao facto de a identidade da mãe ser sempre certa – *Mater semper certa est* –, enquanto a do pai presumida. Não havia, portanto, dúvidas que a mulher que concebeu, gestou e deu à luz era a mãe[45-46]. Na impossibilidade de se obter a certeza de quem era o pai[47], aplicava-se (e aplica-se) a velha máxima romana *pater is est quem justae nuptiae demonstrant*. Trata-se, no entanto, apenas de uma presunção *iuris tantum* estabelecida no artigo 1826.º[48] do Código Civil.

II. Por sua vez, o artigo 1838.º determina que a paternidade presumida, nos moldes do referido artigo 1826.º, só pode ser impugnada nos casos previstos no artigo 1839.º e seguintes.

---

[44] Com as alterações introduzidas pela Lei n.º 2 / 90, de 20 de Janeiro, Lei n.º 23 / 92, de 20 de Agosto, Lei n.º 10 / 94, de 5 de Maio, Lei n.º 33-A / 96, de 26 de Agosto e Lei n.º 60 / 98, de 27 de Agosto.

[45] Tomás Oliveira e Silva, *Filiação. Constituição e extinção do respectivo vínculo*, Almedina, Coimbra, 1989, pág. 16.

[46] Todavia, os progressos científicos operados na área da procriação medicamente assistida ao possibilitarem o recurso às denominadas mães portadoras vieram pôr em causa o princípio da maternidade sempre certa.

Em causa o velho axioma *mater semper certa est, etiam si vulgo conceperit* e a sua substituição por *mater non semper certa est*?

No caso das mães portadoras, de aluguer ou hospedeiras quem é a "verdadeira" mãe? A que deu o óvulo? A que gestou a criança? A que "encomendou"? Cfr. n.º 10.5.

[47] Como rezava o ditado popular: "Os filhos das minhas filhas meus netos são, os filhos dos meus filhos talvez sim ou talvez não."

[48] Cfr., também, n.º 2 do artigo 1796.º do Código Civil.

III. Segundo o disposto no n.º 1 do artigo 1839.º, a paternidade pode ser impugnada pela mãe, pelo marido da mãe, pelo filho e pelo Ministério Público[49].

IV. Assim, e mais concretamente, a presunção de paternidade pode ser ilidida nas seguintes hipóteses: em acção judicial de impugnação da paternidade intentada pela mãe, nos dois anos subsequentes ao nascimento; ou pelo marido da mãe, nos dois anos posteriores ao conhecimento de circunstâncias de que possa concluir-se que não é o pai; ou pelo filho, até um ano após ter alcançado a maioridade ou ter sido emancipado, ou, dentro de um ano a contar do momento em que teve conhecimento de circunstâncias que permitam chegar à conclusão de que não é filho do marido da mãe[50-51].

A acção de impugnação da paternidade proposta pelo Ministério Público encontra-se disciplinada no artigo 1841.º do mesmo Diploma. O pai biológico não pode, só por si, impedir o estabelecimento da paternidade do filho a favor do marido da mãe nem, depois de estabelecida a paternidade, impugná-la directamente. Só o pode fazer por intermédio do Ministério Público, nos termos do preceituado nesta norma. Ou seja, se o requerer no prazo de sessenta dias a contar da data em que a paternidade do marido da mãe conste do registo, e, se a viabilidade do pedido for reconhecida pelo tribunal (em acção de averiguação oficiosa da paternidade disciplinada nos artigos 202.º e seguintes da Organização Tutelar de Menores).

V. Antigamente, nos casos de filhos concebidos ou nascidos na constância do casamento bem como dos concebidos ou nascidos fora do matrimónio, as provas que a Ciência podia produzir seguiam, como referi, o princípio da exclusão. As exclusões de paternidade são inúmeras, ao passo que a prova da paternidade dependia de estatísticas baseadas na ausência de uma exclusão.

---

[49] Na acção o autor deve provar que, tendo em conta as circunstâncias, é manifestamente improvável a paternidade do marido da mãe. Cfr. n.º 2 do artigo 1839.º do Código Civil.

[50] Relativamente aos prazos indicados, cfr. artigo 1842.º do Código Civil.

[51] Todavia, se o registo for omisso no que concerne à maternidade, os prazos que o filho e o marido da mãe têm para intentar a acção de impugnação de paternidade são contados a partir do estabelecimento da maternidade. Cfr. n.º 2 do artigo 1842.º do Código Civil.

VI. Actualmente, e embora esses métodos continuem, por vezes, a serem empregues[52-53], o teste de DNA veio permitir que a ficção presumida da paternidade fosse substituída pela quase certeza sobre a paternidade. Isto é, as análises de DNA tornaram real o princípio *pater is est quem sanguis demonstrat.*

Este processo comprova a paternidade com um grau de acerto de 99, 999999%. Ou seja, existe uma margem de erro de 1/100 milhões. Se a esse exame acrescentarmos as provas testemunhais e circunstanciais a hipótese de se errar é irrelevante[54].

VII. Com efeito, o teste de DNA[55] veio revolucionar, por completo, o processo de investigação de paternidade / maternidade. O genoma de cada ser humano é uma mistura exclusiva (com excepção dos gémeos univitelinos) reorganizada do genoma de ambos os progenitores.

O estudo comparativo do genoma do filho com o dos presuntivos progenitores permite o estabelecimento da paternidade com uma margem de certeza praticamente absoluta.

---

[52] Os marcadores genéticos convencionais que podem ser utilizados incluem antigenios (também denominados antigénios ou antígenos) eritrocitários, antigenios HLA, enzimas eritrocitárias e leucocitárias, proteínas e enzimas séricas, com *locus* génico perfeitamente ubicado, hereditariedade estabelecida e taxas de alelos raros ou silenciosos conhecida.

[53] Os erros mais frequentes resultam de recentes transfusões sanguíneas, da idade, de certas doenças, da existência dos denominados genes raros e genes silenciosos e de mutações espontâneas.

[54] Em França, laboratórios privados, há já muitos anos, propõem ao público controlos genéticos de paternidade. JEAN-YVES NAU, num artigo publicado no «Le Monde», 17 de Janeiro de 1992, relata que o preço de uma marca genética (pago antes da análise) é de 2372 F TTC ou de 7116 F nos casos de um controlo de filiação realizado a partir de três marcas, da criança, da mãe, do presumível pai. Cfr. Comité Consultatif National d'Éthique pour les Sciences de la Vie et de la Santé, *Avis relatif à la diffusion des techniques d'identification par analyse de l'DNA,* du 15 décembre 1985, «Les Avis de 1983 a 1993», Inserm, 1993, págs. 257-260.

[55] ALEC JEFFREYS / V. WILSON / S. L. THEIN, *Hyper variable minisatellite regions in human DNA,* «Nature», 314, 1985, pág. 67; ALEC JEFFREYS / V. WILSON / S. L. THEIN, *Individual specific fingerprints of human DNA,* «Nature», 316, 1985, pág. 76.

[56] A pessoa é o produto da união de duas células, o óvulo (célula materna) e o espermatozóide (célula paterna) que dão origem a uma nova célula, o zigoto, a partir do qual se desenvolvem cerca de 3 bilhões de células que constituem o organismo adulto.

Como todas as células do organismo surgem a partir de uma inicial[56] a informação genómica encontra-se perfeitamente salvaguardada e permanece inalterada ao longo da vida.

Estas características do genoma humano (carga hereditária dos pais, individualidade e inalterabilidade) têm permitido o desenvolvimento de tecnologias indispensáveis para a investigação da filiação.

Uma vez que a informação genómica da pessoa está contida na molécula de DNA e esta forma se encontra presente em todas as células do corpo humano, o teste realizado sobre qualquer célula possibilita determinar as origens genómicas desse indivíduo. Além da prática convencional da colheita de sangue para posterior extracção do DNA é possível, também, usar a saliva para a realização do teste de paternidade. Esta técnica permite que o DNA seja retirado das células epiteliais da mucosa oral. É importante sublinhar que não existe diferença entre o DNA extraído do sangue e o das células da boca. Após a obtenção do DNA procede-se ao estudo genético com os mesmos marcadores.

VIII. O teste de DNA acarreta todo um conjunto de vantagens, tais como:

– Pode ser executado a partir de qualquer material humano: sangue, esperma, saliva, unha, fios de cabelo[57], amostras de tecido.
– Trata-se de um meio de prova mais simples e menos dispendioso que os tradicionais exames de sangue.
– O teste de DNA permite que a investigação de paternidade tenha lugar ainda na fase pré-natal, contrariamente ao que acontece com os outros exames que necessitam de elementos que demoram um certo tempo para se desenvolverem no fenótipo do embrião.
– Como o DNA não perde a sua eficácia com o tempo, é possível extraí-lo, nomeadamente, de amostras menos recentes de sangue.
– É viável obter o DNA, inclusivamente, de defuntos, possibilitando, assim, fixar a paternidade até nos casos em que o presumível pai já está morto[58].

---

[57] A título de curiosidade, o fio de cabelo tem que ser arrancado pela raiz, caso contrário só possibilita uma análise de DNA mitocondrial. Este DNA contém apenas os dados genéticos transmitidos pela mãe.

[58] Um modo de estabelecer o vínculo genético é através da exumação do suposto pai e tentativa posterior de encontrar DNA viável para ser analisado. O estado de decomposição do material biológico, a humidade, a temperatura e a luminosidade são alguns dos fac-

Investigação da filiação 49

- É um método conclusivo nos casos de incesto. Também é fundamental quando dois irmãos disputam a paternidade. A única hipótese de falha ocorre quando os presumíveis pais são irmãos gémeos monozigóticos já que o genótipo e o fenótipo são idênticos.
- O teste de DNA possibilita examinar directamente o material genético. Pelo contrário, os tradicionais exames de sangue dificilmente conseguem detectar um alelo silencioso do pai / mãe, o que pode levar a uma errónea exclusão da paternidade.
- A probabilidade de se encontrar duas pessoas de DNA iguais varia, aproximadamente, até mais de 10 triliões o que faz desse método uma verdadeira impressão digital genética, conhecido, por esse motivo, por DNA *fingerprints*.

10. Estabelecimento da filiação e procriação medicamente assistida. Proposta de legislação

I. Como é do conhecimento geral, verifica-se em Portugal um perturbador vácuo legislativo na área da procriação medicamente assistida[59].

Há, assim, uma necessidade imperiosa de definir regras que estabeleçam a filiação perante as novas técnicas da procriação medicamente assistida.

II. Nestes termos, julgo que a futura legislação poderia ser elaborada nos termos que se seguem:

---

tores que podem influenciar o exame. Nos casos em que o único material existente se encontra desvitalizado (unhas e cabelo) deve ser evitada a exumação do cadáver devido à baixa qualidade do material biológico. Porém, se esta for a única hipótese, recomenda-se a utilização dos ossos mais longos tais como o fémur, a tíbia e o úmero, uma vez que a molécula óssea destes ossos é a última a perder o material biológico viável. A técnica mais usada é a da *Polymerase Chain Reaction* (PCR) que permite a detecção de fragmentos de DNA em restos de material orgânico humano, apesar de já degradados. Este exame tem um grande poder de amplificação do DNA.

[59] Refiro, novamente, que este estudo é anterior à publicação da Lei da Procriação Medicamente Assistida.

10.1. *Princípios gerais*

CAPÍTULO ...
Estabelecimento da Filiação

Artigo ...
Princípios gerais

Às pessoas nascidas com recurso a técnicas de procriação medicamente assistida ou após adopção embrionária são aplicadas as regras gerais do estabelecimento da filiação, com as especialidades previstas nos artigos seguintes.

10.2. *Maternidade*

Artigo ...
Maternidade

1 – Relativamente à mãe, a filiação resulta do facto do nascimento, com a excepção prevista no artigo ...[60].

2 – A dadora de ovócitos que tiver dado o seu consentimento nos termos da presente lei não é considerada a mãe legal, não sendo titular de quaisquer direitos ou deveres relativamente à criança que vier a nascer.

3 – O preceituado no número anterior não obsta à admissibilidade, em processo preliminar de publicações, da prova da maternidade para efeitos das alíneas a) e b) do artigo 1602.° do Código Civil.

10.3. *Paternidade*

Artigo ...
Paternidade

1 – A paternidade presume-se em relação ao cônjuge ou ao indivíduo que vive em união de facto com a mãe da criança.

---

[60] Artigo referente à mãe portadora.

Investigação da filiação 51

2 – O dador de sémen que tiver dado o seu consentimento nos termos da presente lei não é considerado o pai legal, não sendo titular de quaisquer direitos ou deveres relativamente à criança que vier a nascer.

3 – O preceituado no número anterior não obsta à admissibilidade, em processo preliminar de publicações, da prova de paternidade para efeitos das alíneas a) e b) do artigo 1602.º do Código Civil.

10.4. *Presunção de paternidade*

Artigo ...
Presunção de paternidade

1 – Não é permitida a impugnação da presunção de paternidade com fundamento na utilização de técnicas de procriação medicamente assistida heteróloga ao cônjuge ou ao indivíduo que viva em união de facto tutelada por lei que tenha dado o seu consentimento nos termos da presente lei.

2 – A presunção de paternidade referida no número anterior pode ser ilidida se o cônjuge ou o indivíduo que vive em união de facto provar que a criança não nasceu do processo para que foi dado o seu consentimento.

10.5. *Mãe portadora*

Artigo ...
Mãe portadora[61]

1 – Não é permitido o recurso às chamadas mães portadoras.

---

[61] Julgo que a regra de ouro de que a mãe é a mulher que gera e tem o parto (n.º 1 do artigo 1796.º do Código Civil), norma aliás comum aos quadros jurídicos da chamada cultura ocidental, tem de ser substituída pelo princípio do respeito ao direito da mãe genética.

A consideração de que a mãe portadora seria sempre a mãe legal envolveria necessariamente uma contradição: é extraordinariamente difícil conceber que a mãe genética (dadora do óvulo) tivesse que recorrer ao tradicional processo de adopção para a criação de um vínculo de filiação com o seu próprio descendente genético.

A mãe hospedeira que forneceu o óvulo deve ser considerada a mãe legal. Foi ela que cedeu o material hereditário indispensável àquele nascimento. A individualidade do novo ser ficou definida a partir do momento da combinação entre os genes do pai e da mãe.

2 – Para efeitos do disposto no número anterior, por mãe portadora entende-se a mulher que se obriga a suportar uma gravidez por conta de outrem e a entregar a criança após o parto.

3 – São nulos os negócios jurídicos, gratuitos ou onerosos, descritos no número anterior.

4 – No caso de incumprimento do disposto no número 1, a maternidade será estabelecida nos seguintes termos:

a) Se a inseminação for feita com a utilização de ovócitos da mulher que recorreu à portadora, a mãe será a genética;

b) Se a portadora contribuiu também com os seus próprios ovócitos será considerada a mãe;

c) Se os ovócitos são provenientes de uma terceira mulher, é tida como mãe a parturiente.

10.6. *Inseminação e fertilização in vitro post-mortem*

Artigo ...
Inseminação e fertilização *in vitro post-mortem*[62]

1 – É proibida a inseminação ou fertilização *in vitro post-mortem*.

As correntes jusnaturalistas consideram que a relação estabelecida entre a mãe genética e a criança reveste natureza ontológica sendo, portanto, indisponível.

As mães de aluguer que contribuem também com os óvulos têm um papel activo fundamental no desenvolvimento da criança; o futuro do filho é condicionado, desde logo, pelo elemento fertilizante e pela vida intra-uterina.

Em Portugal, entretanto na falta de disposição legal, os interessados podem usar mecanismos jurídicos existentes e, por processos pouco "ortodoxos" mas possíveis, conseguirem registos de paternidade e maternidade. Uma solução seria a mãe de aluguer abandonar o recém-nascido e este ser adoptado plenamente pelo casal que recorreu à mãe portadora. Se o casal viver em união de facto, um de ambos adoptaria a criança, ou o homem (no caso de ter fornecido o esperma) a reconheceria como filha podendo, ainda, a sua companheira adoptar a criança.

STELA BARBAS, *O Contrato de Gestação à espera de novas leis*, «Forum Iustitiae. Direito & Sociedade», n.º 1, Lisboa, Junho de 1999, págs. 47-50.

[62] A matéria da inseminação / implantação *post-mortem* suscita, também, inúmeras dificuldades no estabelecimento da filiação. Cfr. STELA BARBAS, *Aspectos jurídicos da inseminação artificial "post-mortem"*, sep. «Colectânea de Jurisprudência. Acórdãos do Supremo», Ano VII, Tomo II, Coimbra, 1999, págs. 21 e seguintes.

Não há uniformidade no direito comparado. Assim, em Espanha, o n.º 2 do artigo

9.°, da *Ley 35 / 1988, de 22 de noviembre, sobre Técnicas de Reproducción Asistida*, permite a inseminação póstuma sob determinadas condições: *"No obstante lo dispuesto en el apartado anterior, el marido podrá consentir, en escritura pública o testamento, que su material reproductor pueda ser utilizado, en los seis meses siguientes a su fallecimiento, para fecundar a su mujer, produciendo tal generación los efectos legales que se derivan de la filiación matrimonial"*. Esta disposição não foi objecto de alteração pela actual Lei Espanhola – *Ley 45/2003, de 21 de noviembre, por la que se modifica la Ley 35/1988, de 22 de noviembre, sobre Técnicas de Reproducción Asistida*.

A Lei Francesa – *Loi n.° 94 / 654, du 29 juillet 1994, relative au don et à l'utilisation des elements et produits du corps humain, à l'assistance médicale, à la procréation et au diagnostic prénatal* (publicada no *Journal Officiel de la République Française, 30 juillet 1994*, págs. 11060-11068) –, no artigo L. 152-4, admitia a inseminação *post-mortem* desde que se observassem certos requisitos: *"... En cas de décès d' un membre du couple, le membre survivant est consulté par écrit sur le point de savoir s' il consent à ce que les embryons conservés soient accueillis par un autre couple dans les conditions prévues à l'article L. 152-5"*.

A recente Lei Francesa – *Loi n.° 2004-800, du 6 août 2004, relative à la bioéthique* (publicada no *Journal Officiel de la République Française, 7 août 2004*) –, no artigo 24.° estatui: *"Le titre IV du livre Ier de la deuxième partie du code de la santé publique est ainsi modifié: …*

1.° Les articles L. 2141-1 et L. 2141-2 sont ainsi rédigés:

Art. L. 2141-1. – …

Art. L. 2141-2. – L'assistance médicale à la procréation est destinée à répondre à la demande parentale d'un couple.

Elle a pour objet de remédier à l'infertilité dont le caractère pathologique a été médicalement diagnostiqué ou d'éviter la transmission à l'enfant ou à un membre du couple d'une maladie d'une particulière gravité.

L'homme et la femme formant le couple doivent être vivants, en âge de procréer, mariés ou en mesure d'apporter la preuve d'une vie commune d'au moins deux ans et consentant préalablement au transfert des embryons ou à l'insémination. Font obstacle à l'insémination ou au transfert des embryons le décès d'un des membres du couple, le dépôt d'une requête en divorce ou en séparation de corps ou la cessation de la communauté de vie, ainsi que la révocation par écrit du consentement par l'homme ou la femme auprès du médecin chargé de mettre en œuvre l'assistance médicale à la procréation." Também, em França, cfr. Comité Consultatif National d'Éthique pour les Sciences de la Vie et de la Santé, *Avis n.° 40 sur le transfert d'embryons après décès du conjoint (ou du concubin), du 17 décembre 1993; Avis n.° 42 sur l'évolution des pratiques d' assistance médicale à la procréation, du 30 mars 1994*. Da jurisprudência francesa destaco, entre outros, *Tribunal de Grande instance de Toulouse, 26 mars 1991: la question de l'insémination de la femme après la mort de son conjoint avec du sperme de celui-ci conservé par convention dans un C.E.C.O S.; Cour de cassation, 1ere chambre civile, 9 janvier 1996: la question du trans-

2 – Os gâmetas devem ser destruídos após a morte.

3 – Em caso de violação do disposto no número 1, a criança não é tida como filha do falecido.

10.7. *Implantação / Transferência post-mortem*

Artigo ...
Implantação/Transferência post-mortem[63]

1 – Os embriões já concebidos com sémen do falecido cônjuge ou do indivíduo com quem a mulher vivia em união de facto devem ser transferidos para o útero da progenitora quando esta manifestar expressamente essa vontade.

2 – A criança nascida nos termos do número anterior é tida para todos os efeitos legais como filha do falecido, desde que a implantação / transferência se verifique no prazo máximo de 300 dias após a morte.

3 – A mãe biológica pode opor-se à implantação / transferência sendo, neste caso, os embriões destinados à adopção por outro casal.

4 – A decisão prevista no número anterior deve ser reduzida a escrito e assinada, sendo remetida uma cópia à Comissão Nacional de Procriação Medicamente Assistida.

---

fert post-mortem d'embryons conçus du vivant du conjoint par procréation médicalement assistée.

Em Itália, a *Legge 19 febbraio 2004, n.° 40 – Norme in materia di procreazione medicalmente assistita –* (publicada na *Gazzetta Ufficiale*, n.° 45 del 24 febbraio 2004), no artigo 5.° (*Requisiti soggettivi*), consagra: *"Fermo restando quanto stabilito dall'articolo 4, comma 1, possono accedere alle tecniche di procreazione medicalmente assistita coppie di maggiorenni di sesso diverso, coniugate o conviventi, in età potenzialmente fertile, entrambi viventi"*, e no n.° 2 do artigo 12.° (*Divieti generali e sanzioni*) prevê: *"Chiunque a qualsiasi titolo, in violazione dell'articolo 5, applica tecniche di procreazione medicalmente assistita a coppie i cui componenti non siano entrambi viventi o uno dei cui componenti sia minorenne ovvero che siano composte da soggetti dello stesso sesso o non coniugati o non conviventi è punito con la sanzione amministrativa pecuniaria da 200.000 a 400.000 euro."*

O n.° 3 do § 4 da Lei Alemã para a Defesa do Embrião, de 13 de Dezembro de 1990, – *Gesetz Zum Schutz von Embryonen* – (publicada no *Bundesgesetzblatt Teil I*, n.° 69, de 19 de Dezembro de 1990, págs. 2746-2748), pune com pena de prisão até três anos ou multa todo aquele que proceda à fertilização *in vitro post-mortem*.

[63] Cfr. nota anterior.

CAPÍTULO V
Da recusa à sujeição a um teste

11. Introdução
12. Alguns exemplos de direito comparado
13. Ordenamento jurídico português
14. Posição adoptada
14.1. *Princípio geral*
14.2. *Algumas especificidades*
14.3. *Admissibilidade da sujeição compulsiva a testes genéticos? Necessidade de elaboração de uma lei específica que imponha a realização coerciva de testes de DNA para fins de determinação do perfil genómico do progenitor*

11. Introdução

I. Três conceitos básicos devem estar presentes na utilização dos testes genéticos para estabelecimento da filiação: o melhor interesse da criança, a melhor prova e a melhor administração da justiça.

II. Os exames de investigação da filiação constituem um meio de prova fundamental. Porém, nem sempre as partes e / ou terceiros aceitam submeter-se aos testes necessários.

Estes exames constituem, actualmente, um meio de prova determinante na investigação judicial da filiação, na medida em que permitem não só a prova negativa como a prova positiva da paternidade, com índices de certeza científica praticamente de 100%.

12. Alguns exemplos de direito comparado

I. Nos países de influência nórdica e germânica, tradicionalmente, a prova da paternidade deve ser conseguida a todo o custo, com ou sem o consentimento dos interessados. A investigação da filiação está adstrita à máxima inquisitória (*inquisition maxime*) de tal forma que a procura da realidade biológica incumbe ao próprio juiz. As partes têm um dever de verdade (*wahrheitspflicht*). Por exemplo, na Alemanha onde impera a ver-

56   *Stela Barbas*

dade genómica[64], o direito alemão impõe a obrigação de submissão (*dul-dungspflicht*) aos exames ordenados, no quadro do dever de verdade das partes e de terceiros chamados à causa, sob pena de multa ou prisão, ou mesmo execução forçada *manu militari*, desde que não ponham em risco a saúde do testado[65].

II. Pelo contrário, em França[66] o princípio da inviolabilidade da integridade física e da vida privada assume proporções obsessivas, chegando ao ponto de a não sujeição ao teste parecer estar, por definição, justificada.

III. No Brasil, como a prova cabe a quem alega o facto, *onus probandi*, o autor terá que provar o parentesco, com ou sem a colaboração do réu para obter a procedência do pedido, por se tratar de direito indisponível. É necessário provar a exclusividade das relações sexuais da mãe com o pretenso pai na época da concepção, quando este não aceita realizar, voluntariamente, o exame de DNA. Contudo, no entendimento de alguns processualistas brasileiros, o *onus probandi* não deve ser aplicado como regra pertinente à iniciativa da prova, porque existe norma expressa assegurando ao juiz o poder de determinar as provas necessárias ao julgamento da lide, tanto a requerimento da parte como oficiosamente (artigo 130.º do Código de Processo Civil). Assim, as regras sobre o ónus da prova destinam-se a orientar o juiz no momento do julgamento, quando toda a instrução probatória já se encontra concluída. A parte que não logrou trazer para os autos a prova convincente acerca dos factos necessários para a sua pretensão sofrerá a sucumbência inevitável. Ao juiz incumbe julgar conforme o alegado pelas partes e a prova disponível, sendo pouco relevante o facto de a sua produção ser ou não da iniciativa das partes[67-68].

---

[64] Relativamente à dicotomia entre a verdade genómica e a realidade sociológica, cfr. Capítulo II.

[65] *ZPO – § 372.ª (Untersuchungen zur Feststellung der Abstammung)*.

[66] Cfr. BERTRAND MATHIEU, *Génome Humain et Droits Fondamentaux*, Presses Universitaires D'Aix-Marseille, Economica, Paris, 2000, pág. 62; BARBIER, *L'examen du sang et le rôle du juge dans les procès relatifs à la filiation*, «Revue Trimestriel de Droit Civil», n.º 25, 1949, pág. 23; C. PANIER, *Problèmes de droit judiciaire relatifs à la filiation*, in «La filiation et l'adoption», Bruxelles, 1988, pág. 121; LURQUIN, *Traité de l'expertise en toutes matières*, t. I, n.º 72, Bruxelles, 1985, pág. 73; MARIE THÉRÈSE MEULDERS-KLEIN, *Le droit de disposer de soi-même*, in «Licéité en droit positif et références légales aux valeurs», Bruylant, Bruxelles, 1982, pág. 222.

[67] Mais especificamente, o referido artigo 130.º do Código de Processo Civil esta-

Investigação da filiação 57

A Constituição da República Federativa do Brasil, de 1988, preconizou a orientação da protecção da intimidade e intangibilidade ou intocabilidade do corpo humano[69]. Como não existe lei a obrigar o pai, que se *enconde* com o anonimato, à realização forçada do *fingerprinting* do DNA, compeli-lo consubstanciaria constrangimento ilegal, face ao silêncio da lei relativamente a esta matéria.

13. Ordenamento jurídico português

I. Em Portugal, o conhecimento das raízes genéticas constitui um direito fundamental consagrado no n.° 1 do artigo 25.° e no n.° 2 do artigo 26.° da Constituição da República Portuguesa[70].

II. Ao interesse individual do filho de conhecer a sua carga genética acresce o interesse público de estabelecimento da filiação conforme ao princípio da verdade biológica. O interesse do Estado decorre, desde logo, de protecção da família como elemento fundamental da sociedade (artigo 67.° da Constituição da República Portuguesa), da paternidade e maternidade (artigo 68.° da Constituição da República Portuguesa) e da infância

---

tui que caberá ao juiz, de ofício ou a requerimento da parte, determinar as provas necessárias à instrução do processo, indeferindo as diligências inúteis ou meramente protelatórias.

Por sua vez, o artigo 131.° determina que o juiz apreciará livremente a prova, atendendo aos factos e circunstâncias constantes dos autos, ainda que não alegados pelas partes. Mas, de acordo com esta disposição, o juiz deverá ainda indicar, na sentença, os motivos que lhe formaram o convencimento.

[68] HUMBERTO THEODORO JR., *Prova e coisa julgada nas acções relativas à paternidade (DNA)*, «Revista Brasileira de Direito da Família», IBDFAM, Vol. 3, Editora Síntese, Porto Alegre, Outubro-Novembro-Dezembro de 1999, págs. 18 e seguintes.

[69] Segundo o preceituado no artigo 5.° da Constituição da República Federativa do Brasil: "Todos são iguais perante a lei, sem distinção de qualquer natureza, garantindo-se aos brasileiros e aos estrangeiros residentes no País a inviolabilidade do direito à vida, à liberdade, à igualdade, à segurança e à propriedade, nos termos seguintes:... II – Ninguém será obrigado a fazer ou deixar de fazer alguma coisa senão em virtude de lei... III – Ninguém será submetido a tortura nem a tratamento desumano ou degradante... X – São invioláveis a intimidade, a vida privada, a honra e a imagem das pessoas, assegurado o direito a indenização pelo dano material ou moral decorrente de sua violação."

[70] Nesta linha, cfr. Acórdãos do Tribunal Constitucional n.° 99 / 88, de 22 de Agosto, Diário da República, II Série, n.° 193, de 22 de Agosto, e n.° 370 / 91, de 25 de Setembro, «Boletim do Ministério da Justiça», n.° 409, 1991, págs. 317 e seguintes.

58 *Stela Barbas*

(artigo 69.° da Constituição da República Portuguesa). A própria obrigação de averiguação oficiosa da maternidade (artigos 1808.° e seguintes do Código Civil) e de averiguação oficiosa da paternidade (artigos 1864.° e seguintes do Código Civil) é mais uma evidência do interesse do Estado na procura da realidade científica[71].

III. O Código Civil, no artigo 1801.°, admite, como meios de prova, nas acções relativas à filiação, os exames de sangue e quaisquer outros métodos cientificamente comprovados.

IV. Porém, por vezes, as partes recusam sujeitar-se a exames médicos.

V. A regra geral é a de que ninguém pode ser submetido a testes coactivamente[72-73].

VI. No Código de Processo Penal está consagrado o recurso ao uso da força em muitos casos (artigos 116.°, n.° 2, 172.°, 273.° e 323.°). De

---

[71] JOÃO VAZ RODRIGUES, *O consentimento informado para o acto médico no ordenamento jurídico português (Elementos para o estudo da manifestação da vontade do paciente)*, Centro de Direito Biomédico da Faculdade de Direito da Universidade de Coimbra, Coimbra Editora, Coimbra, 2001, págs. 336 e seguintes.

[72] Em defesa da possibilidade de intervenção compulsiva a exame, cfr., designadamente, Acórdão do Supremo Tribunal de Justiça, de 11 de Março de 1997, «Colectânea de Jurisprudência. Acórdãos do Supremo Tribunal de Justiça», tomo I, 1997, pág. 145, também transcrito no «Boletim do Ministério da Justiça», n.° 465, 1997, págs. 589-598; Acórdão da Relação de Évora, de 14 de Maio de 1992, «Boletim do Ministério da Justiça», n.° 417, 1992, págs. 840 e seguintes.

[73] Contra a sujeição compulsiva a exame, cfr., nomeadamente, Acórdão do Supremo Tribunal de Justiça, de 30 de Março de 1993, «Colectânea de Jurisprudência. Acórdãos do Supremo Tribunal de Justiça», tomo II, 1993, págs. 42-44; Acórdão do Supremo Tribunal de Justiça, de 20 de Maio de 1997, «Colectânea de Jurisprudência. Acórdãos do Supremo Tribunal de Justiça», tomo II, 1997, pág. 91; Acórdão da Relação de Coimbra, de 2 de Maio de 1989, «Boletim do Ministério da Justiça», n.° 387, 1989, pág. 662; Acórdão da Relação do Porto, de 13 de Março de 1990, «Boletim do Ministério da Justiça», n.° 395, 1990, pág. 665; Acórdão da Relação do Porto, de 13 de Maio de 1990, «Boletim do Ministério da Justiça», n.° 397, 1990, pág. 560; Acórdão da Relação do Porto, de 23 de Novembro de 1992, «Boletim do Ministério da Justiça», n.° 421, 1992, pág. 497; Acórdão da Relação de Lisboa, de 19 de Janeiro de 1993, «Boletim do Ministério da Justiça» n.° 423, 1993, pág. 576; Acórdão da Relação de Évora, de 13 de Novembro de 1997, «Boletim do Ministério da Justiça», n.° 471, 1997, pág. 473; Acórdão da Relação do Porto, de 21 de Setembro de 1999, «Colectânea de Jurisprudência. Acórdãos da Relação», tomo IV, 1999, pág. 203.

Investigação da filiação 59

qualquer modo, o artigo 126.° do referido Diploma comina com nulidade toda e qualquer prova conseguida por meio de tortura, coacção ou violação da integridade física ou moral das pessoas)[74].

No entendimento de Guilherme de Oliveira[75], embora não estejamos no domínio do processo penal também não nos encontramos no âmbito do processo civil típico. Os interesses ligados ao estado das pessoas são de ordem pública, tendencialmente indisponíveis, a justificar, designadamente, não só uma ampla intervenção do Ministério Público como parte principal, mesmo a título oficioso, mas também o afastamento dos efeitos da revelia (artigo 485.°, c), do Código de Processo Civil). Foi precisamente a natureza destes interesses que permitiu justificar, no ordenamento jurídico alemão, o reconhecimento expresso da possibilidade de compelir pela força física o renitente a apresentar-se no laboratório para a realização das colheitas necessárias (parágrafo 372 a) (2) do ZPO)[76].

Concordo, em certa medida[77], com o Autor quando defende que se o direito alemão não puder ser modelo neste particular (mesmo para um sistema como o português que, a nível do processo civil, permite que uma testemunha possa ser obrigada a comparecer sob custódia perante o juiz – artigo 629.°, n.° 2 do Código de Processo Civil) – pelo menos que a consequência legal estipulada seja utilizada da forma mais eficaz possível. "Ao menos que os tribunais tendam a fundar nas recusas consequências probatórias desfavoráveis", criando, desta forma, uma "garantia suplementar da obrigação de cooperar para a descoberta da verdade. Seria pena que o exercício fraudulento dos direitos fundamentais levasse a desperdiçar a eficácia dos meios de prova pericial e, deste modo, comprometesse o direito do filho ao estabelecimento da paternidade"[78].

---

[74] Também, a Constituição da República Portuguesa, no n.° 8 do artigo 32.°, comina com nulidade as provas obtidas mediante tortura, coacção, ofensa da integridade física ou moral da pessoa.

[75] GUILHERME DE OLIVEIRA, *A lei e o laboratório-observações acerca das provas periciais da filiação*, in «Temas de direito da família», Coimbra Editora, Coimbra, 1999, pág. 61.

[76] Cfr. Capítulo V, n.° 12.

[77] O desenvolvimento da posição por mim adoptada é feito no capítulo seguinte.

[78] GUILHERME DE OLIVEIRA, *A lei e o laboratório-observações acerca das provas periciais da filiação*, in «Temas de Direito da Família», Ob. cit., pág. 62.

VII. Até à entrada em vigor da Lei n.° 21 / 98, de 12 de Maio, aplicava-se o Assento do Supremo Tribunal de Justiça n.° 4 / 83, de 21 de Junho[79-80]. Na falta de presunção legal de paternidade, este Assento fazia

---

[79] No Assento n.° 4 / 83, de 21 de Junho, do Supremo Tribunal de Justiça, votaram vencidos os Conselheiros Lima Cluny, Antero Pereira Leitão, Flamino Martins, Rodrigues Bastos, entre outros, alegando não ser ao autor que compete fazer a prova da exclusividade de tais relações, mas ao réu que incumbe provar a *exceptio plurium*. Porque a mãe do investigante goza de presunção natural de honestidade, no sentido de que não é mulher de mais de um homem simultaneamente e, porque a doutrina deste Assento fez recair sobre ela a prova de factos negativos, sempre extremamente difícil e por vezes quase impossível, razão bastante para se manter a seu favor, ou do investigante, o ónus da prova.

[80] O Assento do Supremo Tribunal de Justiça n.° 4 / 83, de 21 de Junho, ao estabelecer a prova da exclusividade das relações sexuais entre a mãe e o investigado como sendo o elemento de facto primordial para a determinação da filiação, face às deficiências científicas dos resultados dos exames hematológicos da época, condicionou bastante a jurisprudência posterior. Nesta linha, cfr., entre outros, Acórdão da Relação de Coimbra, de 9 de Dezembro de 1987, «Colectânea de Jurisprudência», tomo V, 1987, págs. 46-48; Acórdão da Relação de Lisboa, de 3 de Abril de 1990, «Colectânea de Jurisprudência», tomo II, 1990, págs. 146-148; Acórdão do Supremo Tribunal de Justiça, de 6 de Janeiro de 1988, «Boletim do Ministério da Justiça», n.° 373, págs. 538 e seguintes; Acórdão do Supremo Tribunal de Justiça, de 9 de Junho de 1993, «Colectânea de Jurisprudência. Acórdãos do Supremo Tribunal de Justiça», tomo III, 1993, págs. 8 e seguintes; Acórdão do Supremo Tribunal de Justiça, de 10 de Maio de 1994, «Colectânea de Jurisprudência. Acórdãos do Supremo Tribunal de Justiça», tomo II, 1994, págs. 89-91.

Porém, um forte sector da jurisprudência reconheceu a importância fundamental dos exames. Nesta orientação, cfr., designadamente, Acórdão da Relação do Porto, de 21 de Junho de 1988, «Revista do Ministério Público», n.° s 35 e 36, 1988, págs. 193-201; Acórdão da Relação de Lisboa, de 5 de Novembro de 1992, «Boletim do Ministério da Justiça», n.° 421, 1992, pág. 476; Acórdão da Relação de Lisboa, de 9 de Março de 1995, «Colectânea de Jurisprudência», tomo II, 1995, págs. 73 e seguintes; Acórdão da Relação de Coimbra, de 2 de Junho de 1995, «Colectânea de Jurisprudência», tomo III, 1995, págs. 37-39; Acórdão da Relação de Lisboa, de 10 de Outubro de 1995, «Colectânea de Jurisprudência», tomo IV, 1995, págs. 106-108; Acórdão da Relação do Porto, de 9 de Janeiro de 1997, «Colectânea de Jurisprudência», tomo I, 1997, págs. 193-196; Acórdão da Relação do Porto, de 15 de Maio de 1997, «Boletim do Ministério da Justiça», n.° 467, 1997, pág. 632; Acórdão da Relação do Porto, de 21 de Setembro de 1999, «Colectânea de Jurisprudência», tomo IV, 1999, págs. 203 e seguintes; Acórdão do Supremo Tribunal de Justiça, de 19 de Janeiro de 1993, «Colectânea de Jurisprudência. Acórdãos do Supremo Tribunal de Justiça», tomo I, 1993, págs. 67 e seguintes; Acórdão do Supremo Tribunal de Justiça, de 25 de Fevereiro de 1993, «Boletim do Ministério da Justiça», n.° 424, 1993, págs. 696-701; Acórdão do Supremo Tribunal de Justiça, de 18 de Abril de 1996, «Boletim do Ministério da Justiça», n.° 456, 1996, págs. 335 e seguintes; Acórdão do Supremo Tribunal de Justiça, de 18 de Junho de 1996, «Boletim do Ministério da Justiça», n.° 458, 1996, págs. 323-330;

recair sobre o autor, nas acções de investigação, o ónus da prova da exclusividade das relações sexuais da mãe do investigante com o pretenso pai durante todo o período legal da concepção[81].

A Lei n.º 21 / 98, de 12 de Maio, estabeleceu uma nova presunção legal de paternidade fundada na prova da existência de relações sexuais entre a mãe e o pretenso pai durante o período legal da concepção[82]. Uma vez provada a existência de relações sexuais entre a mãe e o pretenso pai do investigante durante aquele período, só é possível afastar a presunção de paternidade na hipótese prevista no n.º 2 do artigo 1871.º do Código Civil. Ou seja, quando existirem dúvidas sérias sobre a paternidade do investigado. Nesta linha, o réu precisa demonstrar que a (s) referida (s) relação (ões) sexual (ais) "não foram procriantes", não sendo suficiente a pura e simples alegação e prova da denominada *exceptio plurium*. O exame de investigação da paternidade constitui o único meio de prova que possibilitará (ou não) excluir o réu da pretensa paternidade. Assim, é necessário que o réu se sujeite a exame para poder excluir a presunção de paternidade que sobre ele recai.

Com esta Lei o direito de cada indivíduo à verdade biológica recebe forte impulso. Com efeito, assiste-se a toda uma nova lógica de responsabilização das partes na prova judicial da paternidade por recurso aos métodos científicos e, consequentemente, à prova directa da paternidade.

VIII. Por seu turno, o princípio da cooperação intraprocessual, também, promove a descoberta da verdade biológica. Este princípio comporta duas vertentes:

a) O poder do tribunal de pedir esclarecimentos às partes relativamente à matéria de facto ou de direito (n.º s 2 e 3 do artigo 266.º do Código de Processo Civil).

Acórdão do Supremo Tribunal de Justiça, de 24 de Setembro de 1996, «Boletim do Ministério da Justiça», n.º 459, 1996, págs. 543 e seguintes; Acórdão do Supremo Tribunal de Justiça, de 26 de Setembro de 1996, «Boletim do Ministério da Justiça», n.º 459, 1996, págs. 549 e seguintes; Acórdão do Supremo Tribunal de Justiça, de 16 de Abril de 1998, «Boletim do Ministério da Justiça», n.º 476, 1998, págs. 433-440.

[81] O período legal da concepção abrange os primeiros cento e vinte dias dos trezentos que precederam o nascimento do filho nos termos do artigo 1798.º do Código Civil.

[82] Na Argentina, uma forte corrente considera que as novas tecnologias de determinação da paternidade vêm diminuir a importância da prova das relações sexuais entre o pretenso pai e a mãe no período legal da concepção. Esta prova, tradicionalmente exigida, é hoje substituída pela prova biológica. Cfr. Zannoni, *Voto en Cám. Nac. Civ.*, Sala A, 7 / 3 / 1985, ED. 114-167.

Nos termos do artigo 266.°, o juiz pode, em qualquer altura do processo, esclarecer junto das partes, seus representantes ou mandatários judiciais as dúvidas que tenha sobre as suas alegações ou posições em juízo, de forma a evitar que a decisão final seja proferida sem aprofundamento da verdade. Esta norma consagra, ainda, o dever de o tribunal informar as partes dos resultados das diligências feitas.

b) O dever das partes de colaboração no sentido da descoberta da verdade (artigo 519.°[83] do Código de Processo Civil).

O dever de cooperação, previsto nesta disposição, impende sobre todas as pessoas, quer sejam ou não partes na causa, através da prestação da sua colaboração para o apuramento da verdade. Nesta linha, o n.° 1 do artigo 519.° determina, concretamente, que as pessoas devem responder ao que lhes for questionado, submeter-se às inspecções necessárias, fornecer o que lhes for requisitado bem como realizar os actos determinados pelo tribunal.

Por sua vez, o n.° 2 estatui que aqueles que recusem prestar a colaboração devida serão condenados em multa, sem prejuízo dos meios coercitivos que forem possíveis. Todavia, a recusa de colaboração da parte processual não é passível de multa, devendo ser apreciada para efeitos probatórios nos termos estabelecidos no n.° 2 desta disposição.

No entanto, este dever de colaboração no sentido do esclarecimento da verdade sofre limitações, excepcionalmente admitidas nas diversas alíneas do n.° 3 do 519.°, que respeitam ao direito / dever de sigilo[84] e a direitos fundamentais como o direito à integridade física ou moral e o direito à reserva da vida privada.

IX. O n.° 2 do artigo 344.° do Código Civil, para que remete o n.° 2 do artigo 519.° do Código de Processo Civil, determina a inversão do ónus da prova, nos casos em que a parte contrária tiver culposamente tornado

---

[83] Cfr. Acórdão n.° 166/98 do Tribunal Constitucional, de 21/10/1998, Diário da República, II Série, de 17 de Março de 1999, que se pronuncia pela constitucionalidade do artigo 519.° do Código de Processo Civil. Todavia, mais recentemente, o Acórdão n.° 241/02 do Tribunal Constitucional, de 23/07/2002, Diário da República, II Série, de 29 de Maio de 2003, julgou inconstitucional a alínea b) do n.° 3 do artigo 519.°, por infracção do preceituado nos artigos 26.°, n.° 1 e 34.°, n.° 1 e 4 da Constituição da República Portuguesa.

[84] O segredo profissional, o segredo de funcionários e o segredo de Estado a que o n.° 3 do artigo 519.° se reporta encontram-se disciplinados, respectivamente, nos artigos 135.°, 136.° e 137.° do Código de Processo Penal.

Investigação da filiação 63

impossível a prova ao onerado, independentemente das sanções que a lei processual mande especialmente aplicar à desobediência ou às falsas declarações.

X. Procedendo à articulação do artigo 519.°, n.° 2, do Código de Processo Civil com o artigo 344.°, n.° 2, do Código Civil, como, aliás, faz Maria Isabel Costa[85], é possível chegar às seguintes conclusões:

a) Deverá ser aplicada multa a todo aquele que não aceite prestar a necessária e devida colaboração.

b) O n.° 4 do artigo 629.° do Código de Processo Civil disciplina a comparência, sob custódia, da testemunha que tenha faltado sem justificação[86]. Por analogia com o n.° 4 do artigo 629.° do Código de Processo Civil, há quem considere que é viável sustentar que o juiz tem o poder de ordenar a comparência sob custódia ao indivíduo que não seja (ou não seja tendencialmente) parte[87-88]. Todavia, este entendimento não é de modo algum pacífico e linear.

---

[85] MARIA ISABEL COSTA, *O estabelecimento da filiação. A investigação forense e a prova judicial da filiação biológica*, Intervenção proferida no IML em 13 de Abril de 2000, pol., págs. 23 e seguintes.

[86] Sem prejuízo da multa aplicável, que é logo fixada em acta.

[87] Nesta orientação, o Acórdão da Relação de Évora, de 14 de Maio de 1992, publicado no «Boletim do Ministério da Justiça», n.° 417, 1992, pág. 840, refere que é lícito ao juiz utilizar, na averiguação oficiosa de paternidade, meios coercivos contra as pessoas, quer sejam ou não partes na causa, que recusem prestar a colaboração prevista no artigo 519.° do Código de Processo Civil. E, nestes meios coercivos, é de admitir, por aplicação analógica do artigo 629.° do Código de Processo Civil, a comparência das pessoas em falta. O Acórdão considera que esta medida em nada viola a Constituição da República Portuguesa.

[88] Considerando que, no processo de averiguação oficiosa de paternidade, o indigitado pai não é parte em sentido formal, mas terceiro, e como tal sujeito à recolha de sangue para ser efectuado exame tendente a determinar a paternidade, cfr., designadamente, Acórdão da Relação do Porto, de 13 de Maio de 1990, publicado no «Boletim do Ministério da Justiça», n.° 397.°, 1990, págs. 560 e seguintes. A Relação do Porto entendeu, neste acórdão, que o acto de colheita de sangue não é atentatório da dignidade do pretenso pai, sendo, assim, a recusa ilegítima; todavia, sustentando que na averiguação oficiosa de paternidade, o pretenso pai não é terceiro, mas antes parte em sentido material, apesar de não o ser na rigorosa acepção técnico-processual, cfr. nomeadamente, Acórdão da Relação do Porto, de 23 de Novembro de 1992, publicado no «Boletim do Ministério da Justiça», n.° 421, 1992, págs. 497 e seguintes.

c) A sanção aplicável ao indivíduo que seja parte situa-se unicamente no plano da prova. A recusa de uma das partes é apreciada livremente pelo tribunal, segundo o preceituado no n.º 2 do artigo 357.º do Código Civil e, na hipótese de a recusa (culposa) inviabilizar a prova ao onerado com a sua produção, pode originar a inversão do ónus da prova, de acordo com o n.º 2 do artigo 344.º do Código Civil.

d) O regime de livre apreciação pelo tribunal tem lugar nos casos em que uma das partes, através de recusa ilegítima, inviabiliza à outra parte a produção de um meio de prova (entre outros existentes) de forma que essa atitude somente dificulta, mas não impede a produção de prova.

e) Pelo contrário, o regime de inversão do ónus da prova aplica-se nas hipóteses em que uma das partes, através de recusa ilegítima, inviabiliza um meio de prova de primordial importância. Por exemplo, a recusa ilegítima para impossibilitar a prova directa da procriação biológica vai inviabilizar um meio de prova de interesse capital, uma vez que, actualmente, graças aos progressos científicos, este meio de prova é já, *de per si*, suficiente para garantir o sucesso da acção.

XI. Assim, neste momento, no ordenamento jurídico português, por falta de regras imperativas específicas não só não é possível impor coercivamente ao (aos) presumível (eis) progenitor (es) a colheita coactiva de DNA como também não é permitida a posterior análise genética desses elementos (sem consentimento do (s) próprio (s)) para fins de investigação da filiação.

O consentimento para a colheita do material necessário deve resultar de um acto de reflexão do réu que, por livre e espontânea vontade, queira colaborar para se certificar da veracidade dos factos alegados.

Caso o réu recuse pesará nos seus ombros a suspeita de que na realidade ele é o pai genético, dependendo, logicamente, das demais provas produzidas.

14. Posição adoptada

14.1. *Princípio geral*

I. Os testes não só não são legalmente proibidos como, pelo contrário, são permitidos pela nossa lei civil (artigo 1801.º do Código Civil) como meio de investigação da filiação.

Investigação da filiação 65

II. Mas como, no nosso ordenamento jurídico, não é possível obrigar o presumível pai ou mãe a sujeitar-se ao teste, o Tribunal atribuirá a essa recusa as consequências jurídicas daí resultantes. De qualquer modo, a recusa não pode, *de per si*, ser interpretada como uma *ficta confessio* pois, se assim fosse, violar-se-ia o princípio da paternidade real. Não se pode imputar a paternidade a outro indivíduo que não o verdadeiro pai. O juiz deve decidir tendo em conta todos os elementos do processo e nunca *uti singuli*.

14.2. *Algumas especificidades*

I. Há, ainda, toda uma panóplia de hipóteses que podem rodear o caso em apreço[89] e que merecem ser objecto de análise específica. Assim, por exemplo:

a) Nas situações em que o pretenso pai não aceite sujeitar-se a exame de sangue necessário para o estabelecimento da paternidade invocando motivos religiosos, é já possível substituir o sangue por fios de cabelo. Se, mesmo assim, não quiser colaborar, o tribunal pode apreciar livremente a recusa conjuntamente com os restantes meios de prova (artigo 519.°, n.° 2, do Código de Processo Civil) tendo lugar a inversão do ónus da prova sempre que a recusa impossibilite ao autor a prova da paternidade (artigo 344.°, n.° 2, do Código Civil).

b) Quando for impossível a colheita de tecido do pretenso pai (morte, recusa, doença, ausência, etc) é legítimo e cientificamente já viável recorrer aos parentes próximos (avós[90], irmãos[91], tios[92]) ou a irmãos consan-

---

[89] Nesta orientação, remeto para MARIA ISABEL COSTA, *O estabelecimento da filiação. A investigação forense e a prova judicial da filiação biológica*, pol., Ob. cit., págs. 17 e seguintes, que alerta para situações particulares que o tribunal deve ter em conta na instrução dos processos (quer no processo de averiguação oficiosa de paternidade, quer na produção da prova pericial já no domínio da acção de investigação de paternidade).

[90] O DNA do filho depende, também, do DNA dos seus avós. Assim, o estudo da informação genética transmitida pelo pai ao filho pode ser substituído pela análise do DNA dos pais dos seus pais.

[91] Como parte da carga genética dos irmãos provém do presuntivo pai da criança, o DNA desta e dos irmãos têm, em princípio, grandes zonas em que coincidem.

[92] A origem do DNA dos tios do investigante é a mesma da do presuntivo progenitor destes, assim sendo, existe uma grande probabilidade de se registarem coincidências para a determinação da filiação.

guíneos do menor. O procedimento consiste na caracterização genética destes familiares directos, de modo a poder traçar o perfil genético do progenitor ausente e proceder à avaliação dos resultados obtidos na perícia, com o intuito de determinar se se verifica ou não exclusão de paternidade.

Nos casos de investigação biológica de paternidade é necessário ter em conta que o par mãe-filho é considerado par biológico.

As perícias sem um dos progenitores por meio da análise de marcadores genéticos designados "clássicos", tais como grupos sanguíneos, proteínas e enzimas, era muito limitada. A aplicação do estudo dos polimorfismos de DNA, graças ao seu grande poder informativo, veio possibilitar a resolução de casos extremamente complexos.

Na maior parte das situações, a chamada "reconstrução genética" do indivíduo ausente é obtida, possibilitando, assim, a conclusão das perícias, com o teor de exclusão ou de paternidade "praticamente provada".

c) Se o pretenso pai já faleceu, e não existem parentes próximos que se submetam ao teste, subsiste, ainda, como último recurso, a hipótese de se proceder à exumação do cadáver para a recolha do material necessário ao exame.

d) É difícil resolver os casos em que uma das partes não tem capacidade para dar consentimento para a realização do teste de investigação da filiação (pessoas em estado de coma, etc.) uma vez que a sua vontade não pode ser conhecida e os seus direitos devem ser protegidos. Não me parece suficiente o consentimento dos parentes próximos ou dos representantes legais. É preciso obter uma autorização do tribunal. Por exemplo, proceder à referida hipótese de exumação de um cadáver para retirar os elementos necessários para o exame de averiguação da filiação constitui um atentado ao respeito devido aos mortos. Assim sendo, o tribunal só deve ordenar tal medida na falta de outros meios de prova (escritos, testemunhos, presunções, etc.). As condições a que devem estar sujeitas estas investigações têm de estar consagradas na lei.

e) Outro exemplo possível é o de as pessoas examinadas terem sido objecto, recentemente, de transfusões de sangue ou de transplantes de órgãos. O tribunal deve comunicar este facto ao laboratório. Poderá, eventualmente, ser necessário repetir exames ou recorrer a parentes próximos.

f) É de admitir uma segunda perícia judicial, ao abrigo do disposto no artigo 589.° e seguintes do Código de Processo Civil, quando uma das partes invoque razões plausíveis que possam pôr em causa a credibilidade do relatório apresentado pelos peritos ou quando o tribunal, oficiosamente, entenda ordená-la. Nesta linha, constituem exemplos a perícia demonstra-

Investigação da filiação   67

tiva da impossibilidade de o pretenso pai procriar por azoospermia[93] ou
por necrospermia[94].

14.3. *Admissibilidade da sujeição compulsiva a testes genéticos? Necessidade de elaboração de uma lei específica que imponha a realização coerciva de testes de DNA para fins de determinação do perfil genómico do progenitor*

I. Penso que é urgente a elaboração de uma lei específica que imponha a realização coerciva de testes de DNA para fins de determinação do perfil genómico do progenitor.

Toda e qualquer investigação da filiação deve ser norteada, principalmente, pelos interesses da criança.

II. Há, neste momento, uma certa incoerência[95] no nosso ordenameno jurídico. Por um lado, não é permitida a realização coactiva destes exames por se considerar que põem em causa direitos fundamentais mas, por outro lado, e simultaneamente, determina-se a inversão do ónus da prova nas hipóteses em que uma das partes, através de recusa (culposa), impossibilita um meio de prova de primordial importância. Ou seja, como brilhantemente refere Paula Costa e Silva, se se considera que a obrigatoriedade de sujeição ao teste é ilegal porque viola direitos fundamentais, então, não se pode "condenar" o indivíduo que não quer submeter-se ao exame[96].

III. Os direitos fundamentais usualmente invocados são o direito à integridade física e o direito à liberdade.

IV. No que diz respeito ao primeiro, poder-se-á alegar que a recolha coerciva de material para o teste viola o direito à integridade física estipu-

---

[93] Falta de espermatozóides.

[94] Existência de espermatozóides sem actividade.

[95] Em defesa da existência de uma contradição, cfr. PAULA COSTA E SILVA, *A realização coerciva de testes de DNA em acções de estabelecimento da filiação*, in «Estudos em Homenagem à Professora Doutora Isabel de Magalhães Collaço», Vol. II, Almedina, Coimbra, 2002, pág. 596.

[96] PAULA COSTA E SILVA, *A realização coerciva de testes de DNA em acções de estabelecimento da filiação*, in «Estudos em Homenagem à Professora Doutora Isabel de Magalhães Collaço», Ob. cit., pág. 596.

lado no artigo 25.° da Constituição da República Portuguesa, não estando prevista nesta disposição qualquer restrição.

Porém, poder-se-á contra argumentar dizendo que a simples colheita de um fio de cabelo, ou de uma amostra de sangue ou de saliva[97] não consubstancia uma violação deste direito[98]. E mesmo que se considerasse que esta recolha punha em causa o direito à integridade física, esta ofensa seria imprescindível para a perfeita aplicação do direito à identidade genética disciplinado no artigo 26.° daquele Diploma[99].

V. No que concerne ao direito à liberdade[100], poder-se-á sustentar que o artigo 27.° da Constituição não prevê qualquer restrição a este direito concretamente nos casos em que a parte deva ser coagida a apresentar-se no Instituto de Medicina Legal para a realização dos exames necessários. E os direitos fundamentais só podem ser restringidos nas hipóteses consagradas no artigo 18.° do referido Diploma[101]. Todavia, esta matéria também não é pacífica. Ainda que se possa entender que este facto consubstancia violação deste direito, poder-se-á alegar que se trata de uma violação

---

[97] Permite uma análise eficaz, inclusivamente a saliva existente em filtros de cigarros fumados, em selos ou subscritos, etc.

[98] Todavia, considero tratar-se de situação diametralmente oposta se o teste puder pôr em risco a saúde do testado. Como, por exemplo, no caso de um hemofílico. A título de exemplo, um Tribunal Alemão, numa conhecida sentença (Olg. Koblenz, 19/09/1975, NJW, 1976, pág. 379), atendeu a pretensão de uma mulher que recusou fazer um exame ao sangue para efeitos de averiguação da filiação. A mulher que padecia da doença de Sprtizen-Phobie alegou que tinha pavor de agulhas e que o teste podia causar-lhe graves danos psicológicos. Em virtude de se tratar de doença curável o tribunal decidiu adiar o exame.

[99] Nesta orientação, PAULA COSTA E SILVA, *A realização coerciva de testes de DNA em acções de estabelecimento da filiação*, in «Estudos em Homenagem à Professora Doutora Isabel de Magalhães Collaço», Ob. cit., págs. 597-598. A Autora acrescenta que não é possível afirmar que o direito à identidade "pode ser tutelado pelo exercício do também constitucionalmente consagrado direito à prova através da apresentação de outros meios de prova". Uma vez que no "estado actual do conhecimento o teste de DNA é a melhor prova num processo de estabelecimento da filiação fundada numa derivação genética". Considera que a "eventual restrição do direito à integridade física" resultante da "realização de um teste de DNA é absolutamente proporcionada e adequada aos fins que com essa restrição se visam obter": possibilitar um "resultado judicial nas acções de estabelecimento da filiação compatível com a realidade".

[100] *Volenti iniuira non fit.*

[101] Relativamente à problemática da restrição de direitos, liberdades e garantias, cfr., por todos, JORGE MIRANDA, *Manual de Direito Constitucional, Tomo IV, Direitos Fundamentais*, Coimbra Editora, Coimbra, 2000, págs. 328 e seguintes.

Investigação da filiação 69

indispensável para o exercício do direito à identidade genética previsto no citado artigo 26.° da Constituição da República Portuguesa[102].

VI. Paula Costa e Silva questiona como é que se pode aceitar a conformidade constitucional da norma que admite a colheita de sangue no caso em que o condutor está em aparente estado de embriaguez e, concomitantemente, considerar inconstitucional a ordem judicial que estipule a recolha coerciva de sangue, de cabelo, ou de saliva indispensável para o estabelecimento da filiação. O direito à integridade, se impuser a impossibilidade de recolha de sangue ou de outro material, tanto não permite restrições constitucionais numa situação como na outra[103-104-105].

---

[102] Chamo, novamente, à colação os ensinamentos de PAULA COSTA E SILVA, *A realização coerciva de testes de DNA em acções de estabelecimento da filiação*, in «Estudos em Homenagem à Professora Doutora Isabel de Magalhães Collaço», Ob. cit., págs. 597-598.

[103] PAULA COSTA E SILVA, *A realização coerciva de testes de DNA em acções de estabelecimento da filiação*, in «Estudos em Homenagem à Professora Doutora Isabel de Magalhães Collaço», Ob. cit., pág. 598.

[104] É importante referir os casos dos exames para detecção do excesso de álcool nos condutores e dos testes para verificação de *dopping*.

A título de exemplo, o artigo 158.° (Princípios gerais) do Código da Estrada (aprovado pelo Decreto-Lei n.° 114 / 94, de 3 de Maio. Revisto pelo Decreto-Lei n.° 2 / 98, de 3 de Janeiro, revisto e republicado pelo Decreto-Lei n.° 265-A /, 2001, de 28 de Setembro e alterado pela Lei n.° 20 / 2002, de 21 de Agosto) estatui que quem recusar sujeitar-se às provas estabelecidas para a detecção dos estados de influenciado pelo álcool ou por substâncias legalmente consideradas como estupefacientes ou psicotrópicas comete o crime de desobediência. O crime de desobediência encontra-se previsto no artigo 348.° do Código Penal. Mais concretamente, o n.° 1 do artigo 158.° determina que os condutores, os peões (sempre que sejam intervenientes em acidentes de trânsito) bem como as pessoas que se propuserem iniciar a condução devem submeter-se às provas estabelecidas para a detecção dos estados de influenciado pelo álcool ou por substâncias legalmente consideradas como estupefacientes ou psicotrópicas. E, de acordo com o n.° 3 desta norma, os condutores e os peões (que se encontrem na situação anteriormente referida) que recusem sujeitar-se às provas estabelecidas para a detecção do estado de influenciado pelo álcool ou por substâncias legalmente consideradas como estupefacientes ou psicotrópicas são punidas por desobediência.

Segundo o preceituado no n.° 7 do artigo 159.° (Fiscalização da condução sob influência de álcool), quando não for possível fazer a prova por pesquisa de álcool no ar expirado, o examinando deve ser sujeito a colheita de sangue para análise ou, caso recuse, deve ser realizado exame médico, em estabelecimento oficial de saúde para se poder diagnosticar o estado de influenciado pelo álcool.

Também, o artigo 162.° (Exame em caso de acidente) estatui que os condutores e os peões que intervenham, em acidente de trânsito, devem, sempre que as suas condições de

Aliás, é esta a orientação da Comissão Europeia dos Direitos Humanos na sua decisão de 13 de Outubro de 1989: Uma intervenção banal como um exame de sangue não é uma intromissão do tipo proibido no artigo 21.° da Convenção Europeia.

Além de que existem situações análogas juridicamente tuteladas como é o caso da vacinação obrigatória e de outras medidas semelhantes por razões de saúde.

VII. Todavia, como referi, reconheço que se trata de matéria que não é pacífica nem a nível doutrinal nem jurisprudencial.

VIII. Assim sendo, e tendo em consideração o direito do filho ao conhecimento das suas raízes genéticas bem como o interesse do Estado no estabelecimento de filiações que correspondam à verdade biológica é urgente a elaboração de normas específicas e inequívocas que imponham a realização coerciva dos testes genéticos para fins de determinação do perfil genómico do progenitor.

IX. De qualquer modo, a execução destes testes deve obedecer a quatro princípios fundamentais: privacidade, justiça, igualdade e qualidade.

---

saúde não o impeçam, ser sujeitos a exame de pesquisa de álcool no ar expirado, de acordo com o artigo 159.°. E, disciplina, ainda que nas situações em que não tenha sido viável realizar aquele exame, o médico do estabelecimento oficial de saúde a que os intervenientes no acidente sejam conduzidos devem fazer a colheita da amostra de sangue para ulterior exame de diagnóstico do estado de influenciado pelo álcool. Todavia, quando o exame de pesquisa de álcool no sangue não puder ser feito, o médico tem de proceder a exame pericial para diagnosticar o estado de influenciado pelo álcool.

Cfr., ainda, Decreto Regulamentar n.° 24 / 98, de 30 de Outubro; Despacho n.° 7537/ /2000, de 7 de Abril; Portaria n.° 1005 / 98, de 30 de Novembro; Portaria n.° 1006 / 98, de 30 de Novembro; Despacho normativo n.° 4 / 2003, de 29 de Janeiro.

Cfr., também, artigos 291.° (Condução perigosa de veículo rodoviário) e 292.° (Condução de veículo em estado de embriaguez) do Código Penal.

Em sede de jurisprudência, cfr. Acórdão n.° 15 / 96, de 3 de Outubro de 1996, Diário da República, I Série A, n.° 280, de 4 de Dezembro de 1996; Acórdão n.° 4 / 97, de 19 de Dezembro de 1996, Diário da República, I Série A, n.° 65, de 18 de Março de 1997; Assento n.° 5 / 99, de 17 de Junho de 1999, Diário da República, I Série A, n.° 167, de 20 de Julho de 1999; Acórdão da Relação de Lisboa, de 28 de Outubro de 1998, «Boletim do Ministério da Justiça», n.° 480, 1999, págs. 534 e seguintes.

[105] Contudo, é possível contra argumentar dizendo que não se pode comparar um simples exame de rotina para averiguar a taxa de alcoolémia no sangue com um teste de DNA que se imiscui na intimidade biológica mais profunda do ser humano.

Investigação da filiação 71

Assim, a informação resultante dos testes deve ser estritamente pessoal. De acordo com o princípio da privacidade, os resultados não podem ser comunicados a terceiros sem o consentimento do próprio. Por sua vez, o princípio da justiça determina que o perito seja totalmente imparcial na avaliação científica dos resultados dos testes de paternidade por ele feitos. O princípio da igualdade consagra que as perícias devem ser tratadas com igual seriedade, sem qualquer tipo de discriminação fundada na raça, religião, estatuto sócio-económico, etc. Por seu turno, segundo o princípio da qualidade todos os testes devem ser realizados com a melhor tecnologia possível, necessitando os relatórios de apresentar total fiabilidade.

X. Além disso, num processo de investigação de paternidade, o tribunal deve circunscrever-se à informação existente no DNA não codificante.

O DNA codificante é responsável pelas características psíquicas do ser humano, pelas suas doenças ou predisposições genéticas. O tribunal não deve ter acesso aos dados médicos decorrentes do DNA codificante da pessoa identificada, pois trata-se de matéria do foro íntimo que ultrapassa os objectivos da identificação a que se destina.

Por sua vez, face ao estado actual da Ciência, o DNA não codificante não revela informação relativa às doenças ou predisposições genéticas do testado. Limita-se a identificar o indivíduo, que é precisamente o que se pretende com a investigação[106].

Visa-se, apenas, identificar, reconhecer a pessoa e não conhecê-la.

Devem, portanto, ser usados somente os elementos genómicos que revistam importância concreta para o caso em apreço e não permitam qualquer tipo de ilações sobre a totalidade da informação hereditária.

XI. Em síntese, o teste genético para efeitos de investigação da filiação deve circunscrever-se ao DNA não codificante, ser feito em condições adequadas, por pessoal de saúde credenciado, numa instituição independente, não pôr em causa a saúde do testado, e sempre sob a égide do tribunal.

---

[106] De qualquer forma, o DNA não codificante merece também ser objecto de garantias particulares, não só porque permite inocentar uma pessoa, como ainda porque futuramente a Ciência poderá extrair dele elementos que transcendem a simples identificação dando resposta a questões inimagináveis no momento da colheita da amostra.

XII. Estes exames, ao permitirem não só a prova negativa como a prova positiva da paternidade e da maternidade, com índices de certeza científica praticamente de 100%, constituem, actualmente, um meio de prova fundamental.

Com efeito, a descoberta da verdade genética ou, se preferível, a possibilidade técnico-científica proporcionada pelos testes genéticos de aceder ao conhecimento da progenitura revolucionou, por completo, o processo de investigação judicial da filiação e consubstanciou um marco fundamental para o Direito da Filiação.

A PROCRIAÇÃO MEDICAMENTE ASSISTIDA HETERÓLOGA E O SIGILO SOBRE O DADOR – OU A OMNIPOTÊNCIA DO SUJEITO *

DIOGO LEITE DE CAMPOS
Professor Catedrático da Faculdade de Direito
da Universidade de Coimbra

À minha Mãe

SUMÁRIO: 1. O primado do ser humano enquanto sede de valores; 2. Os valores do Direito Civil; 3. Crise dos valores e do Direito – a subjectividade; 4. A evolução do Direito da família e do Direito das pessoas – o afastamento da natureza; 5. O Direito da família e os direitos da pessoa como direitos absolutos. A omnipotência do sujeito; 6. A PMA heteróloga e o sigilo sobre o dador – a lei n.° 32/2006; 7. Apreciação das normas sobre PMA – O sigilo sobre o dador; 8. A inseminação heteróloga.

1. O primado do ser humano enquanto sede de valores

As considerações que se seguem versam a procriação medicamente assistida heteróloga e o sigilo sobre o dador. Têm de ser entendidas nos quadros do princípio ético do primado do ser humano, "ser em si", "com os outros"e "para com os outros", nunca objectivado ou subordinado aos outros nos seus valores essenciais.

---

* Texto que serviu de base a conferência proferida no dia 27 de Julho de 2006, no Curso de Verão de Direito da Bioética organizado pela Associação Portuguesa de Direito intelectual (Faculdade de Direito de Lisboa).

Aderindo a alguns dos princípios do Parecer n.° 44 do Conselho Nacional de Ética para as Ciências da Vida (44/CNECV/04, de Julho de 2004, sobre a procriação medicamente assistida), estabeleço os seguintes pressupostos do meu discurso: as técnicas de PMA não constituem procedimentos alternativos à reprodução natural, mas métodos terapêuticos subsidiários; devem ser utilizadas como auxiliares da concretização de um projecto parental, o que implica a consideração, não só do desejo dos candidatos a pais, mas sobretudo dos interesses do futuro ser humano que vier a ser concebido através da PMA, na assunção do princípio da vulnerabilidade que obriga ao cuidado e protecção do outro, frágil e perecível; deverão utilizar exclusivamente os gâmetas do casal, respeitando-se assim a regra da não instrumentalização da vida humana, decorrente do princípio da dignidade humana; no caso de PMA com recurso a dador de gâmetas (*o que me parece de rejeitar*), deverá ser salvaguardada a possibilidade de identificação do dador, a pedido do seu filho biológico e a partir da maioridade legal deste, no reconhecimento ao direito do próprio à identidade pessoal e biológica; a informação genética relevante para a saúde do filho biológico e não identificável do dador, deverá manter-se permanentemente disponível, podendo ser solicitada, antes da maioridade do filho biológico, pelos representantes legais deste; a implementação das técnicas de PMA deve impedir a produção do número de embriões superior ao destinado à transferência – embriões excedentários –, atendendo ao princípio do respeito pela vida humana, bem como reduzir a incidência de gravidezes múltiplas, na assunção do princípio da responsabilidade enquanto obrigatoriedade de prevenir as consequências negativas dos actos praticados; todo o embrião humano tem o direito à vida e ao desenvolvimento, no corroborar do princípio universal de que todo o existente requer existir, pelo que o embrião originado "in vitro" deverá sempre fazer parte de um projecto parental.

Assentes estes pontos de partida, passemos ao nosso tema.

2. Os valores do Direito Civil

Para entender as novas orientações legais sobre a PMA (lei n.° 32/2006) há que estabelecer a sua "genealogia".

Averiguar os valores, interesses e vontades que estiveram na sua origem, e ao serviço das quais a lei foi posta.

Vou começar pela concepção do Direito que lhe subjaz.

Para enquadrar o tema nos valores e no ordenamento jurídico enquanto sistema, há que definir quais são os valores fundamentais do Direito civil, sobretudo do Direito das pessoas.

Os principais valores do Direito civil correspondem a exigências essenciais da vida do ser humano em sociedade, emergentes nos diversos sectores jurídicos. Particularmente no que se refere às relações entre as pessoas singulares, consideradas não só em si mesmas, enquanto portadoras de valores correspondentes à sua qualidade individual, mas também enquanto seres "com os outros" e "para os outros", numa estreita solidariedade em que o outro é elemento constitutivo do ser, e em que cada um se refere constantemente aos outros em todos os actos da sua vida.

Comecemos por valores estruturais do Direito, de carácter acentuadamente formal, embora com profundos reflexos substanciais. A *certeza*, a *completude*, a *ordem sistemática*, a *estabilidade*, a *evolução* e a *hierarquia das normas*[1].

A *certeza* tem sido afirmada como o principal valor do ordenamento jurídico, na medida em que é em si mesma criadora de justiça.

Certeza jurídica quer dizer certeza das normas, e consequentemente, certeza das relações jurídicas disciplinadas por essas normas.

No direito objectivo a precedência das normas perante os factos e perante os juízos contribui para a certeza jurídica. Isto não deve ser prejudicado pela "natural" ambiguidade do conteúdo das normas.

A lei que é, ou tem sido, a principal fonte de Direito nos ordenamentos contemporâneos, compreende a formulação de normas em proposições literais. A certeza jurídica realiza-se através da formulação legislativa, com normas textuais claramente elaboradas, perceptíveis no seu sentido pelo destinatário.

Os órgãos judiciais do Estado confirmam esta certeza com a interpretação/aplicação. Convém que a interpretação seja hermeneuticamente correcta e, na medida do possível, que se criem correntes jurisprudenciais perceptíveis pelos destinatários.

Segue-se a *completude* da disciplina normativa. Esta contribui para assegurar a certeza no mundo do Direito, nomeadamente no Direito civil. A completude, que assenta na diminuição das lacunas jurídicas através de

---

[1] Sobre esta matéria, vd. António de Cupis, "La crisi dei "valori" del Diritto Civile", "Rivista di Diritto Civile", Cedam, Padova, XXXII, 1986, 1, pág. 191 e segs., que sigo de perto.

uma interpretação/aplicação analógica, tende a tornar possível a resposta a qualquer exigência de justiça, com base nas normas editadas.

Haverá sempre uma margem de incerteza, maior ou menor, que nos parece particularmente importante em Direito civil, dado que este Direito é um Direito das pessoas, radica nelas, com a sua diversidade e as suas exigências.

Não é um Direito de bens que se possam ordenar e regular "esgotantemente".

O processo da integração, atribuído ao intérprete, sobretudo ao juiz, actua como factor de completude segundo um critério de igualdade que também promove a justiça.

Tratemos agora do princípio da *igualdade*. Este é um dos princípios fundamentais éticos assumidos pelo ordenamento jurídico, na medida em que só através da igualdade, tratando da mesma maneira situações iguais, se obtém a justiça.

Para além de uma aspiração de igualdade formal, há uma aspiração de igualdade substancial, na medida em que o Direito, também o Direito Civil e sobretudo este, visam obter uma igualdade substancial entre as partes para estas poderem gerir, a partir desta base, os seus interesses com plena liberdade.

Todos estes valores assentam no valor da *personalidade individual*, na *dignidade do indivíduo* que se traduz numa *personalidade jurídica* plena, igual para todos.

3. Crise dos valores e do Direito – a subjectividade

Tem havido uma crise dos valores do Direito civil a todos os níveis, nomeadamente a nível da certeza jurídica, da completude do ordenamento e mesmo do valor da igualdade referido à dignidade da pessoa humana/ /pessoa jurídica[2].

O problema da certeza e segurança, ligado ao da existência de um "sistema jurídico", está largamente dependente do reconhecimento da norma geral e abstracta como fonte de Direito. Hoje, os modelos concretos de comportamento dos membros da sociedade são cada vez menos pro-

---

[2] Vd. Nicolò Lipari, "La formazione negoziale del Diritto", Scritti in onore di Massimo Severo Giannini, I, Giuffrè, 1988, pág. 397 e segs.

A procriação medicamente assistida heteróloga e o sigilo sobre o dador...   77

duzidos por normas gerais e abstractas, mas determinados pelos próprios factos que desencadeiam esses comportamentos, sem se virem a plasmar em normas.

Existe, consequentemente, uma crise da própria ideia de sistema. Cada facto da vida encontra cada vez mais a justificação em si próprio, sem ter de ir procurar modelos do comportamento criados por normas.

Verificando-se um processo continuo de auto referimento entre norma e decisão, entre lei e caso, entre norma e sujeito, entre valor e interesse. O Direito, também o Direito civil, (possivelmente este em muitos campos com mais razão do que os outros ramos de Direito) tem-se transformado num direito individual, num direito do caso concreto que, quando gera normas, as gera através de modelos contratuais, de negociação entre sujeitos privados.

Muitas vezes com o efeito perverso de a norma daí resultante não ser utilizada para reequilibrar o interesse dos mais fracos, mas para tornar mais fortes os interesses dos fortes, para melhor radicar as posições dotadas de maior poder contratual, de mais força nas relações com os outros.

As técnicas de interpretação/aplicação das normas assentavam nestas e na própria ideia de sistema, enquanto sistema interno, como termo de referência objectivo da actividade do jurista. Ou como sistema externo, entendido como ponto final de chegada da actividade do jurista.

Ora, hoje, a norma, mesmo quando reveste a forma de lei, aparece muitas vezes como resultado de uma contratação, de um contrato social reduzido a cada vez menos actores, fraccionando o ordenamento.

Afastando-se a ideia de soberania e muitas vezes a própria ideia de maioria, para se impor a unanimidade (consenso) dos sujeitos que nada mais resulta do que a vontade de uma minoria, dos mais fortes, embora apresentada como vontade da maioria ou da totalidade.

Afastada progressivamente a referência do fenómeno jurídico à certeza do direito formal, radicando-o na problematicidade concreta dos valores sociais e das forças sociais em confronto, está a cair-se numa crise de valores, do valor da certeza e segurança do Direito, da igualdade dos sujeitos de Direito e, portanto, da justiça. O que leva ao desgastar do Direito.

O modelo weberiano fundado sobre uma imagem do poder concebido como sistema fechado, no qual se verificam relações hierárquicas de comando e de execução, de objectivos e de meios, é substituído pela imagem de um sistema aberto no qual o poder se constrói "a posteriori", numa relação sempre mutável do sistema com o seu ambiente. Perde-se a dimensão ética do Estado implícita na concepção liberal do Estado de Direito, favorecendo-se o compromisso sempre variável entre interesses em concorrência, em que vence o mais forte.

O sujeito deixa de integrar o tipo legal, para passar a constituir síntese de todos os efeitos, aparecendo norma legal cada vez menos como norma e sempre mais como decisão. Surgindo o império da subjectividade, entendida esta no sentido etimológico daquilo que está no fundamento do fluxo variável de relações sempre mutáveis. A norma, tornada decisão, acaba por ser inevitavelmente ligada aos que têm maiores possibilidades de fazer valer a sua vontade, contra aqueles em benefício dos quais se pensava afirmar as tutelas subjectivas. Invertendo-se, perversamente, a própria "ratio" do Estado-social, depois de se ter posto em causa o Estado-de-Direito.

O indivíduo aparece como o "único" actor social, pronto a assumir-se como o "único" autor de si próprio e dos outros. Dotado de uma vontade ilimitada e não limitável – sobretudo pela norma geral e abstracta, prévia à sua vontade.

4. A evolução do Direito da família e do Direito das pessoas – o afastamento da natureza

O quadro que acabei de enunciar, visa permitir compreender a evolução dos últimos decénios do Direito da Família, no quadro mais geral do Direito das pessoas.

As leis, ou as práticas jurídico-sociais, sobre o divórcio e sobre o aborto, a esterilização, a alteração das características sexuais, a procriação artificial, as manipulações genéticas, a convivência de facto, as relações familiares de homossexuais, o reconhecimento e legitimação da eutanásia, a fixação do momento da morte, etc., têm sofrido uma evolução no sentido da dissociação entre as bases jurídicas tradicionais assentes na biologia, na antropologia, na bioética, e os novos factos. É preciso saber se os instrumentos jurídicos tradicionais continuam a reflectir esta evolução jurídica e legislativa, ou se ela cai fora do quadro dos tradicionais direitos da personalidade, para se inserir numa "pessoa" nova, nuns direitos novos[3].

---

[3] Vd., sobre as considerações que se seguem, Massimo Paradiso, "Famiglia e nuovi diritto della personalitá: norma, desiderio e rifiuto del diritto", "Quadrimestre", 2, 1989, Giuffrè Editore, págs. 302 e segs., que sigo de perto.

Há que apreciar o carácter de não modelo, de espaço aberto e eticamente neutral, que domina o Direito da Família e, de um modo geral, todo o Direito.

Perante uma certa realidade natural e biológica, a concepção e a gestação do ser humano faz-se depender a natural conclusão do processo de relações de força. Tal como no passado a sobrevivência do filho dependia da aceitação do pai, – hoje depende da mãe.

Perante um dado objectivo e natural como embrião humano, a qualidade de sujeito de Direito está dependente de considerações culturais e de interesses estranhos a ele, consentindo-se mesmo, ou tendendo a consentir-se, em experiências científicas e intervenções abortivas.

Perante um dado natural como o corpo e a sua sexualidade, que até hoje o Direito se limitava a reconhecer, têm vindo a permitir-se transformações sexuais com base em factores psicológicos e culturais.

Perante um facto natural como a morte, a determinação do seu momento varia em função de interesses ulteriores, como a necessidade de transplantar órgãos, invertendo-se a presunção a favor da vida por uma presunção de morte.

Perante dados naturais e biológicos como a fertilidade e a esterilidade, absolutiza-se a vontade da pessoa singular consentindo na esterilização.

Perante o facto natural e biológico da procriação genética, a fecundação heteróloga introduz uma paternidade fictícia e uma proibição da procura da paternidade, com base em prejuízos ideológicos.

Perante o dado objectivo unitário da vida humana, sobrepõem-se-lhe discussões ideológicas sobre o conceito de vida digna de ser vivida, tal como no passado recente certo regime político se preocupou em extinguir as "existências privadas do valor vital".

Estamos perante uma nova concepção de pessoa e do seu estatuto jurídico, integrado só por direitos dos mais fortes, e pela crucificação dos mais fracos.

5. O Direito da família e os direitos da pessoa como direitos absolutos. A omnipotência do sujeito

O Direito da família, aqui compreendido o Direito da filiação e da procriação, sofreu uma evolução muito profunda a partir dos anos sessenta, sobretudo pela recepção dos direitos da personalidade, no entendimento que lhes tem sido dado.

A introdução dos direitos da pessoa no âmbito do Direito da família teve aspectos claramente benéficos que ainda hoje não estão totalmente adquiridos. Mas também a recepção dos direitos da personalidade em termos individualistas (diria que em termos anglo-saxónicos), basicamente como liberdades (ou direitos) contra os outros, não é inocente e tem de ser entendida na verdadeira dimensão. O Direito da família contemporâneo, modelado pela introdução dos direitos da pessoa enquanto liberdades ilimitadas, assenta numa ideia de "não-modelo" das relações familiares, abandonadas à vontade dos familiares, vontade eticamente neutral. Nem sequer se aceita, em obediência à vontade livre do sujeito, ao direito subjectivo e absoluto, que a ética, a antropologia, a biologia, a própria família se determinem em normas (gerais e abstractas), se positivem em Direito.

O dogma da vontade, extraído do domínio neutro do comércio das coisas, foi transferido para o domínio das pessoas. Excluindo-se qualquer interesse que não seja o interesse subjectivo absoluto; nomeadamente, a solidariedade, o interrelacionamento, o *nós* solidário apagado pelo *eu* absoluto, predador do *tu*.

A sociedade e o legislador, em muitos campos do Direito da família, têm vindo a destruir este último, negando qualquer interesse público na relação da família, deixada à vontade de cada um dos intervenientes.

Parece-me ser possível distinguir duas grandes zonas: uma deixada aos interesses de cada um: divórcio, esterilização, alteração de sexo, fecundação heteróloga. Onde, nas relações de força que se estabelecem, a parte mais fraca sai normalmente prejudicada; em negação à própria ideia de Direito que tem como pontos de partida e de chegada a promoção da igualdade entre os interessados.

O referido conceito de direitos da personalidade leva a que qualquer norma externa à vontade do sujeito, criando limites externos, seja considerada intolerável para a sua liberdade. A vontade de cada um estaria legitimada em si mesma, sem precisar de qualquer outra referência. Ou, se quisermos, a vontade individual e absoluta positiva-se em Direito (do caso concreto) na situação concreta. A ética, a genética, a fisiologia, a biologia, etc., são talhadas livremente pela omnipotente vontade do sujeito.

Assim, vem-se negando não só o Direito positivo, como a própria positivação das "normas" referentes à pessoa humana, à sociedade e ao interrelacionamento natural e constitutivo do ser humano.

No outro sector em que aparecem demasiadamente visíveis as diferenças de poder entre os sujeitos – no Direito da filiação e do Direito dos menores – continuam a existir obrigações recíprocas, sobretudo a cargo da parte mais forte, que compete ao Estado e à sociedade assegurar.

Assim, há que distinguir, segundo as práticas dominantes, dois grandes campos no Direito da família – vou emitir juízos de realidade, que não de valor.

O primeiro campo é o das relações entre pessoas "iguais", entre os conjugues, quanto às suas relações pessoais e patrimoniais. Nesta matéria, a função do Estado através do juiz, do notário, do conservador, etc., não será dizer o Direito, por este ser criado livremente pela vontade das partes. A função do juiz não será a de subsumir as situações nos quadros normativos (cada vez mais escassos e flexíveis). Será fundamentalmente reconhecer, avalizar ou publicitar as consequências das vontades dos sujeitos. Estes escolheram o regime de bens que mais lhes convinha ou não escolheram regime nenhum, caminhando para a separação absoluta; constituirão e dissolverão a relação conjugal à sua vontade; o casamento valerá, quanto ao seu conteúdo, o que as partes quiserem, caminhando-se de modalidades mais densas e tradicionais para meras situações de facto.

Nas relações em que há uma profunda desigualdade de poder, de força, quando estão implicados menores (embora o problema não se refira só a estes) a ética, a biologia, a antropologia, etc., não podem deixar de positivar-se em Direito. Fazendo-o através da justa solução (concreta) dita pelo juiz. Este deverá apoiar-se nas ciências humanas através de peritos; e dizer o Direito do caso concreto, filtrando tais ciências pelos valores da sociedade necessariamente conformados em estatuto jurídico das pessoas.

Neste sector, as normas jurídicas, gerais e abstractas, continuarão a existir, mas serão escassas. Visarão estabelecer a protecção do sujeito mais fraco, o menor, no Direito dos menores, na filiação, na procriação, etc. Na generalidade das situações, o juiz não irá aplicar uma regra do Direito, indagando a situação pressuposta e a sua "ratio", e comparando-a com a situação em análise. Terá necessidade de, com o apoio de peritos das ciências sociais, criar a norma para o caso concreto – embora em termos de valer para todos os casos idênticos.

6. A PMA heteróloga e o sigilo sobre o dador – a lei n.º 32/2006

A Lei n.º 32/2006 de 26 de Julho (publicada no Diário de República, 1ª série, número 143, de 26 de Julho de 2006, pág. 5245 e segs.) aplica-se, naquilo que nos interessa, às seguintes técnicas de PMA: inseminação artificial; fertilização *in vitro*; injecção intracitoplasmatica de espermatozóides; transferência de embriões, gâmetas ou zigotos; diagnóstico genético pré-implantação; outras técnicas laboratoriais de manipulação genética ou embrionária equivalentes ou subsidiárias (artigo 2.º).

Dispondo-se que no artigo 3.º que as técnicas de PMA devem respeitar a dignidade humana, sendo um método subsidiário e não alternativo de procriação, podendo só verificar-se mediante diagnóstico de infertilidade ou ainda, sendo caso disso, para tratamento de doença grave ou do risco de transmissão de doenças de ordem genética, infecciosa ou outras.

O artigo 19.º (inseminação com sémen de dador) permite a procriação medicamente assistida heteróloga. Determina no seu §1 que a inseminação com sémen de um terceiro dador só pode verificar-se quando, em face aos conhecimentos médico-científicos objectivamente disponíveis, não possa obter-se gravidez através de inseminação com sémen do marido ou daquele que vive em união de facto com a mulher a inseminar.

O artigo 15.º dispõe a confidencialidade sobre a identidade dos participantes da PMA e sobre o próprio acto da PMA. Contudo, as pessoas nascidas em consequência de processo de PMA com recurso a dádiva de gâmetas ou embriões, podem, junto dos competentes serviços de saúde, obter as informações de natureza genética que lhes digam respeito, excluindo a identificação do dador. As pessoas acabas de referir podem obter informação sobre a eventual existência de impedimento legal a projectado casamento, junto do Conselho Nacional de procriação medicamente assistida, mantendo-se a confidencialidade acerca da identidade do dador, excepto se este expressamente o permitir (n.º 3). Sem prejuízo do que se acabou de expor, podem ainda ser obtidas informações sobre a identidade do dador por razões ponderosas reconhecidas por sentença judicial (n.º 4).

O assento de nascimento não pode, em caso algum, conter a indicação de que a criança nasceu da aplicação de técnicas de PMA.

7. Apreciação das normas sobre PMA – O sigilo sobre o dador

Comecemos pelo aspecto que tem menor importância: o sigilo sobre o dador.

Sublinhe-se, e é importante que se faça, que se trata de um princípio geral sujeito a diversas excepções, nomeadamente a uma excepção de carácter muito geral e indeterminado que é a constante do n.º 4 do artigo 15.º: "razões ponderosas reconhecidas por sentença judicial".

Só a jurisprudência nos permitirá daqui a alguns anos aperceber qual é entendimento que os tribunais terão de "razões ponderosas". Desde já, contudo, poderei indicar que me parecem razões ponderosas a circunstância de o filho estar afectado psiquicamente pela circunstância de não conhecer os seus pais biológicos; se assim se entender, o anonimato perderá muito do seu significado.

Considero que o anonimato do dador é inconstitucional, não se justificando por qualquer interesse da pessoa a proteger, cuja dignidade e identidade há que assegurar, que é o filho. Com efeito, parece claro que este tem o direito de conhecer os seus pais biológicos, na medida em que este conhecimento faz parte da sua própria identidade como ser humano. Utilizando aqui uma expressão retirada de outro texto, diria que a criança é (também) o passado que avança, e este passado são os seus progenitores, em larga medida. Isto para já não falar, e a lei ressalva, da necessidade de obter informações de natureza genética que lhe digam respeito, por múltiplas razões, uma das quais pode ser por motivos de saúde.

O sigilo sobre o dador viola o disposto nos artigos 2.º, 12.º, 1, 13.º, 1 e 3 da Constituição da República.

Tal como previsto na lei, o sigilo sobre a identidade do dador é uma regra em evolução. Ou se irá, possivelmente, descaracterizar através da prática; ou haverá uma intervenção legislativa no sentido de a tornar mais consistente.

Voltemos à PMA heteróloga.

Esta PMA heteróloga, estreitamente ligada ao sigilo sobre o dador, é reforçada pela disposição do n.º 2 do artigo 10.º que diz que os dadores não podem ser havidos como progenitores da criança que vai nascer.

Ou seja: nos termos da lei, haverá muitas situações em que a criança tem o direito de "conhecer" os seus progenitores; mas não tem o direito de "ser reconhecida" por eles, em termos de estes assumirem obrigações parentais perante ela.

Estamos aqui perante um excesso do legislador que se julga (espero que só por momentos) omnipotente. Atribui-se o poder (absoluto) de determinar a filiação, a paternidade e o parentesco, fazendo tábua rasa da biologia e da antropologia.

A filiação é hoje, e sempre foi, uma relação assente na biologia.

Tem-se entendido que está em causa um elemento fundamental do estatuto jurídico da pessoa humana, da sua dignidade natural: ser filha dos seus pais biológicos – e não de quem o legislador entenda.

O legislador português de 2006 julga-se tão poderoso – ou mais – do que o imperador romano que podia constituir (e desfazer?) relações de filiação. Ao menos este não podia ocultar, por um acto de vontade, a realidade biológica.

Não sei o que serão a paternidade e a filiação amanhã. Sou aqui e agora. Não acreditando nas "amanhãs que cantam" – têm-se revelado trágicos – lembro só a regra das ciências quânticas segundo a qual é "totalmente impossível prever o futuro". Por isso, assento nos valores éticos de hoje, sem prejuízo do seu aprofundamento constante.

8. A inseminação heteróloga

Passemos à inseminação heteróloga propriamente dita.

Há aqui uma forte oposição da vontade, pretensamente "omnipotente", do legislador aos interesses da criança, à sua dignidade de ser humano. Desajustando-se essa vontade da biologia, da dignidade da pessoa humana e do primado da pessoa que não pode ser posta ao serviço de outrem e muito menos transformada em objecto da vontade de outrem.

Parece fundamentar a inseminação heteróloga a verificação de uma doença dos que seriam pais biológicos, revelada por um diagnostico de infertilidade, ou uma doença grave que tem de ser tratada, ou o risco de transmissão de origem genética, infecciosa ou outra.

Haverá assim uma doença, uma limitação, do casal de interessados (casados ou em união de facto) que só pode ser ultrapassada, e vai sê-lo, através da PMA heteróloga.

Não está em causa a necessidade, por vezes muito profunda e muito atendível, de um casal de se projectar, unindo-se ainda mais, através de filhos. Trata-se, diria, de uma necessidade fundamental de muitos seres humanos, de uma liberdade fundamental, a de procriar, que é, e deve ser, assegurada por constituições e leis ordinárias.

O que não acho admissível é que essa necessidade seja satisfeita através de outra pessoa transformada em objecto (ou se quisermos, "remédio") das necessidades de outrem. Uma pessoa não pode ser instrumentalizada, fora da biologia, da ética, da antropologia, para satisfazer uma necessidade de outrem. Ou se quisermos, noutra perspectiva, não me parece admissível que se atribua à vontade do casal a omnipotência de ultrapassar todos os limites, sobretudo quando este limite é um ser humano. Mesmo numa visão pouco solidarística da pessoa humana e das suas relações com os outros, em termos do *eu* estar constantemente em afrontamento com o *tu*, conhecendo só os limites impostos por este último, o *tu* é sempre um limite ao *eu*. Não ultrapassável, em termos do outro não poder ser utilizado para satisfazer os interesses do sujeito desiderante. Devemos aceitar que há limites ao ser humano; que este, mesmo com o apoio da técnica, não os pode ultrapassar a todos; uns, em si mesmos, os outros pelo respeito que há por valores mais importantes.

Por enquanto (e não sabemos o que o futuro nos reserva, por ser totalmente impossível prever o futuro) estamos doentes, temos limitações físicas e intelectuais, morremos, ficamos velhos, etc. Aceitemos isso, combatendo embora essas limitações com todos os meios da técnica e da ciência; mas respeitando sempre os valores mais altos, entre os quais está o da dignidade da pessoa humana e do respeito do outro. A omnipotência da vontade, assente no progresso indefinido da técnica e da ciência, a caminho de um mundo cada vez melhor, produto do racionalismo iluminista do século XVIII projectado nos séculos XIX e XX, tem sido desmentida constantemente pelos factos.

Note-se que a PMA heteróloga, não sendo realizada em benefício do filho – que tem de ser a referência principal, senão a única – vem contra o art. 2.° da Convenção dos Direitos do Homem e Biomedicina[4].

Indo às raízes profundas da PMA heteróloga.

---

[4] Vd. sobre alcance desta norma, de Agostinho Almeida Santos e Jorge Biscaia, in Declaração de voto, Parecer n.° 44 do Conselho Nacional de Ética para as ciências da vida.

"O casal infértil ou infecundo não fica fértil nem se torna fecundo com a obtenção de um filho(a) por intermédio de um gâmeta alheio ao casal"[5].

O uso de gâmetas estranhos ao casal dos pais "legais" "torna eticamente ilegítima e profissionalmente desajustada a intervenção médica, constituindo como que uma obstinação terapêutica indesejável e, de facto, cria mais problemas, a vários níveis, do que os que pretende resolver e não trata medicamente num "casal estável" definido, a esterilidade de que esse casal sofre e para a qual procurou tratamento médico"[6].

Regressando à dignidade inultrapassável da pessoa humana, direi que é ilegítimo e ilícito qualquer acto pelo qual outrem (médico ou não) exerça um poder sobre o ser humano. Só o consentimento deste, sujeito a estreitos limites, pode eliminar essa ilegitimidade e ilicitude.

A transmissão da vida humana não pode ser desvinculada de um acto pessoal, livre, consciente e natural de um homem e de uma mulher. Em via de regra, e desejavelmente, o acto sexual. Em casos excepcionais e a título subsidiário, a procriação medicamente assistida homóloga[7].

É neste sentido que depõem a natureza e o interesse do novo ser.

Não sei porque os pais amam os filhos – embora saiba que é este amor a causa e o sentido da procriação. Sejam estas razões biológicas, sociais, éticas – ou outras – a PMA heteróloga só as debilitará. O filho corre o risco de ser a primeira vítima das desavenças do "casal estável".

E a sua situação poderá potenciá-las.

Com base nesta ideia me parece difícil de aceitar constitucionalmente o n.º 2 do artigo 10.º, por violação, nomeadamente, do disposto nos artigos 2.º, 12.º, 1, 13.º, 1, 26.º, 1, e 3 da Constituição da República.

---

[5] Daniel Serrão, in Declaração de voto, Parecer n.º 44 referido.

[6] Aut. texto citados.

[7] Sobre esta matéria, vd. Associação dos Médicos Católicos Portugueses, Tomada de posição sobre a procriação medicamente assistida, "Acção Médica", ano LXVIII, n.º 3, Set. 2004, pág. 152 e segs.

BIOÉTICA E DIGNIDADE DA PESSOA HUMANA: RUMO À CONSTRUÇÃO DO BIODIREITO [1]

JUDITH MARTINS-COSTA
Livre Docente e Doutora em Direito (Universidade de São Paulo)
Professora Adjunta na Faculdade de Direito da Universidade Federal
do RGS e Membro do Comitê de Bioética
do Hospital de Clínicas de Porto Alegre

*"Combien durera ce manque de l`homme mourant au centre de la
création parce que la création l`a congedié?"*
(René Char, A La Santé du Serpent, VIII, Commune Presence)

SUMÁRIO: I) O Direito como construção de "modelos de respostas". A) O modelo da incomunicabilidade; B) O modelo da interconexão. II) A dignidade da pessoa humana como princípio comum ao Direito e à Bioética. A) A reconstrução do conceito de pessoa. B) Os limites do conceito. Conclusão.

Na última década do séc. XX o anúncio pela comunidade científica internacional, do "mais importante mapa feito pela humanidade", como

---

[1] Este texto é, com adições, o apresentado em 2.07.2000 ao III Congresso Brasileiro de Bioética e I Congresso de Bioética do Conesul, PUCRS, Porto Alegre no painel "Inter-relações entre a Bioética e o Direito", constituindo estudo preliminar acerca do tema, tal como vem sendo desenvolvido em Grupo de Estudos coordenado pela autora no âmbito da Faculdade de Direito (Graduação e Pós-Graduação) da UFRGS como líder do Grupo de Pesquisa "A construção do biodireito: a normatividade jurídica da bioética", do CNPq. Foi originalmente publicado na Revista da Faculdade de Direito da Universidade Federal do RGS, vol. 18, pp. 153 a 170, 2000. Também publicado na Revista da Pós-Graduação da Faculdade de Direito da USP, vol. 3, 2001, pp. 13 a 30 e na Revista Trimestral de Direito Civil, vol. 3, Rio de janeiro, 2000, pp. 59 a 78. A presente versão, em novembro de 2006, apenas teve aditadas breves modificações de forma.

disse o então Presidente Clinton ao aludir ao sequenciamento do código genético, fez sair a reflexão bioética das salas das universidades para situá-la como um tema de interesse do homem comum, do leitor dos grandes jornais – este mesmo leitor que, em 1997, restara perplexo, quando noticiados os resultados das experiências realizadas pelo Doutor Ian Willmult que resultaram na criação da célebre ovelha Dolly.

Desde então a estupefação do leitor de jornais passou a refletir a perplexidade do jurista. Essa perplexidade não é devida, contudo, como a do leigo, apenas aos inacreditáveis fatos científicos, mas é acrescida por uma dúvida crucial: como compatibilizar a reflexão ética propiciada pelos novos paradigmas científicos com a racionalidade "utilitarista" comumente atribuída ao ordenamento jurídico?

Sabemos que a razão prática está na preocupação do jurista na medida em que o Direito não apenas "é" a produção de normas, ele também "serve" à produção de normas destinadas a resolver casos mediante decisões, para alcançar escolhas e ações de relevância social[2], no seu fulcro residindo, portanto, uma aporia fundamental: saber o que é justo, aqui e agora, pois a cada problema social concreto uma resposta, também concreta e imediata, deve ser dada pelos Tribunais.

Porém à questão de saber como compatibilizar a reflexão ética propiciada pelos novos paradigmas científicos com a racionalidade prática do regramento jurídico (traduzindo, afinal, a complexidade das interfaces entre a Bioética e o Direito) subjazem outros problemas igualmente complexos que mesclam teoria e prática. Responder àquela questão implica, por exemplo, questionar – para que serve o Direito? Como ele é feito? Como ele é aplicado? Implica desmentir certas concepções que vêem o Direito como o produto de um legislador demiúrgico; implica fundamentalmente falar do Direito como "regulamentação coordenada dos comportamentos sociais", regulamentação, contudo, que não se desvincula da experiência social concreta, verdadeira síntese de uma tríade – segundo a conhecida concepção de Miguel Reale – entre fato, valor e norma, isto é, o fato social, o valor ético que lhe é atribuído pelas concretas sociedades, em cada momento da sua história, e, finalmente, a recolha deste fato, valorado eticamente, por uma norma dotada de poder de coerção, como o é a norma jurídica[3]. Responder àquela questão implica, por fim, situar o

---

[2] F. Viola e G. Zaccaria, "Diritto e Interpretazione- Lineamenti di teoria ermeneutica del diritto, Ed. Laterza, Roma, 1999, p. 402.

[3] Sobre o tridimensionalismo veja-se em especial, "Teoria Tridimensional do Di-

escopo da Bioética e o seu estatuto epistemológico, matéria ainda não consensual entre os estudiosos e aventar a possibilidade da construção de um Biodireito, tema ainda menos consensual na doutrina.

Na arriscada tentativa de alinhavar algumas breves respostas a estas complexas questões, proponho o exame do tema a partir da compreensão dos modelos de construção das respostas jurídicas (I). Posteriormente, examino se há princípios comuns que possam atuar como ponte entre a reflexão bioética e a construção de soluções jurídicas (II).

I. O DIREITO COMO CONSTRUÇÃO DE MODELOS DE RESPOSTAS

Foi o racionalismo iluminista que pensou o fenômeno jurídico como um sistema de normas, dividindo a experiência social em dois distintos planetas – o planeta do Direito e o planeta do não-Direito. Foi a assunção pelo Estado, na Revolução francesa, da tarefa de criar as regras jurídicas e arrumá-las em conjuntos de leis que fez o ordenamento jurídico aparecer como um sistema fechado de regras legais, postas por ato de autoridade estatal, regras que traduziriam a totalidade dos comportamentos sociais merecedores de tutela jurídica, sendo, por isto, excludentes de outras fontes de normatividade. E foi, enfim, o cientificismo oitocentista – em larga escala perversamente desviado no século XX – que tentou perspectivar o Direito numa ciência "pura", isto é, livre da "contaminação" de outros setores vitais da experiência humana, como a Ética, a História, a Economia[4].

Um dos resultados do cruzamento dessas três vertentes históricas restou conhecido como *legalismo,* termo que indica a pretensão de reduzir o fenômeno jurídico a uma de suas manifestações – a lei de origem parlamentar – fazendo crer à sociedade que, a cada novo problema, seria necessária a intervenção autoritária do legislador para fazer com que a nova realidade, saindo do obscuro campo do "não-Direito" fosse, assim, jurisdicizada.

---

reito", Ed. Saraiva, 5ª edição, 1994, "Verdade e Conjetura", Ed. Nova Fronteira, 1983, "Fundamentos do Direito", Ed. Revista dos Tribunais, 3ª ed., 1998, e "Fontes e Modelos do Direito – para um novo paradigma hermenêutico", Ed. Saraiva, 1994.

[4] Sobre o tema permito-me lembrar o meu "A Boa Fé no Direito Privado", Ed. Revista dos Tribunais, 1999, em especial Parte I.

Esta concepção foi, contudo, posta em crise no século XX, principalmente na sua segunda metade[5]. Contribuições de toda ordem, mas especialmente da Teoria Hermenêutica, vieram comprovar que o Direito é fundamentalmente *prudência,* arte prudencial, guardando inter-relações profundas com as demais instâncias componentes do todo social, notadamente a Ética e com a Sociologia esta última apontando até mesmo ao fenômeno das leis que "não pegam", isto é: que não têm verdadeira eficácia social, porque são divorciadas da *realidade axiológica* do seu tempo, dos suportes éticos que as tornariam consensualmente aceitáveis.

Uma vez visualizada a radical interconexão entre o Direito e os variados campos que recobrem o todo social, mostra-se acertada a concepção que visualiza a *positivação das normas* não apenas como um ato de autoridade, autárquico e fechado, mas como um processo, a saber: considera-se que as normas jurídicas que resultam das fontes constituemexpressão de modelos prescritivos, sendo porém dotados de um essencial *sentido prospectivo*[6], consistindo a positivação das normas um verdadeiro *processo de positivação*. Superado o dogma da estaticidade da produção normativa – como se o positivar de regra jurídica consistisse num único e isolado ato, o de "pôr" o Estado a regra, por um ato de autoridade chamado "promulgação" – é possível perceber o caráter dinâmico da positivação, a qual é como composta por dois complexos momentos: um, estático, fixo e atomístico, qual seja, a promulgação, por ato de autoridade, em regra a autoridade legislativa; e outro dinâmico, processual e "total".

Diz-se que este segundo momento é dinâmico e processual porquanto é progressivamente estabelecido pelos destinatários do ato político estatal, isto é, a comunidade, sejam os que têm por função interpretar e aplicar as regras legais (juizes e funcionários administrativos)[7], sejam os cidadãos, membros da comunidade juridicamente organizada. Por esta razão compreende-se que o "dever-ser" ínsito à norma jurídica não é um mero enunciado lógico, mas, como afirmou Miguel Reale, "um dever-ser que se con-

---

[5] Para este exame, veja-se, entre tantos, K. Larenz, "Metodologia da Ciência do Direito", trad. de José Lamego, Ed. Fundação Calouste Gulbenkian, 3ª ed., 1997, Parte Histórico-Crítica.

[6] Miguel Reale, "Fontes e Modelos", cit., p. 30.

[7] Ver G. Zaccaria, "Sul Concetto di Positività del Diritto", *in* "Diritto Positivo e Positività del Diritto", org. G. Zaccaria, Ed. Giappichelli, Milão,1989, pág. 329, e ainda: *"La positività giuridica non costituisce e non può essere concepita come l'espressione pressochè esclusiva di un'autorità che pone, quanto piuttosto come l'esito di un procedimento e di una prassi articolata di soggetti, che continuamente si fanno".*

Bioética e Dignidade da Pessoa Humana: Rumo à Construção do Biodireito   91

cretiza na experiência social, correlacionando-se com conjunturas factuais e exigências axiológicas"[8].

Da alteração da concepção de *fonte de produção de normatividade jurídica* chegou-se, por igual, à alteração do modelo pelo qual se expressa a normatividade mesmo na fonte legal. Ao lado dos modelos cerrados, em que o fato da vida ou comportamento social devido vem perfeitamente caracterizado e conectado a uma determinada conseqüência – isto é, o modelo da tipicidade, na qual há uma pré-figuração, pelo legislador, do comportamento típico – o legislador passa a utilizar também modelos semanticamente abertos, as "cláusulas gerais". A questão é metodológica e estrutural. Nos modelos abertos, a estrutura do texto legal não tem perfeitamente desenhada na estatuição o comportamento típico a ser seguido pelo destinatário da regra porque o legislador utiliza uma linguagem intencionalmente vaga, aberta, fluída, caracterizada pela ampla extensão do seu campo semântico[9] muitas vezes ajuntando uma relativa vagueza ou indeterminação também no que diz com as conseqüências jurídicas que são conectadas à previsão legal[10].

Pois bem: estes modelos abertos, vazados em linguagem "vaga", conquanto não devam ser utilizados indiscriminadamente, se mostram apropriados para canalizar, juridicamente, as exigências axiológicas funda-

---

[8] Miguel Reale, op. cit., p. 31.

[9] Ao invés de descrever a factualidade, emprestando-lhe determinada conseqüência jurídica, o legislador reconhece que é impotente para apreender, previamente, a totalidade das situações de vida merecedoras de tutela jurídica. Por isto, em determinadas situações, notadamente aquelas em que os padrões sociais não estão firmemente assentados, ou não podem ser assentados senão de forma provisória, como ocorre com os padrões técnicos e científicos, limita-se o legislador a conferir, mediante o modelo aberto, uma espécie de "mandado" para que o juiz possa, progressivamente, e à vista da alteração nos paradigmas sociais, culturais, científicos, éticos, etc., regular os casos concretos, criando, complementando ou desenvolvendo aquelas normas postas como "programas", isto é, indicações de fins a perseguir ou de valores a garantir (Acerca da linguagem das cláusulas gerais escrevi em "A Boa Fé no Direito Privado", cit., pp.273 a 380).

[10] Exemplo desses modelos abertos, ou cláusulas gerais, no Código Civil brasileiro, constitui o art. 21, *in verbis*: "A vida privada da pessoa natural é inviolável, e o juiz, a requerimento do interessado, adotará as providências necessárias para impedir ou fazer cessar ato contrário a esta norma". Como se vê, o texto não tipifica nem o que configura a "vida privada" nem a sua inviolabilidade e, ao mesmo tempo, não comina uma conseqüência previamente determinada à violação, podendo o juiz resolver o caso pela atribuição de efeito indenizatório ou restitutório ou mesmo pela adoção de medidas processuais preventivas.

mentais da comunidade, tanto na Bioética quanto no Direito. É que tais exigências éticas vêm expressas preferencialmente em normas que configuram princípios (bioéticos e jurídicos), sendo as clausulas gerais o meio técnico apropriado para a expressão de princípios justamente pela vagueza semântica que os caracteriza. Convivem assim no ordenamento legislativo princípios e regras, ambos espécies integrantes de um mesmo gênero, o das normas jurídicas[11].O ordenamento jurídico apresenta-se, assim, não como um sistema fechado de regras que têm a pretensão da plenitude legislativa e da completude lógica, mas como um sistema aberto de regras (como *prima ratio*) e princípios (como *última ratio*), a sua positivação constituindo um processo no qual intervém o legislador, o juiz e a comunidade.

O que são princípios jurídicos? Inúmeras respostas têm sido dadas a esta questão, e entre elas a resposta de Alexy, segundo o qual princípios são o mesmo que *valores*. Porém, como o Direito trata do que deve ser, *do que é devido,* há entre ambos os conceitos uma diferença a ser notada. Utilizando a classificação de von Wright[12] entre conceitos deontológicos (*v.g,* mandato, dever-ser, ordem, proibição, permissão, direito a), axiológicos (*v.g.,* bom, mau, belo, corajoso, seguro) e antropológicos (*v.g.,* vontade, interesse, necessidade, decisão) Alexy assenta a distinção: "Princípios e valores são o mesmo, contemplado em um caso sob um aspecto *deontológico* e sob um aspecto *axiológico*"[13].

Nos princípios, mais do que nas regras, mais nítida se mostra a processualidade e dinamicidade do processo de positivação, pois deve haver uma espécie de adesão moral da comunidade que permita a concreção do valor que está em sua base mediante a atribuição de determinados significado e alcance. Assim, por seu intermédio o ordenamento jurídico reaproxima-se da dimensão ética, apresentando-se como um sistema axiologicamente orientado[14]. Ao modelo da incomunicabilidade entre o Direito e as demais instâncias do todo social, notadamente a Ética, substitui-se o modelo da conexão, comunicabilidade e complementaridade[15]. Inscritos

---

[11] Robert Alexy, "Teoria de los Derechos Fundamentales", trad. esp. de Ernesto Garzón Valdés, Ed. Centro de Estudios Constitucionales, 1993, p. 81 e ss.

[12] In "The Logic of Preference", *apud* Alexy, op. cit., p. 139 e 140.

[13]. Robert Alexy, "Teoria de los Derechos Fundamentales", op. cit., p. 147.

[14] Claus-Wilhem Canaris, "Pensamento Sistemático e Conceito de Sistema na Ciência do Direito", trad. ª Menezes Cordeiro, Ed. Fundação Gulbenkian, 1989, p. 66 e ss.

[15] Ilustrativa deste novo modelo é a Constituição Federal brasileira. Diferentemente do que ocorria no passado, quando às Constituições era emprestada a missão de tão somente

Bioética e Dignidade da Pessoa Humana: Rumo à Construção do Biodireito   93

comumente em cláusulas gerais, caracterizando o que se convencionou chamar de "conceitos jurídicos indeterminados", os princípios ensejam uma nova maneira de aplicar o Direito: ao juiz hoje é reconhecida a competência de não apenas subsumir certos fatos às regras que os descrevem, mas, igualmente, o poder-dever de concretizar – isto é – tornar concretos, atuantes e operativos os princípios atuando, para tanto, nos quadros do ordenamento.

Estas transformações metodológicas possibilitam a crítica e a reconstrução de certos conceitos fundamentais do Direito. E abrem espaço, por igual, à construção do Biodireito.

Esse termo indica a disciplina que visa determinar os limites de licitude do progresso científico (notadamente da biomedicina[16]) não do ponto de vista das "exigências máximas" da fundação e da aplicação dos valores morais na *praxis* biomédica – isto é, a busca do que se "deve" fazer para atuar o "bem" – mas do ponto de vista da exigência ética "mínima" a saber: a relativa ao estabelecimento de normas para a convivência social[17]. Assim é que, muito embora recebendo contestações (porque importaria na "jurisdiciarização" indevida da biomedicina) mesmo assim tem crescido o endosso à formação do Biodireito como disciplina jurídica da bioética[18].

O Direito desenvolve-se na História, e, por isto, um de seus papéis é o de mediar a dialética que por vezes resta estabelecida entre a tradição e a ruptura, entre os processos de continuidade e os de descontinuidade social. Seu papel não é, pois, o de cercear o desenvolvimento científico, mas, justamente o de traçar aquelas exigências mínimas que assegurem a compatibilização entre os avanços biomédicos que importam na ruptura de certos paradigmas e a continuidade do reconhecimento da Humanidade

---

definir as normas de organização e competência do Estado, hoje em dia tem-se a "Constituição principiológica", que transforma em direito positivo, direito legal, certos princípios que tradicionalmente eram tidos como pré-positivos, como, por exemplo, o princípio da dignidade da pessoa humana, entre nós expressamente reconhecido como princípio estruturante ou fundante do Estado Democrático de Direito que está no art. art. 1.º, inciso III.

[16] Laura Palazanni, "Il concetto di persona tra bioetica e diritto", Ed. Giappichelli, Turim, 1996, p. 9.

[17] Idem, pp. 9 e 10.

[18] Anota Patrick Fraisseix: *"la question de la nécessité comme de l'opportunité d'une "judiciarisation" de la biomédecine mérite d'être aujourd'hui dépassée gace aux prodiges parfois inquietants réalisés par la science"*. (La protection de la dignité de la personne et de l'espèce humaines dans le domaine de la biomédecine: l'exemple de la Convention d'Oviedo", Revue Internationale de Droit Comparé, 2, avril-juin 2000, p. 374.

enquanto tal, e, como tal, portadora de um quadro de valores que devem ser assegurados e respeitados. Entre esses valores fundamental é o que encerra o conceito de *pessoa humana*, hoje em plena re-elaboração teórica.

II. A DIGNIDADE DA PESSOA HUMANA COMO PRINCÍPIO COMUM AO DIREITO E À BIOÉTICA

Sob o seu estatuto epistemológico particular, o Direito também se ocupa da vida – do nascer e do morrer, de quem é pessoa, de sua filiação, de seus valores existenciais e de suas relações patrimoniais, de seus direitos (isto é, dos direitos que concernem à pessoa) e de seus deveres e responsabilidades. Portanto, falar em Direito é falar fundamentalmente em pessoa e em relação – o modo como se estabelecem as relações entre as pessoas (individual ou coletivamente consideradas), e as relações das pessoas com as coisas, bens materiais e imateriais.

Assim sendo, se em nosso horizonte axiológico o mais relevante for a relação entre a pessoa e os bens, economicamente avaliáveis, cresce em importância a idéia de pessoa como sujeito titular de um patrimônio. Essa idéia foi a modulada pela Era Codificatória, assim entendida a que se seguiu às grandes codificações oitocentistas correspondentes à ascensão do individualismo burguês e do capitalismo. Aí foi desenhada a idéia de pessoa como "sujeito" e como "indivíduo".

O discurso jurídico é sempre um discurso conotado[19] e, por recorrências lexicais diversas, seu dicionário é de certa forma, autônomo[20]. Pessoa, Sujeito, Personalidade são palavras que têm diversas conotações no tempo e no espaço[21]. No discurso de grande parte do século XIX, a pala-

---

[19] A expressão é de A J. Greimas, em "Semiótica e Ciências Sociais", tradução de Alvaro Lorencini e Sandra Nitrini, Ed. Cultrix, São Paulo, 1981, 75 ss.

[20] A J. Greimas, "Semiótica e Ciências Sociais", cit., 76.

[21] Como sintetiza com precisão Maren Taborda, com base na lição de Riccardo Orestano (in Il"Problema delle persone giuridiche" in "Diritto Romano". Turim: Giappichelli, 1968), "no Direito Romano antigo, a palavra 'pessoa' tinha o significado normal de 'homem', sem qualquer alusão à sua capacidade. Embora largamente empregado, o termo *persona* não tinha um valor técnico, e tanto era 'pessoa' o homem livre quanto o escravo – *persona servi* –, ainda que este não fosse considerado sujeito de direito. Para o ser sujeito de direito, além da condição 'ser homem', concorriam mais três, a saber: ser livre, cidadão e senhor de si mesmo – sui iuris. Só nos textos pós-clássicos é que emerge um emprego diverso do termo, para exprimir uma noção que se avizinha ao que os modernos

Bioética e Dignidade da Pessoa Humana: Rumo à Construção do Biodireito 95

vra "sujeito" não se prendia às subjetividades que mais tarde a psicanálise viria revelar mas conotava-se a uma idéia externa, objetivada, por assim dizer, a idéia de um "sujeito" visto tão só como "termo" ou "elemento" da relação jurídica, como aquele que pode (*rectius:* é capaz de) ser titular de direitos, atuando na ordem jurídica. Um sujeito que é privilegiadamente o "indivíduo", porque não mais definido pela pertença a um grupo, casta, classe, família, *status,* porque apartado (dividido) de um todo, de uma comunidade que o ultrapassa[22]: significações reveladoras da "lógica proprietária"[23] que revestiu a própria idéia de pessoa humana.

Submergida a idéia de "pessoa" na de "indivíduo" (ao sentido "egoísta" do termo) e não-visualizada a de "personalidade" pela preeminência do conceito técnico de "capacidade", traçaram-se as tramas semânticas que acabaram por fundir o "ser pessoa" com o "ser capaz de adquirir direitos e contrair obrigações". Em outras palavras, *instrumentalizou-se a personalidade humana,* reproduziu-se, na sua conceituação, a lógica do mercado, o que conduziu à desvalorização existencial da idéia jurídica de pessoa, para torná-la mero instrumento da técnica do Direito[24], ponto que

---

entendem por 'capacidade jurídica'". A mesma indistinção entre o "ser humano" e o "ser pessoa" continuou na compilação justinianéia e – recorro ainda a Maren Taborda – "os glosadores civilistas bolonheses continuaram a não lhe atribuir, em referência ao homem, qualquer particular significação jurídica, sendo apenas na canonística, mais precisamente na obra de Sinibaldo de Fieschi (futuro papa Inocêncio IV), que se passou a aplicar correntemente o termo *persona* para designar entidades coletivas com uma configuração unitária e abstrata distinta de seus membros particulares". ("A Publicização da noção de pessoa jurídica como fator de construção da dogmática do "Estado de Direito", inédito).

[22] Da literatura, mais do que dos tratados jurídicos, vem esta compreensão. Lembro, a propósito, de "Au plaisir de Dieu", o romance de Jean D`Ormesson (Gallimard, Paris, 1974).

[23] A expressão é de Davide Messinetti, "Personalitá" (Diritti della), verbete, in Enciclopedia Giuridica Giuffrè, Milão, 1984, p. 356

[24] Veja-se as observações de Hans Hattenhauer, "Conceptos Fundamentales del Derecho Civil", tradução espanhola de Pablo Salvador Coderch, demonstrando as razões pelas quais desde Kant ter assentado na "Metafísica dos Costumes" que *pessoa é o sujeito cujos atos podem ser a si próprio imputados"* operou-se a transmutação da idéia de "pessoa" para a de " sujeito", abrindo caminho para a consideração da pessoa como "mero material para a construção de relações jurídicas", reduzindo-se a idéia de personalidade à noção de "capacidade de direito". Na doutrina brasileira veja-se Alexandre dos Santos Cunha, "Dignidade da Pessoa Humana: conceito fundamental do Direito Civil", ensaio integrante de "A reconstrução do Direito Privado – reflexos dos princípios constitucionais e dos direitos fundamentais no Direito Privado", org. Judith Martins-Costa, São Paulo, Revista dos Tribunais, 2002.

foi percebido com especial nitidez pela civilista argentina Aida Kemelmajer de Carlucci segundo a qual, sob a ótica codificatória oitocentista o dano (*"el mal hecho*) à pessoa se justificava *"en la supuesta existencia de un verdadero derecho del sujeto sobre el próprio cuerpo, concebido a imagen y semejanza del derecho de Propiedad"*[25]. A frase *"eu sou dono de meu corpo"* expressa lapidarmente esta lógica. O corpo humano, reificado, é visto como objeto de um direito de propriedade, integrante de um patrimônio individual, e, como os demais bens patrimoniais, pode ser objeto de mercancia[26].

Mas se, ao invés da relação entre a pessoa e os bens em primeira plana estiver a pessoa humana valorada por si só, pelo exclusivo fato de ser "humana" – isto é, a pessoa em sua irredutível subjetividade e dignidade, dotada de personalidade singular – passa o Direito a construir princípios e regras que visam tutelar essa dimensão existencial[27], não-patrimonial porque ligada fundamentalmente à proteção da personalidade humana e daquilo que é o seu atributo específico, a qualidade de "ser humano".

A valorização dessas dimensões (personalidade da pessoa e humanidade da pessoa) tem origem, paradoxalmente, na barbárie do século XX – o totalitarismo estatal[28], econômico ou científico[29]. Este teve como con-

---

[25] "Codigo Civil y leyes complementarias. Comentado, anotado y concordado", dirigido por Belluscio y zannoni, Astra, Buenos Aires, 1984, p. 34, comentário ao art. 68, *apud* J. Moisset Iturraspe, " El danõ fundado en la dimension del hombre", Revista de Derecho Privado y Comunitario, 1, 1995, p. 34.

[26] Veja-se o instigante texto de Marie-Angèle Hermite, "Le corps hors du commerce, hors du marché", Archives de Philosophie du Droit, T. 33, p. 323 e ss., na qual propõe a categorização das "coisas de origem humana" como escapatória à lógica do mercado para a apreciação daquilo que, no corpo, pode ser objeto de relação jurídica (sangue, órgãos, etc.).

[27] Por esta razão, e, aliás, como tudo no Direito, o conceito de pessoa não é "dado", mas um "construído Expressou com rara felicidade esta idéia François Miterrand, em mensagem dirigida em 1985 aos participantes de colóquio sobre genética, procriação e direito, ao afirmar: "a história dos direitos do homem é a história da própria noção de pessoa humana, da sua dignidade, da sua inviolabilidade".(*"Atas do Colóquio Genétique, Procréation et Droit, Actes Sud, P.U.F, 1985, p. 14, cit., por Mario Raposo, "Procriação Assistida – Aspectos Éticos e Jurídicos", p. 91).

[28] Acerca dos vários totalitarismos, notadamente o político, veja-se Celso Lafer, "A Reconstrução dos Direitos Humanos – um diálogo com o pensamento de Hannah Arendt", São Paulo, Ed. Companhia das Letras, 1991.

[29] Acerca especialmente do totalitarismo da ciência veja-se Bernard Edelman, "Sujet de droit et technoscience", in La personne en danger, Paris, Ed. PUF, 1999, p. 397.

Bioética e Dignidade da Pessoa Humana: Rumo à Construção do Biodireito 97

traponto necessário a afirmação do valor da pessoa como titular da sua própria esfera de personalidade valorada por si só, isto é: não mais confundida com o mero suposto do conceito técnico de capacidade, mas fundamentada no reconhecimento da dignidade própria à pessoa humana. Esta importantíssima significação é a "novidade" que tem, para o Direito, o princípio da dignidade da pessoa. Como explica Bernard Edelman[30], embora a palavra "dignidade" fosse há muito conhecida e a idéia de uma dignidade própria ao homem esteja no centro da filosofia de Kant, a idéia da existência de uma proteção jurídica que é devida em razão da dignidade liga-se fundamentalmente a um duplo fenômeno, a barbárie nazista (que fez alcançar a idéia de crimes contra a humanidade, no Tribunal de Nuremberg) e à biomedicina, que coloca em xeque a própria identidade da humanidade como espécie.

Por este caminho não isento de paradoxos e de *décalages* opera-se um câmbio semântico específico, verifica-se a passagem de um grau de significação a outro: a dignidade da pessoa, como princípio jurídico, vai designar não apenas o "ser da pessoa", mas a "humanidade da pessoa"[31]. Esta é vista de uma perspectiva que não a confunde conceitualmente com o "sujeito capaz juridicamente", nem com o indivíduo atomisticamente considerado, significando, diversamente, "a reunião simbólica de todos os homens naquilo que eles têm em comum, a saber, a sua qualidade de seres humanos. Em outras palavras, é ela que permite o reconhecimento de uma pertença *(appartenance)* a um mesmo "gênero": o gênero humano"[32]. A mudança de grau no significado está em que a dignidade é o atributo ou qualidade desta pertença: "se todos os seres humanos compõem a humanidade é porque todos eles têm esta mesma qualidade de dignidade no "plano" da humanidade; dizemos que eles são todos humanos e dignos de o ser"[33].

Por isto é que, mais do que uma "vazia expressão", como poderiam pensar os que estão ainda aferrados à concepção legalista estrita do ordenamento jurídico, a afirmação do princípio da dignidade da pessoa humana, que nos mais diferentes países tem sido visto como um princípio

---

[30] "La dignité de la personne humaine, un concept nouveau", *in* La personne en danger, Ed. PUF, 1999, p. 505.

[31] Idem, p. 507.

[32] Idem, p. 509, traduzi.

[33] Idem, ibidem, traduzi.

estruturante da ordem constitucional[34] – apontando-se inclusive a um valor "refundante" da inteira disciplina privada[35] – significa que a personalidade humana não é redutível, nem mesmo por ficção jurídica, apenas à sua esfera patrimonial. Ao contrário, possui dimensão existencial valorada juridicamente na medida em que a pessoa, considerada em si e em (por) sua humanidade, constitui o "valor fonte" que anima e justifica a própria existência de um ordenamento jurídico. É o que assinala, por exemplo, o civilista argentino Jorge Mosset Iturraspe em termos candentes ao aludir à construção da categoria dos danos à pessoa : *"Afirmamos desde ya que se trata de un cambio revolucionario. De una modificación que dice del humanismo del enfoque actual y de la deshumanización del Derecho anterior"*[36]. É, por igual, a perspectiva adotada pelo peruano Carlos Fernandez Sessarego, pioneiro na América Latina no destacar a proteção jurídica à pessoa humana: *"Referirse a la protección de la persona humana supone, como cuestión previa, determinar que tipo de ente es ella, considerada en si misma, per se. Es decir, indagar por la naturaleza misma del ser sometido a protección jurídica", pois é "la necesaria aproximación a la calidad ontológica del bien a tutelar (que) nos permitirá precisar tanto los criterios como la técnica jurídica susceptibles de utilizar para lograr este primordial objetivo"*[37]. Ou é o que diz Josaphat Marinho, relator, no Senado, do Código Civil brasileiro de 2002, ao aludir à disciplina dos direitos da personalidade: "o homem, por suas qualidades essenciais, e não propriamente o dado econômico, torna-se o centro da ordem jurídica"[38].

---

[34] Acolhem a dignidade da pessoa humana como princípio constitucional, entre outros países, a Itália (art. 3.° da Constituição de 1947), a Alemanha (art. 1.°, alínea I da Lei Fundamental de Bonn), a Grécia (art. 7.° da Constituição de 1975), Portugal 9 art. 1°, 13, parágrafo 1.° e 26, parágrafo 2.° da Constituição de 1976), a Espanha (art. 10, parágrafo 1.° da Constituição de 1978).

[35] Na literatura italiana, Pietro Perlingiere, "Il Diritto Civile nella Legalità Constituzionale" e na literatura brasileira, o artigo pioneiro de Maria Celina Bodin de Moraes, "A caminho de um Direito Civil Constitucional" e a monografia de Teresa Negreiros, "Fundamentos para uma interpretação constitucional do princípio da boa-fé", Ed. Renovar, 1998.

[36] "El daño fundado en la dimensión del hombre en su concreta realidad", *in* "Daños a la persona", Revista de Derecho Privado y Comunitário, T. 1, Ed. Rubinzal-Culzoni, Buenos Aires, 1995, p. 11.

[37] "Protección a la persona humana", in Revista Ajuris n.° 56, Porto Alegre, 1992, pp. 87 e 88.

[38] "Os Direitos de Personalidade no Projeto do Novo Código Civil Brasileiro", Boletim da Faculdade de Direito da Universidade de Coimbra, col. Stvdia Ivridica, 40, in Portugal-Brasil ano 2000, Coimbra, 2000.

Bioética e Dignidade da Pessoa Humana: Rumo à Construção do Biodireito 99

A compreensão da *dimensão central* e da profunda operatividade deste princípio, como núcleo de uma *dogmática da pessoa humana* – e não apenas como uma expressão altissonante que tudo pode resolver por sua mera invocação – permite o enfrentamento jurídico de alguns aspectos que têm sido apontados pela Bioética como suas questões centrais.

Permite, por exemplo, em matéria de reprodução humana assistida, principalmente aquelas relativas à fecundação *in vitro*, seja efetivada a tutela jurídica da pessoa por meio da ampliação dos casos de responsabilidade extrapatrimonial, seja no que diz com questões ligadas a falhas na segurança do material genético doado, ou com a proteção contra danos devidos à transmissão de defeitos genéticos, ou de doenças infecciosas; ou, ainda, resultantes a deficiências na guarda do material doado (possibilidade de furto, de destruição não intencional, de manipulação criminosa, de troca, por negligência, do material de um doador por outro, etc.).

Também as tormentosas questões relativas à relação entre médico e paciente, seja na ponderação entre o princípio (bioético e jurídico) da autonomia, de um lado, e o dever médico de beneficência, de outro, podem ser mais bem equacionadas pela concreção do princípio da dignidade da pessoa[39], diretamente ou indiretamente, por princípios que são sua decorrência, como o princípio da autodeterminação; ou o princípio da tutela à vida privada e à intimidade[40] ou ainda por meio de sua combinação ponderada com outros princípios e regras tais quais, exemplificativamente, o princípio da segurança (que está no centro do Estado democrático de Direito) ou o princípio da precaução; ou o próprio princípio da responsabilidade como necessária contrapartida da autodeterminação. Por via dessas conexões os Tribunais podem re-equacionar casos de responsabilidade médica, por exemplo, por danos derivados da indevida divulgação de dados relativos ao paciente, ou pela ausência de cuidados relativos ao bom resguardo do sigilo médico[41] desde que, naturalmente, as condições que fazem surgir o dever de indenizar estejam presentes.

---

[39] Que se apresenta como a tradução jurídica de princípios bioéticos, como demonstram Esther Lopes Peixoto ("A tutela da engenharia genética: reflexões sobre a sua concretização no âmbito do Direito Privado") e Paulo Gilberto Cogo Leivas ("A genética no limiar da eugenia e a construção do princípio da dignidade da pessoa humana"), ambos integrantes de "A reconstrução do Direito Privado – reflexos dos princípios constitucionais e dos direitos fundamentais no Direito Privado", org. Judith Martins-Costa, citado.

[40] CF, art. 5.º, inc. X.

[41] Veja-se o ensaio de Luciana Mabilia Martins, "O Direito Civil à Privacidade e à Intimidade", também integrante de "A reconstrução do Direito Privado – reflexos dos

Será o princípio da dignidade da pessoa humano claramente infringido – devendo a sua violação, ou a ameaça de violação receber resguardo jurídico, seja através de tutelas preventivas, seja mediante conseqüências indenizatórias, seja por cominações de nulidade – nos casos de mercantilização de semens e embriões e do próprio ser humano ("mães de aluguel"). Também assim matéria de RHA, diante da possibilidade de eugenia, que também infringe o princípio constitucional da igualdade[42], que proíbe qualquer discriminação, por raça, sexo ou gênero.

A concreção do princípio da dignidade da pessoa, desde que concretizado responsavelmente, segundo o instrumental dogmático oferecido pelo ordenamento pode solucionar, ainda, algumas questões ligadas ao direito de família, resultantes, por exemplo, da exigência de consentimento do marido ou companheiro e à irrevogabilidade deste consentimento. Assim como ninguém pode ser compelido a ser doador de sêmen, ou a aceitar a paternidade de criança que é biologicamente descendente de outra pessoa, pois a autonomia é conseqüência do reconhecimento da dignidade, assim também o é a auto-responsabilidade. Por isto, nos casos em que houve inseminação heteróloga, com o consentimento do companheiro, gerado o novo ser este tem a sua dignidade reconhecida. Nesta perspectiva, o princípio da dignidade da pessoa conduz a uma interpretação conforme à Constituição das demais regras do sistema acaso não perfeitamente compatíveis e dos demais princípios, inclusive os bioéticos, tais quais os constantes do Código de Ética Médica[43], de modo a poder-se concluir pela preclusão do direito do homem que consentiu com a inseminação artificial heteróloga em sua mulher a impugnar posteriormente a paternidade, que é presumida.

O princípio tem fundamental importância também no que concerne ao tema da clonagem em seres humanos.

Em 1997, quando se criou a famosa Dolly a partir da clonagem de uma célula diferenciada, um jornal inglês expressou, numa manchete um tanto alarmista, a perplexidade que ainda nos domina: *"Hoje a ovelha, amanhã o pastor"*[44]. A clonagem, em si mesma considerada, pode trazer

---

princípios constitucionais e dos direitos fundamentais no Direito Privado", org. Judith Martins-Costa, citado.

[42] CF, art. 5.°, *caput*.

[43] Que integram o ordenamento jurídico, na medida em que atuam como tópicos hermenêuticos no momento da aplicação do Direito.

[44] Marciano Vidal, "Clonagem: Realidade Técnica e Avaliação Ética", in Ética e Engenharia Genética, Concilium/275 – 1998-2, Ed. Vozes, Rio de Janeiro,1998, pág. 125-137.

Bioética e Dignidade da Pessoa Humana: Rumo à Construção do Biodireito   101

benefícios, um dos quais é o progresso da Ciência, sabendo-se que a pesquisa básica é um dos horizontes axiológicos da humanidade e o conhecimento científico um dos grandes interesses humanos[45]. Contudo, sem esquecer os benefícios que a clonagem efetivamente traz resta a questão ética que se reflete necessariamente no Direito.

A questão ética em torno dos clones humanos, um dos temas recorrentes do imaginário humano, como lembra Marciano Vidal[46] recoloca no centro do debate bioético e biojurídico, e em plena era que alguns etiquetam de Pós-Modernidade, um dos eixos centrais da Modernidade, qual seja: a idéia de um Direito com valor universal, centrado na ética kantiana acerca da dignidade da pessoa humana. Nas reflexões e debates que têm sido levados a efeito nos meios científicos e nos comitês de bioética, o questionamento ético básico é o de utilizar um ser humano como meio e não como fim.

É do jusfilósofo Vicente Barretto a sagaz percepção da idéia kantiana de um "direito cosmopolita" como fundamento de uma disciplina ora nascente, o Biodireito. Numa época em que Direito e Filosofia não estavam perfeitamente distinguidos, Kant investigou a possibilidade de uma ordem jurídica fundada em valores universais e, à diferença dos filósofos que o antecederam, abandona a tradição jusnaturalista fundada na existência de princípios inatos ou naturais e lança a idéia de um "direito cosmopolita"[47].

Em rapidíssima síntese, consiste o direito cosmopolita no tipo de norma que ultrapassa as comunidades nacionais e identifica-se como sendo a norma de uma comunidade planetária. Assentou Kant no *Projeto para uma Paz Perpétua"*, de 1790, que "em todos os lugares da terra rege-se de uma forma idêntica à violação do direito cosmopolita", sendo este direito "um complemento necessário do código não escrito, tanto no direito civil, como no direito das gentes, em vista do direito público dos homens em geral"[48]. Como explica Barretto, a idéia kantiana de direito cosmopolita refere-se, principalmente, ao entendimento de que a evolução

---

[45] Vidal, op. cit., pág. 129.

[46] E, por isto mesmo expressando-se seja por meio da literatura (o desejo fáustico de perpetuar-se idêntica e indefinidamente, ou o dublê de Dorian Gray para Oscar Wilde), do cinema de ficção científica ("Meninos do Brasil"), da revanche feminista da procriação sem a presença masculina, dos mitos acerca da procriação virginal ou assexuada, ou dos "duplos" Castor e Pólux de que fala a mitologia grega (ver Vidal, op. cit., págs. 130-131).

[47] Vicente de Paulo Barretto, "Bioética, biodireito e direitos humanos", in Teoria dos Direitos Fundamentais, (org) de Ricardo Lobo Torres, Ed. Renovar, 1999, pág. 378.

[48] Idem, pág. 381. A citação refere-se ao texto de Kant, transcrito por Barretto.

histórica, e com ela as luzes da razão, iriam encontrar normas com fundamentação ética, que poderiam ser consideradas como uma forma de direito, que se imporiam com a força de sua própria racionalidade.

Por isto propõe, com integral pertinência, a utilização desta categoria para determinar até que ponto os valores éticos podem constituir-se em categorias racionalizadoras e legitimadoras de uma nova ordem jurídica, a que se defronta e enfrenta os problemas trazidos pelo progresso científico, na medida em que "essa categoria do direito cosmopolita permite que se tenha uma leitura propriamente moral dos direitos humanos, podendo-se mesmo entender essa categoria de direitos como uma manifestação dos valores éticos no sistema jurídico"[49].

Ora, se a maioria das Constituições dos países ocidentais reconhece, de forma implícita ou explícita o princípio da dignidade da pessoa humana como o valor-fonte do ordenamento, é preciso reconhecer que a proposição kantiana retomada por Barretto concilia-se à perfeição não só com o comum *topos* constitucional mas, igualmente, com a série crescente de documentos e regulamentações, éticos e jurídicos, que pretendem ter validade universal, e do qual é o maior exemplo a recente Declaração Universal do Genoma Humano e dos Direitos Humanos, adotada pelo consenso de mais de 80 Estados representados na reunião do Comitê de Especialistas Governamentais do Comitê de Bioética da UNESCO, e apresentada para adoção na 29ª Sessão da Conferência Geral da UNESCO realizada entre 21 de outubro e 12 de novembro de 1997[50].

---

[49] Idem, pág. 379.

[50] A Declaração Universal do Genoma Humano e dos Direitos Humanos de 1997, após afirmar que "o genoma humano subjaz à unidade fundamental de todos os membros da família humana e também ao reconhecimento de sua dignidade e diversidade inerentes", constituindo, num sentido simbólico, "a herança da humanidade" (art. 1.°) veda a possibilidade de o genoma humano em seu estado natural "dar lugar a ganhos financeiros"(art. 4.°) e proíbe, taxativamente, "práticas contrárias à dignidade humana, tais como a clonagem reprodutiva de seres humanos"(art. 11.°). Toda a Declaração é fundada no princípio da dignidade da pessoa humana, "direito de todos" (art. 2.°, primeira parte) a qual resta especificada, neste campo, pela vedação de reduzir-se os indivíduos "a suas características genéticas", impondo o respeito a "sua singularidade e diversidade"(idem, segunda parte). A Convenção foi reiterada no Protocolo Adicional àquela Convenção, firmado em Strasbourg, em 25 de janeiro de 2005, cujos consideranda referem, explicitamente, a finalidade de "proteger o ser humano em sua dignidade e sua identidade, e de garantir a toda pessoa, sem discriminação, o respeito de sua integridade e de outros direitos e liberdades relativamente às aplicações da biologia e da medicina".

Bioética e Dignidade da Pessoa Humana: Rumo à Construção do Biodireito 103

Também refletindo o "direito cosmopolita" e igualmente assentados sobre o mesmo fundamento estão vários textos normativos internacionais[51], entre os quais se destaca a Convenção sobre Direitos Humanos e Biomedicina adotada em 1996 pelo Conselho de Ministros do Conselho da Europa ("Convenção de Oviedo"), cuja configuração é de uma "convenção-quadro" "destinada a preencher o vazio jurídico no qual a biomedicina e suas aplicações (a genética) tem podido evoluir até o presente momento", como acentua Patrick Fraisseix[52]. Entre os *consideranda* constantes no seu Preâmbulo está a advertência de que o uso desviado da Biologia e da Medicina pode conduzir à prática de atos que ponham em risco a dignidade humana. O seu art. 2.° determina que os interesses e o bem-estar do ser humano devem prevalecer sobre o interesse isolado da sociedade ou ciência – escalonando, assim, os valores da dignidade e do progresso científico, com preeminência do primeiro. Em ambas, seja na Convenção européia, seja na da UNESCO, encontra-se explícita a idéia de dignidade em sua dupla acepção, a dignidade do homem e a da humanidade, à qual se agrega a idéia da salvaguarda da identidade humana como identidade da espécie humana.

Os textos normativos da mais variada escala o afirmando, não só aos juizes, na tarefa de aplicar o Direito, e a comunidade científica, como destinatária das regras e princípios do ordenamento é que dirige-se o princípio da dignidade da pessoa humana. Este também está endereçado ao legislador infraconstitucional, que tem ao seu encargo o regramento de alguns casos problemáticos. A lei tem, muitas vezes, um valor simbólico, impondo com mais facilidade os limites que poderiam ser, em tese, deduzidos dos princípios constitucionais e daqueles afirmados nas convenções internacionais[53].

---

[51] Assim as normas que, ao longo do tempo, em especial a partir dos anos 80, vêm sendo produzidas pela Assembléia Parlamentar do Conselho da Europa, em especial as suas recomendações e resoluções como, exemplificativamente, as relativas aos direitos dos pacientes (n.° 616/1976); à utilização de embriões e fetos humanos para fins diagnósticos, terapêuticos, científicos, industriais e comerciais (n.° 1046/1986 e 1100/1989), à AIDS e aos direitos humanos (n.° 1116/89), à harmonização das regras em matéria de autópsia (n.° 1159/91), a relativa à elaboração de uma Convenção de Bioética (n.° 1160/91), que veio a resultar na Convenção de Oviedo.

[52] "La protection de la dignité de la personne et de l'espèce humaines dans le domaine de la biomédecine: l'exemple de la Convention d'Oviedo", Revue Internationale de Droit Comparé, 2, avril-juin 2000, p. 372.

[53] Há questões que, por sua minudência, carecem de uma pontual regulamentação

O fato de o princípio dirigir-se ao legislador significa, fundamentalmente, que este está adstrito à sua observância por ocasião da elaboração legislativa. Em outras palavras, o legislador não é livre para elaborar o conteúdo da lei, pois, na forma do sistema constitucional vigente, deve observar os valores postos na Constituição, auxiliando a sua concreção, sob pena de inconstitucionalidade da lei.

Várias questões estão a merecer regulamentação pontual, como a do incesto: a proibição jurídica do incesto pode ser infringida na técnica da RHA heteróloga em razão da exigência de anonimato dos doadores. Dois valores, então, entrarão em choque, de um lado, a proteção da privacidade do doador, de outro o direito da criança assim gerada de conhecer a sua ascendência biológica. Também está a merecer urgente regulamentação a candente questão da apropriação e mercantilização do material genético, que poderia ser objeto de registro e patenteamento, recaindo, assim sob as regras da propriedade intelectual. O anúncio da descoberta da cartografia genética colocou este tema na ordem do dia. O governo francês assegurou, pelo seu Ministro da Pesquisa da França, Roger-Gérard Schwartzenberg, que os dados do projeto Genoma "foram colocados à disposição do domínio público desde sua obtenção, sem restrição de utilização", entendendo que as seqüências brutas do genoma humano não podem ser patenteadas porque "o saber genético não pode ser confiscado." Contudo, esta não é uma posição consensual. No mesmo dia, o Diretor Adjunto do Centro Nacional de Sequenciamento, o Genoscope, órgão que representa o país no Projeto Genoma Humana, Francis Quetier, afirmou à imprensa não haver "harmonização entre países parceiros no projeto, principalmente entre EUA e Europa", no que se refere ao patenteamento de genes[54].

A ausência de harmonização é clara tanto no que se refere à biodiversidade quanto no que diz com a biossegurança. Referentemente ao pri-

---

legislativa. Entre nós na questão da clonagem vigora a Lei 8974/95, que estabeleceu as normas para uso das técnicas de engenharia genética. O item IV do artigo 8.º veda a "produção, armazenamento ou manipulação de embriões humanos destinados a servir como material biológico disponível". Da mesma forma, a Comissão Técnica Nacional de Biossegurança (CTNBio), vinculada ao Ministério da Ciência e Tecnologia, talvez extrapolando a sua competência legal, baixou uma Instrução Normativa 08/97, de 9 de julho de 1997, proibindo a manipulação genética de células germinativas ou totipotentes humanas, assim como os experimentos de clonagem em seres humanos. Vale ressaltar que atualmente existem quatro projetos de lei tramitando no Congresso Nacional sobre a questão da clonagem de seres humanos.

[54] Folha de São Paulo, Caderno Ciência de 27.06.2000.

Bioética e Dignidade da Pessoa Humana: Rumo à Construção do Biodireito 105

meiro tema foi editada, no Brasil, a Medida Provisória nr. 2.052, em 29 de Junho de 2002 dispondo sobre a proteção e o acesso ao patrimônio genético e ao conhecimento tradicional associado. Por essa legislação, as instituições nacionais da área biológica poderiam se associar as instituições estrangeiras para pesquisar amostras de componentes do patrimônio genético do país, podendo inclusive o material ser remetido para o exterior[55]. Empresas privadas, como a norte-americana Celera, realizam o sequenciamento do código genético e, com certeza, utilizarão seus dados segundo a lógica do mercado, como objeto suscetível de apropriação e de lucro, produzindo conhecimento para ser vendido[56]. Para além dos danos que pode trazer à humanidade (por exemplo, ao restringir o acesso aos dados por barreiras econômicas) a mercantilização do material genético implica também em atentado à vida privada: empresas de seguros poderão, com bases nesses dados, recusar seguro, ou aumentar o valor do prêmio, em face da potencialidade do organismo para certas doenças e empregadores poderão recusar trabalho[57].

Todas estas são angustiantes questões que animam e justificam a reflexão bioética, encontrando, porém, possível via de enfrentamento jurídico com base na responsável densificação dogmática do principio da dignidade da pessoa, consideradas as regras legais que para a sua concreção concorram.

Resta, contudo, a questão fundamental do Biodireito, para a qual o mencionado princípio não aponta de imediato uma solução: esta reside na própria idéia de "pessoa" que está na sua base[58].

---

[55] Desde que assinado Termo de Transferência ou Contrato.

[56] Essa Medida Provisória não se aplica ao patrimônio genético humano, tendo sido sucessivamente reeditada e substituída, inicialmente pela Medida Provisória nr. 2.126 e após pela Medida Provisória nr. 2.186-14, de 28 de Junho de 2001, com reedições. Já quanto à biossegurança, a Lei n.º 11.105, de 24.03.2005 ("Lei de Biossegurança"), regulamentada pelo Decreto n.º 5.591, de 22 de novembro de 2005 agrupa caoticamente quatro relevantes matérias diversas: (i) a pesquisa e a fiscalização dos organismos geneticamente modificados (OGM); (ii) a utilização de células-tronco embrionárias para fins de pesquisa e terapia; (iii) o papel, a estrutura, as competências e o poder da CTNBio; e, por fim, (iv) a formação do Conselho Nacional de Biossegurança – CNBS e sua organização, por forma a traçar verdadeira colcha de retalhos jurídica a aumentar a insegurança e a ensejar o aumento da complexidade das questões postas ao jurista pela ausência de clareza nos critérios que lhe são fornecidos pelo legislador.

[57] "Nos EUA, a lei regula estes casos, proibindo a discriminação com base em "*handicap*" (Reabilitation Act" de 1973 e o "Americans with disabilities act", de 1990.

[58] Para uma análise da "aventura semântica" que recobre o termo "pessoa" em pers-

Se já há um relativo consenso na comunidade internacional acerca da valência do princípio da dignidade da pessoa humana como cânone hermenêutico e integrativo para o juiz, como fonte de criação de deveres ao legislador e como imposição de limites aos cientistas, havendo concordância em fixar os limites da ação manipulativa não-terapêutica lícita e ilícita no reconhecimento da pessoa, não se sabe, porém, quem deve ser considerado pessoa.

O conhecimento científico fez com que houvesse uma verdadeira *"décalage"* entre o conceito jurídico de "pessoa" e o conceito científico de "ser humano vivo". É bem verdade que, na história, nem sempre houve a coincidência (basta pensar no estatuto do escravo e na personificação das coisas e animais, própria ao pensamento arcaico), havendo, contudo, indicações da coincidência já no Direito Romano e no Direito Medieval[59], muito embora certos textos romanos vissem no embrião mera parte das vísceras maternas, *"portio mulieros vel viscerum"*[60].

A Modernidade, ao construir os conceitos gerais-abstratos, assentou duas máximas que até hoje fazem fortuna, qual seja, "todo o homem é pessoa" e "só o homem é pessoa", qualificando, porém, como "homem" (ou como "pessoa") o ser humano nascido com vida. A qualificação de pessoa restou assim condicionada a um determinado momento (o do nascimento), então tido como o do início da vida. Para o Direito vigente a "pessoa" à qual é reconhecido o atributo da "personalidade", sendo, portanto "sujeito" é o ser que nasce com vida[61], findando-se a personalidade com a morte.

Esta é a qualificação que agora vem posta em xeque, pois enquanto o Direito situa o início da vida no nascimento, a Biociência o situa anteriormente, na fertilização (fecundação ou concepção), inclusive a Psicolo-

---

pectiva histórico-filosófica, e da sua atual recuperação como categoria prática, veja-se L. Palazzani, op. cit.

[59] Demonstrando a existência de regras que asseguravam a paridade, no plano normativo, entre os conceitos de nascituro e nascido, Pierangelo Catalano, "Os nascituros entre o Direito Romano e o Direito Latino-Americano", Revista Dir. Civ. vol. 45, 1988, p. 55.

[60] Esta é a indicação que é difundida nos manuais. Assim, Caio Mario da Silva Pereira, "Instituições de Direito Civil", vol. I, Ed. Forense, 14ª edição, 1993, p. 158, sem indicação da fonte romana.

[61] Código Civil, art. 4.º, assegurando-se ao nascituro não o atributo da personalidade, mas certos direitos se chegar a nascer.

Bioética e Dignidade da Pessoa Humana: Rumo à Construção do Biodireito   107

gia percebendo já no embrião as características de individualidade e singularidade próprias de cada ser humano[62].

Por isto é que, como assinala Laura Palazzani, "a originária e intuitiva coincidência entre "pessoa" e "ser humano" está posta em dúvida no debate bioético e biojurídico, com a conseqüente exclusão de alguns seres humanos do reconhecimento do estatuto de pessoa"[63]. A *décalage* entre Direito e a Biociência, fundando-se na separação entre vida biológica do ser humano e vida da pessoa, decorre da "teorização da post-cipação do início da pessoa ao início da vida do ser humano e da ante-cipação do fim da pessoa ao fim da vida do ser humano"[64].

Esta é, por conseqüência, a questão fundamental, o horizonte problemático da Bioética e do Biodireito.

Contudo, se como procurei demonstrar, não mais sobrevive a ficção de que o Direito é uma "ciência pura", separada da Ética – se pelo contrário, os grandes temas jurídicos são também os grandes temas éticos – será tarefa da reflexão bioética fornecer ao Direito os parâmetros que permitirão a reconstrução da idéia de pessoa fundada na coincidência entre pessoa e ser humano. Poder-se-á pensar, assim, na extensão da idéia de "dignidade da pessoa" de um quadro de singularidade, que a caracterizou no séc. XX, para a apreensão daquilo que, no conceito, relaciona-se com o gênero humano, preenchendo-se o conteúdo do princípio com a noção de uma "dignidade da humanidade" que, entendida concreta, e portanto historicamente, atue como guia, critério e limite aos dilemas trazidos pela Revolução Biotecnológica.

---

[62] É de ser registrada a percepção de Pontes de Miranda, nos meados do século transcurso, ao afastar as teorias ficcionistas, que construíram a proteção do nascituro com a ficção de já ter nascido, ou as que pretendiam qualificar o nascituro como se personalidade tivesse em decorrência do início da vida, identificando *"homo e persona, o que vai entrar na vida social e o que já entrou"* (Tratado de Direito Privado, T. I, parágrafo 51). "Tal identificação", afirma, "foge à verdadeira natureza do direito: protege-se o feto, como ser vivo, como se protege o ser humano já nascido, contra atos ilícitos absolutos e resguardam-se os seus interesses, para o caso de nascer com vida; biologicamente, o *conceptus sed non natus* já é homem; juridicamente, esse ser humano ainda não estreou na vida social, que é onde se enlaçam as relações jurídicas" (idem, ibidem).

[63] Op. cit., p. 3, traduzi.

[64] Idem, p. 34, tradução minha.

BIBLIOGRAFIA CITADA

ALEXY, Robert, Teoria de los Derechos Fundamentales, (trad. de Ernesto Garzón Valdés) Madri, Centro de Estudios Constitucionales, 1993.

BARRETTO, Vicente de Paulo Barretto, *"Bioética, biodireito e direitos humanos"*, in Teoria dos Direitos Fundamentais, (org de Ricardo Lobo Torres), Renovar, 1999, pág. 378.

CANARIS, Claus-Wilhem, Pensamento Sistemático e Conceito de Sistema na Ciência do Direito (trad. de Antonio Menezes Cordeiro), Lisboa, Fundação Gulbenkian, 1989.

CATALANO, Pierangelo, *"Os nascituros entre o Direito Romano e o Direito Latino-Americano"*, Revista Dir. Civ. vol. 45, 1988, p. 55.

CUNHA, Alexandre dos Santos, *"Dignidade da Pessoa Humana: conceito fundamental do Direito Civil"*, in A reconstrução do Direito Privado – reflexos dos princípios constitucionais e dos direitos fundamentais no Direito Privado, org. MARTINS-COSTA, Judith. São Paulo, Revista dos Tribunais, 2002.

D´ORMESSON, Jean, Au plaisir de Dieu, Paris, Gallimard, 1974.

EDELMAN, Bernard, *"Sujet de droit et technoscience"*, in La personne en danger, Paris, PUF, 1999.

—— *"La dignité de la personne humaine, un concept nouveau"*, in La personne en danger, Paris, PUF, 1999.

FRAISSEIX, Patrick, *La protection de la dignité de la personne et de l`espèce humaines dans le domaine de la biomédecine: l´exemple de la Convention d`Oviedo"*, in Revue Internationale de Droit Comparé, n.° 2, avril-juin 2000.

GREIMAS, A J., Semiótica e Ciências Sociais, (trad. de Alvaro Lorencini e Sandra Nitrini), São Paulo, Cultrix, 1981.

HATTENHAUER, Hans, *Conceptos fundamentales del Derecho Civil* (trad. Pablo Salvador Coderch), Barcelona, Ariel, 1987.

HERMITTE, Marie-Angèle, *"Le corps hors du commerce, hors du marché"*. In: Archives de Philosophie du Droit, n.° 33, 1988.

LAFER, Celso, A Reconstrução dos Direitos Humanos – um diálogo com o pensamentp de Hannah Arendt, São Paulo, Ed. Companhia das Letras, 1991.

LARENZ, Karl, Metodologia da Ciência do Direito (trad. de José Lamego), Lisboa, Fundação Calouste Gulbenkian, 1997.

LEIVAS, Paulo Gilberto Cogo, *"A genética no limiar da eugenia e a construção do princípio da dignidade da pessoa humana"*, in A reconstrução do Direito Privado – reflexos dos princípios constitucionais e dos direitos fundamentais no Direito Privado, org., MARTINS-COSTA, Judith. São Paulo, Revista dos Tribunais, 2002.

MARINHO, JOSAPHAT, *"Os Direitos de Personalidade no Projeto do Novo Código Civil Brasileiro"*, Boletim da Faculdade de Direito da Universidade de Coimbra, col. Stvdia Ivridica, 40, in Portugal-Brasil ano 2000, Coimbra, 2000.

MARTINS, Luciana Mabilia, *"O Direito à Privacidade e à Intimidade"*, in A reconstrução do Direito Privado – reflexos dos princípios constitucionais e dos direitos fundamentais no Direito Privado, org. MARTINS-COSTA, Judith. São Paulo, Revista dos Tribunais, 2002.

MARTINS-COSTA, Judith, A Boa Fé no Direito Privado, São Paulo, Revista dos Tribunais, 1999.

Bioética e Dignidade da Pessoa Humana: Rumo à Construção do Biodireito 109

MESSINETTI, Davide, *"Personalitá" (Diritti della)*, verbete, in Enciclopedia Giuridica Giuffrè, Milão, 1984, p. 356.

MOISSET ITURRASPE, J., *"El daño fundado en la dimensión del hombre en su concreta realidad"*, in Daños a la persona, Revista de Derecho Privado y Comunitário, T. 1, Buenos Aires, Rubinzal – Culzoni, 1995.

MORAES, Maria Celina Bodin de, *"A caminho de um Direito Civil Constitucional"*, in Revista Direito, Estado e Sociedade, PUC, n.º 1, Rio de Janeiro, 1991.

NEGREIROS, Teresa, Fundamentos para uma interpretação constitucional do princípio da boa-fé, Rio de Janeiro, Renovar, 1998.

PALAZANNI, Laura, Il concetto di persona tra bioetica e diritto, Turim, Giappichelli, 1996.

PEIXOTO, Esther Lopes, *"A tutela da engenharia genética: reflexões sobre a sua concretização no âmbito do Direito Privado"*, in A reconstrução do Direito Privado – reflexos dos princípios constitucionais e dos direitos fundamentais no Direito Privado. org. MARTINS-COSTA, Judith. São Paulo, Revista dos Tribunais, 2002.

PEREIRA, Caio Mario da Silva, Instituições de Direito Civil, vol. I, Forense, 14ª edição, 1993.

PERLINGIERI, Pietro, Il Diritto Civile nella Legalità Constituzionale, Nápoles, Edizione Scientifiche Italiane, 1991.

PONTES DE MIRANDA, J. Tratado de Direito Privado, T. I, Rio de Janeiro, Borsoi, 1954.

RAPOSO, Mario, *Procriação Assistida – Aspectos Éticos e Jurídicos*, in Direito da Saúde e Bioética, Lisboa, Lex, 1991.

REALE, Miguel, Teoria Tridimensional do Direito, São Paulo, Saraiva, 1994.

—— Verdade e Conjetura, São Paulo, Nova Fronteira, 1983.

—— Fundamentos do Direito, São Paulo, Revista dos Tribunais, 1998.

—— Fontes e Modelos do Direito – para um novo paradigma hermenêutico, São Paulo, Saraiva, 1994.

SESSARIEGO, Carlos Fernandez, *"Protección a la persona humana"*, in Revista Ajuris n.º 56, Porto Alegre, 1992.

TABORDA, Maren, *"A Publicização da noção de pessoa jurídica como fator de construção da dogmática do "Estado de Direito"*, Porto Alegre, 2000, datilografado, inédito.

VIDAL, Marciano, *"Clonagem: Realidade Técnica e Avaliação Ética"*, in Ética e Engenharia Genética, Concilium/275 – 1998-2, Vozes, Rio de Janeiro,1998.

VIOLA, Francesco, e ZACCARIA, G. Diritto e Interpretazione" – Lineamenti di teoria ermeneutica del diritto, Roma, Laterza, 1999.

ZACCARIA, Giuseppe, *Sul Concetto di Positività del Diritto*, in Diritto Positivo e Positività del Diritto, (org. G. Zaccaria), Milão, Giappichelli, 1989.

LEI DE BIOSSEGURANÇA
– REVISITANDO A *MEDUSA* LEGISLATIVA [1]

POR JUDITH MARTINS-COSTA[2], MÁRCIA SANTANA FERNANDES[3]
E JOSÉ ROBERTO GOLDIM[4]

SUMÁRIO: Introdução. I) Fatores de Insegurança. II) Ausência de Critérios. III) O Tratamento das Células-Tronco. Conclusão. Referências bibliográficas.

INTRODUÇÃO

Em 22 de novembro de 2005 o Presidente da República Federativa do Brasil, Luiz Inácio Lula da Silva, editou o Decreto n.º 5.591, pretendendo regulamentar a Lei n.º 11.105, de 24.03.2005, denominada *Lei de Biossegurança*[5]. Se já não havia motivos para festejar a Lei, o mesmo se diga

---

[1] Este texto constitui uma revisão, atualização e ampliação das notas intituladas "Lei de Biossegurança: Medusa legislativa?", publicado pelos autores no Jornal da ADUFRGS (Associação dos Docentes da Universidade Federal do Rio Grande do Sul) n. 134, maio de 2005.

[2] Professora Doutora da Faculdade de Direito da Universidade Federal do Rio Grande do Sul (UFRGS). Livre-Docente pela Universidade de São Paulo (USP). (judithmc@plugin.com.br).

[3] Professora da Faculdade de Direito da UNIRITTER. Doutoranda em Direito na UFRGS e pesquisadora do Laboratório de Pesquisa em Bioética e Ética na Ciência do Centro de Pesquisas do Hospital de Clínicas de Porto Alegre. (marciasantanafernandes@gmail.com)

[4] Professor Doutor de Bioética da Faculdade de Medicina da UFRGS e PUCRS, e Pesquisador Responsável do Laboratório de Pesquisa em Bioética e Ética na Ciência do Centro de Pesquisas do Hospital de Clínicas de Porto Alegre. (jrgoldim@gmail.com)

[5] Em 24 de março de 2005 o Presidente da República, Luiz Inácio Lula da Silva, sancionou, com poucos vetos, o Projeto de Lei da Biossegurança (PL 2401/03), aprovado pela Câmara de Deputados por 352 votos favoráveis, 60 contrários e uma abstenção. Esse

quanto ao Decreto, que pouco elucidou ou minudenciou, não cumprindo, pois, com a sua função primordial: dar as pautas para a correta aplicação da Lei, explicitando a norma legal e trazendo um mínimo de segurança para os seus destinatários: os cidadãos. Do mesmo mal padece a Portaria n.° 2.526, de 21 de dezembro de 2005, do Ministério da Saúde, mais um elo neste emaranhado de normas, a estabelecer a criação de um banco de dados sobre embriões inviáveis e congelados produzidos com finalidade reprodutiva em centros de reprodução assistida[6]. Se a insegurança permeia todos os setores na "sociedade do risco"[7] – há insegurança nas ruas; nos produtos que consumimos; na manipulação publicitária, que nos engana cotidianamente – há também a *insegurança legislativa* que deixa o cidadão atônito pela falta de critérios normativos em que possa apoiar confiadamente a sua conduta. E não há dúvidas que é de fatores de insegurança que devemos falar ao tratar da Lei de Biossegurança e dos seus desdobramentos.

Pontuemos, pois, esses fatores, mencionando, após, o problema dos critérios (I) – ou de sua ausência (II) – finalizando com uma análise crítica do tratamento conferido pela legislação ao importantíssimo tema das células-tronco (III):

I. FATORES DE INSEGURANÇA

Em primeiro lugar está o método, ou melhor, a ausência de método, pois escolhida a miscelânea de temas e não a ordenada sistematização de matérias segundo uma arrumação técnica, critérios científicos e valores juridicamente tutelados. Conquanto destinada, em tese, a regulamentar o art. 225, §1.°, incisos II, IV e V da Constituição Federal brasileira, a Lei n.° 11.105/05 agrupa, qual colcha-de-retalhos jurídica, quatro relevantes matérias diversas: (i) a pesquisa e a fiscalização dos organismos geneticamente modificados (OGM); (ii) a utilização de células-tronco embrionárias para fins de pesquisa e terapia; (iii) o papel, a estrutura, as competências e o poder da Comissão Técnica Nacional de Biossegurança –

Projeto de Lei transformou-se na Lei n.° 11.105, de 24.03.2005, destinada a regulamentar o art. 225, §1.°, incisos II, IV e V da Constituição Federal Brasileira.

[6] Ministério da Saúde. Portaria n.° 2526, D.O.U – Diário Oficial da União. 22 de dezembro de 2005.

[7] BECK, U. *La Sociedade del Riesgo. Hacia una Nueva Modernidad?* Tradução espanhola de J. Navarro, D. Jiménez e Maria Rosa Borrás. Barcelona: Paidos, 1998.

Lei de Biossegurança – Revisitando a Medusa *legislativa*

CTNBio; e, por fim, (iv) a formação do Conselho Nacional de Biossegurança – CNBS e sua organização, através de normas ora dispersas pelo texto integral da Lei, ora concentradas no capítulo II.

O caráter fragmentário da Lei n.° 11.105/05 , reproduzido ainda mais intensamente no Decreto n.° 5.591/05 – em tudo avesso à noção de *sistema* que deve presidir a redação legislativa – é devido, por sua vez, a uma série de fatores, uns devidos às deficiências técnicas, outros atribuíveis às injunções que comandam a política no Brasil. Partiu-se da regulamentação dos transgênicos, em especial o plantio de sementes transgênicas, inicialmente restringida pela Lei n.° 8.974, de 5 de janeiro de 1995, depois autorizada, em parte, por Medida Provisória, para se alcançar a regulamentação de uso de embriões produzidos por técnicas de reprodução humana assistida e regulamentar o CTNBio, tentando-se agradar a gregos e troianos e enfiar no mesmo saco – como se fossem produtos de contrabando – temas que estão a merecer tratamento mais responsável.

Em segundo lugar vem a linguagem legislativa, confusa, ambígua, e demasiadamente aberta do ponto de vista semântico. Mesmo o manuseio de noções estritamente técnicas não está imune à crítica, como, exemplificativamente, no art. 3.° quando pretende delimitar as noções-chave com as quais opera, tais como *organismo, ácido desoxirribonucléico, moléculas de ADN/ARN recombinante, células germinais humanas, clonagem terapêutica, clonagem para fins reprodutivos,* entre outros. Por sua vez, o Decreto n.° 5.591/05 que tem a pretensão de fazer a devida explicitação do comando legal, em seu art. 3.°, limita-se também a conceituar o notório na Biologia e a persistir na inadequação e ambigüidade vocabular.

Exemplifiquemos: a Lei alude, contraditoriamente, a conceitos tais como os de ADN e RDN recombinante que já haviam sido claramente estabelecidos pela Biologia e que não sofreram alterações, mesmo com a ampliação das técnicas biotecnológicas e de biologia molecular (Art. 3.°, inciso III). Opera, ainda, deficientemente com outras noções, tal como a de *clonagem para fins reprodutivos,* a deficiência residindo no fato de a Lei apenas estabelecer que aquela é uma clonagem "para fins de obtenção de um indivíduo" (art. 3.°, inciso IX). O uso da denominação *Clonagem Terapêutica* é, por sua vez, também equivocado: o adequado seria empregar a expressão *Clonagem não-reprodutiva,* pois os indivíduos gerados seriam apenas fornecedores de material biológico.

Em terceiro lugar está o próprio mérito ou conteúdo da Lei: *biossegurança* é termo polissêmico, estando os seus sentidos especificamente conectados a determinadas áreas do conhecimento. Podemos entender biossegurança na sua acepção mais ampla, que inclui questões referentes a organismos geneticamente modificados ou patógenos, radiações ionizantes e não-ionizantes, substâncias citotóxicas ou mutagênicas que provoquem alterações capazes de gerar doenças ou mal-formações fetais. Por outro lado, podemos entender o termo em apenas um de seus sentidos, referindo-se particularmente aos organismos geneticamente modificados. Em qualquer dessas possibilidades de sentido, o certo é que não se enquadra a questão da utilização de embriões e de células-tronco embrionárias tratadas na Lei e em seus regulamentos.

Examinemos os pontos mais agudamente merecedores de crítica.

II. AUSÊNCIA DE CRITÉRIOS

O Capítulo I (Disposições preliminares e gerais) deveria consistir em uma parte introdutória, verdadeiro pórtico em que fixados os princípios e regras gerais que conferem à Lei seu travejamento conceitual, axiológico e científico. Uma vez mais, não foi bem sucedido o legislador nessa importante tarefa.

O art. 1.º estabelece as pautas fundamentais quanto às normas de segurança à vida, à saúde humana, animal e vegetal e ao meio-ambiente, fiscalização e utilização em geral dos OGMs, tanto para fins de pesquisa, como para fins comerciais. Para tanto aponta, como princípio basilar a ser observado, o *princípio da precaução*. É certo que não cabe a Lei aprisionar princípios em conceitos rigidamente traçados, sendo tarefa da jurisprudência e da doutrina formular, paulatinamente – e de acordo com a experiência e a necessidade – o conteúdo dos *modelos jurídicos*[8] cuja *moldura*[9] – tratando-se de modelos jurídicos legislativos – é traçada pelo legislador.

O Direito tem, contudo, inegável *dimensão pragmática*. Sendo certo, como apontou GADAMER, que "a ciência é essencialmente inacabada" enquanto "a prática exige decisões constantes", caberia, à Lei, *especialmente nessa matéria*, fornecer diretrizes e critérios, o mais possível objetivos, para essa tomada de decisões[10]. Ocorre que a Lei não oferece ao intérprete, nem de longe, as diretrizes para a concretização do *princípio da*

---

[8] REALE, M. *Fontes e Modelos no Direito – para um novo paradigma hermenêutico*, São Paulo, Saraiva, 1994.

[9] KELSEN, H. *Teoria Pura do Direito*. São Paulo, Martins Fontes, 2000.

[10] GADAMER, H. G. *Reason in the Age of Science*. London, The MIT Press, 2001.

Lei de Biossegurança – Revisitando a Medusa *legislativa* 115

precaução cuja relevância e atuação não se dá apenas no campo civil (em regra, mais aberto e flexível), mas, por igual, no Direito penal (centrado no princípio da tipicidade) e no Direito Administrativo (que deve pautar a ação e o poder da Administração Pública com base em regras de certeza e segurança para o administrado).

Em conseqüência, abre-se uma perigosa combinação entre uma ausência e um excesso: a falta de indicação de critérios de concretização do *princípio da precaução* (art. 1.°) combinada com o excessivo poder discricionário cometido à CNTBio (art. 14, de forma especial) pode atentar contra o *princípio da segurança* que está nos fundamentos do Estado Democrático de Direito, já tendo o Supremo Tribunal Federal brasileiro afirmado: "Em verdade, a segurança jurídica, como sub-princípio do Estado de Direito, assume valor ímpar no sistema jurídico, cabendo-lhe papel diferenciado na realização da própria idéia de justiça material"[11].

Nos termos do art. 2.°, para o cumprimento do art. 1.° (isto é, para a implementação do *princípio da precaução*) e para as atividades e projetos relacionados aos OGMs, os agentes deverão, obrigatoriamente, requerer a autorização do Conselho Nacional de Biossegurança – CTNBio (§ 3.°) que deverá fornecer Certificado de Qualidade em Biossegurança (§ 4.°). Caso contrário resta estabelecida a co-responsabilidade dos agentes nas atividades e pesquisa quanto aos seus efeitos em decorrência do descumprimento. Já pelo art. 14 é reafirmado (em especial nos incisos VI, VII, VIII, IX, X, XI e XII) competir à CTNBio o estabelecimento dos parâmetros e requisitos de segurança e, em decorrência destes requisitos, aprovar ou não as atividades ou pesquisas com OGM.

Fácil é assim perceber que não são sequer sinalizados, previamente, e de forma abstrata e geral (como compete à Lei num Estado de Direito), os critérios que orientarão a realização das pesquisas; nem estão delimitados os critérios objetivos ao trabalho da CTNBio, tais como exigências de estudos prévios ou de impacto ambiental. É, pois, razoável o temor do *casuísmo* decisório. O mais preocupante é que ao delegar este poder a CTNBio a Lei diz expressamente (o art. 14.°, inciso XIII) que aquele Conselho definirá *o nível de biossegurança a ser aplicado ao OGM e seus usos, e os respectivos procedimentos e medidas de segurança quanto ao seu uso, conforme as normas estabelecidas na regulamentação desta Lei, bem como quanto aos seus derivados.* Ao contrário, o Decreto n. 5.591/05 determina em seu Capítulo II, art. 4.° ao art. 47, as atribuições, estrutura

---

[11] STF, Pet (MC) 2.900-RS. Pet 2900 QO / RS. (DJ de 01-08-2003 PP-00142).

administrativa e composição da CTNBio, confirmando, apenas, a apreensão de que os critérios de segurança são e serão unicamente estabelecidos pelos membros componentes da CTNBio, deixando em aberto a intrigante questão da legitimidade democrática de suas decisões.

III. O TRATAMENTO DAS CÉLULAS-TRONCO

Conquanto o tema central da Lei sejam as pesquisas e fiscalização com os organismos geneticamente modificados – OGM, a Lei volta-se, repentinamente, a regulamentar a utilização de células-tronco embrionárias para fins de pesquisa e terapia. Dizemos "repentinamente" porque esse tema não está sequer mencionado no artigo 1.° que define os objetivos da Lei.

Não é preciso realçar o quanto a utilização das células-tronco embrionárias é tema discutido na comunidade científica mundial. O debate se justifica pela imensa relevância não só científica, mas também por razões éticas, econômicas e pelos efeitos que poderá provocar em muitas áreas do conhecimento. Pela sua freqüente presença na *mídia* a própria população também se tem posicionado sem que o conhecimento seja adequadamente disponibilizado e apreendido, na medida em que vivenciamos – como percebe HABERMAS – o risco da *tecnocracia como ideologia*. Essa ideologia, ao penetrar "na consciência da massa despolitizada da população", desenvolve sua "força legitimatória", dissociando a auto-compreensão da sociedade de um referencial cultural e substituindo-o por um modelo científico e pela "autocoisificação dos homens"[12]. Desta forma (é ainda Habermas quem percebe),

> "o caminho para as inovações é aberto não apenas pelos interesses dos pesquisadores nas suas reputações e tampouco *apenas* pelos interesses dos fabricantes envolvidos no sucesso econômico. As novas ofertas aparentemente vão ao encontro dos interesses dos compradores. E esses interesses são tão convincentes que com o passar do tempo a preocupação moral empalidece"[13].

---

[12] HABERMAS, J. *Ciência y Técnica como Ideologia*. Trad. De Manuel Jimenez Redondo e Manuel Garrido. 4 ed., Madri, Tecnos, 2005, pp. 88-89, transcrito por MÓLLER, Letícia Ludwig. Bioética e Direito: limites éticos e jurídicos à ciência. *Revista do Direito*. N. 23, jan/jun.2005, p. 74, nota 5, grifo nosso.

[13] HABERMAS, J. Escravidão Genética? Fronteiras Morais dos Progressos da Medicina de Reprodução, in *A Constelação Pós-Nacional – Ensaios Políticos*. Tradução de Márcio Seligmann-Silva. São Paulo, Littera Mundi, 2001, 209.

Lei de Biossegurança – Revisitando a Medusa legislativa

Porém, em que pese a relevância ética, jurídica, científica e social do tema e a necessidade premente de legislação nesta área justamente para *reforçar* – e não para *empalidecer* o cuidado moral com o tormentoso tema – , o legislador tratou da matéria de forma precária e deficiente, tudo sintetizando em breves passagens altamente criticáveis do ponto de vista científico e da técnica jurídica, quanto ao menos. Idêntica constatação é devida à regulamentação pelo respectivo Decreto.

A precariedade não diz respeito apenas à circunstância de ter introduzido o tratamento das células-tronco e, por extensão, dos embriões, numa legislação destinada a regular a questão dos produtos transgênicos. Há ainda deficiências pontuais que não podem passar em branco, devendo ser ao menos exemplificadas. Vamos a elas:

1. "Inviabilidade" dos embriões

No art. 5.° da Lei, pretende-se regulamentar a possibilidade de utilização células-tronco embrionárias para pesquisa e terapia. Os embriões passíveis de utilização para tanto são os denominados embriões provenientes de *fertilização in vitro*. Porém, o art. 5.° não menciona quais serão, especificamente, os embriões que poderão ser utilizados para a produção de células-tronco embrionárias, apenas determinando:

> "Art. 5.° É permitida, para fins de pesquisa e terapia, a utilização de células-tronco embrionárias obtidas de embriões humanos produzidos por fertilização *in vitro* e não utilizados no respectivo procedimento, atendidas as seguintes condições: I – sejam embriões inviáveis; ou, II – sejam embriões congelados há 3 (três) anos ou mais, na data da publicação desta Lei, ou que, já congelados na data da publicação desta Lei, depois de completarem 3 (três) anos, contados a partir da data de congelamento".

Era de se esperar maior precisão do Decreto n.° 5.591/05. Porém, conquanto destinado a regulamentar a matéria, esse veio acentuar as imprecisões, seja no Capítulo I, seja no Capitulo VII. Como exemplo está o critério (utilizado para caracterizar a inviabilidade) da não-ocorrência de divisões celulares espontâneas no período de 24 horas após a fecundação. Ora, se estas células não são capazes de se dividir, também não teriam utilidade para fins de geração de células-tronco embrionárias, justamente por não se dividirem! Outro exemplo está no critério utilizado no artigo 3 inciso XIII, qual seja, a presença de alterações morfológicas: a legislação deveria ao menos indicar o tipo ou magnitude das mesmas, sabendo-se que várias alterações genéticas são plenamente compatíveis com a vida normal. A Portaria 2526/05, do Ministério da Saúde, em seu artigo 2.°, ao tentar esclarecer a questão mantém a mesma ambigüidade já presente nos documentos legislativos aos quais faz referência, pois estabelece que o diagnóstico visa detectar "doenças genéticas", sem tipificá-las.

2. "Inviabilidade" e "disponibilidade" dos embriões

O Decreto igualmente caracteriza, no mesmo artigo 3.°, inciso XIV o que seriam os "embriões disponíveis". Seriam considerados disponíveis os embriões congelados até o dia 28 de março de 2005, após completarem o prazo de três anos de congelamento. É importante que se diga que não existe qualquer critério científico que embase o estabelecimento do período de três anos (e porque não dois, ou quatro?) para justificar o descarte de embriões.

Além do mais, quando os diferentes textos estabelecem que somente poderão ser utilizados embriões congelados até 28 de março de 2005, não há, na prática, a possibilidade de utilização de embriões tidos como inviáveis, salvo aqueles que já estavam congelados e que foram descongelados para fins reprodutivos. Desta forma não existe a possibilidade de fazer-se uma distinção *a priori* dos embriões tidos como inviáveis; isso somente seria possível, atendidas as condições legais, somente após a manifesta vontade dos genitores em utilizá-los para a finalidade para a qual foram produzidos, ou seja, para fins de reprodução assistida.

Acresce, novamente, a ausência de critérios relativos à coleta dos embriões, deixando-se em aberto a questão de saber o que são "embriões inviáveis" e, se "inviáveis", inviáveis para o quê.

3. Os "genitores" de embriões

O parágrafo primeiro do art. 5.° da Lei de Biossegurança, reforçado pelo artigo 3.°, inciso XV do Decreto é outro exemplo do descuido e do modo tecnicamente impreciso de tratar questões sérias que permeia toda a legislação nacional sobre essa importante matéria. Aí se diz que "*é necessário o consentimento dos genitores*" para a pesquisa com células-tronco embrionárias, regra que é repetida no Decreto, art. 63.°, §1. Ao se supor

Lei de Biossegurança – Revisitando a Medusa *legislativa*

que os embriões têm *genitores* a Lei pode abrir ensejo ao ingresso num intrincado campo jurídico-conceitual, que é o de estabelecer se os embriões são "pessoas", tendo, portanto, ascendentes, pai e mãe ou não: o critério será jurídico (pessoas têm pai e mãe) ou naturalista (seres vivos têm genitor e genitora)? Genitor é, naturalisticamente, quem gera, mas, antropologicamente, é aquele a quem é socialmente reconhecido o papel de genitor, equiparando-se, então, ao *pater*. O Decreto define estipulativa-mente o que são genitores no seu art. 3.°, inciso XV, quais sejam: *"os genitores: usuários finais da fertilização in vitro*. Definições estipulativas, bem o sabemos, recortam um significado possível estipulando ser o mesmo determinante, para certa experiência ou setor. Porém, ao usar outra defini-ção acoplada a de "genitor" – a de "usuário final" – abre campo igual-mente, para infindáveis questionamentos e complicadas questões práticas: o que afinal são os "usuários finais da fertilização *in vitro"?*

Mais ainda: mesmo se determinado quem são os genitores, "usuários finais", como se dará a sua identificação? E como será feita – a utilização dos embriões "abandonados" por seus "genitores"? O Decreto, de forma alguma, elucidou estes problemas, já perceptíveis no momento da elabo-ração da Lei; ao contrário, ele agravou as incertezas na medida em que estabelece em seu art. 69.°, inciso IV, por exemplo, constituir infração administrativa a utilização *"para fins de pesquisa e terapia, células-tronco embrionárias obtidas de embriões humanos produzidos por fertilização in vitro sem o consentimento dos genitores"*. Desta forma, está impedida a utilização dos embriões congelados e abandonados por seus "genitores", mesmo que vencido o prazo estabelecido para a utilização com vistas àquele fim.

4. 'Genitores" e Termo de Consentimento Informado

A questão da necessidade de utilização de Termo de Consentimento Informado, denominado "Termo de Consentimento Livre e Esclarecido" (na Lei, Decreto e Portaria), ou "Termo de Consentimento Livre, Esclare-cido, Consciente e Desinteressado" (na Resolução da Diretoria Colegiada da Agência Nacional de Vigilância Sanitária (ANVISA) – RDC n.° 33, de 17 de fevereiro de 2006[14], que aprova o Regulamento técnico para o fun-

---

[14] ANVISA. Resolução da Diretoria Colegiada RDC N.° 33, D.O.U. – Diário Oficial da União. 20 de fevereiro de 2006

cionamento dos bancos de células e tecidos germinativos) também é controversa, mormente se contrastarmos os termos em que a Lei com as regras de funcionamento dos bancos de materiais biológicos.

É que, segundo a Lei, somente poderão ser utilizados embriões previamente congelados até a data de 28 de março de 2005; contudo a RDC n.° 33, que estabelece as regras de funcionamento dos bancos de materiais biológicos, incluindo os embriões obtidos em procedimentos de reprodução assistida, determina que os Termos de Consentimento devam ser obtidos *previamente ao armazenamento*. Como a Lei e a Resolução são posteriores à data-limite estabelecida para o congelamento de embriões passíveis de serem utilizados para pesquisa, estas condições seriam de molde a inviabilizar a própria doação, sob o argumento de não haver Termo de Consentimento neste sentido anteriormente ao congelamento?

Essa seria uma interpretação absurda, e não deve prevalecer. Porém, ainda em outro aspecto o Termo de Consentimento apresenta problemas. Do ponto de vista dos casais inférteis, o congelamento visa simplificar outras possíveis tentativas de fertilização que se fizerem necessárias. A inclusão de uma cláusula de doação dos embriões previamente ao conhecimento dos genitores sobre os resultados destes mesmos procedimentos não poderia causar desconforto e apreensão, ao invés de simplificar o procedimento? Para complicar – acentuar o descuido legislativo com uma regulação sistemática – a própria RDC n.° 33 estabelece genericamente em seu item 12.2.2.1, que "é critério de exclusão do(a) doador(a) a ausência de capacidade reprodutiva". Esta capacidade está ausente na grande maioria das pessoas que buscam os serviços de reprodução assistida e que tem a possibilidade de terem seus embriões congelados. Obviamente este critério foi estabelecido para os doadores de sêmen e de tecido ovariano, porém a Resolução não faz a distinção para os doadores de pré-embriões, conforme a designação do próprio documento. Outra questão que pode ser levantada, dentro desta mesma perspectiva, é a possibilidade de doação de todos os embriões congelados de um mesmo casal ainda na faixa etária reprodutiva.

5. Pré-embriões?

A Resolução RDC n.° 33, de 17 de fevereiro de 2006[15], que aprova o Regulamento técnico para o funcionamento dos bancos de células e tecidos

---

[15] Anvisa. Resolução da Diretoria Colegiada RDC N.° 33, D.O.U. – Diário Oficial da União. 20 de fevereiro de 2006.

Lei de Biossegurança – Revisitando a Medusa legislativa 121

germinativos, caracteriza estes mesmos embriões congelados como sendo pré-embriões, ou seja, os qualifica como células ou tecidos germinativos. Um embrião, ou pré-embrião (utilizando a denominação utilizada na Inglaterra para os embriões até o 14.° dia pós-fertilização) não é um tecido germinativo, pois não é capaz de gerar células tais como ovócitos ou espermatozóides. Novamente aí está um texto normativo a gerar incerteza, porque utiliza linguagem confusa e conceitos mal-acabados porque o legislador não cuidou de mergulhar na realidade antes de tentar moldá-la em texto escrito.

6. Resguardo da Privacidade

Questiona-se a partir da Lei, do Decreto e da Portaria o efetivo respeito à garantia da privacidade das pessoas que demandam técnicas de reprodução assistida, em respeito aos preceitos constitucionais, a legislação civil e penal, ao Código de Ética Médica brasileiro, assim como um dos campos mais caros à Bioética. O Código Civil brasileiro garante, no art. 21.°, a proteção da vida privada, considerada "inviolável" e direito integrante da personalidade humana, sendo a proteção da privacidade condição inafastável para o livre desenvolvimento da personalidade humana. O Código Civil brasileiro foi estruturado como o eixo de um sistema a ser completado, progressivamente, e em matérias mais polêmicas ou mais dinâmicas, por meio de "leis aditivas"[16]. Assim, a Lei em exame teria o importante papel de aditar – nesse campo específico – a proteção geral da privacidade posta em termos gerais no art. 21.° do Código Civil. Porém, essa questão sequer foi contemplada, de modo a restarem em aberto várias indagações: como os pesquisadores interessados em utilizar embriões terão acesso aos dados de suposta inviabilidade? Poderão invadir a privacidade dos "genitores" para conferir o estado ou o tempo de congelamento, de 3 (três) anos, exigido por Lei? Quem será o responsável pela obtenção do consentimento informado – o próprio pesquisador ou o médico assistente responsável pelos procedimentos de reprodução assistida? Também o Decreto não responde essas questões. A Portaria 2526/05, que propõe a criação do banco de dados sobre os embriões inviáveis e congelados não estabelece critérios de acesso nem quem terá possibilidade de utilizar as informações ali contidas.

---

[16] REALE, M. *O Projeto de Código Civil – Situação atual e seus problemas fundamentais*, São Paulo, Saraiva, 1986.

7. O problema do ressarcimento dos gastos

Poderíamos, ainda, mencionar uma outra situação relativamente à qual os textos ora comentados são absolutamente lacunosos. A Resolução 196/96 do Conselho Nacional de Saúde do Brasil[17], que estabelece as Diretrizes para a pesquisa envolvendo seres humanos, não autoriza a remuneração de participantes, mas permite ressarcir os gastos decorrentes da participação em um projeto de pesquisa. Os genitores tiveram inúmeros gastos com procedimentos de reprodução assistida que possibilitaram a produção e o armazenamento destes embriões pelo prazo de pelo menos três anos. Verifica-se que o único fator que a Lei (art. 6.°, inciso VII) e o Decreto (art. 69.°, inciso VI) mencionam é a impossibilidade da comercialização das células-tronco ou mesmo a sua impossibilidade de registro, licenciamento de restrição de uso ou de patenteamento, nada mencionando quanto ao ressarcimento de gastos. Conquanto o "ressarcimento" não se confunda conceitualmente com a "comercialização", nem mesmo com o "pagamento", esta é uma questão a merecer cuidadosa interpretação, ainda mais que a Resolução RDC 33, em seu item E. sobre a operacionalização dos Bancos de Células e Tecidos Germinativos (BCTG), alínea 11, estabelece que "as células e tecidos germinativos não podem ser objeto de comércio". O BCTG pode, no entanto, ser ressarcido pelos "procedimentos e serviços necessários para a seleção, coleta, testes de triagem, processamento, armazenamento, liberação e transporte dessas amostras". Se o Banco pode ser ressarcido de suas despesas – pagas, no caso de embriões, pelos genitores – seria justo o repasse destes recursos a quem efetivamente arcou com o gasto.

CONCLUSÃO

Nossa conclusão assenta num paradoxo, linhas acima já aventado, a saber, o paradoxo da escassez e da abundância. Conquanto a franciscana parcimônia geradora de tantas lacunas legislativas, a reestruturação do Conselho Federal de Biossegurança – CNBS, foi, diversamente, marcada na legislação ora comentada pela mais extremada abundância, aquele Conselho correndo risco de enfartar com o excesso de poder que lhe foi cometido.

---

[17] Diretrizes e Normas Regulamentadoras de Pesquisas Envolvendo Seres Humanos – Resolução CNS 196, de 10 de outubro de 1996. DOU 16.10.1996: 21.082-21.085.

Lei de Biossegurança – *Revisitando a* Medusa *legislativa*

Para além das muitas competências que lhe foram deferidas pela Lei, o Conselho foi ainda fortalecido com a promulgação de respectivo Decreto.

Seja na carência, seja no excesso, um traço, porém é comum aos textos ora criticados: a falta de coerência, de consistência científica e de sistematização técnico-jurídica. A Lei de Biossegurança cria uma miscelânea de tópicos desarticulados; o Decreto regulamenta os tópicos de maneira incompleta e confusa; a Resolução e a Portaria estabelecem regras que contradizem a própria Lei e o Decreto. E por fim, ainda não há no Brasil uma legislação quanto à reprodução assistida, subsistindo ainda, para efeitos de orientação destes procedimentos, apenas uma Resolução do Conselho Federal de Medicina[18].

Os estudiosos do Direito têm apontado para o caráter simbólico e por vezes "performático" da lei. Atos performativos são aqueles em que a mera enunciação das palavras nas circunstâncias adequadas pelas pessoas competentes tem a produção dos efeitos jurídicos correspondentes ao seu significado. É o que TÉRCIO SAMPAIO FERRAZ denomina de *"condão mágico"*, capaz de "transformar a mera prescrição em direito"[19]. Só por essa razão deveria ser imensa a preocupação de todos nós, cidadãos, com o controle do processo legislativo e com a utilização do *"condão mágico"* pelo legislador. Essa preocupação deveria ser central na Universidade, local privilegiado do debate e da produção da ciência. Com mais razão em temas como a Lei da Biossegurança tem a Universidade um urgente papel a cumprir – se não antes, ao menos posteriormente, apontando o que, na Lei, deve ser corrigido. É, pois, imprescindível a colaboração dos seus professores e pesquisadores.

É que, como lembra MIGUEL REALE JR, "a norma constitui o momento culminante de um processo no qual estão em contínua tensão fato e valor"[20] havendo antes da elaboração legislativa – ou devendo haver – uma atenta observação da realidade, da experiência, vez que a elaboração dos tipos normativos não é aleatória, antes constituindo o fruto de uma elaboração abstrato-prática orientada por juízos valorativos[21].

---

[18] Conselho Federal de Medicina – CFM. NORMAS ÉTICAS PARA A UTILIZAÇÃO DAS TÉCNICAS DE REPRODUÇÃO ASSISTIDA – Resolução CFM n.° 1.358, de 11 de novembro de 1992.

[19] FERRAZ JR., T.S.. *Introdução ao Estudo do Direito*. São Paulo, Editora Atlas, 1994.

[20] REALE JR., M. *Teoria do Delito*. São Paulo, Revista dos Tribunais, 1998, p. 30.

[21] REALE JR., M. *Teoria do Delito*. São Paulo, Revista dos Tribunais, 1998, pp. 35-37.

Quando não há esse mergulho no fato, esse adentrar na experiência, mas, ao contrário, uma elaboração fragmentária e quase aleatória dos tipos normativos, percebe-se que não se está a fazer nem ciência nem Direito. Da ausência de preocupação científica e sistemática pode resultar a criação de uma espécie de Medusa jurídica – animal celenterado, corpo gelatinoso, informe, desengonçado, com seus filamentos ampliados e dissociados a ameaçarem a segurança de todos nós.

REFERÊNCIAS LEGISLATIVAS E BIBLIOGRÁFICAS

BECK, Ulrich, *La Sociedad del Riesgo. Hacia una Nueva Modernidad?* Tradução espanhola de J. Navarro, D. Jiménez e Maria Rosa Borrás. Barcelona: Paidos, 1998.

FERRAZ JR., Tércio Sampaio. *Introdução ao Estudo do Direito*. São Paulo: Editora Atlas, 1994.

GADAMER, Hans Georg, *Reason in the Age of Science*. London: The MIT Press, 2001.

HABERMAS, Jürgen, Escravidão Genética? Fronteiras Morais dos Progressos da Medicina de Reprodução, in A *Constelação Pós-Nacional – Ensaios Políticos*. Tradução de Márcio Seligmann-Silva; p. 209, São Paulo: Littera Mundi, 2001.

MÓLLER, Letícia Ludwig, Bioética e Direito: limites éticos e jurídicos à ciência. *Revista do Direito*. jan/jun, N. 23, 2005.

KELSEN, Hans, *Teoria Pura do Direito*. São Paulo: Martins Fontes, 2000.

REALE, Miguel, *Fontes e Modelos no Direito – para um novo paradigma hermenêutico*. São Paulo: Saraiva, 1994.

REALE, Miguel, *O Projeto de Código Civil – Situação atual e seus problemas fundamentais*, São Paulo, Saraiva, 1986.

REALE JR, Miguel, *Teoria do Delito*. São Paulo: Revista dos Tribunais, 1998.

ANVISA. Resolução da Diretoria Colegiada RDC N.° 33, D.O.U. – Diário Oficial da União. 20 de fevereiro de 2006

Conselho Federal de Medicina – CFM. NORMAS ÉTICAS PARA A UTILIZAÇÃO DAS TÉCNICAS DE REPRODUÇÃO ASSISTIDA – Resolução CFM n.° 1.358, de 11 de novembro de 1992.

Decreto n.° 5.591, de 22 de novembro de 2005. DOU de 23.11.2005.

Diretrizes e Normas Regulamentadoras de Pesquisas Envolvendo Seres Humanos –

Lei de Biossegurança – Lei n.° 11.105, de 24 de março de 2005. DOU de 28.3.2005.

Ministério da Saúde. Portaria n.° 2526, D.O.U. – Diário Oficial da União. 22 de dezembro de 2005.

Resolução CNS 196, de 10 de outubro de 1996. DOU 16.10.1996: 21.082-21.085.

PESSOA E ONTOLOGIA:
UMA *QUESTÃO PRÉVIA* DA ORDEM JURÍDICA[1]

DIOGO COSTA GONÇALVES
Assistente Estagiário da Faculdade de Direito de Lisboa

SUMÁRIO: I. Introdução: A questão prévia da antropologia. II. Pessoa enquanto categoria ontológica. 1. Pessoa na Antiguidade e na Filosofia Clássica: a Antropologia Antiga. 2. Pessoa na Teologia Trinitária: a Antropologia Teológica. 3. Pessoa no Pensamento Moderno: a Antropologia da Subjectividade. 4. A Antropologia Contemporânea: existencialismos e personalismo. III. Análise Estrutural do que é o Homem. 1. O Homem como *"distinctum subsistens"*. 2. O Homem como *"distinctum subsistens respectivum"*: solidão ontológica *versus* intersubjectividade. 3. O Homem como ser em realização – a vocação finalista. 4. A radicalidade da unidade ontológica da Pessoa. IV. Pessoa e personalidade – delimitação dos conceitos em sentido real. Excurso: Critérios de juridicidade da realidade pessoal: a distinção entre o Plano Ontológico e o Plano Jurídico. Bibliografia

---

[1] O trabalho que ora se publica corresponde aos três primeiros capítulos do relatório apresentado na parte escolar do curso de mestrado em ciências jurídicas, da Faculdade de Direito de Lisboa, no âmbito do seminário de Direito Civil, orientado pelo Prof. Doutor José de Oliveira Ascensão, no ano lectivo 2004/2005. O relatório original, com o título TUTELA DA PERSONALIDADE E PERSONALIDADE ÔNTICA: A JURIDICIDADE DA REALIDADE PESSOAL espera publicação oportuna. Para a presente publicação tivemos por bem autonomizar a parte referente à abordagem antropológica da pessoa e da personalidade, como primeiro passo metodológico na concretização normativa de qualquer disciplina jurídica que à realidade concreta da pessoa humana diga respeito. Aproveitamos a oportunidade para expressar o nosso mais sincero agradecimento ao Prof. Doutor José de Oliveira Ascensão pela orientação deste trabalho, cuja reflexão a ele sobretudo se deve, e o mais elevado reconhecimento académico.

I. INTRODUÇÃO: A QUESTÃO PRÉVIA DA ANTROPOLOGIA

A pessoa humana interessa ao Direito sobre múltiplas perspectivas, desde a fundamentação metajurídica do próprio ordenamento à mais elementar hermenêutica legal ou ao desenvolvimento dogmático dos mais ancestrais institutos jurídicos.

Em todas as épocas da história a interrogação acerca do Homem preocupou o pensamento jurídico... a época que vivemos não é excepção. O domínio actual da técnica na determinação concreta do sujeito e a capacidade surpreendente de dominar as fontes da vida lançam sobre a idade contemporânea novas interrogações e desafios. O direito é chamado a intervir e a estabelecer um *ditame deôntico* que ordene a *potestas* do Homem sobre o próprio Homem, que a sociedade já conhece ou timidamente é capaz de intuir.

Mas como estabelecer esse *ditame deôntico*? Qual o critério que permite distinguir entre o que *pode ser* e o que *deve ser* acerca das realidades humanas e pessoais? São estas questões a que um jurista não pode fugir.

Para além das fronteiras mais audazes que a tecnologia vai rasgando na contemporaneidade, permanecem na ordem jurídica institutos e elementos normativos que directamente dispõe sobre as realidades pessoais, sobre a condição humana e sobre a sua tutela. Como proceder à sua construção dogmática? Que elementos deve o jurista manusear na determinação do sentido normativo das fontes em causa? Como garantir que o formalismo conceptual não impeça ver a realidade material que o Direito é chamado a tutelar?

Estas interrogações levantadas colocam o jurista no cerne da problemática acerca da *juridicidade da realidade pessoal*: qual é o *dever ser* acerca do Homem? Ante este problema, é-se confrontado com um enorme desafio: saber o que é o Homem, saber o que é a pessoa humana, saber o que é a personalidade.

Este enorme desafio cognitivo – conhecer o que seja o Homem – torna-se incontornável numa investigação jurídica que tenha por objecto alguma realidade pessoal. Na verdade, tal interrogação é uma verdadeira *questão prévia* desta temática jurídica. Sem conhecer a realidade ontológica, sem conhecer o real objecto da tutela do Direito, como pode o jurista aspirar a qualquer desenvolvimento normativo posterior? Sem saber o que é a pessoa, como podemos determinar a sua tutela ou o *dever ser* a ela referente?

Conhecer, pois, a realidade ontológica da pessoa humana, definir a visão antropológica com a qual nos comprometemos, é o primeiro passo metodológico a ser dado para poder abordar com seriedade a *juridicidade da realidade pessoal.*

Esta verdadeira questão prévia, necessária na realização do direito, pode reconduzir-se a uma única questão: *o que é ser Pessoa para o Direito?*

Todavia, esta interrogação está longe de ser unívoca. Na verdade, a pergunta pode ser feita com dois sentidos totalmente diferentes. Quando o jurista pergunta *o que é ser Pessoa para o Direito*, pode estar a perguntar o que é que o direito diz ser pessoa, mas pode também estar a perguntar: que implicações traz, para o direito, o facto de se ser pessoa? Esta segunda abordagem não prescinde da primeira, todavia, a primeira abordagem prescinde, quase sempre, da segunda.

A pergunta *o que é ser Pessoa para o Direito*, enquanto indagação do que é que o direito diz ser pessoa, nasce de uma necessidade da hermenêutica jurídica. O intérprete aplicador, na presença de um conceito indeterminado como "pessoa", "indivíduo" ou "personalidade", irá tentar indagar qual o sentido do conceito para determinar o conteúdo normativo contido e revelado na fonte que aborda. Partirá, assim, necessariamente, do sistema, dos dados jus-positivos, de um preceito legal em concreto para saber, respeitando as regras da hermenêutica jurídica, qual o sentido do conceito indagado. A resposta final será sempre a descoberta de um *noção normativa* de pessoa, de personalidade… não interessa o que é a pessoa, o que é a personalidade, interessa, outrossim, que realidade o Direito queria dizer quando referia pessoa ou personalidade.

O *conceito normativo* encontrado justifica-se em si mesmo. Do ponto de vista formal, justifica-se no respeito científico da hermenêutica e da metodologia jurídica. Do ponto de vista material, tal conceito não necessita nem anseia qualquer justificação – basta-se com a simples realidade de ser aquele o sentido da fonte, enquanto for aquele o direito vigente.

Ao contrário, quando a mesma pergunta é feita no sentido de indagar quais as implicações para o Direito do facto de se ser pessoa, então a mesma questão revela horizontes totalmente diferentes. Quando um jurista formula este sentido da questão, não interroga o ordenamento jurídico, interroga a própria realidade! Coloca-se fora do Direito, fora de um sistema positivo, fora de qualquer compreensão legal. Prescinde totalmente da hermenêutica, abandona a segurança da dogmática, que tão bem domina, e lança-se no plano da ontologia, da reflexão metajurídica, da antropologia filosófica.

Interrogando a realidade, o jurista não procura um conceito normativo de pessoa ou de personalidade. Procura um *conceito real*, procura o que as coisas são em si, pela tão simples quão sublime razão de serem.

Pela nossa parte, comprometemo-nos com este segundo sentido. A *questão prévia* da juridicidade da realidade pessoal é, para nós, uma questão substantiva. Na ordem jurídica, quando nos deparamos com elementos normativos atinentes à realidade pessoal, deparamo-nos – no mesmo momento – com uma verdadeira porta aberta por onde toda a densidade ôntica da pessoa humana irrompe pelo sistema e pela realidade normativa... entre os dados positivos do ordenamento que à pessoa ou à personalidade se reconduzem e a própria ontologia não há qualquer outro arrimo sistemático. O jurista não pode, portanto, cerrar essa porta aberta no sistema, refugiando-se num formalismo conceptual e positivo que prescinda de fundamentação substantiva. Deve, ao contrário, debruçar-se sobre a realidade ontológica da pessoa e reconhecer que só essa realidade pode ser fundamento da concretização normativa desejada.

Assim se justifica o trabalho que ora publicamos. Nele foi nosso desejo proceder a uma reflexão acerca desta *questão prévia* do direito das pessoas e da personalidade.

No primeiro capítulo, abordamos a origem e evolução da categoria de pessoa na história do pensamento filosófico. Pretendemos, nesse estudo, conhecer como surgiu o conceito de pessoa, a que interrogações dava resposta e qual o conteúdo dessa resposta ao longo da evolução do pensamento.

Da antiguidade clássica à teologia cristã, observámos a evolução do conceito até chegar a formular uma verdadeira categoria ôntica; depois, com a subjectividade moderna e o niilismo contemporâneo, conhecemos a desconstrução do seu conteúdo semântico e a relativização da sua referência.

Mas, porque o conhecimento da história do pensamento filosófico não chega para a determinação da realidade que o Direito tutela, foi necessário adoptar um discurso antropológico e analisar a estrutura ontológica do Homem. Surgiu, assim, o segundo capítulo. Neste capítulo comprometemo-nos com uma determinada visão antropológica. Sem nos preocuparmos com classificações, diríamos que está marcada pela filosofia do ser, pela tradição clássica e pela reflexão personalista do último século.

Desenvolvidos estes dois capítulos, achámo-nos em condições de formular os conceitos reais de pessoa e personalidade que procurávamos. Dada a importância dessa formulação para o desenvolvimento posterior, e porque a concretização dos conceitos consubstanciava uma verdadeira síntese conclusiva das considerações anteriormente feitas, tivemos por bem

Pessoa e ontologia: uma questão prévia da ordem jurídica   129

autonomizar a formulação dos conceitos em capítulo à parte. Surge, assim, o terceiro capítulo. Com ele concluímos a indagação da realidade ontológica da pessoa humana e, por isso, do real objecto que o Direito tutela.

Enquanto reflexão acerca desta *questão prévia* do Direito, o presente trabalho não se encontra direccionado para responder a nenhuma *quaestio juris* particular. No entanto, se o presente trabalho não se encontra direccionado para nenhuma solução jus-positiva, ele não deixa, em nossa opinião, de poder constituir uma *sede topológica* na qual se pode encontrar um conjunto de argumentos passíveis de serem desenvolvidos em qualquer questão normativa acerca da pessoa humana. Tal potencialidade é verdadeira porque, como vimos, nenhuma abordagem dessa natureza pode prescindir da ponderação acerca do que é o Homem.

A ponderação acerca da realidade ontológica da pessoa humana interessa ao Direito não só como *questão prévia* da abordagem normativa, mas também como *dimensão última* no processo da realização jurídica.

Se encontramos no sistema portas abertas para a ontologia, devemos, posteriormente, garantir que a concretização normativa no seio do sistema jurídico respeite a realidade ontológica por nós encontrada.

Eis, assim, fechado o *círculo hermenêutico*: da realidade ontológica para o sistema, para depois confrontar novamente o sistema com a realidade ontológica. Neste último confronto, deve o intérprete aplicador garantir o respeito pela *primazia da realidade ôntica* da pessoa humana sobre qualquer construção técnico-formal ou recondução dogmática. A realidade normativa por nós determinada ou respeita o *conceito real* de pessoa e os seus corolários ou redunda numa incorrecta hermenêutica jurídica, que o Direito não pode aproveitar.

Um último apontamento. A abordagem que ora apresentamos é a abordagem de um jurista... e um jurista não é um filósofo! O conhecimento da realidade pelo conhecimento da realidade não é a perspectiva de abordagem jurídica[2]. Ao prudente do direito, o conhecimento da ontologia está orientado por um fim muito preciso: a necessidade de decidir. O ju-

---

[2] Esta realidade é já herança de Roma. ULPIANO definia a *jurisprudentia* como "*divinarum atque humanarum rerum notia justi atque injusti scientia*" (D. 1,1,10,2). O recurso do jurista à *sapientia* estava, na sua origem e no seu fim, condicionado pela necessidade de distinguir o justo do injusto. Esta distinção – que reveste sempre a forma de uma decisão – é a única causa que leva o jurista a interrogar a sabedoria. Quanto ao problema da origem, autenticidade e aplicação à actividade prudencial romana da definição de ULPIANO, confrontar, por todos, CRUZ, Sebastião, *Direito Romano I*, 4ª edição, Dislivro, Coimbra, 1984, pp. 281 e ss.

rista vive a angústia da decisão. Age constantemente condicionado e interpelado pela necessidade imperiosa de decidir, de afirmar, de tomar posição... no fundo, de *justum atque injustum scire*.

Perdoem-se, portanto, as falhas que a ciência filosófica venha a apontar num trabalho desta natureza.... Ele apenas surge porque nos é pedido, como jurista, que decidamos o *dever ser* da realidade pessoal e, para nós, o dever ser acerca do Homem não é outra coisa que expressão deôntica da sua realidade ontológica.

Esperamos poder ter dado com estas linhas um contributo, por pequeno e irrelevante que seja, para o tratamento e reflexão dogmática sobre esta matéria, num início de século que, como recentemente afirmava MENEZES CORDEIRO, bem poderá ser *"uma época de direitos das pessoas e do cinzelamento da sua dogmática"*[3].

II. PESSOA ENQUANTO CATEGORIA ONTOLÓGICA

Na determinação da questão prévia acerca do direito das pessoas e da personalidade, adoptando a metodologia que atrás referimos, a primeira questão que temos de abordar é a própria noção de pessoa. O que reserva o pensamento filosófico para este conceito, como foi ele construído, por que razão se afirma que o Homem é pessoa?

No início do presente trabalho, começámos por reflectir acerca da questão: o que é ser pessoa para o Direito? Todavia, convém agora afirmar que a pergunta está, desde esse início, mal colocada. Na verdade, não se pergunta o que é ser pessoa... pergunta-se antes o que é o Homem e responde-se: o Homem é pessoa. A categoria pessoa aparece, na história do pensamento antropológico, como resposta e não como termo interrogativo.

No entanto, a sedimentação da consideração do Homem como pessoa levou, não poucas vezes, a olvidar que a realidade pessoal do Homem é ponto de chegada de uma certa antropologia e não base de partida para a especulação filosófica. Que queremos afirmar com isto? Queremos afirmar essencialmente o seguinte: dizer hoje que o Homem é pessoa, sem mais, é afirmar coisa nenhuma acerca do próprio Homem.

---

[3] Cfr. CORDEIRO, A. Menezes, *Os Direitos de Personalidade na Civilística Portuguesa*, in Estudos em Homenagem ao Prof. Doutor Inocêncio Galvão Telles, I Volume, Almedina, Lisboa, 2002, p. 21.

Pessoa e ontologia: uma questão prévia *da ordem jurídica* 131

O pensamento jurídico, político e mesmo filosófico dos últimos tempos, acabou por esvaziar o conteúdo semântico da noção de pessoa. Ao identificar o Homem com *persona*, o pensamento actual já não quer afirmar aquilo que o Homem é, mas tão só designar um fenómeno do qual não conhece nem a essência nem a natureza. Homem e pessoa são, em muitos discursos, nomes de uma mesma realidade, distintos, quanto muito na generalidade, e por isso aparecem, ao sujeito cognoscente, como termos equivalentes na mesma interrogação.

Daqui se compreende que os discursos mais díspares acerca da realidade humana, que opõem entre si visões totalmente diversas do Homem, não ponham em causa nem rejeitam a noção de pessoa. Todos eles recorrem a este conceito, todos eles o manejam nos seus argumentos, mas a verdade é que o esvaziaram de conteúdo ôntico: dizer que o Homem é pessoa é dizer nada acerca do Homem!

Todavia, se a categoria pessoa é resposta à questão do que é o Homem, convém que conheçamos um pouco a evolução deste conceito. Debruçar-nos-emos, seguidamente, sobre essa evolução, dedicando alguma atenção, especialmente, à Antropologia Antiga, à Antropologia Teológica, à Antropologia Moderna ou da Subjectividade e ainda à Antropologia Contemporânea.

1. Pessoa na Antiguidade e na Filosofia Clássica: a Antropologia Antiga

A origem etimológica do termo pessoa vive encerrada numa multidão de dúvidas. Na verdade, qual a origem da palavra e qual o correcto sentido em que foi utilizada no pensamento antigo continuam a ser questões em aberto.

Não obstante, tornou-se já um lugar-comum na literatura da especialidade fazer derivar a palavra pessoa do termo grego *prósopon*[4]. Pessoa aparece assim ligada ao teatro grego, à máscara da tragédia antiga[5]... Era no teatro, era envergando a máscara grega que o homem se tornava pessoa.

---

[4] São muitíssimas as obras que propõe esta derivação. Na verdade, esta tese está tão difundida que muitos autores a referem como dado seguro do conhecimento, sem preocupações de fundamentação especial. Cfr., a mero título exemplificativo, MILANO, A., *Persona in Teologia*, Edizioni Dehoniane, Nápoles, 1984, pp. 68 e ss.

[5] Autores há, no entanto, que tentam ir pouco mais longe e fazer derivar *persona* da designação etrusca *Phersu*. Segundo esta corrente, *Phersu* seria o nome de uma divindade

Seja qual for a mais remota origem etimológica da palavra pessoa, o que parece ser certo é que o pensamento antigo, se desenvolveu e aprofundou muitíssimo a realidade humana, não chegou a estruturar o conceito de pessoa como categoria ontológica que explicasse o que era o Homem.

Surgindo no contexto do teatro, a palavra pessoa começa por designar a máscara utilizada pelos actores em cena. Rapidamente, a evolução semântica conduz à identificação do conceito de pessoa já não com a máscara mas antes com a própria personagem representada[6]. Da personagem do teatro, pessoa passará a designar cada indivíduo humano que, no palco da vida e da *polis* grega, representa o seu papel.

Todavia, não se julgue que referir ao conceito de pessoa a noção mais ou menos clara de indivíduo, equivale, no pensamento antigo, a reservar-lhe algum conteúdo ôntico preciso. Como bem refere ANDREA MILANO, se a noção de pessoa pode designar a individualidade humana, não o faz mais que de modo *"em tudo simples e empírico"*[7].

A verdadeira utilidade do conceito de pessoa está pois, antes de mais, na capacidade de opor o indivíduo humano, concreto, particular, à ideia universal de humanidade[8]. A sua individualidade revela-se, neste contexto, um papel, uma máscara viva no palco do mundo, mas não mais do que isso.

Também em Roma, a noção de pessoa é assim recebida. BELLINCIONI chama a atenção para esta realidade no emprego da palavra *persona* em Cícero e Séneca[9]. Especialmente em Cícero, é possível encontrar expres-

---

da mitologia greco-etrusca. Qual a relação entre a divindade e o nome *persona* é algo que, mesmo para os autores que defendem esta origem etimológica, permanece um enigma... Cfr., por todos, MILANO, A., *Persona in Teologia*, Edizioni Dehoniane, Nápoles, 1984, pp. 68 e 69 e SZELIGA, H., *Il ruolo del concetto di persona nel contesto della discussione sulla morte cerebrale*, Pontifícia Universitas Sanctae Cruxis, Roma, 2000, pp. 169 e ss.

[6] Personagem essa que, no âmbito do teatro antigo, denota já a tímida emergência da personalidade individual, da realidade do sujeito psicológico. A construção psicológica do sujeito - personagem caminha a par e passo com a consciência da liberdade transposta para a acção, com a drama da escolha e do destino, que é tão mais evidenciado quanto, na narrativa (especialmente na narrativa épica), se supre a intervenção dos deuses. Cfr. SANTOS, J.T., *Antes de Sócrates – Introdução ao Estudo da Filosofia Grega*, Grávida, Lisboa, 1985, pág. 44 a 46.

[7] Cfr., do autor, *Persona in Teologia*, Edizioni Dehoniane, Nápoles, 1984, p. 71 (a tradução é nossa).

[8] Cfr. MILANO, A., *Persona in Teologia*, Edizioni Dehoniane, Nápoles, 1984, p. 70.

[9] Cfr. BELLINCIONI, M., *Il termine persona da Cicerone a Seneca*, in Quatro Studi latini, Università di Parma, Parma, 1981, pp. 39-111.

Pessoa e ontologia: uma questão prévia *da ordem jurídica*   133

sões que denotam esta conotação. Assim, por exemplo, à expressão *"personam gerere"* (v.g. *personam civitatis gerere*), está ligada a ideia de representante, de actor de alguma coisa. A esta expressão se opõe *"sua ipse persona"* que designa «em nome próprio», isto é, representando o seu próprio papel[10].

No mesmo sentido, ANDREA MILANO chama a atenção para a utilização do conceito pessoa por oposição ao conceito de humanidade, precisamente para distinguir o particular do universal, o concreto do geral[11].

Esta pobreza semântica reservada para o conceito de pessoa no pensamento antigo, parece chocar com a riqueza da reflexão grega acerca do Homem. A filosofia clássica, na verdade, soube reservar para o Homem verdadeiros atributos pessoais (amor, liberdade, responsabilidade...), e reconheceu e apreciou a sua superioridade, nomeadamente em filósofos como Sócrates, Platão e Aristóteles. A singularidade do Homem face aos outros entes levou a filosofia clássica a considerá-lo no centro do cosmos, possuindo um elevado conjunto de perfeições que o colocavam num grau elevado – o mais elevado! – na hierarquia dos seres, ao mesmo tempo que porção ou cópia do *logos* universal.

Por que razão, então, não chegou a filosofia antiga a sistematizar um conceito ôntico de pessoa? O que é que a impediu – naquilo que se nos afigura a evolução natural do pensamento – de libertar o conceito de pessoa de conteúdos semânticos tão descritivos e empíricos? Por outras palavras, se o Homem aparecia ao pensamento clássico em tão alta perfeição, porque razão a individualidade humana era, ainda assim, vista sob os augúrios de uma máscara trágica, como uma roupagem, uma ficção, como aquele papel que cada um representa na história, e nada mais?

A resposta parece estar na enorme dificuldade que o pensamento antigo tinha em lidar com as realidades individuais. Para o pensamento grego, mesmo em Aristóteles e Platão, a individualidade é um problema,

---

[10] Cfr. SZELIGA, H., *Il ruolo del concetto di persona nel contesto della discussione sulla morte cerebrale*, Pontifícia Universitas Sanctae Cruxis, Roma, 2000, p. 170.

[11] Cfr. MILANO, A., *Persona in Teologia*, Edizioni Dehoniane, Nápoles, 1984, p. 70. O autor ilustra com a consideração de Séneca *"eam partem philosophiae quae dat própria cuique persona percepta, nec in universum componit hominem"*. Para Milano, este é um exemplo claro de como o conceito pessoa apenas designava uma realidade particular por oposição às realidades universais, sem no entanto lograr qualquer capacidade de estruturação ôntica.

uma imperfeição face à unidade e totalidade do ser[12]. No pensamento antigo, imperava uma visão monista da realidade.

JUAN DE SAHAGUN LUCAS resume esta dificuldade em linhas que nos parecem ilustrativas:

> "(...) Cativados pela necessidade universal, [os filósofos gregos] caíram num excessivo intelectualismo que sacrifica o singular e o concreto no altar da universalidade. Nem o *logos* de Heraclito, nem o *ser* de Parménides, nem o *bem* de Platão, nem o *motor* de Aristóteles, nem o *uno* de Plotino podem considerar-se pessoa. Neste universo naturalista, o homem está submetido ao universal sem que tenha razão em si mesmo ou por si mesmo. Está em função do todo, da *polis* neste caso, a qual encarna e realiza. É um meio ou instrumento da realidade suprema a qual suplanta o seu ser e o seu obrar. A sua inconsistência e corruptibilidade privam-no de valor próprio e de autonomia, e remetem-no para um princípio segundo o qual tudo recebe como qualquer outro ser da natureza. É, portanto, mais uma peça no cosmos ou, se se preferir, um «microcosmos». Como diz Platão em *De Legibus*, ninguém deve esperar a felicidade pessoal, já que o cosmos não existe para ele mas sim ele para o cosmos"[13].

A visão do Homem como peça do cosmos, sacrificando a sua individualidade ante a razão da universalidade, é o principal factor, senão o exclusivo, para que o conceito de pessoa, na antropologia clássica, não encerre qualquer sentido metafísico. Goza sim de um sentido sócio-político e jurídico, na justa medida que designa uma função, um papel do sujeito individual, mas não designa nem identifica qualquer realidade ontológica: o homem, na antropologia antiga, não passa de uma *res* bem ordenada[14].

Assim se compreende a sugestiva (talvez mais que exacta) formulação de PAUL O'CALLAGHAN, segundo a qual a individualidade humana, no pensamento antigo, não passa de uma presunção[15]. A liberdade e a autonomia, todas as perfeições que a realidade humana totaliza e que aspiram

---

[12] Cfr. O'CALLAGHAN, P., *Figli di Dio nel mundo. Antropologia Teológica*, Pontificia Universitas Sanctae Cruxis, Romae, 2003, pp. 455-456.

[13] Cfr. LUCAS, J. S., *Las dimensiones del Hobre. Antropologia Filosofica*, Ediciones Sigueme, Salamanca, 1996, p. 167. O texto entre parêntesis rectos é nosso.

[14] A expressão, forte aliás, é de LUCAS, J. S., *Las dimensiones del Hombre. Antropologia Filosofica*, Ediciones Sigueme, Salamanca, 1996, p. 169.

[15] Cfr. O'CALLAGHAN, P., *Figli di Dio nel mundo. Antropologia Teológica*, Pontificia Universitas Sanctae Cruxis, Romae, 2003, p. 456.

Pessoa e ontologia: uma questão prévia *da ordem jurÍdica* 135

a considerar o Homem em si e por si, revelam-se, afinal, em nada face ao todo da universalidade: são uma aparência, uma presunção... uma máscara!

Foi necessário surgir o cristianismo, para que a teologia cristã dotasse de conteúdo metafísico o conceito de pessoa, e superasse a visão monista da realidade, subjacente na antropologia antiga.

2. Pessoa na Teologia Trinitária: a Antropologia Teológica

Santo Anselmo afirmava *credo ut intelligam; intellego ut credam...* O diálogo entre a Fé Cristã e a filosofia greco-latina cedo se fez sentir. Face ao conhecimento das verdades reveladas, a Igreja sentiu, desde sempre, a necessidade de compreender – na medida do compreensível – as razões da sua esperança[16]. *A fé exige o conhecimento e o conhecimento leva à fé* – assim entenderam os Padres da Igreja... e assim nasceu a teologia cristã. O pensamento teológico não é uma especulação filosófica que descobre o objecto da fé. Antes ao contrário. O pensamento teológico parte de uma verdade revelada, contida e conservada no *depositum fidei*, e procura compreendê-la, explicá-la e ilustrá-la racionalmente.

Nesta missão da teologia, os Padres da Igreja recorreram à gramática filosófica do pensamento greco-latino, procurando nele conceitos, estruturas, dimensões explicativas que se adaptassem à verdade revelada e a permitissem compreender. Este recurso à gramática da filosofia grega trouxe consigo, em alguns casos, o desenvolvimento do próprio conteúdo filosófico dos conceitos utilizados. Foi o que aconteceu com o conceito de pessoa. Ao ser introduzido na teologia cristã, o conceito *persona* alterou-se substancialmente, e do mero significado atrás ilustrado para o pensamento antigo, pessoa passou a designar uma realidade substantiva, passou a ser uma verdadeira categoria ontológica.

A noção de pessoa é, em justiça, uma criação da teologia cristã.

Sendo o conceito de pessoa é uma criação teológica, esta criação aparece ligada, salvo melhor opinião, a três grandes questões da teologia cristã que, de uma forma ou de outra, o conceito de pessoa ajudou a explicar, a saber: o problema da Santíssima Trindade, o problema da Encarnação do Verbo e o problema da semelhança ontológica entre o Homem e Deus.

---

[16] Cfr. I Ped. 3, 15.

A tradição judaica ensinava que existia um só Deus. Grande parte da história religiosa de Israel é a defesa do monoteísmo face às demais culturas e tendências politeístas dos povos vizinhos. A crença em um Deus único – Aquele que É – revela-se o ponto estruturante e fundamental da revelação judaica. O cristianismo, porém, se bebia na tradição monoteísta do povo judeu, trazia novos elementos de fé no Deus Único. De facto, se era verdade que existia um só Deus, também era verdade que Jesus Cristo – Filho de Deus – era Deus, juntamente com o Espírito Santo, que também era Deus... Todavia, se os Três eram Deus, os Três não eram três deuses. Também não era verdade que Pai, Filho e Espírito Santo fossem três nomes de uma mesma realidade divina... Como explicar, então, que o Pai era Deus, o Filho era Deus, o Espírito Santo era Deus mas existia um só Deus? E mais: como explicar que, sendo todos Deus, o Pai não era o Filho, o Filho não era o Espírito Santo e o Espírito Santo não era nem o Pai nem o Filho? Era este um enorme desafio que se colocava à teologia cristã.

Depois, havia também que responder ao problema da encarnação do Verbo. Jesus Cristo, sendo verdadeiramente Homem, afirmava de Si mesmo ser verdadeiramente Deus. Como era isto possível? Existiam duas pessoas em Cristo? A Humanidade de Cristo era uma realidade aparente? Cristo era só Homem e não era Deus ou Cristo era só Deus e não era, verdadeiramente, Homem? Como explicar a dualidade Deus/Homem na unidade de uma só pessoa?

Por fim, existia ainda outra questão. Com o cristianismo, o problema da individualidade face à universalidade foi ainda mais agudizado. O Homem, para a Fé Cristã, não podia estar em função do cosmo. Ele era o único ser querido por Deus em si mesmo... o Homem, face a Deus, não era algo, era alguém! A semelhança ontológica entre o Homem e Deus exigia que se compreendesse e explicasse que o ser do Homem – de cada Homem em concreto – de alguma maneira reflectia a imagem de "Aquele que É", de algum modo espelhava a dimensão ontológica Daquele que respondeu a Moisés dizendo "Eu sou Aquele que Sou" ou, simplesmente, "Eu Sou"[17].

Para responder a estas questões, a teologia cristã socorreu-se da noção de pessoa e alterou-lhe o conteúdo semântico.

Todavia, a reconstrução do conceito de pessoa não se faz sem antes se quebrar com a visão monista da realidade – subjacente à filosofia clássica – e que se havia revelado um obstáculo poderoso à evolução da antropologia antiga.

---

[17] Cfr. Ex. 3, 14.

Pessoa e ontologia: uma questão prévia *da ordem jurÍdica* 137

Com a teologia cristã, o monismo antigo, que sacrifica o concreto face ao universal, dá lugar ao dualismo filosófico natureza (*physis*) *versus* pessoa (*hypostasis*)[18]. A dificuldade antiga em lidar com a individualidade face às exigências da universalidade é agora superada num sistema explicativo suficientemente coerente para lograr obter sucesso no campo da antropologia.

Para a noção de natureza, reservava-se, assim, a universalidade ou essência da realidade. Para a noção de pessoa, a realização própria, num sujeito determinado, dessa natureza ou realidade universal. Pessoa torna-se, assim, a forma especial ou particular de *ser* de uma determinada natureza[19].

A evolução semântica verificada é particularmente significativa. O conceito de pessoa ganha, agora, um conteúdo ontológico, torna-se capaz de designar uma realidade ôntica, um *"ens a se"*, capacidade essa que nunca, nem mesmo em Aristóteles, o pensamento clássico logrou dar ao conceito.

Com esta dimensão ôntica, as respostas aos problemas assinalados começaram a alinhavar-se. O mistério da Santíssima Trindade era explicado afirmando que em Deus existia uma única natureza divina em três pessoas iguais e distintas. Uma só *physis* em três *hypostasis*. O problema cristológico, por sua vez, era resolvido recorrendo à ideia de união hipostática: em Cristo existiam duas naturezas – a humana e a divina – em uma só pessoa.

PAUL O'CALLAGHAN refere dois momentos fundamentais para a consolidação da noção de pessoa na época patrística: a confissão de consubstancialidade entre Deus Pai, Deus Filho e Deus Espírito Santo e a aplicação do conceito de pessoa (divina) ao Pai, ao Filho e ao Espírito Santo.

A primeira afirmação da consubstancialidade entre o Pai e o Filho aparece claramente formulada no Concílio de Niseia, no ano 325. A heresia ariana afirmava que Deus Filho era uma criatura de Deus Pai, que teria havido um tempo em que o Verbo de Deus não existia e passou a existir por

---

[18] Cfr. O'CALLAGHAN, P., *Figli di Dio nel mundo. Antropologia Teológica*, Pontificia Universitas Sanctae Cruxis, Romae, 2003, p. 457 e LUCAS, J. S., *Las dimensiones del Hobre. Antropologia Filosofica*, Ediciones Sigueme, Salamanca, 1996, p. 170. Esta distinção foi-se sedimentando ao longo da patrística e tornou-se um tema clássico da metafísica.

[19] Cfr. LUCAS, J. S., *Las dimensiones del Hombre. Antropologia Filosofica*, Ediciones Sigueme, Salamanca, 1996, p. 170.

vontade livre criadora do Pai Eterno. Contra esta heresia, ensinava a Igreja a consubstancialidade das pessoas da Santíssima Trindade.

Pai, Filho e Espírito Santo, sendo consubstanciais, eram verdadeira-mente pessoas distintas: três realidades ônticas de uma mesma e só natureza divina.

A estrutura explicativa *physis/hypostasis* conseguiria igual sucesso na explicação do mistério de Cristo: se a cada natureza deve corresponder uma pessoa ou sujeito, na pessoa de Cristo estão unidas duas naturezas. A expli-cação ficou assim conhecida como união pessoal ou, termo mais próximo do grego, união hipostática[20].

Quer no Ocidente quer no Oriente cristão o conceito de pessoa, como esta dimensão metafísica, foi-se clarificando. A TERTULIANO (séc. II-III) se deve a aplicação a Deus da classificação *una substantia, tres personae*[21].

Com SANTO AGOSTINHO (séc. IV-V) acentuam-se a individualidade e singularidade como notas do conceito de pessoa e aparecem já sistemati-zadas, como integrantes do conceito, as potências da inteligência, da memória e da vontade[22].

BOETIUS, já nos séc. V-VI, consagra a definição de pessoa que veio a marcar toda a escolástica: *persona est rationalis natura individua subs-tantia*. Ao conceito acrescentou-se ainda a autopossessão e a incomunica-bilidade.

O conceito de pessoa aparece, assim, como a realidade ontológica única, fechada, incomunicável... a natureza humana racional singulariza--se na existência concreta de cada ser pessoal que, pertencendo-se a si mesmo, é autónomo e independente.

SÃO TOMÁS DE AQUINO, no séc. XII, vai desenvolver a noção de pes-soa a partir de BOETIUS, colocando a tónica na subsistência como nota principal do conceito: pessoa é *subsistens in rationalis natura*.

---

[20] Cfr. O'CALLAGHAN, P., *Figli di Dio nel mundo. Antropologia Teológica*, Pontifi-cia Universitas Sanctae Cruxis, Romae, 2003, pp. 456-459.

[21] O mesmo quadro de referência filosófico veio a ser desenvolvido por diversos Padres. No Oriente, sec. IV, destaque-se GREGÓRIO DE NISA, BASÍLIO O GRANDE e GREGÓ-RIO NANZIANZENO, entre outros.

[22] Cfr. SZELIGA, H., *Il ruolo del concetto di persona nel contesto della discussione sulla morte cerebrale*, Pontifícia Universitas Sanctae Cruxis, Roma, 2000, p. 178. A fonte agostiniana é a obra *De Trinitate*.

Para São Tomás de Aquino, nem toda a realidade de natureza racional será pessoa, mas só aquela que for subsistente, que exista por si. É suficientemente elucidativo este *respondeo* da *Summa Theologica*: *"(...) dicendum quod personalitatis necessario intantum pertinet ad dignitatem alicuius rei et perfectionem, inquantum ad dignitatem et perfectionem eius pertinet quod per se existat: quod in nomine personae intelligitur. Dignius autem est alicui quod existat in aliquo se digniori, quam quod existat per se (...)"*[23].

Com Escoto, já nos séc. XIII-XIV, a ligação da realidade pessoal a uma natureza universal e abstracta que cada ente singulariza aparece menos intensa. Na verdade, como atende Juan de Sahagun Lucas, para Escoto pessoa é um conjunto de aspectos existenciais, é sempre uma realidade concreta uma única actualidade existencial, embora multidimensional[24].

Não obstante este último cambiante, a evolução e a sedimentação da noção metafísica de pessoa estava já conseguida.

A aplicação da noção de pessoa ao Homem é também uma conquista cristã. Pela primeira vez na história da antropologia, pessoa aparece como resposta e não como termo interrogativo. Dando ao conceito um sentido ontológico e aplicando o mesmo à realidade divina, estavam abertas portas para que o termo *persona* surgisse como verdadeira resposta à pergunta o que é o Homem e não como mera distinção de um concreto face ao universal, como na antropologia antiga.

O Homem, na visão cristã do mundo, era o único ser querido por Deus em si mesmo. A individualidade, portanto, não era um problema, uma dificuldade. E não o era não só por se haver quebrado a visão monista clássica da realidade, mas sobretudo porque a individualidade aparece como uma máxima perfeição na própria ordem do ser.

Querido por Deus em si mesmo, a noção de pessoa vai ajudar a teologia a explicar a imagem e semelhança do Homem com o Criador[25]. Se a semelhança com Deus se pode perder com o pecado, a imagem divina do Homem é a sua própria estrutura ontológica: o Homem é imagem de Deus porque é pessoa, como Deus é pessoa. Por outras palavras, ser imagem de Deus é ser um ser pessoal.

---

[23] In *Summa Theologica, III (pars tertia), quaestio II, articulus 2, ad secundum.* Optámos por iniciar a citação com a fórmula *dicendum*, sendo que a correcta formulação seria *Respondeo ad secundum dicendum...*

[24] Cfr. Lucas, J. S., *Las dimensiones del Hombre. Antropologia Filosofica*, Ediciones Sigueme, Salamanca, 1996, p. 171.

[25] Cfr. Gn. 1,27.

Aplicar a noção de pessoa ao Homem, no âmbito da antropologia teológica, significa afirmar que, de alguma maneira, se encontra na finitude do ser Homem a realidade infinita do "Eu Sou". Como já em nosso tempo afirmaria Xavier Zubiri *"o homem é uma maneira finita de ser Deus"*[26].

3. Pessoa no Pensamento Moderno: a Antropologia da Subjectividade

Toda a iniciativa que tenha por objectivo reconduzir a reflexão antropológica moderna a uma única corrente ou síntese de pensamento está, à partida, condenada ao fracasso. A complexidade e a pluralidade de matizes na filosofia moderna são incompatíveis com visões simplistas e redutoras que, em nome de uma maior clarificação conceptual, acabarão sempre por conferir uma visão distorcida da realidade do pensamento filosófico.

No âmbito do presente trabalho, merecer a crítica atrás pontada é uma certeza à qual dificilmente poderemos fugir. Valha-nos, todavia, a defesa que em tão poucas linhas seria impossível uma análise mais detalhada e profunda do pensamento moderno. Optamos então por tentar realçar aqueles traços gerais que nos parecem mais identificadores da reflexão antropológica deste período, tão marcado pela subjectividade do pensamento... por isso, a esta visão do Homem, designamos Antropologia da Subjectividade.

Karl Jaspers enuncia três atitudes do filósofo que geram, em consequência, três grandes estruturas do pensamento filosófico: o *espanto*, a *dúvida* e a *comoção existencial*[27].

O *espanto* é a atitude típica do realismo, da ontologia. Ante a realidade que o circunda, o Homem experimenta a admiração, o espanto do ser! O filósofo vive, então, a interrogação primeira: porque é que as coisas são? E depois: o que é que as coisas são?

O espanto é a admiração experimentada pelo tão simples quão sublime facto de as coisas *serem* e serem *o que são*... porque podiam não ser! Com base nesta atitude filosófica, o Homem debruça-se sobre a realidade, confiante na sua capacidade de conhecimento.

---

[26] Cfr. Zubiri, X., *El Hombre y Dios*, 3ª ed., Alianza Editorial, S.A., Madrid, 1985, p. 381.

[27] Cfr., por exemplo, Jaspers, K., *Introdution à la Philosophie*, trad. Jeanne Hersch, Union Générale D'Editions, Paris, 1965, p. 15 e ss. A expressão «comoção existencial» é nossa e utilizamo-la por nos parecer condensar sinteticamente a ideia do autor.

Pessoa e ontologia: uma questão prévia *da ordem jurídica* 141

A segunda atitude enunciada é a *dúvida*. Aqui, o olhar do filósofo já não se detém na realidade, porque há uma outra questão que o atormenta: a possibilidade ou impossibilidade de conhecer a própria realidade. Ante a *dúvida*, o filósofo interroga-se acerca da própria estrutura do pensamento, das suas formas e legitimação. O filósofo, em certa medida, deixa em suspenso os dados dos sentidos, pelos quais percepciona a própria realidade, e debruça-se sobre a sua estrutura cognoscente.

Esta atitude filosófica acarreta, como inevitável consequência, uma alteração do objecto da filosofia. Do ser, do estudo da ontologia, a filosofia passa a ter por objecto o próprio sujeito cognoscente... o Homem aparece ao filósofo, não como uma realidade ontológica, mas antes e primeiro como um sujeito que conhece.

Desta atitude é emblemática a famosa fórmula de DESCARTES *cogito ergo sum*. Este momento de certeza cartesiana é o mesmo momento, como lembraria KARL JASPERS, em que a dúvida recai sobre tudo o resto[28].

Para a *comoção existencial* reserva KARL JASPERS a atitude filosófica ante situações limite na existência humana: a dor, a morte, a culpa... Ante tais situações, a condição humana e a realidade aparecem ao filósofo indelevelmente marcadas e determinadas. O pensamento filosófico parte delas, como premissas, muitas vezes sem as procurar sequer fundamentar... é a atitude típica dos diversos existencialismos.

A Antropologia da Subjectividade, de que agora nos ocupamos, nasce no contexto da filosofia moderna, marcada, essencialmente, pela atitude da *dúvida* filosófica.

Num ambiente em que a filosofia se debruça já não sobre a realidade mas antes sobre o sujeito cognoscente, o conceito de pessoa terá que sofrer, necessariamente, uma alteração semântica. E a alteração semântica da época moderna é esta: o conceito de *persona* perde o seu conteúdo ontológico e passa a designar uma realidade psíquica[29].

A alteração conceptual é grande. Se a reflexão teológica cristã havia construído uma noção metafísica de pessoa, na época moderna observa-se uma desconstrução do conceito, retirando-lhe o conteúdo ôntico e identificando a noção de pessoa com uma realidade psíquica, emotiva, subjectiva.

---

[28] Cfr. JASPERS, K., *Introdution à la Philosophie*, trad. Jeanne Hersch, Union Générale D'Editions, Paris, 1965, p. 17.

[29] Cfr. O'CALLAGHAN, P., *Figli di Dio nel mundo. Antropologia Teológica*, Pontificia Universitas Sanctae Cruxis, Romae, 2003, p. 461.

Uma leve incursão sobre alguns dos autores mais sonantes é suficiente para atestar esta realidade.

DESCARTES (séc. XV-XVI), no seu *Discurso do Método*, vai identificar a realidade pessoal com a autoconsciência do sujeito cognoscente. O eu-pessoa é, em DESCARTES, estritamente psíquico: *"(...) Disto conheci ser eu uma substância cuja essência ou natureza era apenas e inteiramente pensar e que, para existir, não precisa de qualquer lugar nem depende de qualquer coisa material."*[30]. Esta mesma acepção do conceito de pessoa em sentido psíquico é aflorada em outras obras do autor, por exemplo, em *Meditações*. PAUL O'CALLAGHAN, tratando esta última obra, chama atenção para o facto de o conceito de pessoa aparecer, aí, dependente, exclusivamente, de um juízo mental dos sujeitos[31].

Para LOCKE (séc. XVII), para quem ser, "being", não designava qualquer realidade substancial, pessoa mais não era que consciência: *"(...) personal identity consists, we must consider what persons stands for; which I think, is a thinking intelligent being, that has reason and reflection, and can consider itself, as itself, the same thinking thing in different times and places; which it does only by that consciousness which is inseparable from thinking, and, as it seems to me, essential to it (...)"*[32].

HUME (séc. XVIII), chega mesmo a afirmar ser impossível falar filosoficamente de pessoa, cuja permanência não consegue fundamentar. O eu-pessoa é a consciência de si, mas a consciência humana mais não é, em sua opinião, que um aglomerado de sensações e percepções: *"(...) Quanto a mim, quando penetro mais intimamente naquilo a que chamo eu próprio, tropeço sempre numa ou outra percepção particular (...). Nunca consigo apanhar-me a mim próprio, em qualquer momento, sem uma percepção e nada posso observar sem ser a percepção. Quando as minhas percepções são afastada por algum tempo, como por um sono tranquilo, durante esse tempo não tenho consciência de mim próprio e pode dizer-se realmente que não existo"*[33].

---

[30] Cfr. DESCARTES, R., *Discurso do Método*, Publicações Europa América, Lisboa, 1977, pág. 52.

[31] Cfr. O'CALLAGHAN, P., *Figli di Dio nel mundo. Antropologia Teológica*, Pontificia Universitas Sanctae Cruxis, Romae, 2003, p. 461.

[32] Cfr. LOCKE, J., *An Essay Concerning Human Understanding*, cap. 27, §9, 27ª edição, Thomas Davison, Whitefriars, Londres, 1829, p. 225.

[33] Cfr. HUME, D., *Tratado da Natureza Humana*, Fundação Calouste Gulbenkian, Lisboa, 2000, p. 300.

Pessoa e ontologia: uma questão prévia *da ordem jurÍdica*   143

Para KANT (séc. XVIII), a tónica da realidade pessoal é posta, essencialmente, na consciência moral[34]. O eu-pessoa aparece como o eu do "dever ser".

Para HEGEL (séc. XVIII-XIX), a individualidade humana surge de novo como um problema...[35] na verdade, o Homem – cada indivíduo humano – não é mais que a humanidade, humanidade essa que é, por sua vez, manifestação da razão, da ideia, do espírito: *"(...) Tudo o que desde a eternidade acontece no céu e na terra, a vida de Deus e quanto se opera no tempo visa apenas a que o espírito se conheça a si próprio, se faça a si mesmo objecto (...). Assim, na intuição, nos sentimentos, eu encontro-me determinado, não sou livre, mas suporto esta intuição ou estes sentimentos embora tenha consciência da minha sensação (...)"*[36]. Acrescente-se ainda que a unidade do concreto é o movimento, o ser em si e o ser por si são momentos da actividade[37]... é impossível, neste contexto falar de pessoa em sentido ôntico.

Contra estas construções, nomeadamente estas últimas, reagiu energicamente KIERKEGAARD (séc. XIX). Num resumo eloquente de PAUL O'CALLAGHAN[38], KIERKEGAARD deu primazia ao indivíduo humano e não à colectividade, à fé e não à razão, à ética e não à lógica. A liberdade é central na noção de pessoa, mas não uma liberdade autónoma de quem é fim em si mesmo (como, com matizes diversos, em KANT e HEGEL), mas antes uma liberdade limitada e incrivelmente falível ante Deus... a auto-suficiência humana não é chegada: o homem é, essencialmente, em relação com Deus[39].

---

[34] Cfr., por exemplo, KANT, E., *Fundamentación de la Metafisica de las Costumbres*, Coleccíon Austral, Espasa – Calpe Argentina S.A., Buenos Aires, 1946, pp. 119-120. Confrontar igualmente, sem citação precisa, *Critica de la Razón Práctica*, Editorial Losada, S.A., Buenos Aires, 1961.

[35] Cfr. comentário sobre o autor em O'CALLAGHAN, P., *Figli di Dio nel mundo. Antropologia Teológica*, Pontificia Universitas Sanctae Cruxis, Romae, 2003, pág. 462.

[36] Cfr. HEGEL, *Introdução à História da Filosofia*, 2ª edição, Arménio Amado – Editor, Coimbra, 1952, p. 40.

[37] Cfr., igualmente, do autor, *Introdução à História da Filosofia*, 2ª edição, Arménio Amado – Editor, Coimbra, 1952, pág. 40 *in fine* – 42. Diz a certa altura: "(...) o ser em si e o ser por si são os momentos da actividade; mas o acto é precisamente o compreender em si tais momentos distintos. (...) Esta interna contradição, que é precisamente o que provoca o desenvolvimento, leva as diferenças à existência".

[38] Cfr. O'CALLAGHAN, P., *Figli di Dio nel mundo. Antropologia Teológica*, Pontificia Universitas Sanctae Cruxis, Romae, 2003, p. 462, nota 21.

[39] Cfr., mais pela sua relevância reflexiva que pela clareza de exposição conceptual, do autor, *Temor y Temblor*, Editora Nacional, Madrid, 1975.

Para NIETZSCHE, expoente sonante do existencialismo, o Homem é um ser totalmente indeterminado, ou por outras palavras, o Homem *não é* (no sentido da ontologia clássica), justamente por ser indeterminado. Como afirmou o autor acerca de Schopenhauer, *"o homem é um animal que não é ainda totalmente determinado"*, é portanto *"um embrião do que poderá ser"*[40]. Esta indeterminação na estrutura humana acarreta não só a impossibilidade de considerar qualquer sentido ôntico do conceito de pessoa, mas sobretudo a impassibilidade de qualquer colocação do problema do Homem em termos de *quaestio* filosófica.

A desconstrução do conceito de pessoa é igualmente acompanhada por um crescente avanço da razão técnico-instrumental que retira, do mundo objectivo e da reflexão filosófica, a racionalidade teleológica da realidade[41]. A noção de pessoa, se por um lado se vê despojada de qualquer conteúdo ôntico, por outro, torna-se também inútil para explicar a relação do Homem com o mundo que o circunda... sob a fórmula *"o homem é um fim em si mesmo"* (que coloca a noção de pessoa do centro e na raiz do universo da moralidade) acaba-se por negar qualquer realidade final ao homem (afastando a clássica causa final dos entes), o qual acaba por ficar – sob a máscara de uma pretensa liberdade e autonomia – enclausurado e solitário em si mesmo.

Sem que *persona* possa designar qualquer realidade ontológica, fenómeno a que HENRIQUE VAZ chamaria a *"experiência da «não realidade» da pessoa"*[42], o mesmo vocábulo irá conhecer os conteúdos semânticos mais variados.

Não obstante a variação, cremos que a tónica de conteúdos é colocada, essencialmente, ora na *intrasubjectividade*, ora na *intersubjectividade*[43].

---

[40] Estas afirmações foram por nós conhecidas por citação indirecta *in* O'CALLAGHAN, P., *Figli di Dio nel mundo. Antropologia Teológica*, Pontificia Universitas Sanctae Cruxis, Romae, 2003, p. 462. Todavia, a visão de NIETZSCHE da vida como um processo composto por três metamorfoses, visão essa que tudo tem que ver o supra-referido, pode ser confrontada *in Como Falava Zaratustra*, Guimarães, Ed., Lisboa, 1913, p. 21 e ss.

[41] Cfr. VAZ, Henrique C.L., *Antropologia Filosófica*, II volume, 2ª edição, Colecção Filosofia (22), Edições Loyola, São Paulo, 1992, p. 195.

[42] Cfr. VAZ, Henrique C.L., *Antropologia Filosófica*, II volume, 2ª edição, Colecção Filosofia (22), Edições Loyola, São Paulo, 1992, p. 194.

[43] Esta "tónica" de conteúdos que aqui propomos pode ser encontrada, com maior ou menor intensidade, nos autores supra-referidos.

Pessoa e ontologia: uma questão prévia *da ordem jurÍdica*   145

Colocada na *intrasubjectividade*, pessoa tenderá a designar um estado psíquico, uma realidade emotiva, uma situação de consciência reflexiva ou cognitiva do Homem que, por sua vez, é centro da realidade moral, o fim de si mesmo, a medida de todas as coisas... em suma, pessoa é a subjectividade absoluta. Colocada na *intersubjectividade*, pessoa tenderá a dissolver-se no colectivo ou a só ser relevante na colectividade. As relações sociais ocupam todo o espaço da metafísica e o homem mais não é que uma relação social, filosoficamente relevante... são premissas dos sistemas colectivistas.

Da evolução sumariamente apontada, cremos não estar longe da verdade se afirmarmos que, na época moderna, aquele conceito de pessoa que era resposta à pergunta o que é o Homem tornou-se, verdadeiramente, um termo interrogativo. *Persona* já nada responde quando à realidade humana, torna-se, antes, uma interrogação acerca do homem.

Não obstante a desconstrução do conceito de pessoa, a época moderna lançou as bases dos personalismos contemporâneos, presentes, especialmente, na primeira metade do séc. XX.

Eis-nos chegados, nesta fase, a um verdadeiro paradoxo na história do pensamento[44]. O mesmo momento histórico que observa o esvaziamento de conteúdo ôntico do conceito de pessoa, é o mesmo momento que observa a assunção deste conceito – ainda que polissémico e num ambiente de niilismo filosófico – como elemento fundamental das construções morais, jurídicas, psicológicas ou sociológicas... Nunca o conceito de pessoa fora tão central no discurso como agora e nunca, como agora, designara tão pouca coisa!

Mercê desta circunstância, a noção de pessoa acaba por ganhar uma dimensão valorativa, torna-se um *conceito – valor*, que ninguém sabe o que é, mas ao qual todos recorrem para fazer derivar as mais variadas quanto contraditórias conclusões.

HENRIQUE VAZ sintetiza, eloquentemente, esta realidade:

"A civilização moderna conhece, assim, esse profundo paradoxo que acompanha a sua evolução como um dos sinais mais manifestos das contradições que dividem o seu corpo histórico: juntamente com a imensa e aparentemente irresistível vaga que eleva ao mais alto cimo das aspirações da sociedade moderna o valor da pessoa e a exigência da sua realização nos

---

[44] Cfr. VAZ, Henrique C.L., *Antropologia Filosófica*, II volume, 2ª edição, Colecção Filosofia (22), Edições Loyola, São Paulo, 1992, p. 194 e ss.

campos cultural, político, jurídico, social, pedagógico, religioso, ela assiste ao longo desfilar das filosofias que, ou dissolvem criticamente a noção de pessoa, ou minam os fundamentos metafísicos com que fora pensada na tradição clássica, repensando-a segundo os cânones da nova metafísica da subjectividade. De resto, as duas linhas teóricas condicionam-se mutuamente: é a reformulação do conceito de *pessoa* no campo conceptual da metafísica da subjectividade, intentada por Descartes e pelos cartesianos, que é o alvo da crítica empirista; é a polémica com essa crítica que leva Kant a um último e mais radical aprofundamento da concepção de *pessoa* em direcção ao terreno da subjectividade absoluta"[45].

Atrás referíamos como o pensamento moderno lançou bases para personalismos contemporâneos... julgamos que esta realidade, a que alguns já chamaram antropologia contemporânea, merece, ao menos por rigor sistemático, algumas, ainda que curtíssimas, linhas autónomas.

4. A Antropologia Contemporânea: existencialismos e personalismo

A absoluta subjectividade moderna foi temperada, em parte, por uma antropologia alicerçada na ideia da existência a que alguns chamaram *antropologia contemporânea*[46].

Desta visão antropológica derivam dois sistemas diversos: o *existencialismo* e o *personalismo*[47]. Não obstante a diversidade de sistemas, a antropologia contemporânea parece ter em comum, na proposta de JUAN DE SAHAGÚN LUCAS, dois elementos essenciais: a alteralidade e a abertura relacional como elementos definidores do Homem – que é unidade no pluralismo da sua realidade; e a liberdade como axioma fundamental[48].

O existencialismo contemporâneo vive marcado pela ideia de pessoa como projecto de si, como o desafio permanente a ser mais ou a ser algo. Já discordam os autores no que seja a realidade da pessoa *projecto de si*.

---

[45] Cfr. VAZ, Henrique C.L., *Antropologia Filosófica*, II volume, 2ª edição, Colecção Filosofia (22), Edições Loyola, São Paulo, 1992, p. 195.

[46] Cfr. LUCAS, J. S., *Las dimensiones del Hombre. Antropologia Filosofica*, Ediciones Sigueme, Salamanca, 1996, p. 173.

[47] Cfr. LUCAS, J. S., *Las dimensiones del Hombre. Antropologia Filosofica*, Ediciones Sigueme, Salamanca, 1996, p. 173.

[48] Cfr. LUCAS, J. S., *Las dimensiones del Hombre. Antropologia Filosofica*, Ediciones Sigueme, Salamanca, 1996, p. 173.

Pessoa e ontologia: uma questão prévia *da ordem jurídica* 147

Para muitos, esta dimensão da realização limita-se à realidade fáctica e histórica da civilização e da sociedade[49]. Para outros, ao contrário, o homem projecto de si realiza-se na abertura à transcendência, na realização do seu ser face ao Eterno que transcende o tempo e a história... ainda que o fundamento do conhecimento do Homem seja a sua existência, esta só se realiza e conhece na abertura ao transcendente.

Estas duas respostas existencialistas configuram a distinção clássica, bem evidenciada por SARTRE, entre o *existencialismo de matriz ateia* e o *existencialismo de matriz cristã*[50].

A par destas construções existencialistas, autores há que descobrem ainda, no seio da antropologia contemporânea, uma outra corrente de pensamento denominada *personalismo*.

Para JUAN DE SAHAGUN LUCAS o núcleo essencial do personalismo está na abertura ao outro, enquanto dimensão constitutiva da pessoa[51]. Apoiando-se em autores como BUBER, BACHELARD, NÉDONCELLE e MOUNIER, o autor chama a atenção para a evidente mudança de perspectiva, no personalismo: o pensamento personalista não parte da subjectividade mas sim da intersubjectividade. Da intersubjectividade não no sentido da dissolução do Homem no colectivo, no social, mas antes da abertura do homem – incomunicável e subsistente – ao outro, abertura esta constitutiva da sua realidade.

Todavia, e salvo melhor opinião, não cremos ser possível entender o personalismo como uma corrente ou resposta da antropologia contemporânea. De facto, sob a mesma designação podem coabitar construções diversas do homem. Como já atrás evidenciámos, a desconstrução da

---

[49] Um exemplo desta dimensão é, claramente, o existencialismo de SARTRE: *"(...) O homem primeiramente existe, se descobre, surge no mundo, e só depois se define. (...) O homem não é mais que o que ele faz (...) o homem é antes de mais nada um projecto que se vive subjectivamente (...) é antes de mais nada o que tiver projectado ser (...)"*. Cfr., do autor, *O Existencialismo é um Humanismo*, 3ª edição, Editorial Presença, Lisboa, 1970, pp. 216-217.

[50] SARTRE é o primeiro a reconhecer a existência de dois existencialismo. Um de matriz ateia onde se incluem os existencialistas franceses, HEIDEGGER e o próprio SARTRE. Outro de matriz cristã, de confissão católica, onde se incluem, por exemplo, JASPERS e GABRIEL MARCEL. Como explica igualmente SARTRE, ambas as construções antagónicas são *existencialismo* porque partilham entre si um aspecto comum: o facto da existência preceder a essência o que implica, em outras palavras, partir da subjectividade. Cfr., do autor, *O Existencialismo é um Humanismo*, 3ª edição, Editorial Presença, Lisboa, 1970, pp. 212-213.

[51] Cfr. LUCAS, J. S., *Las dimensiones del Hombre. Antropologia Filosofica*, Ediciones Sigueme, Salamanca, 1996, p. 174.

noção de pessoa ocorre no mesmo tempo em que o conceito assume relevância preponderante no discurso filosófico, político, jurídico e até religioso... não há personalismo, há antes personalismos!

Estas linhas de EMMANUEL MOUNIER são, por si, esclarecedoras:

> "Chamamos personalista a toda a doutrina, a toda a civilização que afirme o primado da pessoa humana sobre as necessidades materiais e sobre os sistemas colectivos que sustentam o seu desenvolvimento.
>
> Englobando sob a ideia de personalismo aspirações convergentes que procuram hoje um caminho para lá do fascismo, do comunismo e do mundo burguês decadente, não ocultamos o uso preguiçoso ou brilhante que muitos hão-de fazer desta etiqueta para mascarar o vácuo ou a incerteza do seu pensamento. Prevemos as ambiguidades, o conformismo, que não deixarão de parasitar a fórmula personalista, como toda a fórmula verbal subtraída a uma contínua recriação. Eis porque esclarecemos desde já: Personalismo é para nós apenas uma fórmula significativa, uma designação colectiva cómoda para doutrinas diversas, mas que, na situação histórica em que estamos colocados, podem vir a um acordo quanto às condições elementares, físicas e metafísicas que uma civilização requer.
>
> Personalismo não anuncia, portanto, a constituição de uma escola, a abertura de uma capela, a invenção de um sistema fechado. É antes o testemunho de uma convergência de vontades e põe-se ao serviço delas sem tocar na sua diversidade, para lhes proporcionar os meios de incidir eficazmente na história.
>
> Seria, portanto, de personalismos que deveríamos falar (...)"[52].

As particularidades da antropologia contemporânea, mesmo nos benefícios do personalismo, não deixam – nem pretendem – afastar a incerteza acerca do conteúdo do conceito pessoa.

Ainda que, não obstante a distensão no percurso da história, nos pudéssemos incluir em alguma visão do homem apelidada de personalista, a verdade é que não podemos dispensar o desafiar e dar conteúdo preciso e real ao conceito de pessoa.

Sem esse conteúdo, a que chamámos *conceito real*, não cremos ser possível qualquer compreensão séria e rigorosa da juridicidade da realidade pessoal.

É, pois, em busca desse conceito que seguiremos no próximo capítulo.

---

[52] Cfr. MOUNIER, E., *Manifesto ao serviço do Personalismo*, Livraria Morais Editora, Lisboa, 1967, pp. 9-10.

III. ANÁLISE ESTRUTURAL DO QUE É O HOMEM

Na presente fase do nosso trabalho, é nossa vontade abandonar a visão histórica que até agora nos acompanhou. Não nos interessa, neste momento, aprofundar a evolução do conceito de pessoa. Interessa-nos, outrossim, retomar a questão primeira que já referimos: o que é o Homem?, e saber em que medida o conceito de pessoa pode ainda ser resposta.

São, como se advinha, variadíssimas as formas de expor a realidade humana a partir da nossa própria experiência e da experiência dos outros. O esquema expositivo que aqui seguimos é opção nossa, não obstante as influências inegáveis de alguns autores personalistas. Nele procuramos sistematizar e expor os aspectos que, em nossa opinião, constroem e explicam a realidade humana.

Não se espere, nesta sede, quaisquer novidades, para além daquelas que possam resultar do modo pessoal de exposição... como no início dissemos, o jurista não é um filósofo! Na verdade, muitas das razões que aqui invocaremos não são criações recentes, nem sequer rasgos de originalidade antropológica que seduzam a curiosidade... são verdades fundamentais da experiência humana que se perpetuam no tempo.

Também aqui nos inspira o que escreveu MOUNIER quando afirmava: *"(...) as verdades fundamentais sobre que apoiaremos as nossas conclusões e a nossa acção não são criações recentes. Só o que pode e deve ser novo é a inserção história de tais verdades em dados novos (...)"*[53].

A nossa intenção não é pois afirmar nada de novo acerca do Homem. É antes reafirmar a verdade perene da pessoa humana para confrontá-la com a realidade jurídica e com as questões de direitos que se nos colocam. Só neste confronto poderemos aspirar a alguma originalidade...

Na análise da estrutura da realidade humana, partiremos da consideração do Homem como *distinctum subsistens*. Nela analisaremos a realidade primária da estrutura humana: o Homem como ente subsistente. Seguidamente, consideraremos a abertura relacional do Homem como elemento constitutivo da sua realidade. Nesta consideração, o Homem não nos parece só como *distinctum subsistens*, mas sim como *distinctum subsistens respectivum*. Por fim, olharemos o Homem como ser em realiza-

---

[53] Cfr. MOUNIER, E., *Manifesto ao serviço do Personalismo*, Livraria Morais Editora, Lisboa, 1967, p. 11.

ção, chamado a realizar e cumprir, pelo exercício da sua liberdade, tudo aquilo que é. Encerraremos estas considerações pondo em evidência a profunda unidade ontológica de todas estas dimensões humanas.

1. O Homem como *"distinctum subsistens"*

Se começarmos a analisar o Homem a partir das notas da realidade, como nos propõe, por exemplo, ZUBIRI, cedo chegamos a identificar duas notas essenciais na realidade humana que se consubstanciam em duas afirmações tão diáfanas quanto conhecidas: o homem é um ser vivo, a primeira; o homem é um animal, a segunda[54].

Segundo a primeira afirmação, a mais elementar nota da realidade humana é a vida. Vida entendida como independência, como "autós". O Homem é vivo porque goza daquelas princípios primeiros e suficientes que dotam uma realidade de autonomia ôntica.

Sendo vivo, o Homem é um animal. Corresponde esta à segunda nota da realidade. Animal porque capaz de sentir, porque capaz de ter impressões... no caso do Homem, porque capaz de percepcionar o outro[55].

Todavia, abordar o Homem a partir das notas da realidade não nos parecer ser o melhor caminho... Há na realidade humana um *quid* particular que se não verifica em qualquer outro ente: s*endo*, como qualquer outro ente, o *acto de ser*, no Homem, é singularmente diferente. É esta singularidade do acto de ser que se nos apresenta como a melhor via para começar a abordar a realidade humana.

> Expliquemo-nos. Temos por *ente* tudo o que é: *id quod est*. Neste sentido, ente é um conceito que abarca todas as realidades que são, isto é, que abarca toda a realidade, já que se não pode conceber uma realidade que não seja... Entes são, assim, as coisas que existem no mundo.
>
> Todavia, esta aparente simplicidade complica-se se considerarmos que a noção de ente – *id quod est* – aparece composta por um sujeito (*id quod*) e por um acto (*est*). Neste conceito estão presentes, na verdade, dois elementos: algo que é e o próprio "é" da coisa. Estes dois elementos – sujeito e acto – constituem uma única realidade (realidade ontológica), dotada de

---

[54] Sobre as notas da realidade humana no pensamento de XAVIER ZUBIRI, cfr., do autor, *El Hombre y Dios*, 3ª ed., Alianza Editorial, S.A., Madrid, 1985, pp. 30 e ss.

[55] Cfr. ZUBIRI, X., *El Hombre y Dios*, 3ª ed., Alianza Editorial, S.A., Madrid, 1985, p. 31.

Pessoa e ontologia: uma questão prévia *da ordem jurídica* 151

uma unidade tão radical que não é possível conceber o *ser* sem *ente*, pois não se pode dizer "é" sem existir, no mesmo termo, algo que "seja".

Ser aparece, assim, como o primeiro e mais íntimo acto dos entes. Acto, não no sentido de movimento ou acção, mas antes no sentido aristotélico de perfeição ou propriedade.

No entanto, se ser é o acto primeiro e principal de todos os entes, nem todos os entes são de forma idêntica. Disso é prova a diversidade de realidades no mundo. O acto de ser não é idêntico em todas as coisas. Na verdade, todos os entes são e, neste sentido, "ser" é o acto constitutivo do ente pois só o que "é" existe. No entanto, nem todas as coisas que existem *são* no mesmo grau. Uma cadeira, por exemplo, existe tanto quanto um Homem, mas um Homem é mais que uma cadeira.

Esta aparente dicotomia entre o ser como acto próprio dos entes e o ser como acto diverso, aparece clarificada quando consideramos que o ser é, simultaneamente, um acto total e um acto constitutivo. Enquanto acto constitutivo, *ser* é aquilo que permite que as coisas sejam, isto é, que existam. Enquanto acto total, *ser* abarca todas as perfeições do ente, designa toda a realidade daquilo que é e, neste sentido, o acto de ser não é idêntico em todas as coisas[56].

Que diferença é essa que torna o acto de ser, no Homem, tão singularmente diverso do acto de ser nos outros entes? Diríamos que a diferença é a sua *intensidade*[57]. De facto, no Homem, o acto de ser é de tal forma intenso, absoluto, totalizante; de tal maneira o Homem é *ser*, que é senhor da sua própria realidade ontológica.

Por outras palavras, o ser do Homem, enquanto acto constitutivo e total, é verdadeiramente *seu*: o Homem é senhor de tudo o que em si é... de toda a sua realidade ôntica. Neste sentido, autopossui-se absolutamente... Como afirmava ZUBIRI, para o Homem, *"viver é possuir-se"*[58].

---

[56] Cfr. ALVIRA, T./CLAVELL, L./ MELENDO, T., *Metafísica*, Libros de iniciación filosófica (col.), EUNSA, Pamplona, 1989, pp. 27 e ss. Sem prejuízo de outras referências oportunas, será este manual que seguiremos quando necessária uma fundamentação metafísica do pensamento ontológico clássico. Aliás, a difusão desta doutrina filosófica é tão comum que se torna despicienda, e até inoportuna, maior fundamentação.

[57] Cfr., por exemplo, HERVADA, J., *Crítica Introdutória ao Direito Natural*, Col. Resjuridica, 2ª ed., Rés – Editora, Lda, Porto, 1982, p. 55. Tratando do fundamento do direito, o autor propõe a seguinte definição de pessoa: *"Pessoa é um ser, que é ser tão intensamente – de tal maneira é ser – que domina o seu próprio ser."*.

[58] Cfr. ZUBIRI, X., *Estrutura dinamica de la realidad*, Alianza Editorial, S.A., Madrid, 1995, p. 247.

152 *Diogo Costa Gonçalves*

Com este enquadramento, melhor compreendemos a profundidade da simples locução «eu sou...». É que no sentido de *«eu só»*, só o homem verdadeiramente é[59]. Quando o Homem, acerca de algum elemento da sua mais estreita realidade afirma *«meu»*, está a afirmar, antes de mais, uma realidade ontológica.

No Homem, a realidade *ser* é tão própria, absoluta e intensa, por outras palavras, é tão plena e suficiente, que o Homem é, verdadeiramente, «em si».

Esta realidade ontológica – justamente por ser *ontológica* – não necessita de qualquer consciência psicológica ou emotiva[60]. Por outras palavras, e contra o que pretendiam alguns autores modernos, a consciência de si não é essencial à pessoa nem a permite definir.

Como afirma JOAQUÍN FERRER ARELLANO, *"a consciência do eu – nem sempre exercida mas antes submetida a pausas e interrupções – não é o eu mesmo mas tão só a sua actualização. O cogito de Descartes e as suas variadas repercussões na filosofia pós-kantiana de raiz subjectivista e antropocêntrica, movem-se a um nível superficial e carecem, em definitivo, de toda a base ou raiz ontológica"*[61].

Se o que marca a diferença específica na realidade do Homem (que a configura uma realidade pessoal) está no próprio acto de ser (dimensão constitutiva), então, um qualquer homem que exista é, necessariamente, pessoa, será sempre pessoa, permanecerá pessoa, independentemente do seu estado, circunstância ou aparência (... verdadeiros acidentes) ... só deixará de ser pessoa quando, pura e simplesmente, deixar de ser[62].

---

[59] Sem aqui considerar, obviamente, a realidade divina de "Aquele que É".

[60] JUAN DE SAHAGUN LUCAS dá-nos notícia de alguns psicólogos que, compreendendo a realidade ontológica do homem, romperam com a ideia de uma construção psicológica da pessoa desprovida de qualquer referência substancial e passaram a considerar a personalidade como uma estrutura ontológica. Entre tais autores contam-se ALLPORT, GOLSTEIN e ROYERS. Cfr., do autor, *Las dimensiones del Hombre. Antropologia Filosofica*, Ediciones Sigueme, Salamanca, 1996, p. 177. O autor cita, sem que tivéssemos tido oportunidade de consultar, PINILLOS, J.L., *Princípios de Psicologia*, Madrid, 1957.

[61] Cfr., do autor, *El Misterio de los Orígenes*, EUNSA, Pamplona, 2001, p. 78. A tradução portuguesa é nossa. Quando o autor refere "actualização" deve ser entendido no contexto dos conceitos clássicos acto/potência.

[62] Sem querer adiantar nada do que mais à frente diremos, e sem querer alargar o âmbito, já por si vasto, do presente trabalho, cremos ser esta a primeira e a principal razão que um jurista deve invocar para não ceder ante os *gradualismos personalistas* que, invocando uma pretensa diferenciação ontológica no homem, pretendem retirar consequências jurídicas diversas. De facto, e isto é importantíssimo para o Direito, não é possível afirmar

Pessoa e ontologia: uma questão prévia *da ordem jurídica*   153

É esta primeira realidade que queremos afirmar quando dizemos que o Homem é *distinctum subsistens*.

Era também esta a realidade que a filosofia patrística e, posteriormente, a formulação medieval queriam evidenciar quando referiam a *incomunicabilidade* como característica da pessoa[63]. Por incomunicabilidade entende-se essa intimidade subsistente do Homem, essa estrutura do seu ser que, ao constituir uma totalidade em si, fechada e, neste sentido, absoluta é incomunicável, impartilhável[64].

O Homem é *subsistens*, porque aparece, face aos demais entes, como *um todo individual que subsiste num único acto de ser*[65]. Algo que existe em si mesmo, completo e acabado, e por isso distinto de qualquer outra realidade[66].

Mas, sendo *subsistens*, o Homem é *distinctum subsistens*. Quando afirmamos *distinctum* não estamos somente a dizer que o Homem é diferente dos outros entes[67]. Estamos, sobretudo, a referir aquela singularidade

---

momentos ontológicos diversos na realidade humana que fundamentem valorações jurídicas distintas. A realidade humana, sejam quais forem as suas perfeições actuais, é sempre ontologicamente a mesma. Esta verdade traz, para o direito, uma consequência inevitável: as implicações jurídicas inerentes ao simples facto de ser pessoa são as mesmas, sejam quais forem as circunstâncias ou estado o sujeito. Qualquer diferenciação, para ser legítima, terá que procurar fundamento em outras razões... a estrutura ontológica da pessoa humana não será razão, sem dúvida alguma.

[63] Cfr. ARELLANO, J. F., *El Misterio de los Orígenes*, EUNSA, Pamplona, 2001, pp. 76 e ss. No mesmo sentido de incomunicabilidade encontramos utilizada pelo autor a expressão *imanência*. Cfr., do autor, em obra onde desenvolve estas notas da realidade humana, *Fundamento ontológico de la persona. Inmanencia y transcendência*, in Anuario Filosófico, 27, 1994.

[64] Cfr., esta realidade é descrita por ZUBIRI com uma expressão por si ilustrativa: *suidade* ou, como também usa, *ipseidade*. Cfr., do autor, *El Hombre y Dios*, 3ª ed., Alianza Editorial, S.A., Madrid, 1985, p. 48. Mais recentemente, já entre nós e sob a mesma designação, podemos encontrar em TEIXEIRA, J. de Sousa, *Ipseidade e Alteralidade – Uma leitura da obra de Paul Ricoeur*, INCM, Lisboa, 2004.

[65] Cfr. ALVIRA, T./CLAVELL, L./ MELENDO, T., *Metafísica*, Libros de iniciación filosófica (col.), EUNSA, Pamplona, 1989, p. 120.

[66] Estas afirmações enquadram-se no âmbito do entendimento dos sujeitos subsistentes da metafísica clássica. Para um sujeito subsistente é tradicional reservar-se as características da individualidade, subsistência e incomunicabilidade. Cfr., por todos, o manual que vamos seguindo ALVIRA, T./CLAVELL, L./ MELENDO, T., *Metafísica*, Libros de iniciación filosófica (col.), EUNSA, Pamplona, 1989, pp. 120 e ss.

[67] Nesta acepção nada afirmaríamos de especial face aos demais sujeitos subsistentes.

do acto de ser, com a qual iniciámos esta abordagem. Sendo *subsistens*, é *distinctum*, porque o acto de ser, no Homem, está marcado pela autopossessão, pela imanência, pela ipseidade... em suma, por uma radical intimidade ontológica que só toda a densidade semântica do «eu sou» é capaz de expressar. Nesta acepção, que evidencia a realidade da pessoa como o único ser em si – *ens a se* –, podemos afirmar que o Homem é o único *subsistens* em sentido estrito ou próprio.

A autopertença, ou auto-possessão do Homem enquanto elemento primário da sua estrutura ontológica é a base de um outro conjunto de características da sua realidade.

Pensemos na liberdade, por exemplo. A liberdade humana radica na realidade da autopossessão. Na verdade, ser livre, para o Homem, não é para tanto poder fazer o que quiser quanto poder ser o que é... a verdadeira dimensão da liberdade radica, mais uma vez, no próprio acto de ser: o homem, porque se autopossui, é livremente aquilo que é! Mas esta consideração conduz-nos, também, ao limiar da *tragédia* da liberdade: o Homem, porque é livre, pode escolher, tão simplesmente, não ser ...

Na autopertença radica também a sua autonomia e o senhorio sobre os seus próprio actos. Neste senhorio se funda a responsabilidade e, por isso, só o Homem é capaz de culpa e de mérito.

Todas estas dimensões antropológicas têm numerosas consequências para o Direito e repercussões na densificação normativa de diversos institutos e na sua construção dogmáticas. Não é este o local, no entanto, para desenvolver estes aspectos. Fixemo-nos, por isso, nesta primeira realidade acerca do homem – *distinctum subsistens* – e avancemos um pouco mais em busca de outras dimensões da realidade humana.

2. O Homem como *"distinctum subsistens respectivum"*: solidão ontológica *versus* intersubjectividade

A radical intimidade ontológica do Homem, que atrás considerámos, levou-nos a evidenciar as notas da *unicidade, irrepetibilidade, incomunicabilidade* da sua estrutura ôntica.

O Homem apareceu-nos, até agora, como clausura, como uma totalidade fechada do ser[68], marcada pela autopossessão, pelo domínio de si.

---

[68] A expressão é de JOAQUÍN FERRER ARELLANO. Cfr., do autor, *El Misterio de los Orígenes*, EUNSA, Pamplona, 2001, p. 76.

Pessoa e ontologia: uma questão prévia *da ordem jurídica*　　155

A questão que agora se nos levanta é a seguinte: será que esta radical intimidade ôntica do Homem não implicará, necessariamente, a mais radical solidão ontológica? Será que ser um *distinctum subsistens*, não é, para o Homem, ser sempre e exclusivamente solidão?

A pergunta assim formulada pode parecer um pouco absurda... acaso não é evidente que o Homem vive em sociedade e sem vida social jamais realizaria os seus fins?

Todavia, quando esta questão é colocada em sede de antropologia filosófica, como agora, a sua aparente simplicidade revela abismos de profundidade...

Todo o Homem morre sozinho. Por mais acompanhado que esteja, o momento supremo da morte é marcado pela mais absoluta solidão. A pergunta que agora fazemos é esta: se todo o Homem morre sozinho, não será que também todo o Homem vive sozinho?

A solidão que aqui abordamos não é uma solidão espacial ou histórica, concebida à moda de uma ausência de sociedade ou de comunidade política, que redundam sempre na negação da natural sociabilidade humana. Essa solidão sabemos não existir nem ser possível conceber, como nos provam diversas ciências, desde a biologia à sociologia, passando pela política, pela ética e pela própria antropologia cultural... É antes de uma *solidão ontológica* que falamos.

A solidão ontológica não será pois a ausência de contacto com outros homens, de partilha de meios, de bens, de ideais... não será sequer a ausência de amizade ou de relações fortes e profundas que abarcam todas as dimensões do Homem. Solidão ontológica será, outrossim, afirmar que nenhum realidade da alteralidade humana constitui o *esse* da pessoa. Que o ser do Homem nada tem que ver, em nada é construído ou afectado pelas suas relações intersubjectivas. Por outras palavras, que a relação com os outros é, para o Homem, acidental, exterior à sua perfeição... existencialmente conveniente; porém, ontologicamente dispensável e estéril.

A ser verdade esta solidão, o drama humano agudizar-se-ia profundamente... A hora suprema da morte revelaria, afinal, a esterilidade e a mentira das relações humanas. Toda a civilização, todas as interacções pessoais, mesmos as mais profundas e elevadas através das quais o Homem procurou o seu próprio sentido, não passariam, afinal, de um teatro, de uma ficção grotesca e decepcionante... *"Mentira, –* como diria António Nobre *– tudo mentira!"*.

A resposta é necessariamente negativa. A relação, no Homem é constitutiva da sua realidade ontológica. O Homem não é só *distinctum subsis-*

tens, não é só imanência. Está aberto à relação, à transcendência... é um *distinctum subsistens*, mas um *distinctum subsistens respectivum*.

A relação, enquanto dimensão constitutiva do Homem, não é um dado novo na história da antropologia filosófica. Na verdade, esta dimensão é tão antiga quanto a construção substancial do conceito de pessoa.

BOETHIUS, o mesmo que consagrou a famosíssima definição de pessoa como *rationalis natura individua substantia*, afirmava também que *nomen personae significat relationem*.

A teologia cristã, como já atrás referimos, ao socorrer-se da noção de pessoa para explicar a Santíssima Trindade, não deixou de entender a Personalidade Divina como uma relação subsistente[69].

Toda antropologia cristã está radicalmente marcada pelo *realismo relacional* bíblico[70]. Para a antropologia cristã o homem é em relação e só é em relação. Não existe verdadeira realidade pessoal sem relação, sendo que a primeira e mais fundamental dimensão relacional é com Deus, o "Tu" eterno face ao qual o "eu" de cada Homem se explica e compreende. Assim se entende a afirmação de ZUBIRI segundo a qual *"só somos realidade pessoal porque estamos religados"*[71].

Na verdade, o Homem só se conhece a si mesmo, só se é capaz de definir numa relação. Quando o Homem pergunta a si mesmo, não como é, mas *quem é*, a resposta será sempre a revelação do conjunto relações que o definem... a resposta à pergunta «quem eu sou?» é sempre, para todos, uma relação e, neste sentido, a relação é o próprio Homem.

A relação não define o Homem só no sentido estático, da sua actualidade, mas também no seu sentido dinâmico. A realização das potências humanas, a actualização de tudo aquilo que o Homem pode ser e está chamado a ser, dá-se na relação. O desenvolvimento da personalidade, o

---

[69] De facto, Pai, Filho e Espírito Santo, sendo realidades divinas pessoais, só se distinguem na relação. Nada distingue ou separa as Pessoas Divinas senão a oposição relacional entre Si.

[70] Cfr. ARELLANO, J. F., *El Misterio de los Orígenes*, EUNSA, Pamplona, 2001, p. 79.

[71] Comentando esta dimensão do pensamento de Zubiri da pessoa como "realidade religada", cfr. ROMERO, Santos J. C., *La persona en Xavier Zubiri – Personeidad e Personalidad*, Universidad Pontificia de Salamanca, Salamanca, 2000, p. 64 e ss. Fazendo eco desta consideração, JOAQUÍN FERRER ARELLANO propõe para primeira dimensão essencial do Homem, na qual se fundaria todas as outras dimensões, a realidade *homo religatus*. Cfr. do autor, *El Misterio de los Orígenes*, EUNSA, Pamplona, 2001, p. 90 (nota 80), com referência a outras obras do autor.

Pessoa e ontologia: uma questão prévia *da ordem jurídica*

alcance dos fins da pessoa, a realização de si mesmo só se verifica com os outros e em função dos outros. O projecto de Homem que cada um constrói para si mesmo e que toda a vida procura concretizar – *quem é que eu quero ser?* – é, sobretudo, um conjunto de relações.

Neste sentido, pode afirmar-se, com JOAQUÍN FERRER ARELLANO, que *"o homem é pessoa em função de toda a comunidade, e conquista a sua personalidade, isto é, o mérito e o valor da sua pessoa plenamente desenvolvida, na comunidade e pela comunidade.(...) Só neste tecido de relações intersubjectivas chega o homem a ser pessoa e a conquistar uma personalidade (no sentido de perfeição pessoal)"*[72].

A abertura relacional do Homem é comprovada por simples análise fenomenológica.

Na esfera biológica da fenomenologia, o Homem aparece totalmente dependente dos outros. O mesmo se diga na esfera económica: na configuração externa da sua vida corporal há uma total e radical dependência da sociedade.

Mas onde a análise da abertura relacional do Homem revela maior interesse é na própria estrutura da consciência de si... o "eu" do Homem permanece desconhecido ao próprio Homem sem um outro eu, sem um "tu" que o pronuncie[73].

As relações intersubjectivas não estão, assim, justaposta à realidade pessoal. São, neste sentido, constitutivas da própria realidade ontológica. O Homem é em relação[74]... como afirmava BOETHIUS, *nomen personae significat relationem.*

---

[72] Cfr. ARELLANO, J. F., *El Misterio de los Orígenes*, EUNSA, Pamplona, 2001, pp. 83 e 84.

[73] São imensos os autores que desenvolvem estas considerações no âmbito da antropologia filosófica. Cfr., por todos, ARELLANO, J. F., *Filosofia de las Relaciones Jurídicas*, Gráficas de Navarra, S.A., Pamplona, 1963; do mesmo autor, *Fundamento ontológico de la persona. Inmanencia y transcendência*, in Anuario Filosófico, 27, 1994; ENTRALGO, P. L., *Teoría y realidad del otro*, Revista Ocidente, Madrid, 1961; PUELLES, A. M., *La estrutura de la subjectividad*, RIALPH, Madrid, 1967; BOSIO, F., *L'idea dell'uomo e la filosofia nel pensiero di Max Scheler*, Edizione Abete, Roma, 1976.

[74] "(...) O homem é em relação e tem a sua vida, tem-se a si mesmo, só em relação. Eu só não sou nada, só no tu sou eu mesmo. Ser verdadeiramente Homem implica estar na relação do "de", do "por" e do "para"", afirma JOSEPH RATZINGER, in *Creación y pecado*. No mesmo sentido afirma ARELLANO: *"O ser pessoal só pode constituir-se como tal num entremeado de relações «horizontais» com o cosmos irracional e com os outros homens."* Cfr., do autor, *Filosofia de las Relaciones Jurídicas*, Gráficas de Navarra, S.A., Pamplona, 1963, pp. 193 e 194.

Mas não significará esta abertura relacional que o Homem, no fundo, não é um ser *em si*? Que, no fundo, o Homem, sem o outro, não é uma realidade pessoal? Afirmar a abertura relacional do Homem não será afirmar que a pessoa é *nihil per essentiam...* que não existe um «eu» mas sim um «nós»?

Aparentemente, a nossa análise parece deslocar-se entre dois extremos inconciliáveis: por um lado, a dimensão do Homem como *distinctum subsistens* colocou-nos ante o problema da solidão ontológica; por outro, a consideração do Homem como ser relacional afastou as notas da incomunicabilidade e da clausura, abrindo portas à consideração de uma dimensão relacional constitutiva da realidade pessoal.

Como conciliar estas duas perspectivas? Como explicar esta aparente dicotomia *incomunicabilidade / relatividade*; *clausura / abertura*; *ser em si / ser com*?

A solução, segundo cremos, não está em procurar uma síntese simplificadora, mas antes em assumir a totalidade desta duas dimensões na análise estrutural da pessoa. Pessoa é uma realidade única, porém complexa. Da unidade da sua realidade ontológica faz parte a complexidade destas duas dimensões existenciais.... Por isso afirmamos que o Homem, sendo *distinctum subsistens*, é um *distinctum subsistens respectivum*.

No entanto, esta realidade ontológica complexa não fica completamente inteligível sem o recurso à metafísica da participação, em São Tomás de Aquino.

Já antes tínhamos referido o acto de ser como acto constitutivo, por um lado, e total, por outro, de todos os entes. No entanto, devemos também considerar o *ser*, não como acto de um ente, mas em "estado puro", omnicompreensivo de tudo o que é, valor absoluto e único da realidade[75]. A esta dimensão chamam alguns autores o *ser*, como *acto intensivo*[76]. Intensivo porque abarca em si a totalidade das perfeições de que todos os entes, em graus diversos, participam.

Assim, *ser* – o mesmo acto constitutivo e total dos entes – é *participar no ser*. Não no sentido de que os entes sejam "parte do ser", mas antes no sentido de que os entes "têm parte no ser".

---

[75] Cfr. Arellano, J. F., *El Misterio de los Orígenes*, Eunsa, Pamplona, 2001, p. 86.

[76] Cfr. Alvira, T./Clavell, L./ Melendo, T., *Metafísica*, Libros de iniciación filosófica (col.), EUNSA, Pamplona, 1989, pp. 32 e ss. Os autores recolhem a terminologia de Frabro, *in Participazione e causalità*, Società Editrice internazionale, Torino, 1960.

Pessoa e ontologia: uma questão prévia *da ordem jurídica*　159

Ter parte no ser mais não é que constatar que os entes, não obstante a sua subsistência, não esgotam em si todas as perfeições, tudo o que é... Na verdade, cada um participa, em certa medida (na medida da sua essência e natureza), da perfeição do *ser*, enquanto realidade *intensiva*.

Ora, esta consideração conduz-nos ao portal da seguinte reflexão: se todos os entes participam no ser, então, todos os entes compõe entre si uma ordem – *ordem ontológica* –, em razão da qual todos estão, entre si, relacionados, segundo a sua maior ou menor participação no ser.

A realidade, toda a realidade, está pois marcada pela respectividade[77].

A abertura relacional do Homem mais não expressa do que a relatividade da sua realidade ontológica... E, como nos demais entes, esta abertura relacional é constitutiva do seu próprio ser.

Clausura, incomunicabilidade, "ser em si" não são, pois, incompatíveis com abertura, relação, "ser com". A mais primária dimensão da estrutura humana, aquela particular intensidade do seu acto de ser, na qual o Homem nos aparece como *distinctum subsistens*, está profundamente marcada pela respectividade, pela transcendência, pela abertura aos outros entes que, como o Homem, participam no *ser* e, neste sentido, com o Homem, verdadeiramente, são.

Assim, o Homem não é só abertura relacional, perspectiva que nos levaria a negar qualquer verdadeira dimensão ôntica subsistente. Nem é só, também, uma exclusiva clausura ontologia, em razão da qual a intersubjectividade aparecesse como verdadeiramente acidental e dispensável. É, antes, tudo isto, num único e mesmo acto de ser... a esta realidade chamamos *pessoa*.

3. O Homem como ser em realização – a vocação finalista

Até ao momento considerámos estas duas dimensões do Homem: por um lado, a sua dimensão subsistente, de *ens a se*, que autopossui toda a sua realidade ontológica e a marca com o selo da sua singularidade e irrepeti-

---

[77] *"(...) Toda a realidade está marcada, exaustivamente, (...), pela respectividade, pois todos eles* [os entes] *estão totalmente vinculados entre si para formar uma única ordem ontológica. Cada ente «é», mas cada um realiza o ser de uma maneira particular, diferente de os demais. Participa no ser segundo o modo que lhe é próprio. (...) A ordem ontológica é, pois, uma unidade relativa – unitas ordinis – de participação".* Cfr. ARELLANO, J. F., *El Misterio de los Orígenes*, EUNSA, Pamplona, 2001, p. 86. A tradução é nossa e o texto entre parêntesis rectos é de nossa autoria.

bilidade; por outro lado, a sua dimensão relacional, a sua abertura aos outros, enquanto manifestação da participação na ordem do ser, abertura essa constitutiva da sua própria realidade.

Agora, é tempo de olhar uma terceira dimensão ou categoria da realidade humana, intimamente ligada com esta última: a *categoria da realização*[78].

Uma das experiências mais marcantes e constantes da realidade humana é a realização da própria vida.

O Homem, que na sua estrutura conhece a autopossessão de si mesmo, vive marcado pelo desafio do sentido. A vida não lhe aparece, nunca, como uma realidade estática, acabada, mas antes como um projecto, um desafio a ser mais, a se tornar aquilo que é.

Senhor de si e da sua realidade, o Homem busca o sentido para a sua vida... ante esta busca de sentido, o drama da liberdade ganha contornos mais claros e acutilantes. Nada pode ser mais frustrante para o Homem que uma vida não realizada... *«o que eu podia ter sido e não fui!»*.

A liberdade aparece-lhe, assim, não tanto como a possibilidade de escolher entre uma coisa e outra, mas antes como a possibilidade – tão dramático quanto entusiasmante – de, simplesmente, não ser... É que ao Homem não lhe basta existir, é necessário *ser*, e ser, para ele, implica realização, implica um sentido[79].

---

[78] Adoptamos aqui, por sugestiva, a terminologia de HENRIQUE C. L. VAZ, *in Antropologia Filosófica*, II volume, 2ª edição, Colecção Filosofia (22), Edições Loyola, São Paulo, 1992, pp. 141 e ss,, não obstante o autor seguir outra estrutura expositiva, na sua análise antropológica.

[79] Quando opomos, neste contexto, ser a existir, fazemo-lo mais por razões de clareza e sugestão semântica do que por preocupação com precisões terminológicas. No entanto, ser não é exactamente o mesmo que existir. *Existir* traduz uma realidade factual, exterior ao próprio ente. É uma constatação de facto, descritiva, no sentido de *«estar aí»*, não ser nada... nesta acepção, existir é uma consequência do ser: porque são, as coisas existem. Ao contrário, *ser* significa algo mais interno ao ente. Ser não é só estar na realidade, é a própria perfeição mais íntima do ente e a razão de todas as outras perfeições. É, no seu sentido total, a própria perfeição máxima de uma realidade.

Assim, entre todos os entes não há distinção na existência: todos existem de igual modo, mas nem todos são do mesmo modo. Uma árvore existe tanto quanto um homem, por exemplo, mas um homem é mais que uma árvore.

Sobre esta distinção clássica, cfr., por exemplo, ALVIRA, T./CLAVELL, L./ MELENDO, T., *Metafísica*, Libros de iniciación filosófica (col.), EUNSA, Pamplona, 1989, p. 34.

Pessoa e ontologia: uma questão prévia *da ordem jurídica*   161

Numa síntese bastante sugestiva, HENRIQUE VAZ formula a categoria da realização com base em três experiências fundamentais que consubstanciam, na terminologia do autor, a pré-compreensão desta categoria[80].

A primeira experiência é esta: a vida é, para o Homem, uma tarefa. Viver tem o cariz de uma missão. Estar neste mundo, a realidade da sua circunstância e da sua vida, reclamam dele uma resposta.

Ao tomar consciência de que é, e de que sendo não é sozinho; ao reconhecer-se um *ser causado* e que, por isso, tem "participação no ser", o Homem procura o seu lugar na ordem ontológica. Por tal razão, interrogar-se acerca dos seus fins é, para o Homem, simultaneamente, interrogar-se sobre todo sentido da realidade e dos entes, sobre o fim último de tudo o que é.

A segunda experiência está intimamente relacionada com a primeira. Se a vida é tarefa para o Homem, essa tarefa não está predeterminada na natureza. Cumprir a sua tarefa – *ser aquilo que é* – não procede nem se realiza através de uma força exterior, de uma *vis* subordinante. A missão do Homem, a tarefa que é a sua vida, só se realiza a partir da escolha livre de fins.

Desta observação resulta a terceira experiência referida pelo autor: a necessidade de escolha, no Homem, é constante, o que o leva a eleger modelos, imagens ou concretizações palpáveis do que quer ser.

A necessidade de olhar para os fins é tão premente no Homem que, na verdade, nenhuma acção, por mais insignificante que seja, pode ser praticada sem a eleição, mais ou menos clara, de uma finalidade. Sem um fim o Homem era incapaz de qualquer acto voluntário.

A simples observação da estrutura do acto humano é por si elucidativa quanto ao papel dos fins nas acções voluntárias.

Na formulação clássica do acto humano, podemos distinguir três fases[81]. Numa primeira fase, o sujeito reconhece, mediante uma operação intelectual, um determinado bem e representa-o como um fim. A este reconhecimento chama-se *apprehensio*. Após esta apreensão, a vontade sofre uma apetência para realizar o fim – *simplex volitio*. É a natural atracção da

---

[80] Cfr. VAZ, Henrique C.L., *Antropologia Filosófica*, II volume, 2ª edição, Colecção Filosofia (22), Edições Loyola, São Paulo, 1992, pp. 153 e ss.

[81] O estudo da estrutura do acto humano é igualmente relevante para a formação dos negócios jurídicos, em especial para os vícios da vontade. Cfr., por exemplo, INVREA, F., *La Parte Generale del Diritto*, CEDAM, Padova, 1934, pp. 241 e ss.

vontade por um objecto, quando o identifica como um bem. Esta *simplex volitio* não é ainda uma operação da vontade, mas sim uma motivação para acção. Nesta primeira fase, o mais que podemos identificar como manifestação própria da vontade é a *intentio*, que se verifica quando, para além do desejo do bem (já presente na *simplex volitio*), a vontade se determina a obtê-lo[82].

Numa segunda fase, as operações da inteligência e da vontade recaem, já não sobre o conhecimento e apetência pelo bem, mas sim *in ordine ad ea quae sunt ad finem*. O conhecimento debruça-se agora sobre os meios para atingir o fim, já não sobre o próprio fim. A esta operação se chama *consultatio*, na terminologia aristotélica – *consultamus non de finibus sed de eis quae ad finem pertinent*[83]. O conhecimento dos meios termina numa eleição, num juízo intelectual de quais os idóneos para obter o fim. É esse juízo que é depois proposto à vontade como objecto de *electio*, de deliberação. Pela *electio*, o sujeito não escolhe o fim mas sim os meios que o permitem alcançar. O fim só é objecto da vontade na *intentio*.

A terceira fase corresponde à execução. Mas não se julgue que a execução é uma simples realidade física. Ela concretiza-se num comando interno da razão à vontade para que se execute o meio anteriormente deliberado pela própria vontade.

Numa tentativa de sistematização, podemos identificar:

Como operações próprias da inteligência a *apprehensio*, a *consultatio* e o comando interno.

Como operações próprias da vontade a *intentio*, a *electio* e a execução física ou *usus activus*.

A primeira operação, como podemos observar, sem qual nada da acção humana aconteceria é a eleição de fins. Sem o conhecimento dos fins nada apetece à vontade, por nada é o Homem chamado a agir... toda a acção, para ser humana, é necessariamente finalista.

Se esta vocação finalista se conhece no mais elementar acto da vida quotidiana, como não constatar que todo o conjunto da construção da vida, para o Homem, é profundamente finalista[84]?

---

[82] A fronteira entre a *simplex volitio* e a *intentio* é, por vezes, ténue. O exemplo sugerido por INVREA é elucidativo: o doente que tem o desejo platónico da cura, sem nada fazer por isso, tem de facto uma apetência pelo bem saúde. Mas não tem a intenção de curar-se enquanto se não decida a procurar a cura por meios idóneos. Cfr. do autor, *La Parte Generale del Diritto*, CEDAM, Padova, 1934, p. 243.

[83] Cfr. ARISTÓTELES, *Ethica Nic.*, III, 3, 5 p. 1112 b.II.

[84] A vocação finalista do Homem está fortemente ligada à temática da *liberdade* e da *causa final*. De facto, o Homem, porque é livre, necessita conhecer as causas finais, *id*

Pessoa e ontologia: uma questão prévia *da ordem jurídica* 163

Na verdade, a liberdade humana não é concebível sem o desafio dos fins… De que aproveita ao Homem ser livre, se a sua liberdade não o permitir eleger a verdade de si mesmo; de que lhe serve ser livre, se cada sentido eleito pela sua escolha for tão relativo quanto o sentido contrário? Afastar do discurso antropológico o problema dos fins do Homem é rebaixar a sua própria liberdade, é roubar-lhe dignidade e, em última instância, torná-la ininteligível para o próprio Homem! Ninguém pode compreender verdadeiramente o que é ser livre nem para que serve a liberdade, antes de conhecer o fim último da sua existência.

Enquanto dimensão estrutural da realidade humana, a categoria da realização opera a síntese unitiva entre aquelas duas dimensões, aparentemente antagónicas e inconciliáveis, do *Homem-clausura* e do *Homem-relação*. Sem qualquer reducionismo simplificador destas dimensões, a categoria da realização obtêm aquela unidade superior, na existência concreta, que, tornando o Homem aquilo que é, lhe permite *ser mais*.

Neste sentido, afirma HENRIQUE VAZ, ao tratar da compreensão filosófica da categoria da realização:

> "Ela [a categoria da realização] mostra, com efeito, que o desenvolvimento da vida do Homem enquanto propriamente humana, sendo um abrir-se do sujeito a toda a amplitude intencional do seu ser-para-outro é, na mesma medida em que tem lugar essa abertura, um aprofundamento e uma centração maior do seu ser-para-si ou ainda a conquista, no domínio da vida vivida, daquela unidade que já está presente no núcleo fontal ou essencial da vida como «indivisão em si e distinção de todo o outro ser». O lema «torna-te o que és»[85], aplicando-se ao ser, aplica-se igualmente ao seu correlativo transcendental, o uno. Cabe pois ao Homem realizar a unidade que ele é, sendo esse o vector metafísico que deve orientar todo o desenrolar da sua vida"[86].

Para Homem, realizar-se é construir a unidade da sua realidade ontológica, aparentemente desagregada entre clausura e abertura, «ser em si» e

---

cuius gratia aliquid fit. Sem o conhecimento da causa final – mormente sem o conhecimento do seu próprio fim último –, o Homem é incapaz de agir e a realização de si mesmo permanece uma realidade obscura e aleatória, quando não impossível e decepcionante.

[85] Em páginas mais à frente o autor que este lema afirma, justamente, a precedência da essência sobre a existência, precedência essa que é invertida nas construções existencialistas.

[86] Cfr. VAZ, Henrique C.L., *Antropologia Filosófica*, II volume, 2ª edição, Colecção Filosofia (22), Edições Loyola, São Paulo, 1992, p. 163. O texto entre parêntesis rectos é nosso.

«ser com»... Esta aparente desagregação do «ser em si» e «ser com» encontra a sua unidade nesta outra dimensão: *ser para*... é aqui – na justa medida em que *é para os outros* – que Homem, aprofundando a sua própria ipseidade, atinge a plenitude da sua realidade ontológica (constitutivamente relativa) e se realiza.

O drama existencial, que só ao Homem é dado viver, de *ser mais*, de realizar todas as potências de *poder ser*, concretiza-se em perfeição, torna--se acto, quando o Homem constrói a sua vida sendo *para o outro*... nisto consiste a categoria da realização[87].

Mas tratar o tema da realização humana, enquanto categoria antropológica, não significa afirmar uma verdade acerca dos fins do Homem? Dizer que a realização da pessoa humana está em ser para os outros não é, no fundo, proceder a uma afirmação dogmática, exclusiva de verdade, e trespassada de uma valoração ética? Como poderemos nós fazê-lo?... quem é que pode dizer como é que o Homem se realiza verdadeiramente? Não será este tema exclusivo do domínio da subjectividade? Não será a realização pessoal exclusivamente singular e indeterminada, nada se podendo afirmar, objectivamente, sobre ela?

Algumas destas questões são incontornáveis, quando abordamos este tema. No entanto, julgamos suficiente fazer apenas duas observações.

---

[87] Nestas linhas de JOAQUÍN FERRER ARELLANO, parece-nos encontrar uma síntese ilustrativa e eloquente de muito do que até agora expusemos nesta sede. Afirma o autor: "(...) A liberdade criada não pode auto-realizar-se a não ser na natureza que lhe é dada a título de instrumento para o desenvolvimento da sua vocação pessoal no conjunto do universo, "sentindo com", amando e servindo os vínculos da existência e os livremente contraídos de forma espontânea. Reconhecê-los equivale a «ser mais»; rejeitá-los é isolar-se e quedar-se em «ser menos». (...) É aqui que se mostra que a verdadeira personalidade consiste na qualidade das nossas relações, que configuram a nossa situação e a nossa vocação, a nossa sorte e o nosso valor. Por isso, o nosso bem maior e dever primeiro, não consiste em potenciar ao máximo a busca e a conquista da própria perfeição corporal e espiritual – ser e ter em si, por si e para si – da própria substancia individual; mas antes em reconhecer, conservar, honrar e multiplicar, o mais livre e melhor possível, o nosso «ser com» os outros, longe de qualquer solipsismo egocêntrico, buscando as raízes e estendendo as suas ramificações com a terra dos antepassados, com o solo dos vivos e com o céu da eternidade, segundo as grandes ordens de relação com os outros.

O Homem, com efeito, procura a sua realização nas relações e através das suas relações (...). Elas configuram o seu "nome novo" (...) é através delas que encontra a sua própria felicidade. Na relação: jamais num isolamento infecundo e destruidor (...)". Cfr., do autor, *El Misterio de los Orígenes*, EUNSA, Pamplona, 2001, p. 92.

Pessoa e ontologia: uma questão prévia *da ordem jurídica*   165

A primeira é esta: por mais reservas que se possam colocar na identificação dos fins do Homem, é por mais evidente que nem todas as formas de realização pessoal são verdadeiramente humanas... a liberdade do Homem pode eleger, e elege muitas vezes, fins que o destroem, fins que não são expressão de ser mais mas antes, simplesmente, de não ser.

Ante esta constatação, não é possível afirmar uma relatividade subjectiva da categoria da realização. Não é o Homem que define o que o realiza, num exercício arbitrário e neutro do sentido da vida... o Homem não é a medida dos seus fins. Há, na verdade, uma dimensão objectiva da realização humana que se torna conhecida quando olhamos a realidade ontológica da pessoa; e essa dimensão – objectivada na ordem do ser – é a que atrás identificámos como categoria da realização: o Homem, um *«ser para o outro»*.

A segunda observação refere-se à liberdade. Porque é livre, o Homem pode escolher fins, pode eleger sentidos que não realizam aquilo que ele é... este é o risco e o drama da liberdade, como já vimos. Só o Homem pode não ser aquilo que é!

Mas esta dimensão «negativa» da liberdade tem, no seu reverso, que também o Homem só se realiza voluntariamente. Nada nem ninguém pode substituir a livre acção humana na busca da sua realização. Se a realização humana aparece objectivada na sua estrutura ontológica, ela só é concretizada mediante a sua acção voluntária... Só o Homem pode querer ou não querer realizar-se, embora não depende do Homem o *conteúdo real* da sua realização.

O facto de a realização humana se encontrar objectivada na própria ordem do ser não significa, porém, que todos os homens se realizem da mesma forma. A realização humana é, em certa medida, tão única, singular e irrepetível quanto cada pessoa. No entanto, esse percurso singular e único não realizará o Homem que o percorre se não se encontrar marcado por aquela dimensão própria do *ser para*. Sem *ser para*, o Homem nunca chegará a *ser mais*.

Ao longo da história, o comportamento humano em busca da sua realização pessoal foi forjando um conjunto de modelos, que constituem verdadeiros ideais de realização.

Talvez o mais marcante ideal de realização humana seja o da Antiguidade Clássica, pelo menos a ele se regressou, mais ou menos claramente, em momentos de transição ou crise ao longe da história[88].

---

[88] Cfr. Vaz, Henrique C.L., *Antropologia Filosófica*, II volume, 2ª edição, Colecção Filosofia (22), Edições Loyola, São Paulo, 1992, p. 165.

A ideia de realização do Homem, no Humanismo Clássico, vivia marcada pela referência à excelência da plenitude do seu próprio ser. E a plenitude do ser consistia em viver segundo o logos, pois, na expressão de HENRIQUE VAZ, *"viver segundo o logos era a medida da verdadeira humanidade"*[89]. Para esta ideia convergem quer a tradição grega quer a tradição romana. A primeira ligada à evolução semântica do termo *areté*, primeiro relacionado com a excelência do herói guerreiro e, mais tarde, com a excelência do sábio, onde o esplendor do ser coincide com o conhecimento e com a sabedoria; a segunda, seguindo uma trajectória análoga, acompanha a evolução semântica da palavra *virtus*, embora sempre em Roma com uma conotação mais de sabedoria prática, especialmente acentuada com o pensamento estóico[90].

Com o pensamento cristão, o sábio e o herói do humanismo clássico dão lugar ao santo. A perfeição do ser do Homem, a excelência da sua plenitude, corresponde, assim, à ideia de santidade. Mas a santidade não é, no pensamento cristão, um desenvolvimento natural das potências do Homem; é antes obra do próprio Deus, obra da Graça que, agindo na natureza e sem a destruir, concorre para a identificação dos fiéis com Cristo[91].

Este modelo de realização cristã trouxe consigo, como é evidente, uma nova antropologia. O *logos* e a sabedoria submetem-se à fé, e a auto-suficiência do sábio passa a ser vista como um exercício de vão orgulho, se não vier unida à humildade da fé, que espera a justificação de Cristo[92]. A perfeição do Homem, a plenitude da sua humanidade, aparece-lhe como uma realidade exterior, de origem divina, ligada ao mistério da redenção. Nenhum Homem atinge a sua perfeição ontológica sem a graça e, neste sentido, só Cristo, sendo Deus, é *perfectus homo*.

---

[89] Cfr. VAZ, Henrique C.L., *Antropologia Filosófica*, II volume, 2ª edição, Colecção Filosofia (22), Edições Loyola, São Paulo, 1992, p. 166.

[90] Cfr., com extensa bibliografia sobre esta temática, VAZ, Henrique C.L., *Antropologia Filosófica*, II volume, 2ª edição, Colecção Filosofia (22), Edições Loyola, São Paulo, 1992, pág. 166.

[91] O tema da interacção entre a Graça e a natureza, viria a tornar-se um tema clássico do Humanismo cristão.

[92] Cfr. VAZ, Henrique C.L., *Antropologia Filosófica*, II volume, 2ª edição, Colecção Filosofia (22), Edições Loyola, São Paulo, 1992, p. 167. Afirma o autor: *"(…) O ideal cristão do homem perfeito constitui-se, assim, através do paradoxo de encontrar-se o homem, no cerne mais íntimo ou no princípio activo do seu dever ser (na sua inteligência e na sua liberdade), aberto ao acolhimento de um dom transcendente que deve operar nele a passagem à sua definitiva humanidade".*

O humanismo dos séculos XV e XVI viria a romper com o modelo de realização cristã. A dialéctica *natureza/graça* deu lugar à reafirmação da ideia da natureza e da sua auto-suficiência[93]. O santo, modelo cristão de *homo perfectus*, deu lugar ao regresso (ou *renascimento*, se preferir -mos…) do modelo de realização do humanismo clássico. Sem considerar autores como PICO DELLA MIRANDOLA ou movimentos como o do *Humanismo Devoto*, já no séc. XVII, que tentaram conciliar o modelo renascentista como o santo cristão, a verdade é que auto-suficiência humana, a crença na razão, o Homem enquanto única causa e factor da sua própria realização, vieram a ser os matizes do ideal de realização humana, ao longo da modernidade.

No séc. XVII, por exemplo, a ideia de *honnête homme* evidenciava uma confiança profunda na razão metódica cartesiana, que conduzia a uma construção quase geométrica do indivíduo e da sociedade… O Homem acreditava, verdadeiramente, ter atingindo a sua maturidade histórica e rejeitava, naturalmente, toda a tradição[94].

O ideal de Homem desta época acompanhou, em diálogo constante e vivo, a construção do conceito filosófico de subjectividade… Fácil será compreender que tal ideal só pôde existir num contexto muito preciso da antropologia filosófica, a que nestas linhas já designámos por antropologia da subjectividade.

A época contemporânea assiste a uma fragmentação dos modelos de realização. Para o Homem contemporâneo já não há um projecto único, um modelo concreto para a sua humanidade. A sua realização aparece tão dispersa quanto a sua própria vida, agora construída em centros autónomos e por vezes inconciliáveis, a que HENRIQUE VAZ chama "universos culturais"[95]. Estes universos culturais, nos quais se incluem a profissão, a política, a família, a investigação científica, etc., aparecem dotados de uma racionalidade própria e autónoma, dialogantes entre si mas independentes, e apresentando, cada um deles, formas próprias de realização pessoal, socialmente reconhecidas.

---

[93] Cfr. VAZ, Henrique C.L., *Antropologia Filosófica*, II volume, 2ª edição, Colecção Filosofia (22), Edições Loyola, São Paulo, 1992, p. 168.

[94] Cfr. VAZ, Henrique C.L., *Antropologia Filosófica*, II volume, 2ª edição, Colecção Filosofia (22), Edições Loyola, São Paulo, 1992, p. 168.

[95] Cfr. VAZ, Henrique C.L., *Antropologia Filosófica*, II volume, 2ª edição, Colecção Filosofia (22), Edições Loyola, São Paulo, 1992, p. 169.

O Homem contemporâneo, participando de uma multiplicidade de universos culturais, torna-se cada vez mais incapaz de reconhecer a sua realização. Na verdade, o próprio discurso antropológico abandona a noção de realização humana para passar a considerar as *realizações do homem*. Quando, no contexto contemporâneo, falamos de realização humana, já ninguém sabe identificar o modelo de Homem a que nos reportamos. Por isso se acrescenta, imediatamente, à noção de realização o universo cultural de que falamos: realização *profissional*, realização *familiar*, *cultural*, etc.

O Homem contemporâneo aparece, assim, fragmentado entre uma multiplicidade de objectivos de vida que não consegue conjugar e cuja unidade vital, tão vital quanto a sua própria unidade ôntica, parece verdadeiramente inexistente.

Vivendo um ideal de realização fragmentado, é o próprio Homem que se fragmenta e dispersa, perdendo aquela *unidade de vida* própria dos entes... o *ego* único, uno e simples, dá lugar à construção de uma multiplicidade de "egos", tantos quantos os universos culturais que a cada indivíduo pertence. Surge assim, para cada pessoa, um *eu* profissional, um *eu* cônjuge e pai/mãe, um *eu* cidadão, um *eu* religioso, etc... A pessoa humana torna-se, no pensamento contemporâneo, um *ser pluriversal*[96].

No entanto, a pluriversalidade do Homem não é capaz de dar resposta à radical necessidade de conhecer os fins últimos da pessoa. Cada universo cultural não esgota toda a dimensão humana que se revela sempre mais totalizante e abarcante que o estreito horizonte do universo cultural em causa. O problema da realização do Homem aparece, neste contexto, sem uma verdadeira resposta... os diversos modelos de realização apenas são capazes de revelar a ausência de qualquer ideal superior de realização, capaz de dar sentido à realidade humana. Mercê desta marcada ausência, o Homem contemporâneo vai vivendo... ou, se preferirmos, vai-se entretendo!... vive como se nunca morresse e morre sem saber, afinal, para que tinha vivido!

---

[96] Cfr. VAZ, Henrique C.L., *Antropologia Filosófica*, II volume, 2ª edição, Colecção Filosofia (22), Edições Loyola, São Paulo, 1992, p. 169.

Pessoa e ontologia: uma questão prévia da ordem jurÍdica

4. A radicalidade da unidade ontológica da Pessoa

Não poderíamos finalizar o presente capítulo, onde procurámos analisar aspectos tão distintos da realidade humana, sem antes fazer referência à profunda unidade ontológica subjacente a esta aparente diversidade estrutural do Homem. E isto porque esquecer essa radical unidade pode ser o fundamento para uma nova desconstrução do conceito de pessoa, desconstrução essa que queremos, de todo, evitar.

Quando aqui falamos de radical unidade ontológica, o que queremos considerar são as categorias *acto* e *potência* enquanto elementos que nos ajudam a conhecer mais profundamente a estrutura ontológica da pessoa.

Entendemos por *acto* qualquer perfeição de um ente e por *potência* o que pode receber um acto, ou que, enfim, o recebeu já[97]. Assim, por exemplo, *ver* é um acto enquanto que a vista é uma *potência*.

A relação entre acto e potência é complexa, sendo um tema clássico da especulação metafísica. No entanto, existem três formulações dessa relação que nos interessam especialmente.

Em primeiro lugar, afirma-se que a *potência é o «suposto» no qual se recebe o acto*[98]. Quer-se com esta formulação afirmar que nenhum acto, nenhuma perfeição pode ocorrer num ente que não seja capaz dessa mesma perfeição. É impossível existir o acto de ver sem a potência da vista, é impossível do acto de querer sem a potência da vontade, etc. A potência é assim a capacidade ôntica de uma perfeição.

Em segundo lugar, *o acto é limitado pela potência que o recebe*[99]. A mesma perfeição ocorre com limitações diversas consoante a potência da qual é pressuposto. Assim, a perfeição de ver é mais ou menos limitada quanto a potência da vista; como a perfeição do conhecimento é mais ou

---

[97] Cfr. ALVIRA, T./CLAVELL, L./ MELENDO, T., *Metafísica*, Libros de iniciación filosófica (col.), EUNSA, Pamplona, 1989, pp. 80-81. Esta distinção entre acto e potência tem origem em PARMÉNIDES a partir da observação do movimento. É depois desenvolvida por ARISTÓTELES e, por fim, recolhida por SÃO TOMÁS que lhe dá um tratamento mais amplo no conhecimento da realidade e na fundamentação metafísica de Deus. Sobre esta distinção cfr., também, BECK, H., *El Ser como Acto*, Ediciones Universidad de Navarra, S.A., Pamplona, 1968.

[98] Cfr. ALVIRA, T./CLAVELL, L./ MELENDO, T., *Metafísica*, Libros de iniciación filosófica (col.), EUNSA, Pamplona, 1989, p. 88.

[99] Cfr. ALVIRA, T./CLAVELL, L./ MELENDO, T., *Metafísica*, Libros de iniciación filosófica (col.), EUNSA, Pamplona, 1989, p. 88.

menos limitada de acordo com a potência da inteligência. Neste sentido, cada perfeição só é na capacidade e na medida de uma determinada potência.

Por fim, afirma-se ainda que a *composição do ente em acto e potência não destrói a sua unidade substancial*[100]. Com esta formulação quer-se afirmar que acto e potência não são entes autónomos e determinados. Ambos os princípios constituem o mesmo ente... não há uma dualidade de entes; há, outro sim, o mesmo ente, em acto e potência.

Toda a realidade potencial e/ou actual de um ente participa, assim, do mesmo acto constitutivo do ser segundo o qual o ente é: acto e potência *são* de igual forma e, sendo, são o mesmo e único ente.

Estas considerações são importantes porquanto nos permitem afastar quaisquer *gradualismos personalistas* ou outras construções de natureza análoga.

De facto, uma das formas de operar a desconstrução do conceito de pessoa seria tentar encontrar na realidade pessoal faces ou estágios diversificados que consubstanciassem entes diversos. Pessoa seria assim a face ou grau de uma evolução, evolução essa que conheceu realidades ontologicamente distintas. Com base nesta argumentação, o Homem seria ou não pessoa consoante o estádio da sua evolução ou o conjunto de perfeições manifestadas, abrindo-se assim portas a valorações jurídicas diversas e discrepantes sobre a mesma realidade humana.

Mas a realidade humana não é gradual. É antes profundamente unitária. Desde que o Homem é, é sempre pessoa, é sempre – na radicalidade semântica de que a expressão «ontologicamente» é capaz – tudo aquilo que até aqui vimos.

Obviamente que a análise estrutural do Homem que até agora operámos foi feita mediante a observação das suas máximas perfeições. Mas esta constatação mais não faz que evidenciar a *prioridade cognoscitiva do acto sobre a potência*[101]. Na verdade, se no plano ôntico a potência é pressuposto do acto, no plano cognitivo o acto está antes da potência e só se conhece a potência porque se conheceu o seu acto. Assim, o discurso da antropologia filosófica só pode ser feito através das perfeições humanas;

---

[100] Cfr. ALVIRA, T./CLAVELL, L./ MELENDO, T., *Metafísica*, Libros de iniciación filosófica (col.), EUNSA, Pamplona, 1989, p. 90.

[101] Cfr. ALVIRA, T./CLAVELL, L./ MELENDO, T., *Metafísica*, Libros de iniciación filosófica (col.), EUNSA, Pamplona, 1989, p. 85-86.

Pessoa e ontologia: uma questão prévia da ordem jurídica　　171

mas tal não significa que a realidade ontológica conhecida não compreenda todas as potências, pressupostos das perfeições encontradas.

Em *acto* e *potência*, a pessoa é sempre, em qualquer estado ou condição o mesmo e único ente.

IV. PESSOA E PERSONALIDADE – DELIMITAÇÃO DOS CONCEITOS EM SENTIDO REAL

Uma vez abordada, no primeiro capítulo, a evolução do conceito de pessoa na história do pensamento antropológico e uma vez percorrido o trilho da análise estrutural da realidade humana, é chegado o momento de delimitarmos o sentido preciso dos conceitos *pessoa* e *personalidade*, a partir dos quais possamos depois concretizar o conteúdo normativo da tutela geral da personalidade.

A delimitação de conceitos que agora faremos será denominada delimitação em *sentido real*, para evidenciar que os conceitos formulados tentam captar toda a densidade ontológica da pessoa e personalidade humanas. Usamos, por isso, o termo «real» no sentido de «ôntico».

Qual é, então, o conceito de pessoa e de personalidade em sentido real?

Após o trilho percorrido nos dois anteriores capítulos, e sem pretender qualquer originalidade, temos por correcto qualquer definição do conceito de pessoa que reúna as seguintes características:

a) que o *género* presente na definição corresponda à categoria de *ente*, tal como aqui a considerámos[102];

b) que as *diferenças específicas* que integram o conceito manifestem estas três notas: *a particular intensidade do acto de ser*, fundamento da ipseidade; a *respectividade ôntica* ou abertura relacional constitutiva e a *dimensão realizacional*, criadora da própria unidade ontológica.

Com base nestas características, que reportamos essenciais, podemos construir um conceito de pessoa. Salvo melhor formulação, diríamos que *Pessoa é aquele ente que, em virtude da especial intensidade do seu acto de ser, autopossui a sua própria realidade ontológica, em abertura relacional constitutiva e dimensão realizacional unitiva*. Não cabe aqui desenvolver a definição, porquanto ela é a síntese do que atrás já foi exposto.

---

[102] Afastamos, assim, todas as construções não ontológicas da pessoa.

Mais difícil é formular o conceito de personalidade. Na verdade, se as definições de pessoa abundam na literatura do género, a noção de personalidade raramente aparece expressamente formulada. Na maior parte das vezes, quando os autores referem *pessoa* e *personalidade* estão a utilizar os vocábulos como equivalentes ou, quando muito, a designar perspectivas diversas de abordagem – a primeira (pessoa) mais generalizável e abstracta; a segunda (personalidade) mais concreta e individualizada, referente a um entre subsistente determinado.

Não obstante a dificuldade, julgamos ser possível formular um conceito real de personalidade, suficientemente distinto do conceito de pessoa.

A suficiente distinção pode ser encontrada na formulação de duas questões diversas. Face à realidade do Homem, a primeira pergunta que fazemos é esta: *o que é o Homem?* A esta questão responde-se com o conceito de pessoa: o Homem é pessoa. Mas esta interrogação não esgota a problemática humana. Pelo contrário, lança-nos directamente numa outra pergunta distinta: se o Homem é pessoa, então *quem é o Homem?* E a esta pergunta – *quem?* – responde o conceito de personalidade[103].

Temos, portanto, que o conceito de personalidade que procuramos formular será aquele que conseguia responder plenamente à questão *quem é o Homem?*

Na abordagem do que seja a personalidade convém chamar a atenção, desde já, para duas acepções distintas. À primeira acepção chamar-lhe-emos *personalidade psíquica* e à segunda *personalidade ôntica* ou, simplesmente, *personalidade.*

Os autores, quando usam a primeira acepção – *personalidade psíquica –*, tendem a reservar para o conceito de personalidade um conjunto de disposições de carácter ou modos de actuação tipificados, ou ainda um conjunto de aptidões ou disposições naturais.

Identifica-se, assim, a personalidade de alguém com o modo como esse alguém age, ou com a capacidade desse alguém para agir... Diz-se, nesta acepção, que um sujeito é irascível, magnânimo, laborioso, preguiçoso, ordenado, justo, persistente, insociável, etc., e que nisto consiste a sua personalidade.

---

[103] Naturalmente o conceito de personalidade não poderá ter a mesma abrangência significativa do conceito de pessoa. Justamente por interrogarmos a identidade de um ente subsistente, haverá tantas personalidades quanto pessoas existam... Mas a difusão de personalidades não é obstáculo a que identifiquemos um conjunto de elementos integrantes da personalidade de cada homem. Será esse conjunto de elementos que procuraremos identificar no conceito que formularmos.

Não temos esta acepção por inteiramente correcta, porquanto se revela profundamente redutora, não obstante a inegável verdade a que já faremos referência, e porque parte de premissas por nós rejeitadas.

Tal concepção é redutora porque não consegue revelar todos os elementos que devem estar presentes no conceito de personalidade.

Na verdade, se a noção de personalidade está destinada a responder à pergunta *quem é o Homem*, fácil será compreender que a acepção psíquica do conceito não responde totalmente à questão. A magnanimidade, a laboriosidade, a persistência são qualificativos de actos… respondem, seguramente, à pergunta «como é que eu ajo?», mas deixam sem cabal resposta a interrogação «quem é que eu sou?».

Não obstante a insuficiência, a verdade é que, em parte, tais características definem quem é o Homem. Sendo este um ser em construção, a realidade dos seus actos constrói, verdadeiramente, a sua própria realidade pessoal. Nesta medida, pode afirmar-se que o Homem é aquilo que faz porque, agindo, se faz a si próprio.

Ou seja, cada acto humano deixa uma marca indelével no ente que o pratica, moldando, de forma singular e única, quanto livre e responsável, a própria realidade desse ente. A pessoa humana ganha, assim uma forma, uma modalidade própria, um verdadeiro *modus essendi*, singular e diverso.

Este *modus essendi* único e irrepetível, *está*, é na pessoa de forma contínua e permite-lhe ser *deste* ou *daquele modo*. À parte desta repercussão ôntica do agir humano, há ainda que considerar um conjunto de disposições naturais, não causadas pelo exercício da liberdade, e que, estando no Homem, também determinam o modo como o Homem é.

Todas estas realidades são, em sede da filosofia do ser, *acidentes intrínsecos à substância*[104], denominados *qualidades*[105].

---

[104] Entende-se por *acidentes intrínsecos à substância* aqueles que determinam de modo absoluto e em relação aos outros entes uma determinada substancia em si mesma. São eles a quantidade, qualidade e a relação. Opõem-se a *acidentes extrínsecos* que, sendo determinações reais da substância, não a afectam em si mesma mas tão só na sua realidade externa ou na sua relação com os outros entes. São eles o *ubi*, o *situs*, o *habitus* e o *quando*. Há doutrina que formula ainda os acidentes em parte intrínsecos e em parte extrínsecos, como a *actio* e a *passio*. Cfr., por exemplo, ALVIRA, T./CLAVELL, L./ MELENDO, T., *Metafisica*, Libros de iniciación filosófica (col.), EUNSA, Pamplona, 1989, pp. 66-69.

[105] Entende-se por *qualidade* aquele acidente intrínseco que determina a substância de um ou de outro modo, segundo a sua essência. Cfr. ALVIRA, T./CLAVELL, L./ MELENDO, T., *Metafisica*, Libros de iniciación filosófica (col.), EUNSA, Pamplona, 1989, p. 67. Qualidade não tem, aqui, qualquer dimensão valorativa. Não são só qualidades determinações

Na justa medida em que reservemos para a *personalidade psíquica* o conjunto de *qualidades* de uma pessoa, naturais ou adquiridas, poderemos afirmar que, nessas qualidades, consiste, em parte, a sua personalidade.

No entanto, e aqui cabe a segunda crítica, a acepção denominada *personalidade psíquica* não parte das categorias ônticas que aqui tratámos. Muitas vezes, o tratamento psíquico da personalidade está directamente ligado com noções de pessoa que aqui foram rejeitadas.

A consideração da personalidade em sentido psíquico é fruto da desconstrução do conceito de pessoa, naquele entendimento que denominámos Antropologia da Subjectividade. Quando a noção de pessoa deixa de designar uma realidade ôntica para passar a identificar uma realidade psicológica e exclusivamente subjectiva, a personalidade mais não pode ser que disposições do sujeito. Tais disposições, ainda que possam coincidir nominal e descritivamente com as *qualidades do ente*, não são subsumíveis às categorias filosóficas com que tratamos esta matéria.

Em conclusão, sempre que subjacente à acepção de *personalidade psíquica* esteja a rejeição da construção da pessoa em sentido real, tal acepção é de rejeitar, liminarmente. No entanto, quando tal acepção não colida com o conceito de pessoa, como já o definimos, e permita identificar as qualidades do ente em causa, tal acepção é de considerar; não obstante se revelar, como já atendemos, insuficiente e redutora.

Por tais razões, preferimos falar em *personalidade ôntica*. O que reservamos, então, para tal acepção?

Em primeiro lugar, reservamos aquelas *qualidades do ente* que, como acidentes intrínsecos à substância, determinam ser pessoa deste ou daquele modo. É o conteúdo útil da acepção psíquica de personalidade.

Tais qualidades podem ser *naturais* ou *adquiridas*, consoante estejam no ente-pessoa por decorrência ou não do exercício da sua liberdade.

Para além das qualidades, a *personalidade ôntica* compreende ainda uma outra categoria de acidentes intrínsecos: as *relações*.

Como já vimos, a abertura relacional é constitutiva da realidade ontológica da pessoa. Por tal razão dissemos que o Homem era, não só *dis-*

---

boas do ente. Por isso, ao referirmos a noção de qualidades como acidente que determina, intrinsecamente, a realidade pessoal, incluímos todas as realidades que possam merecer essa qualificação, independentemente da sua valoração ética. Assim, tão qualidade é a laboriosidade quanto a preguiça, pois ambas determinam o *modus essendi* do sujeito, não obstante a diversa valoração moral.

tinctum subsistens, mas *distinctum subsistens respectivum*. Recordemos, a este propósito, o que ensina Joaquin Ferrer Arellano:

> "A Pessoa (…) é constitutivamente relacional. É inegável a irredutível unicidade ou subsistência de cada uma delas – (…) – em virtude da qual não pode fundir-se ontologicamente jamais com outra. É, neste sentido, incomunicável e independente. Mas está também essencialmente ordenada a outras pessoas: é constitutivamente um ser com outros. Não basta, em minha opinião, que digamos que há no Homem uma tendência ou impulso co-natural à sociabilidade, consequente com o mais profundo do seu ser. O mesmo ser pessoal só pode constituir-se em abertura aos demais Homens. É, na mesma medida, e em mútua implicação, subsistente e comunitário"[106].

Pois bem, se a abertura relacional integra o conceito de pessoa, as próprias relações são o conteúdo mais relevante e constitutivo da *personalidade*[107].

Se relações, enquanto acidentes, determinam sempre uma substância por referência a outras realidades[108], são as relações intersubjectivas que determinam, em si mesma, quem é a pessoa, por referência ao outro, sem o qual não existe, verdadeiramente, realidade pessoal.

Só as relações permitem responder, cabalmente, à pergunta: *quem eu sou?*

Numa tentativa de definição do conceito, e salvo melhor construção, diríamos que *Personalidade* é *o conjunto das qualidades e relações[109] que determinam a pessoa em si mesma[110] e em função da participação na ordem do ser[111], de forma única e singular[112]*.

---

[106] Cfr. Arellano, J. F., *Filosofia de las Relaciones Jurídicas*, Gráficas de Navarra, S.A., Pamplona, 1963, p. 159.

[107] Como afirma Joaquin Ferrer Arellano: *"(…) a nossa verdadeira personalidade consiste na qualidade das nossas relações, que configuram a nossa situação e a nossa vocação, a nossa sorte e o nosso valor"*. Cfr., do autor, *El Misterio de los Orígenes*, Eunsa, Pamplona, 2001, p. 91.

[108] Cfr. Alvira, T./Clavell, L./ Melendo, T., *Metafisica*, Libros de iniciación filosófica (col.), Eunsa, Pamplona, 1989, p. 67.

[109] Só aquelas relações que configuram verdadeiramente o *esse* do homem. Todas as outras não serão verdadeiros acidentes intrínsecos.

[110] Isto é, que sejam acidentes intrínsecos ao ente de tal sorte que configurem e determinem, em concreto, o próprio *esse* da pessoa.

[111] A participação na ordem do ser, como vimos, é o fundamento metafísico da relatividade constitutiva da realidade pessoal.

[112] A forma única e singular da determinação talvez fosse de suprimir, pois na ver-

Teríamos assim por satisfatória toda a definição de personalidade que considerasse, no seu texto, os acidentes intrínsecos *qualidades* e *relações*[113].

EXCURSO: Critérios de juridicidade da realidade pessoal: a distinção entre o Plano Ontológico e o Plano Jurídico[114].

O objectivo a que nos propusemos terminou no capítulo anterior. A abordagem realizada permite um primeiro contacto com a realidade ontológica da pessoa humana num qualquer processo hermenêutico de concretização normativa. Não resistimos, no entanto, em alinhavar alguns critérios que julgamos dever ter em conta quando procuramos a juridicidade da realidade pessoal.

Quando surge o jurídico na realidade pessoal? Qual o critério para aferir da juridicidade desta realidade ôntica?

Temos para nós, antes de mais, que a *juridicidade* se encontra na qualidade de *devido*. Algo é jurídico quando encontramos nessa realidade a qualidade de a mesma ser devida a alguém, por determinado título e em determinada medida[115].

Pois bem: na abordagem da juridicidade da realidade pessoal é especialmente necessário, em nossa opinião, distinguir o *plano ôntico* do *plano jurídico*.

Como havíamos visto, o primeiro aspecto da realidade ontológica da pessoa é, justamente, a autopossessão… aquele ser que tão intensamente é – de tal maneira é ser – que o seu próprio ser lhe pertence[116]. A pessoa

---

dade nada acrescenta à definição. Quanto muito evidencia que a personalidade, como os acidentes, é sempre de cada ente subsistente e, neste sentido, é tão singular e única quanto o próprio ente.

[113] Exclui-se, naturalmente, o acidente intrínseco *quantidade* o qual, derivando da matéria, não pode determinar uma realidade espiritual como a personalidade.

[114] Algumas das afirmações que aqui faremos não serão devidamente fundamentadas. Daremos por justificadas e sem necessidade de maior explicitação um conjunto de princípios da teoria geral do direito e da filosofia do direito que sustentam o nosso critério de juridicidade.

[115] Com extensa fundamentação acerca desta concepção de juridicidade, cfr., por todos, HERVADA, J., *Crítica Introdutória ao Direito Natural*, Col. Resjuridica, 2ª ed., Rés – Editora, Lda, Porto, 1982.

[116] Cfr. HERVADA, J., *Crítica introdutória ao Direito Natural*, Col. Resjuridica, 2ª ed., Rés – Editora, Lda, Porto, 1982, p. 55.

Pessoa e ontologia: *uma* questão prévia *da ordem jurídica*

humana aparece-nos, assim, como um ente que se autopossui, que é *sui juris*[117].

A autopossessão, enquanto (um) elemento definidor da substância pessoal, permite dizer que no ente-pessoa todas as manifestações actuais – todo o ser em acto – , lhe são devidas, pelo simples facto de lhe pertence-rem ontologicamente. Todavia, esta pertença ontológica não é, em si, jurí-dica. O sentido de "devidas" (das manifestações actuais) não revela aqui a marca da juridicidade, pois é ainda uma afirmação exclusiva de ordem ontológica.

Quando é que surge, então, o jurídico na realidade pessoal? Surge, em nossa opinião, na presença de três características que permitem distin-guir, na realidade pessoal, um plano (meramente) ontológico de um plano jurídico. São elas: a *alteralidade*, a *exterioridade* e o *conteúdo ético*.

Quando o Homem, considerado isoladamente, diz *"meu"* acerca da sua realidade pessoal afirma um ser, uma realidade ontológica. No entanto, quando *"meu"* é pronunciado numa relação intersubjectiva, isto é, na pre-sença do outro e face ao outro, a afirmação torna-se, ou pode tornar-se, uma declaração de direito. Nisto consiste a *alteralidade*.

A par da alteralidade é necessário a *exterioridade*. Só as realidades exteriores, ou potencialmente exteriorizáveis, podem ter relevância de direito. Todo o mundo interior do sujeito, toda a realidade pessoal que existe, se manifesta e realiza sem *actiones exteriores*, sendo ontologica-mente riquíssima, eticamente considerável e moralmente relevante, não é, em absoluto, jurídica.

Mas estes dois critérios são insuficientes. Permitem, na verdade, excluir pouquíssimo, tanto mais se atendermos à relatividade constitutiva da pessoa, que torna a realidade pessoal um *esse* em permanente relação.

É pois necessário considerar um outro critério: o *conteúdo ético*.

Olhemos para o conceito de personalidade já fixado. Tínhamos visto que a personalidade de uma pessoa é composta pelo conjunto das relações

---

[117] Não se pretendemos aqui apelar para a noção romana segunda a qual é *sui juris* quem for *suae potestatis*, isto é, quem não estiver submetido a qualquer poder doméstico. Cfr., por exemplo, KASER, M., *Direito Privado Romano*, Fundação Calouste Gulbenkian, Lisboa, 1999, pág. 95 e ss. Usamos, assim, a expressão na sua mera acepção gramatical: seu de direito. Auto-possuindo-se, toda a realidade da pessoa é sua e, neste sentido, lhe é devida. Salvo melhor opinião esta constatação está no início da génese da figura de um direito sobre a pessoa. ENNECCERUS, por exemplo reconhece a possibilidade de um poder subjectivo do sujeito sobre si mesmo, fundamentação na possibilidade material, real desse poder…

e qualidades que a determinam ser deste ou daquele modo. Tínhamos visto, também, que para uma qualidade ou relação integrar a personalidade não está dependente de um juízo de bondade moral. Basta que tal realidade determine, em concreto, o *esse* do ente-pessoa, independentemente do facto de essa determinação configurar um modo de ser moralmente bom ou mau.

Assim, integram a personalidade tanto virtudes quanto defeitos, tanto relações construtivas do próprio Homem quanto relações que o aviltam e impedem a sua realização final.

Todas estas realidades, que integram a *personalidade ôntica*, terão a mesma relevância jurídica? Cremos que não; por isso apelamos para o critério do *conteúdo ético*.

Segundo este o critério, só terá relevância jurídica, e por isso só merecerá tutela, a realidade pessoal que esteja trespassada de conteúdo ético, sendo que entendemos por *conteúdo ético* a orientação dessa realidade aos fins da realização humana, à construção o Homem no sentido de *ser mais*, que se consubstancia, como vimos, em *ser para*[118].

O conteúdo ético – manifestação do plano valorativo do Direito –, está, assim, intimamente ligado à categoria da realização da análise estrutural do Homem.

Assim como não é o Homem que determina os seus fins nem o conteúdo objectiva da sua realização (não obstante só ele, através do exercício da sua liberdade, poder realizar aquilo que é), também nem tudo o que integra a personalidade humana merece tutela[119].

Só têm relevância jurídica os elementos da personalidade que consubstanciem, desenvolvam ou facultem a plenitude ontológica da pessoa, a sua absoluta realização final.

Ao Direito caberá verificar se cada elemento da personalidade, em concreto, está ou não orientado à plena realização da pessoa, objectivada, como vimos na ordem do ser. Se estiver, tal realidade terá relevância jurídica, senão não merecerá tutela.

---

[118] Sem querer identificar o autor com a construção que aqui propomos, veja-se o que afirma OLIVEIRA ASCENSÃO quando refere que a personalidade *"é uma realidade ética, substancial. Não se parte de uma visão de personalidade melindrosa, quezilenta ou egoísta, mas de uma realização da personalidade que substancialmente é convívio e solidariedade."*. Cfr, do autor, *A Reserva da Intimidade e da Vida Privada*, Revista da Faculdade de Direito de Lisboa, Volume XLIII, n.º 1, 2002, pp. 9-10.

[119] Como afirma OLIVEIRA ASCENSÃO, *"Auto-afirmação e realização da personalidade não se confundem"*. Cfr., do autor, *A Reserva da Intimidade e da Vida Privada*, Revista da Faculdade de Direito de Lisboa, Volume XLIII, n.º 1, 2002, p. 10.

Pessoa e ontologia: uma questão prévia *da ordem jurídica* 179

Assim, o mais relevante para a juridicidade da realidade pessoal, não é tanto a manifestação ôntica do indivíduo, quanto a dimensão valorativa ética dessa manifestação.

Essa dimensão valorativa ética revela-se, uma vez mais, um enorme desafio para a ciência do direito. O recurso aprofundado à antropologia filosófica pode jogar aqui, novamente, um papel importante. Em causa está, como afirmámos no início, garantir a *primazia da realidade ôntica* da pessoa humana sobre qualquer construção técnico-formal ou recondução dogmática. É esta a *dimensão última* no processo da realização do Direito.

Lisboa, 8 de Setembro de 2006

BIBLIOGRAFIA

ALVIRA, Tomás, *Naturaleza y Libertad*, EUNSA, Pamplona, 1985.

ALVIRA, T./CLAVELL, L. / MELENDO, *T., Metafísica, Lisboa de iniciación filosofica* (col.) EUNSA, Pamplona, 1989

ARELLANO, J. Ferrer, *Filosofia de las Relaciones Jurídicas*, Gráficas de Navarra, S.A., Pamplona, 1963.

ARELLANO, J. Ferrer, *Fundamento ontológico de la persona. Inmanencia y transcendência*, in Anuario Filosófico, 27, 1994.

ARELLANO, J. Ferrer, *El Misterio de los Orígenes*, EUNSA, Pamplona, 2001.

ARMSTRONG, A. H., MARKUS, R.A., *Fé Cristã e Filosofia Grega*, União Gráfica, Lisboa, 1970.

ASCENSÃO, J. Oliveira, *Direito Civil Teoria Geral*, I Volume, Coimbra Editora, Coimbra, 1998.

ASCENSÃO, J. Oliveira, *A Reserva da Intimidade e da Vida Privada*, Revista da Faculdade de Direito de Lisboa, Volume XLIII, n.° 1, 2002

BECK, Heinrich, *El Ser como Acto*, Ediciones Universidad de Navarra, S.A., Pamplona, 1968.

BORDONI, Marcello, *Il contributo della categoria teologia di persona*, in La Teologia per l'unità dell'Europa, a cura di I. Sana, Bologna, 1991.

BOSIO, Franco, *L'idea dell'uomo e la filosofia nel pensiero di Max Scheler*, Edizione Abete, Roma, 1976.

BUCCI, O., *La formazione del concetto di persona nel cristianesimo delle origini: "aventura semantica" e itinerario storico*, in Lateranum, 54, 1988.

CLARKE, M.T., *An Inquiry into Personhood*, in "The Review of Metaphysics", 46, 1992.

CORNFORD, F.M., *Principium Sapientiae – As origens do Pensamento Filosófico Grego*, 2ª edição, Fundação Calouste Gulbenkian, Lisboa, 1981.

CORDEIRO, António Menezes, *Tratado de Direito Civil Português*, Tomo I, 2ª edição, Almedina, Lisboa, 2000.

180   *Diogo Costa Gonçalves*

CORDEIRO, António Menezes, *Introdução à Edição Portuguesa*, in *Pensamento sistemático e conceito de sistema na Ciência do Direito* de CLAUS – WILHELM CANARIS, 3ª edição, Fundação Calouste Gulbenkian, Lisboa, 2002.

CORDEIRO, António Menezes, *"Os Direitos de Personalidade na Civilística Portuguesa"*, in *Estudos em Homenagem ao Prof. Doutor Inocêncio Galvão Telles*, I Volume, Almedina, Lisboa, 2002.

CUPIS, A. De, *Os Direitos da Personalidade*, trad. de Adriano Vera Jardim e António Caeiro, Livraria Morais Editora, Lisboa, 1961.

CRUZ, Sebastião, Direito Romano I, 4.ª edição, Dislivro, Coimbra, 1984

DELL'ORO, Roberto, *Esperienza Morale e Persona. Per una interpretazione dell'etica fenomenologia di Dietrich von Hildebrand*, Pontificia Università Gregoriana, Roma, 1996.

DESCARTES, R., *Discurso do Método*, Publicações Europa América, Lisboa, 1977.

ENTRALGO, Pedro Lain, *Teoria y realidad del otro*, Revista Ocidente, Madrid, 1961.

GALAMINI, L., *Esistenza e coexistenza: le relazioni intersubiettive in alcuni aspetti dell' essistenzialismo, Milano*, 1953.

GILSON, Etienne, *El ser y los Filósofos*, 2ª edição, EUNSA, Pamplona, 1895.

GUTHRIE, W.K.C., *Historia de la Filosofía Griega*, I e II, 1ª reimpressão, Editorial Gredos, Madrid, 1991.

INSREA, F., La Parte Generale del Diritto, CEDAM, Paolonha, 1934.

HEGEL, *Introdução à História da Filosofia*, 2ª edição, Arménio Amado – Editor, Coimbra, 1952.

HERVADA, Javier, *Crítica Introdutória ao Direito Natural*, Col. Resjuridica, 2ª ed., Rés – Editora, Lda, Porto, 1982.

HOIN, M., *Avant-project detextes sur les droits de la personnalité, Livre premier – Des personnes physiques et de la famille*, in Travaux de la Commission de Reforme du Code Civil (1950-1951).

HORSTER, H. Ewald, *A Parte Geral do Código Civil Português – Teoria Geral do Direito Civil*, 2ª reimpressão, Almedina, Coimbra, 2003.

HUME, David, *Tratado da Natureza Humana*, Fundação Calouste Gulbenkian, Lisboa, 2000.

JASPERS, Karl, *Introduction à la Philosophie*, trad. Jeanne Hersch, Union Générale D'Editions, Paris, 1965.

KANT, E., *Fundamentación de la Metafisica de las Costumbres*, Colección Austral, Espasa – Calpe Argentina S.A., Buenos Aires, 1946.

KANT, E., *Critica de la Razón Práctica*, Editorial Losada, S.A., Buenos Aires, 1961.

KIERKGAARD, S., *Temor y Temblor*, Editora Nacional, Madrid, 1975.

LACHANCE, Louis, *El Derecho y los Derechos del Hombre*, Rialp, Madris, 1979.

LÉVINAS, Emmanuel, *Totalité et Infini. Essai sur l'extériorité*, 4ª edição, Martinus Nijhoff, La Haye, 1974.

LOCKE, JOHN, *An Essay Concerning Human Understanding*, 27ª edição, Thomas Davison, Whitefriars, Londres, 1829.

LUCAS, Juan de S., *Las dimensiones del Hombre. Antropologia Filosofica*, Ediciones Sigueme, Salamanca, 1996.

MICHAEL, A., *Philosophie Greque et Libertês Individuelles dans le "De Officiis" de Cice-*

Pessoa e ontologia: uma questão prévia *da ordem jurídica* 181

ron, in La Filosofia Greca e il Diritto Romano, Tomo I, Accademia Nazionale dei Lincei, Ano CCCLXXIII – 1976, Roma.

MILANO, Andrea, *Persona in Teologia*, Edizioni Dehoniane, Nápoles, 1984.

MOUNIER, Emmanuel, *Manifesto ao serviço do Personalismo*, Livraria Morais Editora, Lisboa, 1967.

NIETZSCHE, *Como Falava Zaratustra*, Guimarães, Ed., Lisboa, 1913.

O'CALLAGHAN, Paul, *Figli di Dio nel mundo. Antropologia Teológica*, Pontificia Universitas Sanctae Cruxis, Romae, 2003.

PALAZZANI, Laura., *Il concetto di persona ta bioetica e diritto*, G. Gioappicheli Editore, Turim, 1996.

PAVAN, Antonio; Milano, A.; Melchiorre, V.; Sequeri, P.; Pannenberg, W., Rigobello, A.; Campanini, G.; Borne, É.; Valadier, P.; Nepi, P., Durand, J.D., *Persona e Personalismi*, Edizioni Dehoniane, Napoli, 1987.

PEREZ, Rafael Gomez, *Introduccion a la metafísica – Aristóteles y Santo Tomas de Aquino*, 3ª edição, RIALPH, Madris, 1984.

PIKAGA, Xabier, *Dios como Espiritu y Persona*, Ediciones Secretariado Trinitario, Salamanca, 1989.

PUELLES, Antonio Millan, *La estrutura de la subjectividad*, RIALPH, Madrid, 1967.

RABUSKE, Edvino A., *Antropologia Filosófica – Um estudo sistemático*, 3ª edição, Editora Vozes Limitada, Petrópolis, 1987.

RAEYMAEKER, L. de, *Filosofía de ser*, Gredos, Madrid, 1956.

RHONHEIMER, Martin, *Ley Natural y Razón Prática. Una visión tomista de la autonomía moral*, EUNSA, 2000.

ROMERO, Santos Javier Castillo, *La persona en Xavier Zubiri – Personeidad e Personalidad*, Universidad Pontificia de Salamanca, Salamanca, 2000.

SANTOS, José T., *Antes de Sócrates – Introdução ao Estudo da Filosofia Grega*, Gradiva, Lisboa, 1985.

SARTRE, Jean-Paul, *O Existencialismo é um Humanismo*, 3ª edição, Editorial Presença, Lisboa, 1970.

SCHAMAUS, M., *El hombre como persona y como ser colectivo*, Madrid, 1954.

SCHELER, Max, *El Porvenir del Hombre*, trad., Espasa – Calpe Argentina, S.A., Buenos Aires, 1942.

SEPE, C., *Il concetto di persona nella literatura greca; l'esistenza come destino*, in Persona e storia: per una teologia della persona, Cinisello Balsamo, 1990.

SILVA, Manuel Gomes da, *Esboço de uma Concepção Personalista do Direito – Reflexões em torno da utilização do cadáver humano para fins terapêuticos e científicos*, Lisboa, 1965.

SOUSA, R. Capelo de, *O Direito Geral de Personalidade*, Coimbra Editora, Coimbra, 1995.

SPAEMANN, Robert, *Felicidad y Benevolencia*, Col. Cuestiones Fundamentales, Ediciones Rialp, S.A., Madrid, 1991.

SZELIGA, Helmut, *Il ruolo del concetto di persona nel contesto della discussione sulla morte cerebrale*, Pontificia Universitas Sanctae Cruxis, Roma, 2000.

TEIXEIRA, Joaquim de Sousa, *Ipseidade e Alteralidade – Uma leitura da obra de Paul Ricoeur*, INCM, Lisboa, 2004.

VAZ, Henrique C.L., *Antropologia Filosófica*, II volume, 2ª edição, Colecção Filosofia (22), Edições Loyola, São Paulo, 1992.

ZUBIRI, Xavier, *El Hombre y Dios*, 3ª ed., Alianza Editorial, S.A., Madrid, 1985.

ZUBIRI, Xavier, *El Hombre, realidad personal*, Revista de Occidente, 1963.

ZUBIRI, Xavier, *Estrutura dinamica de la realidad*, Alianza Editorial, S.A., Madrid, 1995.

ZUBIRI, Xavier, *Naturaleza, Historia, Dios*, Alianza Editorial, S.A., Madrid, 1987.

THE INTEGRITY OF SCIENCE:
WHAT IT MEANS, WHY IT MATTERS

SUSAN HAACK

I am not fond of expecting catastrophes, but there are cracks in the universe. – Sydney Smith[1]

SUMMARY: 1. "Integrity": Its Many Meanings. 2. The Integrity of Science: Core Values 3. Threats to Scientific Integrity Today 4. Erosion of Integrity in Biomedical Research. 5. Trials and Tribulations: Troubling Tales of Vioxx and Celebrex 6. And Why The Erosion of Integrity Matters

1. "Integrity": Its Many Meanings

The *Oxford English Dictionary* tells us that the word "integrity" derives from (the negation of) the Latin *"tangere,"* suggesting the untouched, what is whole, unadulterated, sound, or pure; and lists among its current meanings the condition of being in an "undivided or unbroken state," of "material wholeness, completeness, entirety"; of "not being marred or violated" but "unimpaired or uncorrupted"; and "soundness of moral principle, esp. in relation to truth and fair dealing," i.e., "uprightness, honesty, sincerity." *Merriam-Webster's* dictionary tells us that among the current meanings of the word are "completeness," "unity," "incorruptibility," and "firm adherence to values," especially artistic or moral values; and suggests "honesty" as a synonym for the last of these. (According to *Aurelio*, in Portuguese the word *"integridade"* still bears the meaning "chastity, vir-

---

[1] My source is John R. Gross, *The Oxford Book of Aphorisms* (Oxford: Oxford University Press, 1983), p.8. Gross doesn't give the original source.

ginity," as the corresponding word also once did in Spanish and, long ago, in English; but this sense, though etymologically as well as sociologically interesting, need not concern us here.)[2]

We may speak of the integrity of a person, such as an artist or politician; of a body of work, such as a writer's or painter's *oeuvre*; or of an institution, such as a voting system, a company, an academic discipline. So thinking about "the integrity of science" leads to a whole snarl of issues: about science *qua* body of work, about individual scientists, and about science *qua* institution; about wholeness, unity, and adherence to values; and about values of different kinds – the ethical, the aesthetic, and the epistemological – and the relations among them.

Questions about wholeness or unity, for example, seem to be best understood as questions about science *qua* body of work (or as we like to say, and as the etymology of "science" suggests, *qua* "body of knowledge"). But the integrity of science in this sense should not be understood as requiring that it be complete, that every possible scientific question have been answered; or that it include no falsehoods, no supposed "knowledge" that will eventually turn out to be mistaken; or even that it be unified, or at least unifi*able*, in the philosophically ambitious sense of the old "Unity of Science" program, reducible in its entirety to the laws of physics. What matters, rather, is that, though scientific inquiry is fallible, it is also capable of correcting earlier mistakes and refining earlier ideas as new information comes in, new concepts are devised, and new, synthesizing conjectures are articulated; and that science *qua* body of knowledge is in an important sense integrated, or at least integr*atable* – undivided, as the *Oxford English Dictionary* says.

By no means every component as yet interlocks neatly with the rest; but as we learn more, once-disjoint elements of the scientific body of knowledge come together – as, for example, revised calculations of the age of the earth, modern theories about the mechanisms of genetics (very different from the "blending" theory Darwin himself accepted), and recent observations of the emergence of new, drug-resistant strains of bacteria and viruses now harmonize with the (also much-revised) theory of evolution. To be sure, the integration of the social with the natural sciences, even in this quite modest sense, remains a long way off; but it seems rea-

---

[2] The English word "entire," which is etymologically akin to "integrity," I believe still has a specialized use in which it refers an uncastrated animal.

The Integrity of Science: What It Means, Why It Matters 185

sonable to hope that eventually we will understand how the socio-historical road map of language, beliefs, goals, and actions can be superimposed on the physical contour map of the brain, the nervous-system, and the rest.[3]

Interesting and important as they are, however, in what follows I shall set these issues aside, focusing instead on integrity in the sense of "firm adherence to values," and in particular on how this concept applies to science *qua* institution. I shall begin by identifying and articulating the most relevant values – the epistemological values of evidence-sharing and respect for evidence – and sketching how they are rooted in the character of the scientific enterprise; and this will pave the way for an exploration of the circumstances that presently threaten to erode commitment to these core values. Then, looking in some detail at the disturbing saga of the arthritis drugs Vioxx and Celebrex, I will illustrate the threats to the integrity of science that result from the present dependence of much medical research, and especially of the medical journals, on the sponsorship of the pharmaceutical industry. And finally, returning to the broader concerns signaled by my subtitle, I shall try to articulate why the erosion of scientific integrity should concern us.

2. The Integrity of Science: Core Values

If we ask about the integrity of an artist, his adherence to values, our primary concern will probably be the aesthetic or artistic; if we ask about the integrity of a politician, our primary concern will probably be matters of ethical or financial probity. When we ask about the integrity of a scientist, however, the primary concern is likely to be his adherence to *epistemological* values; for inquiry, investigation, is the defining business of a scientist. So when we ask about the integrity of science *qua* institution, the primary concern is likely to be how successfully the institution ensures that everyone involved behaves as nearly as possible in accordance with those epistemological values.

In saying this, I don't mean to deny that there are aesthetic dimensions to scientific work, or even that these may have epistemological significance.[4] And neither do I mean to deny that questions about adherence

---

[3] See Haack, *Defending Science – Within Reason: Between Scientism and Cynicism* (Amherst, NY: Prometheus Books, 2003), chapter 6.

[4] See Haack, *Defending Science* (n.3), p.144.

to ethical values are appropriate to scientists, as to the rest of us – of course, they are; or that adherence to epistemological values is never, also, a matter of ethical concern – of course, it is.[5] But morally acceptable behavior is neither necessary nor sufficient for good scientific work: it is not necessary, because you may do innovative, important, or solid science even though you are unkind to your laboratory animals, arrogant or inattentive in dealing with your students, or ungenerous in giving your collaborators credit; and it is not sufficient either, because you may do poor scientific work even though your behavior is in every respect morally impeccable. To put it another way: sexually harassing a research assistant, putting in a *pro forma* appearance at a conference as a way of getting your vacation subsidized, bullying your secretary, taking an unauthorized look at a colleague's work-in-progress, failing to get the informed consent of subjects, knowingly helping to make the gas that will efficiently exterminate a despised race, etc., are all objectionable, in varying degrees, on moral grounds; but they don't eat at the scientific core of scientific work, as failures of commitment to the epistemological values inherent in the enterprise do.

The core epistemological values of science are rooted in the central, defining concern of inquiry generally: finding things out. A scientific inquirer starts with a question about what might explain this or that natural or social phenomenon; makes an informed guess; and assesses how well his conjecture stands up to whatever evidence is already available, or can be obtained: i.e., how firmly it is anchored in experimental results and experiential evidence generally; how well it interlocks with the whole explanatory mesh of the body of thus-far well-warranted claims and theories; whether relevant evidence might have been overlooked; and what else could be done to get hold of evidence not presently available. So a scientist needs to take into account not only whatever evidence he can discover for himself, but also whatever evidence others have that may be relevant to the question(s) at issue; and to keep track not only of how well each new conjecture would explain the phenomenon in question, but also of how well it fits in with already well-established claims and theories in the field.

---

[5] See Haack, "'The Ethics of Belief' Reconsidered," in *The Philosophy of R. M. Chisholm*, ed. Lewis Hahn (La Salle, IL: Open Court, 1997), 129-44; and in *Knowledge, Truth, and Duty: Essays on Epistemic Justification, Responsibility, and Virtue*, ed. Matthias Steup (New York: Oxford University Press, 2001), 21-33.

The Integrity of Science: What It Means, Why It Matters   187

Though nowadays this is quite rare, in the past many scientists have worked more or less alone. But even the greatest scientists of the past have stood on the shoulders of those who went before; and by now a broad and detailed background knowledge of what has already been achieved is essential even to understand what the important open questions in an area are. In short, science as we know it is a deeply and unavoidably social enterprise, the work of many people within and across generations, each with his or her strengths, each with his or her weaknesses, sometimes cooperating, sometimes competing. And it has succeeded as well as it has in part because, thus far, enough of those people have been faithful enough to the key values – the closely inter-related values, as we shall see – of *honesty* and *sharing*, understood specifically as applying to one's relation to evidence. Robert Merton writes of "disinterestedness" and "communism," but these, "communism" especially, carry unwanted connotations; and words like "cooperation" or "trust" would distract attention from the potentially productive aspects of competition and of skeptical mutual scrutiny. So despite the fact that "honesty" and "sharing" have been so debased by their currency in pop psycho-therapeutic jargon that one is almost embarrassed to use them, I shall do so without apology.[6]

In this context honesty (or as we might also say, respect for evidence) must be understood as both self- and other-related. Being honest with yourself means avoiding self-deception, both about where the evidence you have leads, and about whether you have the evidence you need to draw any conclusion at all. It doesn't require that you abandon a promising idea in the face of any and every piece of apparently contrary evidence; but it does require that, recognizing how complex and confusing evidence can be, you are ready to follow in good faith wherever it takes you. Being honest with others requires, obviously, that you not present fabricated, fraudulent, or massaged data, but also that when you report your work you include all the relevant evidence. Evidence-sharing doesn't require that you post every passing thought, every casual observation, on the Web for all the world to read; but it does require that you not withhold significant

---

[6] See Robert Merton, "Science and Democratic Social Structure," in *Social Theory and Social Structure* (Glencoe, IL: Free Press, 1946), 307-16. A pamphlet entitled *Honor in Science*, published in 1991 by Sigma Xi, the Scientific Research Society, intended for graduate students in the sciences, stresses honesty and "openness."

information from others in the field to advance your, or your sponsor's, interests.[7]

Not every scientist is a paragon of intellectual honesty; not every scientist is cheerfully willing to share his work with others. When things go well, however, the norms of evidence-sharing and respect for evidence will be instilled in young scientists during their long apprenticeship, and reinforced by the acclaim that is the reward of success and the loss of reputation that is the penalty for cheating; and an ethos in which these norms are taken for granted will be transmitted from one generation of scientists to the next. As a result, new information and new ideas will be shared, and each scientist will be able to scrutinize the work of others in his field; making it more likely that flaws will be uncovered, and more likely that potentially promising developments will be spotted and worked out.

Over time the sciences have gradually developed instruments of observation which greatly amplify unaided human senses, and mathematical and statistical methods, computer programs, etc., which greatly refine unaided human powers of reasoning. And over time they have also gradually evolved complicated internal organizational structures and procedures, etc., to protect integrity, i.e., to ensure that results are honestly reported and candidly shared – and to harness grubbier motives, such as the desire for prestige or the hope of besting a rival, to epistemologically-desirable ends; including mechanisms – some formalized, some traditional and informal – for assigning resources and positions, disseminating information, training young scientists, and providing incentives to good work as well as penalties for cheating.

But of course all these scientific helps to inquiry, both the technical helps that amplify observation and reasoning and the social helps that enable evidence-sharing and sustain respect for evidence are, like everything human, fallible. Instruments may introduce distortions or artifactual effects; statistical techniques may import false assumptions; computer models may mislead. Most to the present purpose, no internal social organization can by itself guarantee that the scientific ethos will be sustained. When things go badly, the norms of evidence-sharing and respect for evidence can only too easily be undermined or eroded: arrangements that

---

[7] It is worth noting that evidence-sharing can be in tension with the desire for prestige, which is for many an important motive for undertaking the hard and often frustrating work of science; and that plagiarism is epistemologically damaging because it threatens the delicate incentive-structure of science.

once served as incentives to succeed may come, in changing circumstances, to encourage carelessness or even misconduct; arrangements that once assigned resources in an epistemologically efficient way may, in changing circumstances, be corrupted to serve the interests of a clique or to forward a party line, or may become mired in a self-serving resistance to any exploration of less-familiar ideas; and arrangements for evidence-sharing may become so clogged or fall into such disrepair or corruption that they actually impede communication.

Science interacts in complicated ways with the rest of society – with industry, government, education, law, and so on. Its integrity requires that it be allowed to operate on its own terms; but this doesn't mean that it is either necessary or sufficient that science be wholly autonomous, in the sense of "entirely independent of every other aspect of the society in which it is conducted." It is not necessary, because the mixing of cultures is sometimes harmless, sometimes benign; and it is not sufficient, because threats to evidence-sharing and respect for evidence may come from within as well as from without. Nor is it either necessary or sufficient that science be wholly pure, in the sense of "free of any considerations of utility." It is not necessary, because the hope of finding a cure for the disease that is killing your child, for example, may be a powerful incentive to hard, honest scientific work; and it is not sufficient, because some of the threats to integrity apply no less to pure than to utility-driven science.

However, potentially highly profitable scientific work is in some ways especially vulnerable; and some of the most important threats to the integrity of science do come from the intrusion of the competing values of the larger society in which scientific work takes place. Some social and cultural environments are hospitable to good, honest scientific work; others are in varying degrees inhospitable, or even hostile. And while good, honest scientific work may continue even in a surrounding culture which is less than perfectly hospitable, to the extent that the surrounding culture tends to undermine the norms of evidence-sharing and respect for evidence, or seriously to erode or compromise them, the integrity of science comes under threat. In an emergency – e.g., during the Great Influenza of 1918, as scientists worked desperately to figure out the cause of, and hence a way of dealing with, the worst plague in history – urgency and haste may induce carelessness and jumping to unwarranted conclusions.[8] Again, cer-

---

[8] See John M. Berry, *The Great Influenza: The Epic Story of the Deadliest Plague in History* (New York: Penguin Books, 2004).

tain kinds of political regime seem to be inherently hostile environments for scientific work: theocracies are likely to fear scientific discoveries that may threaten their world-view, to deplore scientific methods that offend their moral sensibilities, and to be adamantly opposed to the very idea of investigating certain questions; and, as Merton especially emphasized, totalitarian states, aspiring to control every aspect of citizens' lives, are always ready to distort science to their own ends.[9]

3. Threats to Scientific Integrity Today

Today, some hear echoes of theocratic resistance to scientific advance in President Bush's moral objections to funding human embryonic stem-cell research; others hear echoes of such disturbing concepts as "bourgeois genetics" and "Jewish physics" in some recent radical-feminist talk of "masculinist science" and in radical post-colonialist talk of "Western science."[10] But the most troubling threats to the integrity of science are of another, subtler kind.

In 1946, writing of "Science, Faith and Society" – "faith" referring to the commitment to intellectual honesty, respect for evidence – Michael Polanyi observed that "[i]f each scientist set to work each morning with the intention of doing the best bit of safe charlatanry which would just get him into a good post, there would soon exist no effective standards by which such deception could be detected." After all, he continues: "[a] community of scientists in which each would act only with an eye to please scientific opinion would find no scientific opinion to please."[11] This is wonderfully vivid (and disturbingly close to the uncomfortable truth about too much of the "research and scholarship" that goes on in some areas of the humanities). But it doesn't quite fully capture how insidious the dangers may be; for Polanyi puts categorically what is really a matter of degree.

The more willing the more scientists are to cut corners, to fudge, to obfuscate, to plagiarize, to fake, to conceal unfavorable results, to put their

---

[9] Robert Merton, "Science and the Social Order," *Philosophy of Science*, 5, July 1938: 321-37; reprinted in *Social Theory and Social Structure* (n.000), 295-306.

[10] See Haack, *Defending Science* (n.3), chapter 11.

[11] Michael Polanyi, *Science, Faith and Society* (London: Geoffrey Cumberledge; Oxford University Press, 1946), p. 40.

own or their sponsors' interests above discovering the truth, the less effective the internal social mechanisms sustaining the core values of science will be. And today, though the technical helps to inquiry have clearly got better and better, the social helps – always more fragile, more susceptible to failure – are under considerable strain. We don't yet face Polanyi's nightmare scenario in which every scientist sets out each morning to perpetrate whatever charlatanry he can get away with; the danger is, rather, that scientists' commitment to evidence-sharing and respect for evidence will suffer a kind of creeping erosion, that too many will find themselves able to tolerate small dishonesties and small concealments: a little "improvement" of the truth here, a little reticence about inconvenient evidence there, a little corner-cutting to ensure priority, a little compromise about whom to acknowledge, and in what terms, to cultivate a potentially useful contact; and that too many even of those who would not compromise the integrity of their own work will manage to tolerate those who do. Russian mathematician Grigory Perelman comments: "[many] are more or less honest, but they tolerate those who are not honest."[12]

Why so? As science progresses, it tends to get more expensive; in part because many, if not most, of the easily- and cheaply-obtainable results have been obtained already, and in part because, as the work becomes more complex, it also becomes more costly (especially in fundamental physics, where new knowledge requires observing smaller and smaller particles moving faster and faster).[13] As scientific work becomes more expensive, it must rely more and more on governments and large industrial concerns for support; and these, obviously, are apt to give priority to quite other values than the epistemological norms at the heart of the scientific enterprise. At the very least, it is likely that such sponsors will want answers to some questions more urgently than they want answers to others – even if the latter are of more true scientific importance, or more readily tackled given present knowledge; and it is likely that they will want palatable answers to the questions they want tackled rather than unpalatable ones – sometimes so much so that they find it easy to ignore the risk of coming to believe the palatable answers on the basis of seriously inade-

---

[12] Quoted in Sylvia Nasar and David Gruber, "Manifold Destiny: A legendary problem and the battle over who solved it," *The New Yorker*, August 28, 2006, 44-57, p. 57.

[13] According to Donald Kennedy, this "implacable law of the economics of knowledge" was first stated by Max Planck. See Kennedy, *Academic Duty* (Cambridge: Harvard University Press, 1997), p. 11.

quate evidence. So, for example, a government will be reluctant to fund work, however important intellectually, that might prove offensive to some constituency on which it relies; a pharmaceutical company will prefer to fund studies designed to bring out the benefits of its products, and may even try to suppress publication of studies that cast doubt on their effectiveness or safety.

Nor, at this point, are universities unambiguously enough committed to the culture of inquiry to serve as bulwark against the pressures from elsewhere. As Thorstein Veblen predicted nearly a century ago, universities have become increasingly entangled with the ethos of business, and increasingly bureaucratized;[14] and so even in the academy values of other kinds increasingly pull against evidence-sharing and respect for evidence. Profit is a very different thing from truth; and a bureaucratic culture is deeply inimical to serious intellectual work. The bureaucratized university inevitably stresses money-raising, rankings, numbers of publications, the number and size of grants, volumes added to the library – and bureaucratic administrators strongly prefer conveniently manageable, fungible faculty; while serious intellectual work (whether in the sciences or in history, philosophy, or *any* field) is by its very nature unpredictable and ragged, and requires that those with the talent, originality, patience, penetration, and ingenuity to make real intellectual progress – precisely the least fungible, often the least conformist and manageable – be allowed time, peace of mind, scope for experiment, exploration, mature reflection.[15]

There was a time when a fine scientist like Oswald Avery – who throughout the 1918 epidemic had quietly insisted that the evidence many medical scientists then took to show that influenza was caused by a bacterium was inconclusive – published nothing for almost a decade, and steadfastly refused to put his name on any paper unless he had actually conducted one of the experiments described. ("Disappointment is my daily bread," he averred; "I thrive on it.")[16] We now know, of course, that he was correct in suspecting that influenza is viral, not bacterial; and that in

---

[14] Thorstein Veblen, *The Higher Learning in America* (1919; Stanford, CA: Academic Reprints, 1954).

[15] See also Haack, "Preposterism and Its Consequences" (1996) in Haack, *Manifesto of a Passionate Moderate: Unfashionable Essays* (Chicago: University of Chicago Press, 1998), 188-208; Pat Duffy Hutcheon, *Building Character and Culture* (Westport, CT: Praeger, 1999), 37 and 139 ff..

[16] Quoted in Berry, *The Great Influenza* (n.8), p. 423.

1944, after his long dry spell, he would publish the pioneering work that led to the identification of DNA, rather than protein, as the genetic material.[17] But sadly, it is hard to imagine how a scientist of such sterling intellectual integrity could survive, let alone thrive, in today's academy.

For academic scientists are now under considerable pressure from their universities to get grants, to publish, to come up with something patentable; and may also find themselves also under pressure from their sponsors, or lured by the hope of lucrative patents, large stockholdings, or fat fees as expert witnesses. Nor are scientific journals immune; for as these journals have become serious money-making enterprises, their commitment to scientific values has sometimes come into conflict with their commercial interests. The dangers seem to be greater in the life sciences than in physics, etc.; and especially so in biomedical science. The role of the big pharmaceutical companies in biomedical research in universities, and in medical journals' dissemination of results, is especially disturbing.

4. **Erosion of Integrity in Biomedical Research**

According to a recent headline in *The Wall Street Journal*, "Gates Won't Fund AIDS Researchers Unless They Pool Data": Mr. Gates will give $587 million in funding to researchers working on a vaccine for AIDS, but only on condition that they pool their data promptly and without reservation.[18] Shortly thereafter, another headline read, "A Nonscientist Pushes Sharing Bird-Flu Data": with a group of scientists, businessman Peter Bogner has "stitched together a network of the world's top flu scientists ... to share data that could sped research."[19] Apparently, scientists' commitment to evidence-sharing can no longer be taken for granted. According to another headline, there is a "Worrisome Ailment in Medi-

---

[17] Oswald Avery, Colin MacCleod, and Maclyn McCarty, "Studies of the Chemical Nature of the Substance Inducing Transformation in Pneumococcal Types," *Journal of Experimental Medicine*, 79, 1944: 137-58; reprinted in Conceptual Foundations of Genetics, ed. Harry A. Corwin and John B. Jenkins, (Boston: Houghton-Mifflin, 1976), 13-27. The story is told briefly in Haack, *Defending Science* (n.3), pp. 102-3.

[18] Marilyn Chase, "Gates Won't Fund AIDS Researchers Unless They Pool Data," *The Wall Street Journal*, July 20, 2006, B1, B4.

[19] Nicholas Zamiska, "A Nonscientist Pushes Sharing Bird-Flu Data," *The Wall Street Journal*, August 21, 2006, B1, B7 (the quotation is from p.B1).

cine: Misleading Journal Articles":[20] a study finds that in 65% of papers surveyed, harmful effects were not completely reported.[21] Apparently, scientists' commitment to honest reporting of their findings cannot be taken for granted either.

Even some editors of major medical journals have expressed concern. The *American Journal of Hypertension* recently split away from the American Society of Hypertension when the editor of the journal concluded that the society had become, in effect, a tool for drug company marketing.[22] An online article by Richard Smith – for 25 years an editor of the *British Medical Journal*, and for 13 of those 25 years editor and chief executive of BMJ publishing – is entitled: "Medical Journals Are an Extension of the Marketing Arm of the Pharmaceutical Companies."[23] Richard Horton, editor of *The Lancet*, and Marcia Angell and Jerome Kassirer, both former editors of the *New England Journal of Medicine* [*NEJM*], all sound the same theme.[24]

What has gone wrong? Rather than a simple chain of cause-and-effect, many factors contribute to the erosion of integrity. Mechanisms for evidence-sharing that once worked, if not perfectly, well enough, are falling into disrepair as the burdens placed on them has grown. One factor is the increased pressure on scientists to publish. Once, a handful of good papers was enough to secure a scientist's reputation; now, a constant flow of publications is expected. In 1992 a survey showed that over the previous decade the 20 most "productive" scientists in the world published an article at least once every 11.3 days; at the head of the list was Yury Struchov of the Institute for Organoelemental Chemistry in Moscow, who

---

[20] Anna Wilde Matthews, "Worrisome New Ailment in Medicine: Misleading Journal Articles," *The Wall Street Journal*, June 10, 2005, A1. A9.

[21] An-Wen Chan *et al.*, "Empirical Evidence for Selective Reporting of outcomes in Randomized Trials," *Journal of the American Medical Association*, 291.20 (May 26, 2004): 2457-2465.

[22] Robert L. Goodman and Olveen Carrasquillo, "The Corporate co-author, The Ghost Writer, and the Medical Society," *Journal of General Internal Medicine*, 20 (2005): 102.

[23] Richard Smith, "Medical Journals Are an Extension of the Marketing Arm of the Pharmaceutical Companies," Plos Medicine, 2.5, e138: 03646, available at <www.plosmedicine.org>.

[24] Richard Horton, "The Dawn of McScience," *New York Review of Books*, 51.4, 2004: 7-9. Marcia Angell, *The Truth About Drug Companies: How They Deceive Us and What to Do About It* (New York: Random House, 2005); Jerome Kassirer, *On the Take: How America's Complicity With Big Business Can Endanger Your Health* (Oxford: Oxford University Press, 2005).

published a paper every 3.9 days.[25] And that was then – by now the pressure to publish is even more severe; as I can testify from service on university committees, the *curriculum vitae* of a senior medical faculty member will likely list hundreds of papers.

Understandably, some people publish essentially the same material over and over in slightly different forms; and many split their work into shorter papers that can be published separately – a practice so common that scientists themselves talk wryly of "salami publishing," and "minimal publishable units" ("MPUs"). Unfortunately, multiple publications can impede communication; and fragmentation into MPUs may affect study design, e.g., by leading to a focus on intermediate outcomes rather than meaningful endpoints, to controlled trials run over too short a period, to studies that compare a target drug with placebo rather than with proven therapies.[26]

The same pressure to publish has also contributed to the ever-increasing numbers of authors listed on each paper, some of whom may have made only the most minimal contributions to the work reported – or none at all. In 1993 the editor of the *NEJM* accepted the Ig Nobel Prize for Literature on behalf of the 972 scientists listed as coauthors of a ten-page paper – i.e., just 2 words per author![27] Heads of laboratories or teams may insist on having their name on every paper that the team produces. In 1992, ten geologists at the Russian Institute of Volcanic Geology and Geochemistry went on hunger-strike in protest against an "autocratic" director who forced them to put his name on all their work.[28] Sometimes a senior professor will put his name on a study to which he has contributed little or nothing in hopes of helping a junior colleague get it published. Sometimes, after papers have been discovered to be fraudulent, co-authors have denied all knowledge of the perpetrator's fabrications.[29] Even after some major medical journals adopted policies to discourage "honorific" author lis-

---

[25] Christopher Anderson, "Writer's Cramp," *Nature*, 355 (1992): 101.

[26] Jerome P. Kassirer, "Reflections on Medical Journals: Has Progress Made Them Better?", *Annals of Internal Medicine*, 137.1 (July 2, 2003): 46-8, p.46.

[27] Steve Nadis, "Ig Nobel Prizes reward fruits of unique labor," *Nature*, 365 (1993): 599. The paper in question was "An International Trial Comparing Four Thrombolytic Strategies for Acute Myocardial Infarction," *The New England Journal of Medicine*, 329.10 (September 2, 1993): 673-82.

[28] Anderson, "Writer's Cramp" (n.24 above).

[29] Arnold Relman, "Lessons from the Darsee Affair," *New England Journal of Medicine*, 308 (1983): 1417.

tings, a study found that many first authors said co-authors had really made little or no contribution;[30] and when all the members of a research team applied for grant money, "their total participation came to 300%."[31]

Along with the ever-swelling flood of submissions, there has been a steady increase in the number, and the size, of journals. A search of Pub-Med turned up 19,355 journals, and 734,858 articles published between January 1st 2005 and January 1st 2006. Many medical journals now carry not only articles but news sections, short summaries, and even summaries of summaries, as well as lots of glossy illustrations; the price of these journals rose, on average, almost 11% a year in a period, 1984-2001, in which inflation generally was around 3%;[32] and now that these journals are serious money-making enterprises, some editors are trying to improve their citation-rate, and thus their journal's library sales, by putting pressure on authors to cite other papers that appeared in their pages.[33]

The peer-review process is severely strained by the enormous number of submissions. Reviewers are estimated to spend an average of only 2.4 hours reading a manuscript and making their recommendations (and more of the reviewers, naturally, are more junior than in the early days, when enough relatively senior scientists could be found to carry the load); most journals make no independent check of the statistical calculations crucial to the conclusions of many papers. And because there are now so many journals, eventually almost everything submitted gets published somewhere – perhaps after having been turned down numerous times.[34]

So perhaps it is no wonder that honesty as well as evidence-sharing is under threat. According to a study published in *Nature* in 2005, more than 10% of 3,247 scientists polled admitted that they had withheld details of methodology or results from papers or research proposals, more than 15% that they had dropped inconvenient observations or data points, and

---

[30] D. W. Shapiro, *et al.*, "The contributions of authors to multiauthor biomedical research papers," *Journal of the American Medical Association*, 271 (1994): 438-42.

[31] William J. Broad, "The Publishing Game: Getting More for Less," *Science*, new series, 211.4487 (March 13, 1981): 1137-1139, p. 1137.

[32] Kassirer, "Reflections on Medical Journals" (n.25 above), p. 47.

[33] Sharon Begley, "Science Journals Artfully Try to Boost Their Rankings," *The Wall Street Journal*, June 5, 2006, B1, B5.

[34] See Brief Amici Curiae for Daryl E. Chubin, Edward J. Hackett, David Michael Ozonoff, and Richard Clapp in Support of Petitioners, *Daubert v. Merrell Dow Pharmaceuticals, Inc.*, 509 U.S. 579 (1993), 11-19; Haack, "Peer Review and Publication: Lessons for Lawyers," forthcoming in *Stetson Law Review*.

more than 27% that they had kept inadequate records of research work;[35] according to a study published the same year in the *Journal of the American Medical Association* [*JAMA*], of 45 highly-cited studies claiming effective medical interventions, published in the most prestigious journals, 15 were later contradicted in whole or part by other studies.[36]

Another factor contributing to the erosion both of sharing and of honesty is the role of industrial sponsors, especially the pharmaceutical companies. At a time when government funding is not keeping pace, increasing pressure on faculty to get grants, and increasing collaboration of universities with industry (usually politely described as "technology transfer") has meant that a larger proportion of scientific, and especially medical, research in the universities is funded by industry. This often means that information deemed proprietary must be kept confidential, and that results will be withheld from publication for a time to protect sponsors' business interests; and it sometimes means that sponsors are allowed to vet, or even control, the publication of results.[37]

The situation is especially severe in the case of medical faculty, who are often obliged, in effect, to raise their own salaries in grant money.[38] At the same time, there are especially attractive financial opportunities for medical scientists who are successful in attracting corporate sponsorship: fees for speaking at company-sponsored conferences, lucrative consultancies, stock holdings, etc.. Other faculty are themselves involved in (sometimes enormously profitable) biotech companies. Universities generally have some kind of conflict-of-interest rules; but there is no uniform standard, in many cases the guidelines are pretty generous or flexible, and often enough policies are not energetically enforced (probably because

---

[35] Brian C. Martinson *et al.*, "Scientists behaving badly," *Nature*, 435.9 (June 2005): 737-8.

[36] John Ionnadis, "Contradicted and Initially Stronger Effects in highly Cited Clinical Research," *Journal of the American Medical Association*, 294.2 (July 7, 2005): 218-28.

[37] See Joshua A. Newberg and Richard L. Dunn, "Keeping Secrets in the Campus Lab: Law, Values and Rules of Engagement for Industry-University R&D Partnerships," *American Business Law Journal*, 39 (2002): 187-240.

[38] "[E]specially in the health sciences but also in the basic sciences, faculty are often recruited with the understanding that they will have to generate part or all of their salaries through external funding for the duration of their careers at the university": Donald G. Stein (formerly a working scientist, now a senior academic administrator), "A Personal Perspective," in Stein, ed. *Buying In or Selling Out? The Commercialization of the American Research University* (New Brunswick, NJ: Rutgers University Press, 2004), 1-16, p. 3.

faculty serving on the relevant committees are reluctant to oblige a colleague to decline a grant).[39]

Though most of the medical societies that run them claim "editorial independence," many journals receive large revenues from drug-company advertising. After the *Annals of Internal Medicine* published a study critical of drug-company advertisements, the American College of Physicians, which runs the journal, is estimated to have lost between a million and a million-and-a-half dollars of advertising revenue.[40] There is evidence, moreover, that those advertisements are quite often misleading; in particular, the scientific studies cited don't always show what the advertisement claims, usually because "the [advertising] slogan recommended the drug [for] a patient group other than that assessed in the study."[41]

Many medical journals publish symposia organized by pharmaceutical companies, a privilege for which they often charge significant fees; some suspend the peer-review process for such publications. Many receive large revenues from the sale to such companies of thousands, sometimes hundreds of thousands, of offprints of articles favorable to their products. According to a study published in 1992, between 1975 and 1988 the proportion of pharmaceutical companies' marketing budgets spent on sponsoring symposia rose from $6 million to $86 million; editors reported charges for publishing the proceedings of such symposia ranging from between $400 and $1,000 a page to a flat fee of $100,000; and journals charged an average of $15 per reprint, of which they sold, on average, 25,000. Eight editors reported that their review procedures were affected by pressure of various kinds from the organizers of the symposia.[42] Once again, it seems likely that by now these problems are not better, but worse.

---

[39] See e.g., Sheldon Krimsky, *Science in the Private Interest: Has the Lure of Profits Corrupted Biomedical Research?* (Lanham, MD: Rowman and Littlefield, 2003), chapter 3.

[40] Goodman and Carrasquillo, "The Corporate Co-author, the Ghost Writer, and the Medical Society" (n.21).

[41] P. Villanueva *et al.*, "Accuracy of pharmaceutical advertisements in medical journals," *The Lancet*, 361 (2003): 27-32. The quotation is from p.27.

[42] Lisa Bero, Alison Galbraith, and Drummond Rennie, "The Publication of Sponsored Symposiums in Medical Journals," *The New England Journal of Medicine*, 327.16 (October 15, 1992): 1135-40. See also M.K. Cho and Lisa Bero, "The quality of drug studies published in symposium proceedings," *Annals of Internal Medicine*, 124 (1996): 485-9.

The Integrity of Science: What It Means, Why It Matters   199

Most journals require that authors disclose the sources from which they have received support for their work; but disclosure is at best a weak precaution against undue credulity on the part of readers, and few journals impose any real sanctions when disclosure rules are flouted. Jerome Kassirer, former editor of the *NEJM*, writes that in the 1990s it became harder and harder to find people without conflicting drug-industry connections to write review articles, as journal policy required; in 2002, the new editor, Jeffrey Drazen, simply gave up the policy as unworkable. The same year, the journal published an article on the anti-depression drug nefazodone, listing 29 authors; the editor noted that "all but 1 ... of the 12 principal authors have had financial associations with Bristol-Myers Squibb – which also sponsored the study ... 2 [other authors] are employees of Bristol-Myers Squibb."[43] In 2006, just days after the editor of *JAMA*, Dr. Catherine DeAngelis, had announced more stringent disclosure rules, she ruefully acknowledged – the third such rueful acknowledgment in two months[44] – that the journal had just learned that all six authors of a just-published study linking severe hearts attacks to migraines in women had received funding from the manufactures of medicines for migraine or heart-related illnesses.[45] The following week, at the tail end of a press report of a new study of Lipitor, we read not only that all 11 authors of the study, which was funded by Pfizer, but even the doctor recruited by the *NEJM* to write an opinion piece on the study, had financial connections to the company.[46] The week after that, we learned that the editor of *Neuropsychopharmacology* was stepping down after a controversy over his having written a favorable review of a new device for the treatment of depression without disclosing that he, like all the other eight authors of the article, had financial ties to the manufacturer.[47]

Moreover, the evidence is that company sponsorship has a significant effect on the results reported: reports of work supported by a manufacturer are significantly more likely to be favorable to its products than reports of work not so supported (perhaps the result of a study design more likely

---

[43] Jerome P. Kassirer, *On the Take* (n.26), p. 23.

[44] "Periscope," *Newsweek*, August 7, 2006: 8.

[45] Lindsay Tanner, "JAMA says docs misled over industry ties," July 18, 2006, available at http://www.chron.com/disp/story.mpl/ap/health/4055561.html.

[46] Thomas M. Burton, "Lipitor Shows Limited Benefit for Stroke," *The Wall Street Journal*, August 10, 2006, D1, D4.

[47] David Armstrong, "Medical Journal Editor Nemeroff Steps Down Over Undisclosed Ties," *The Wall Street Journal*, August 28th, 2006, B7.

to lead to the desired result, perhaps of economy with the truth in reporting, perhaps of simple, optimistic self-deception). As early as 1986, a study found that "in no case was a therapeutic agent manufactured by a sponsoring company found to be inferior to an alternative manufactured by another company";[48] a 1994 study of 56 company-sponsored trials of non-steroidal anti-inflammatory drugs [NSAIDS] found that not one of them presented results unfavorable to the sponsoring company;[49] and a study published in 2004 reported that authors with financial ties to drug companies were between ten and twenty times less likely to report negative findings than authors without such ties.[50]

There is also disturbing evidence of pharmaceutical companies' recruiting academic scientists, in return for listing as senior author, to "edit" reports actually produced in-house but submitted to peer-reviewed journals under the supposed senior author's name. Adriane Fugh-Berman describes how it works: on August 24th, 2004 she received, from a "medical education company" sponsored by a drug manufacturer, a draft article on warfarin-herb interactions, complete with her name as author and her institutional affiliation; and was asked to review this and suggest any "amends" [sic] needed before it was submitted to a peer-reviewed journal – preferably by September 1st. (She didn't "make amends," but declined the offer.) As Fugh-Berman observes, this practice is especially hard for readers to detect when, as in this case, the article doesn't specifically mention the company's product, but is designed to increase the perceived need for some drug of theirs.[51]

Moreover, we know that drug companies sometimes put pressure on scientists to withhold findings unfavorable to their products. In 2006, for example, Bausch and Lomb recalled its contact-lens solution Renu with MoistureLoc after it was linked to a recent outbreak of fungal eye infections; shortly thereafter, we learned that the problem (which I was intri-

---

[48] Richard A. Davidson, "Source of Funding and Outcome of Clinical Trials," *Journal of General Internal Medicine*, 1.1 (January/February 1986): 155-8, p. 155.

[49] Paula Rochon *et al.*, "A study of manufacturer-supported trials of nonsteroidal anti-inflammatory drugs in the treatment of arthritis," *Archives of Internal Medicine*, 154 (1994): 157-63.

[50] Lee S. Friedman and Elihu D. Richter, "Relationship Between Conflict of Interest and Research Results," *Journal of General Internal Medicine*, 19 (January 2004): 51-6, p. 54.

[51] Adriane Fugh-Berman, "The Corporate Coauthor," *Journal of General Internal Medicine*, 20.6 (June 2006): 546-8.

gued to see described as a threat to "the integrity of the cornea") had been known since 1999, and that the company had tried to get studies unfavorable to its product suppressed.[52]

It only makes matters worse, of course, that the process of cleaning up the literature after fraud has been discovered, or even after work has been retracted or a journal has published an "expression of concern," is slow and far from thorough. After admitting that they had fabricated data, Friedreich Herrmann and Marion Brach, both with the Max Delbruck Center for Molecular Medicine in Berlin, retracted 11 papers published between 1991 and 1999; but according to Ulf Rapp, who led an investigation of the case for the funding agency, the fabricated data actually appeared in 94 papers, 83 of which were *not* retracted.[53] And even retracted papers often continue to be cited over and over. A year after the Office of Research Integrity informed ten journals that they had published papers co-authored by Dr. Eric Poehlman based on fraudulent data, only 8 had been retracted; and even after *The Annals of Internal Medicine* had retracted one of these papers, other authors went on innocently referring to it.[54]

5. Trials and Tribulations: Troubling Tales of Vioxx and Celebrex

In *Defending Science*, discussing the tensions between the epistemological values of science and the commercial values of pharmaceutical companies that sponsor scientific work, I mentioned in passing the efforts of the Immune Response Corporation to suppress publication of the unfavorable results of a large clinical trial conducted by a medical scientist at the University of California, San Francisco, and of Merck and Pfizer to suppress evidence that the blockbuster drugs Vioxx and Celebrex might cause heart-related problems.[55] I have explored the Remune story in detail

---

[52] Sylvia Pagan Westphal, "Bausch and Lomb Solution Recall Exposes Risks for Eye Infection," *The Wall Street Journal*, July 26, 2006, A1, A12.

[53] Laura Bonito, "The Aftermath of Scientific Fraud," *Cell*, 124 (March 10, 2006): 873-5.

[54] Harold C. Sox and Drummond Rennie, "Research Misconduct, Retraction, and Cleansing the Medical Literature,: Lessons from the Poehlman Case," *Annals of Internal Medicine*, 144 (March 6, 2006): 609-613; Jennifer Couzin and Katherine Unger, "Cleaning Up the Paper Trail," *Science*, 38 (April 7, 2006): 38-43.

[55] Haack, *Defending Science* (n.3), p. 320.

elsewhere;[56] here, I want to look more closely at the story of Vioxx and Celebrex, and especially at the role of the journals where this research was published – for this is a story that illustrates just about all the problems that flow from the relation of the medical journals to the pharmaceutical industry: studies designed to produce the desired results, published in prestigious journals whose reviewers didn't notice flaws in their design; large revenues for the sale of offprints of such articles; misleading attribution of drug-company papers to academic supposed lead authors; company efforts to suppress criticism or prevent publication of unfavorable evidence.

For more than forty years, conventional NSAIDs were used for the control of chronic pain; but these drugs carry increased risk of bleeding ulcers in susceptible patients. So it seemed a big advance when new NSAIDs were developed to inhibit the Cox-2 enzyme, which causes inflammation, without affecting the Cox-1 enzyme, which protects against the adverse gastro-intestinal effects. These included Vioxx [rofecoxib] and Celebrex [celecoxib], approved for sale by the U.S. Food and Drug Administration [FDA] in 1999.[57]

While Vioxx was on the U.S. market, Merck spent more than $100 million a year on direct-to-consumer advertising; more than 80 million people took the drug; and annual sales exceeded $2.5 billion.[58] But in September 2004 Merck withdrew Vioxx because of concerns over cardiovascular risks; and by late October 2006 there were around 24,000 Vioxx lawsuits pending against the company. When Merck withdrew Vioxx, Pfizer suspended its huge advertising campaign, but continued to maintain that

---

[56] Haack, "On Scientific Secrecy and 'Spin': The Sad, Sleazy Saga of the Trials of Remune," *Law and Contemporary Problems*, 69 (2006): 47-67.

[57] "Cox-2 Nonsteroidal Anti-inflammatory Medication," <www.clevelandclinic.org. org/arthritis/treat/facts/cox2/htm>, visited March 3, 2006; "Vioxx, Celebrex: Concerns over popular arthritis drugs," <www.cbc.ca/printablestory.jsp>, visited March 3, 2006. According to a market research report dated April 2004, "Commercial Services Portugal foresees" that the ten drugs "with the highest market potential will be ... 3. Vioxx ... 6.Celebrex." <http://strategis.ic.gc.ca/epic/internet/inimr-ri.nsf/ed/gr1118463e.html>. Though this prediction was still unchanged on the website on 8.1.06, I understand that Vioxx was withdrawn from the market in Portugal, as it was in the U.S., in September 2004.

[58] David J. Graham et al., "Risk of acute myocardial infarction and sudden cardiac death in patients treated with cyclo-oxygenase 2 selective and non-selective non-steroidal anti-inflammatory drugs: nested case-control study," *The Lancet*, 365 (February 5, 2005): 475-81, 480.

no studies showed that Celebrex carried cardiovascular risks. Now, however, advertisements for Celebrex warn in bold letters that the drug "may increase the chance of a heart attack or stroke that can cause death." The first Celebrex suit against Pfizer, postponed from its originally scheduled date of June 2006, is still pending.[59]

Merck's first large clinical trial, the VIGOR study, showed that Vioxx carried a lower risk of adverse gastro-intestinal effects than the rival drug naproxen (Aleve); as did the company's subsequent, smaller ADVANTAGE study. The FDA approved Vioxx in less than a year, before the VIGOR trial was completed; after FDA approval a report of the VIGOR study was submitted to the *NEJM*, where it appeared in November 2000.[60] This study indicated the gastro-intestinal benefits; but it also suggested a significantly higher rate of myocardial infarction, among patients given one or the other drug for more than 18 months, in those taking Vioxx than in those taking naproxen.[61] Merck attributed this to a cardio-protective effect of naproxen;[62] but by early 2001 an FDA review concluded that "it is mandatory to conduct a trial specifically assessing the cardiovascular risk of [Cox-2 inhibitors]."[63] No such trial was conducted; but in 2002 Merck was required to add a warning label to the package insert. And in 2004 the drug was taken off the market after Merck's third major clinical trial, the APPROVe study – designed to show that Vioxx lowered the risk of colon polyps – was halted by the data monitoring

---

[59] Heather Won Tesoriero, "First Celebrex Trial Date is Set," *Wall Street Journal*, February 28, 2006, D4. "Celebrex Trial is Delayed," *Los Angeles Times*, June 6, 2006, Part C, p. 3.

[60] Claire Bombadier *et al.*, "Comparison of Upper Gastrointestinal Toxicity of Rofecoxib and Naproxen in Patients With Rheumatoid Arthritis," *The New England Journal of Medicine*, 343.21 (November 23, 2000): 1520-28.

[61] Some critics suspected that the trial showed no adverse cardiovascular effects in patients taking Vioxx for less than 18 months because it had too little statistical power to detect such effects. Graham et al. (n.58), p. 479. A Canadian study published in 2006 indicated an increased risk of heart attack within 6-13 days after Vioxx therapy began. Linda E. Levesque, James M. Brophy, and Bin Zhang, "Time variations in the risk of myocardial infarction among elderly users of COX-2 inhibitors," published electronically at <www.cmaj.ca>, May 2, 2006 (an abridged version is published in *Canadian Medical Association Journal*, 174.11 (May 23, 2006).)

[62] Susan Okie, "Raising the Safety Bar – The FDA's Coxib Meeting," *New England Journal of Medicine*, 352.13 (March 31, 2005): 1283-5, p. 1284.

[63] Eric Topol, "Failing the Public Health – Rofecoxib, Merck, and the FDA," *New England Journal of Medicine*, 351.17 (October 21, 2004): 1707-9, p. 1707.

safety board when it emerged that patients given 25 mg. of Vioxx for more than 18 months had a fourfold greater incidence of serious thromboembolic events.[64]

In April 2005 the *New York Times* reported that the published account of the ADVANTAGE trial had omitted three cardiac deaths among the patients given Vioxx. The purported lead author explained that Merck scientists had designed, paid for, and run the study, and written the report; his role was only to give editorial help after the paper was written, and he hadn't known about the additional deaths.[65] In December of that year the *NEJM* published an "Expression of Concern" about "inaccuracies and deletions" in the report of the VIGOR trial: three heart attacks among patients taking Vioxx had been omitted. These adverse events had been included in the data on the FDA website since February 2001; and two of the three authors had known of them well in advance of the publication of the paper. Their inclusion raised the rate of heart attacks among those taking Vioxx from 0.4% to 0.5% (compared with 0.1% among those taking naproxen); and contradicted the claim in the paper that only those already at risk showed an increase in heart attacks with Vioxx. On behalf of the *NEJM* Dr. Drazen explained to reporters that the study had been "misleading," designed to be more sensitive to gastrointestinal benefits than to cardiovascular risks by continuing to track gastrointestinal effects after it stopped tracking cardiovascular events.

But there is more to the story. We now know that in June 2001 the editors of the *NEJM* had received a letter from pharmacist Jennifer Hrachovec asking that the article be corrected in light of the information on the FDA website, but had declined to publish it on the grounds that "the journal can't be in the business of policing every bit of data we put out." (The same year Merck officials had pressured a leading cardiologist, Dr. Eric Topol, not to publish an article critical of Merck's claim that the reason for the disparity in the rate of heart attacks wasn't that Vioxx increased the risk, but that naproxen lowered it.)[66] What changed the minds of

---

[64] "COX-2 selective inhibitors – important lessons learned," *The Lancet*, 365 (February 5, 2005): 449-51, p. 449.

[65] Alex Berenson, "Evidence in Vioxx Suit Shows Intervention by Merck Officials," *New York Times*, April 24, 2005, section 1.

[66] Anne Belli and Bill Hensel, Jr., "Doctor: Merck tried to influence article: Company urged him not to publish warnings against Vioxx use," *Houston Chronicle*, December 4, 2005, section B.

the editors of the *NEJM* and prompted them to post that "expression of concern" – four and a half years after they were made aware of the problem – was an urgent e-mail from public-relations specialist Edward Cafasso that testimony to be presented the next day in a Vioxx case in which executive editor Dr. Gregory Curfman had been deposed made it essential to post something right away, to "drive the media away from the *NEJM* and toward the authors, Merck, and plaintiff attorneys." We also now know that the *NEJM* – which listed $88 million in total publishing revenue for the year ending May 31st, 2005 – had sold 929,000 offprints of the article, most of them to Merck, for revenue estimated to be between $679,000 and $836,000.[67]

As if this weren't bad enough, in July 2006 the journal posted a correction to the report it had earlier published of the APPROVe study: key results claimed in the article had not in fact been arrived at by the statistical method the authors said they used; and, had they used it, the results would have undermined the claim in the article that cardiovascular risks increased only after 18 months.[68]

What about Celebrex? The CLASS study, completed and published in the *JAMA* in 2000,[69] indicated that Celebrex carried a significantly lower risk of adverse gastro-intestinal effects than conventional NSAIDS. Subsequently, however, letters to the journal (including one from Dr. Hrachovec) pointed out that the article reported only data from the first 6 months of the 12-month trial, while the more complete information available on the FDA website revealed that "[f]or upper GI safety, and also global safety, there does not appear to be any meaningful advantage for Celebrex"; and that patients with pre-existing cardiovascular disease had been excluded from the study.[70] In December 2004, a study published on-line suggested that Celebrex offered some protection against non-fatal

---

[67] David Armstrong, "How the New England Journal Missed Warning Signs on Vioxx: Medical Weekly Waited Years to Report Flaws in Article that Praised Pain Drug," *The Wall Street Journal*, May 15, 2006, A1, A10.

[68] Heather Won Tesoriero, "Vioxx Correction May Add Pressure to Merck's Defense," *The Wall Street Journal*, June 27, 2006, A2.

[69] Fred E. Silverstein *et al.*, "Gastrointestinal Toxicity With Celecoxib vs Nonsteroidal Anti-Inflammatory Drugs for Osteoarthritis and Rheumatoid Arthritis: The CLASS Study," *Journal of the American Medical Association*, 284.10 (September 13, 2000): 1247-55.

[70] Letters, *Journal of the American Medical Association*, 286.19 (November 21, 2001): 2398-400. The quotation from the FDA website appears on p. 2398.

myocardial infarction; the same month, however, the National Cancer Institute halted both the Adenoma Protection with Celebrex (APC) trial, and a second trial, the PreSAP study, because of a 2.5-fold increased risk of acute MI and stroke in patients given 400 mg. of Celebrex a day, and a 3.4-fold increase in patients given 800 mg..[71] This led to the warning added to the package insert and advertisements for Celebrex.

Then, a twist in the tale: analysis of the results of the two halted studies, reported at the annual meeting of the American Association for Cancer Research in April 2006, showed a dramatic reduction in risk of colon cancer in patients given Celebrex.[72]

Even after the withdrawal of Vioxx, Merck remains a player in the Cox-2 inhibitor market. In October 2004, after reviewing Merck's application for approval of a new Cox-2 inhibitor, Arcoxia [etoricoxib], the FDA had asked for further data; in August 2006 Merck released preliminary results of the first large-scale trial, the MEDAL study, concluding that Arcoxia has gastrointestinal advantages over the older, widely prescribed NSAID diclofenac [Voltaren, Cataflam], while its heart risks are comparable. But critics noted that the data Merck supplied was very limited; and expressed disappointment at the choice of diclofenac as a comparison treatment, pointing out that this drug "works in the body more like Cox-2 inhibitors than painkillers like naproxen." Only a few weeks later, two analyses of previous clinical trials found that even short-term Vioxx use increased cardiovascular risk – and that the cardiovascular risks of diclofenac (marketed by Novartis) are such as to merit the regulatory status of the drug.[73] Arcoxia is already on sale in Europe and Latin America.[74]

---

[71] David J. Graham *et al.* (note 57 above), p.480, citing M. Kaufman, "Celebrex trial halted after finding of heart risk: FDA chief urges patients to ask about alternatives," *Washington Post*, December 18, 2004, A1.

[72] Press Release, American Association for Cancer Research, "Studies Confirm Celecoxib May Help Prevent Colorectal Cancer in High Risk Patients" (April 3, 2006), available at <www.aacr.org?Default.aspx?p=1066&d=608>. Scott Hensley, "Drug Cuts Risks of Colon Cancer in Two Studies," *Wall Street Journal*, April 14, 2006, D6.

[73] Peter Loftus, "Merck's Vioxx Tied to New Threat: Heart Risks Early in Study," *Wall Street Journal*, September 13, 2006, A12.

[74] Heather Won Tesoriero, "Merck's Possible Vioxx Successor Draws Mixed Results in Study," *The Wall Street journal*, August 14th, 2006, D6. See also press release, <http://www.merck.com/newsroom/press_releases/research_and_development/2006_0823.h...> (visited 8.24.2006).

6. And Why The Erosion of Integrity Matters

In the words of H. L. Mencken, "there is always a well-known solution to every human problem – neat, plausible, and wrong."[75] Even if I had one, a neat, plausible solution to the thicket of problems explored here surely would be wrong. But anyway, having no such solution to offer, I will end instead by trying to articulate briefly why, as my subtitle says, the integrity of science matters, why the creeping corruption I have described should concern us.

For some people, the commitment to finding out – the "scientific attitude," as C. S. Peirce called it, "the Will to Learn"[76] – is both firm and deep; as Percy Bridgman puts it, some feel the emotional pull of the ideal of intellectual honesty almost as the religious man feels the call to serve Something much more significant than himself.[77] But for many people intellectual honesty flourishes only with the right kind of encouragement and incentives, and with good example; in an inhospitable environment it wilts and withers. So the erosion of integrity feeds on itself: senior scientists whose commitment to the norms of science is weak or ambivalent won't transmit those norms to young colleagues or to students; and the more commitment to those norms becomes professionally disadvantageous, the more ambivalent and the shakier the more scientists' commitment to them will become.[78]

---

[75] H. L. Mencken, "The Divine Afflatus," in *Prejudices: Second Series* (New York: Alfred Knopf, Borzoi Books, 1926), 155-71, p.158.

[76] Charles Sanders Peirce, *Collected Papers*, eds. Charles Hartshorne, Paul Weiss and Arthur Burks (vols. 7 and 8), (Cambridge: Harvard University Press, 1931-58); references are by volume and paragraph number. Peirce describes the "scientific attitude" as "a craving to know how things really are" (1.34), "an intense desire to find things out" (1.14), and the "Will to Learn" (5.583). See also Haack, "As for that phrase 'studying in a literary spirit' ... " (1996), in Haack, *Manifesto of a Passionate Moderate* (n.15), 48-68.

[77] Percy Bridgman, "Science, Materialism, and the Human Spirit" (1949), in Bridgman, *Reflections of a Physicist* (New York: Philosophical Library, 1955), 452-72, pp. 456-7.

[78] The week I wrote this paragraph, a press report on plagiarism problems in the department of mechanical engineering at Ohio University illustrated it: graduate students had copied chunks from earlier dissertations, and faculty, some of whom had supervised more than a hundred theses, hadn't read carefully enough to notice. The report quotes Michael Kalichman, Director of Research Ethics at the University of California, San Diego: "What is going to happen as these [students] become the next generation of faculty members?" Robert Tomsho, "Student Plagiarism Stirs Controversy at Ohio University," *The Wall Street Journal*, August 18 2006, A1, A10.

The erosion of commitment to these norms matters, first, because it is apt to impede the progress of science; as a result of which we don't know things we could have known by now, and we lose out on the benefits that knowledge would have provided had we had it. Once again, the saga of Vioxx and Celebrex makes the point vivid. Between 1999 (when Vioxx was approved by the FDA) and 2004 (when it was taken off the market) it is estimated that there were between 88,000 and 140,000 excess cases of serious coronary heart disease in the U.S..[79] In late 2004 we learned that Celebrex may protect against colon cancer; and in late 2005 the Cleveland Clinic announced that it will direct a world-wide clinical trial of around 20,000 patients to assess the relative safety of ibuprofen, naproxen, and celecoxib.[80] Think about it: if sponsors' interests hadn't got in the way, mightn't we have known much more, years ago, about which patients which NSAIDs could most benefit, and which patients which NSAIDs were likely to do more harm than good?

Second, and almost as obviously, the erosion of the integrity of science matters because when the public reads, day after day, week after week, one story after another of scientific dishonesty and corruption – Dr. Hwang Woo Suk's fraudulent work on stem-cell cloning; that laughable Columbia "Prayer Study"; the amateurishly fabricated data in Jon Sudbo's oral-cancer study[81] – its confidence in the sciences will inevitably be damaged. Indeed, public trust in science may well be damaged more than the erosion of integrity, thus far, really warrants; especially when, as now, the press takes a particularly keen interest in stories of scientific fraud and misconduct. As a result, the public is likely to become more reluctant to support government funding of an institution they come to perceive as corrupt and untrustworthy; and again we lose out on knowledge we might otherwise have had, and on the benefits such knowledge might have brought.

---

[79] Graham *et al.*, "Risk of acute myocardial infarction and sudden cardiac death in patients treated with cyclo-oxygenase 2 selective and non-selective non-steroidal anti-inflammatory drugs" (n.57), p. 480.

[80] Sarah Treffinger, "Cardiologist at Clinic to lead study of painkillers," *Plain Dealer* (Cleveland), December 14, 2005, A1.

[81] Nicholas Wade and Choe Sang-Hun, "Human Cloning Was All Faked, Koreans Report," *The New York Times*, January 10th, 2006, Section A. Bruce Flamm, "The Columbia University 'Miracle' Study," 28.5 *Skeptical Inquirer* (September/October 2004), 25-31. Richard Horton, "Retraction: Non-Steroidal Drugs and the Risk of Oral Cancer: a nested case-control study, *The Lancet*, 367 (February 4-10, 2006): 382.

And third, less obviously but perhaps most consequentially, the erosion of the integrity of science matters because it feeds the anti-intellectualism, the cynicism about the very possibility of discovering how things are, even about the very idea of truth, that lies not far beneath the surface even of supposedly "civilized" societies. Our capacity to figure things out is one of the best talents human beings have: we aren't especially fast; we aren't especially strong; but if we really want to, if we are willing to work and think hard, if we have enough patience, enough persistence, if we are ready to fail and try again, perhaps over and over, we can find out something of how the world is. But this is hard work, often painful and frustrating; and there is another, less admirable, side of human nature, a side that really doesn't want to go to all the trouble of finding out, that prefers to believe things are as we would like them to be, and that loves the mysterious and the impressively incomprehensible.

Almost four centuries ago, Francis Bacon wrote that "the inquiry of truth, which is the love-making or wooing of it, the knowledge of truth, which is the presence of it, and the belief of truth, which is the enjoying of it, is the sovereign good of human nature."[82] Splendid as this is, perhaps a more muted statement would be in order. Scientific inquiry is not the only kind of inquiry, but it has undeniably been an extraordinarily successful human enterprise. And so the erosion of evidence-sharing and respect for evidence matters, also, because allowing the integrity of science to languish – like human beings' allowing their talent for music, for dancing, or for story-telling to languish – would be a real tragedy for the human race.

---

[82] Francis Bacon, "Of Truth" (1625) in *Francis Bacon's Essays*, ed. Oliphant Smeaton (London: Dent, and New York: Dutton, Everyman's Library, 1906), 1-3, p. 2.

A PATENTEABILIDADE DOS MÉTODOS DE DIAGNÓSTICO, TERAPÊUTICOS E CIRÚRGICOS: QUESTÃO (BIO)ÉTICA OU QUESTÃO TÉCNICA? – O ACTUAL ESTADO DO PROBLEMA

J. P. REMÉDIO MARQUES
Professor da Faculdade de Direito de Coimbra

SUMÁRIO: § **1.** O Problema. – **1.** Introdução: o problema no quadro da CPE, do Acordo TRIPS e do ordenamento português; interesse do problema; indicação de sequência. – **1.1.** A convenção sobre a Patente Europeia; o Acordo TRIPS e o Tratado de Cooperação em Matéria de Patentes. – **1.2.** O direito português passado e presente. – **1.3.** As aporias. – **1.4.** Sequência. – **2.** Referência a uma distinção pertinente: a proibição das patentes de métodos terapêuticos, cirúrgicos e de diagnóstico e a permissão das patentes de invenções de uso para fins médicos. – § **2.** Roteiro histórico-comparativo da protecção das invenções relativas a métodos terapêuticos, cirúrgicos e de diagnóstico. – **3.** O estado da questão no quadrante jurídico anglo-saxónico. – **3.1.** E.U.A. – **3.2.** Nova Zelândia. – **3.3.** Austrália. – **3.4.** África do Sul. – **3.5.** Canadá. – **3.6.** Reino Unido. – **4.** O estado da questão nos quadrantes do direito continental europeu de patentes. – **4.1.** Alemanha. – **4.2.** França e Bélgica. – **4.3.** Espanha – **4.4.** Itália. – **5.** A consagração desta proibição na CPE e a sua razão de ser (a influência da dogmática e da jurisprudência germânicas). – **5.1.** Crítica à exclusão da patenteabilidade baseada em argumentos técnicos: a alegada falta de industrialidade. – **6.** A densificação da proibição. – **6.1.** Processos aplicados ao corpo humano ou animal. – **6.2.** Métodos de diagnóstico; a realização ou a supervisão da execução do método por parte de um médico. – **6.3.** Métodos de terapia; métodos cosméticos. – **6.4.** Métodos cirúrgicos; necessidade de tais métodos perseguirem um escopo terapêutico. – § **4.** O(s) Fundamento(s) da Exclusão. – **7.** As cláusulas da ordem pública e dos bons costumes. – **7.1.** A cláusula da ordem pública. – **7.2.** A cláusula dos bons costumes. – **7.3.** A patenteabilidade dos métodos previstos no artigo 52.°/2 do CPI de 2003 face à liberdade terapêutica e à garantia de acesso aos cuidados de saúde. – § **5.** Pistas para uma solução. – **8.** As razões que justificam, de *iure condendo*, a abolição da proibição da patenteabilidade dos métodos de diagnóstico e de terapia no quadro da CPE e dos ordenamentos dos Estados Contratantes. – **9.** A conciliação dos interesses e a ponderação dos bens.

§ 1.
O Problema

1. Introdução: o problema no quadro da CPE, do Acordo TRIPS e do ordenamento português; interesse do problema; indicação de sequência. – A patenteabilidade dos *métodos* de diagnóstico, terapêuticos e cirúrgicos aplicados ao corpo humano e animal tem-se revelado um problema com crescente importância nos auditórios científico-académicos e económicos, pelas mais variadas razões; isto é assim, pelo menos, nos últimos 100 anos – período correspondente ao advento e à "maioridade" da *medicina académica* moderna, fundada no *método científico*.

Os textos das leis não são esclarecedores sobre os fundamentos que, no essencial, justificam a exclusão dessa patenteabilidade. Embora a referência juspositiva a esta exclusão da patenteabilidade tenha surgido na Convenção sobre a Patente Europeia (CPE), em 1973, sendo logo acompanhada por idênticas proibições no quadro dos diversos ordenamentos nacionais dos Estados Contratantes desta Convenção, os ordenamentos jurídicos de tradição anglosaxónica há muito que discutem este problema em sede jurisprudencial. A Grande-Câmara de Recurso do Instituto Europeu de Patentes emitiu, recentemente, um importante aresto uniformizador sobre o escopo e alcance da proibição da patenteabilidade dos *métodos de diagnóstico*: a decisão G 1/04, de 16/12/2005 (cfr., *infra*, 6.1.), a qual suscita, como é bem de ver, um acrescido e renovado interesse sobre este problema.

Umas vezes, esse fundamento é surpreendido (**1**) nas cláusulas gerais da *ordem pública* e dos *bons costumes,* ou em geral em *motivos ético- -sociais*[1]; (**2**) há quem veja nessa proibição uma concretização típica da

---

[1] Esta proibição da patenteabilidade tem sido maioritariamente fundada em razões

A patenteabilidade dos métodos de diagnóstico, terapêuticos e cirúrgicos... 213

ausência de industrialidade das invenções em cujos pedidos de protecção se reivindicam tais métodos – orientação que é devida à influência; **(3)** outros derivam essa proibição da *ausência de uma invenção* propriamente

de natureza *ético-social*. Cfr. José António GÓMEZ SEGADE, "Falta de patentabilidad de los procedimientos terapéuticos", in *Tecnologia y Derecho*, Estudios jurídicos del Prof. Dr. h.c. José António GÓMEZ SEGADE recompilados com ocasión de la comemoración de los XXV anos de cátedra, Martial Pons, Madrid, Barcelona, 2001, p. 709 ss., p. 718 = in *Cadernos CEFI*, n.º 12, 1993; Hans DERSIN, "Über die Patentfähigkeit von Verfahren zur Behandlung des lebenden menschlichen Körpers (Dauwerll- und Haarfärbeverfahren)", in *Mitteilungen der deustschen Patentanwälte*, 1951, p. 2 ss., p. 5; Doris THUMS, "Patent Protection for Medical Treatment – A Distinction Between Patent Law and Medical Law", in *International Review of Industrial Property and Copyright Law*, 1996, p. 423 ss., p. 438-439; Rainer MOUFANG, "Methods of Medical Tretament Under Patent Law", in *International Review of Industrial Property and Copyright Law*, 1993, p. 18 ss., pp. 22-24; Maurizio AMMENDOLA, *La Brevetabilità nella Convenzione di Monaco*, Giufré, Milano, 1981, pp. 106-113; Bernd APPEL, *Der menschliche Körper im Patentrecht*, Carl Heymmans Verlag, Köln, Berlin, Bonn, München, 1995, pp. 49-50, pp. 181-183; Rudolf KRAßER, *Patentrecht – Ein Lehr- und Handbuch*, 5ª edição, C. H. Beck, München, 2004, pp. 209-210; Sven J. R. BOSTYN, "No Cure without Pay? Referral to the Enlarged Board of Appeal Concerning the Patentability of Diagnostic Methods", in *European Intellectual Property Review*, 2005, p. 412 ss., p. 413; Joseph STRAUS/Karolina HERRLINGER, "Zur Patentierbarkeit von Verfahren zur Herstellung individuumspezifischer Arzneimittel", in *Gewerblicher Rechtsschutz und Urheberrecht, Internationaler Teil*, 2005, p. 869 ss., pp. 870-871. No quadro do CPI de 1940, o Prof. OLIVEIRA ASCENSÃO, *Direito Comercial*, Vol. II, *Direito Industrial*, reimpressão, Associação Académica da Faculdade de Direito de Lisboa, Lisboa, 1994, p. 236, enquadra esta proibição no *princípio da licitude* e também parece fundá-la em motivos éticos-sociais a par da protecção objectiva da indústria nacional.

Estas *cláusulas gerais* são comuns à generalidade dos ordenamentos internos do direito continental europeu, podendo encontrar-se também em alguns ordenamentos de influência anglosaxónica: é, por exemplo, o caso do § 5(2) da *Patentgesetz* alemã de 1980; do § 1(4), alínea *(i)*, da lei de patentes dinamarquesa; do § 4 do *Patent Act* britânico de 1977; do Art. L. 611-17, alínea *a)*, do *Code de la propriété intellectuelle* francês de 1992; § 5 da lei de patentes dos Países Baixos; § 2(a) da *Patentgesetz* suíça de 1954; § 2(1) da *Patentgesetz* austríaca; art. 13/1 da *legge invenzioni* italiana de 1939, agora substituída pelo *Codice della proprietà industriale* [Decreto legislativo, de 10/02/2005, n. 30, publicado no *Supplemento ordinario* à *Gazetta Ufficiale*, n. 52, de 4/03/2005, com início de vigência em 19/03/2005]; art. 5/1 da *Ley de Patentes* espanhola de 1986; Secção 1(3) do *Patent Act* do Reino Unido, de 1977, cuja redacção foi mantida nas alterações de 2004 (*Patent Act* de 2004, com entrada sucessiva em vigor através do *Statutory Instrument* 2004 No. 2177: em 22/09/2004; *idem* 2004 N.º 3205: em 1/01/2005; *idem* 2005 N.º 2471: em 1/10/2005), com uma única diferença: a contrariedade à ordem pública e aos bons costumes refere-se à *exploração comercial* do invento, que não à sua *publicação*, o que se coaduna com as alterações à CPE resultantes da Conferência Diplomática de Novembro de 2000, as quais irão entrar em vigor em 13 de Dezembro de 2007.

dita, enquanto solução técnica *materializável* em actividades que conduzem à obtenção de produtos ou de substanciais; **(4)** outros, ainda, procuram fundar essa exclusão da patenteabilidade na tutela do interesse da *saúde pública* e nas especificidades de natureza *deontológica* surpreendíveis na *relação médico-paciente*[2] ou na específica actividade (não comercial e subtraída às regras da concorrência) respeitante ao exercício da profissão médica[3], seja em termos de tutela da *liberdade terapêutica* e da *autonomia prescritiva*, seja no quadro da defesa da *intimidade da vida privada* dos *pacientes* ou das pessoas que, não estando afectadas por situações patológicas, se sujeitam a certos *métodos de diagnóstico*.

Atente-se que esta proibição não atinge os *produtos*, as *substâncias*, os *preparados* ou as *máquinas* utilizadas na execução destes métodos[4] (artigo 52.°/4, *in fine*, da Convenção sobre a Patente Europeia): nestes casos, estranhamente, está aberta a via da patenteabilidade destas *invenções de produtos*.

---

[2] Anna FEROS, "Patentability of Methods of Medical Treatment", in *European Intellectual Property Review*, 2001, p. 79 ss., pp. 84-85.

[3] Assim, Ulrich SCHATZ, "Patents and morality", in STERCKX, Sigrid (ed.), *Biotechnology, Patents and Morality*, 2ª edição, Ashgate, Aldershot, Burlington, Singapore, Sydney, 2000, p. 217 ss., pp. 225-226; Sigrid STERCKX, "European patent law and biotechnological inventions", in STERCKX, Sigrid (ed.), *Biotechnology, Patents and Morality*, 2ª edição, cit., p. 1 ss., p. 21.

[4] Rainer MOUFANG, "Methods of Medical Treatment Under Patent Law", cit., p. 19; Rudolf KRABER, *Patentrecht. Ein Lehr- und Handbuch*, 5ª edição, cit., p. 210; Alfred KEUKENSCHRIJVER, in Rudolf BUSSE, *Patentgesetz, Kommentar*, 6ª edição, cit., § 5, anotação à margem n. 36, pp. 235-236; Rainer SCHULTE, *Patentgesetz mit EPÜ*, 6ª edição, Carl Heymanns Verlag, Köln, Berlin, Bonn, München, 2001, § 5, anotações à margem n.°s 43 e 44, pp. 221-222; Karl BRUCHHAUSEN, in Georg BENKARD, *Patentgesetz, Gebrauchmustergesetz*, 9ª edição, C. H. Beck, München, 1993, § 5, anotação à margem n. 14, p. 332; Mireille BUYDENS, *Droit des brevets d'invention et protection du savoir-faire*, Larcier, Bruxelles, 1999, p. 80; Albert CHAVANNE/Jean-Jacques BURST, *Droit de la propriété industrielle*, 5ª edição, Dalloz, Paris, 1998, p. 35; Adriano VANZETTI/Vincenzo DI CATALDO, *Manuale di Diritto Industriale*, 4ª edição, Giufré, Milano, 2003, p. 328; José António GOMEZ SEGADE, "Falta de Patentabilidad de los Procedimientos Terapéuticos", cit., p. 719; SINGER/STAUDER, in Margaret SINGER/Dieter STAUDER, *European Patent Convention*, Vol. I, 3ª edição, Thomson, Sweet & Maxwell, Carl Heymanns, 2003, Art. 52, anotação à margem n.° 64, p. 78; Klaus-Jürgen MELULLIS, in BENKARD, *EPÜ Europäisches Patentübereinkommen*, C. H. Beck, München, 2004, Art. 52, anotações à margem n.°s 268 e 269, pp. 381-382; Simon THORLEY/Richard MILLER/Guy BURKILL/Colin BIRSS, in *TERREL On the Law of Patents*, 16ª edição, Sweet & Maxwell, London, 2006, § 2-16, p. 25.

A patenteabilidade dos métodos de diagnóstico, terapêuticos e cirúrgicos... 215

Constata-se, porém, que, no domínio da saúde, nos últimos 20 anos, a deslocação da pesquisa e da investigação científicas dirigidas ao desenvolvimento e aplicação de novos métodos de diagnóstico e de terapia para as sociedades transnacionais farmacêuticas providas de vastas equipas de investigadores *despersonalizou* esta actividade de inovação tecnológica. Este movimento de despersonalização da investigação clínica e de diagnóstico exige, porém, a aplicação de abundantes meios financeiros. Mesmo nos países que admitem, sem rebuço, a patenteabilidade de tais métodos surpreende-se a quase total ausência de litígios entre os titulares de patentes desta natureza e os utilizadores destes métodos, *maxime*, os médicos e as instituições, públicas ou privadas, de prestação de cuidados de saúde.

É, por isso, questionável, como veremos, a manutenção desta proibição no quadro da Convenção sobre a Patente Europeia e dos ordenamentos dos Estados Contratantes – ou a manutenção desta proibição nos termos algo rigorosos com que tem sido interpretada pelos órgãos jurisdicionais competentes –, atenta não apenas a necessidade de *incentivar a pesquisa científica e tecnológica*, como também a necessidade de promover a *eficiência* desta investigação aplicada, no quadro da manutenção dos princípios *liberdade terapêutica*, do *segredo médico*, da *não comercialização do corpo humano* e dos seus elementos não destacados, e da *garantia de acesso aos cuidados de saúde*. Nós pensamos que é possível, no quadro do subsistema do direito de patente, harmonizar estes princípios e valores aparentemente divergentes. O excurso que se segue pretende iluminar esta retórica argumentativa.

1.1. A Convenção sobre a Patente Europeia; o Acordo TRIPS e o Tratado de cooperação em Matéria de Patentes. – O artigo 52.°/4 da *Convenção sobre a Patente Europeia* (CPE) preceitua que *"não são considerados invenções, susceptíveis de aplicação industrial no sentido do parágrafo 1, os métodos de tratamento cirúrgico ou terapêutico do corpo humano ou animal e os métodos de diagnóstico aplicáveis ao corpo humano ou animal"*. O considerando n.° 35 da Directriz n.° 98/44/CE, de 6/07/1998, do Parlamento Europeu e do Conselho[5], sobre a protecção das *invenções biotecnológicas*, reafirma a ideia de que a harmonização horizontal aí desejada, e hoje já totalmente lograda[6], não afecta o disposto nos

---

[5] In *Jornal Oficial das Comunidades Europeias*, n.° L 213, de 30/0/1998, p. 13 ss.

[6] Veja-se, por último, a importante transposição desta directriz para o ordenamento alemão, com início de vigência a partir de 28/01/2005 (in *Bundesgesetzblatt*, N.° 6/2005,

ordenamentos nacionais onde sejam excluídos da patenteabilidade os "processos de tratamento cirúrgico ou terapêutico do corpo humano ou animal, bem como os métodos de diagnóstico aplicáveis ao organismo humano ou animal".

As regras n.°s 39/1 e 67/1(*iv*) do Regulamento de Execução do *Tratado de Cooperação em Matéria de Patentes* (PCT), de 19/06/1970[7], *ex vi* do disposto no artigo 17.°/2, alínea *a)*, ponto i), deste Tratado, determinam que a autoridade designada para a *pesquisa internacional* não tem o dever de proceder a pesquisas para efeitos de *exame preliminar internacional* respeitante a "methods for treatment of the human body by surgery or therapy, as well as diagnostic methods"[8]. As próprias *Directrizes para Exame Preliminar Internacional* (Cap. IV, ponto 2.5.)[9], exame que é realizado sobre os auspícios deste Tratado, salientam que esta exclusão não impede o *exame preliminar internacional* respeitante a invenções de *outros métodos* aplicados em animais (*v.g.*, tratamento de ovelhas para promover o mais rápido desenvolvimento ou para melhorar a qualidade da lã) para avaliar ou obter propriedades ou características do corpo humano ou animal, ou para realizar intervenções cosméticas. E mesmo quando o *método de diagnóstico* reivindicado é aplicado em *cadáveres* de seres humanos ou de animais, esse *exame preliminar internacional* é, apesar disso, realizado; outrossim, quanto às reivindicações de dirigidas ao tratamento de tecidos ou fluidos do corpo humano ou animal, contando que as actividades ou etapas sejam realizadas *ex vivo*, fora do corpo humano ou animal.

Embora o artigo 27.°/1 do Acordo TRIPS[10] sobre os *aspectos dos direitos de propriedade intelectual relacionados com o comércio* permita

---

p. 146), e para o ordenamento francês, em vigor a partir de 6/08/2004, mediante a alteração dos Arts. L. 611-18 e L. 613-2-1, ambos do *Code de la propriété intellectuelle*; no ententanto, a transposição também foi efectuada para ordenamento italiano, através do novo *Codice della proprietà industriale*, em vigor a partir de 19/03/2005.

[7] Aprovado para adesão pelo Decreto n.° 29/92, de 25 de Junho.

[8] Cfr. este regulamento de execução no *European Patents Handbook*, Vol. 3, 2ª edição, Chartered Institute of Patent Agents, Longmann, London, Mathew Bender, New York, 1995-2005, fascículo editado em 1998, Cap. 80.

[9] Cfr. estas Directrizes no *European Patents Handbook*, Vol. 3, 2ª edição, cit., 1995--2005, Cap. 82, n.° 229.

[10] Este Acordo TRIPS, como é sabido, constitui o Anexo IV ao "Acordo que Instituiu a Organização Mundial do Comércio", na sequência do *Uruguay Round*, em finais de 1994 e entrou em vigor em Portugal no dia 1/01/1995, embora a data da sua *aplicação efectiva* no nosso país tenha sido o dia 1/01/1996, nos termos do disposto no seu artigo 65.°/1.

A *patenteabilidade dos métodos de diagnóstico, terapêuticos e cirúrgicos...* 217

a concessão de direito de patente para quaisquer invenções, *em todos os domínios da tecnologia*, quer se trate de *produtos* ou de *processos*, o n.º 3 deste mesmo artigo autoriza os Estados Contratantes a excluir a patenteabilidade dos *"métodos diagnósticos, terapêuticos e cirúrgicos para o tratamento de pessoas e animais"*. Mais: este Anexo IV ao Acordo que criou a *Organização Mundial do Comércio* (O.M.C.) não prevê a possibilidade de recusar a patenteabilidade a estes métodos por motivo de falta de *industrialidade*; pelo contrário, a *colocação formal* desta permissão normativa dirigida aos Estados Contratantes no referido artigo 27.º – mais precisamente no n.º 3 deste preceito – pretende significar que essa faculdade jurídica susceptível de ser exercida por esses Estados Contratantes não respeita, no essencial e como veremos, à falta de *industrialidade* destes métodos (ou ao facto de às invenções em que eles se traduzem faltar a necessária *novidade* ou *nível inventivo*), mas deve-se, pelo contrário, à circunstância de o legislador do TRIPS entender que *eles podem representar invenções* cuja patenteabilidade deve ser negada[11], uma vez reunidas certas condições, por motivos outros que não se reconduzem à ausência de *requisitos substantivos de patenteabilidade*, *maxime* a *industrialidade*.

É verdade que o legislador do TRIPS não diz *expressamente* quais são as razões que o levam a autorizar os Estados Contratantes, querendo, a impedir a constituição de direitos de patentes sobre tais *métodos*. Mas a colocação desta permissão normativa dirigida aos Estados Contratantes na alínea *a)* do n.º 3 do artigo 27.º inculca a ideia de que o motivo central talvez não se prenda irrestritamente com a eventual violação da *ordem pública* ou dos *bons costumes* – cláusulas gerais, estas, do *contra legem*, que estão situadas no n.º 2 do artigo 27.º do referido Acordo –, mas com a tutela de interesses e valores mais densificados e concretizáveis. Esses valores podem muito ser os da protecção da *vida* e da *saúde*[12] de seres humanos e animais, bem como, em particular, a garantia da observância de certos *deveres deontológicos*. É o que iremos ver.

---

[11] Tb., neste sentido, Nuno PIRES DE CARVALHO, *The TRIPS Regime of Patent Rights*, Kluwer Law International, London, The Hague, New York, 2002, p. 176 = 2.ª edição, Kluwer Law International, 2005, pp. 214-215.

[12] Cfr., agora, David VAVER/SHAMNAD BASHEER, "Popping Patented Pills: Europe and a Decade's Dose of TRIPs", in *European Intellectual Property Review*, 2006, p. 282 ss., p. 284, os quais salientam que a exclusão da patenteabilidade dos métodos de terapia constante deste Acordo TRIPS funda-se numa política legislativa de tutela da *saúde pública*.

218   *J. P. Remédio Marques*

1.2. O direito português passado e presente. – Em sentido algo diverso navega o disposto no artigo 52.°/2 do *Código da Propriedade Industrial* de 2003 (CPI de 2003), embora a colocação sistemática desta última norma e a epígrafe que a precede ("Limitações quanto ao objecto") inculque a ideia de que se trata de *realidades não patenteáveis por não constituírem invenções* e não tanto de *invenções* desprovidas de *aplicação industrial*.

O anterior CPI de 1995, no seu artigo 48.°/2, já consagrava o mesmo regime, sob idêntica epígrafe.

O CPI de 1940 era omisso quanto a esta específica questão, dispondo apenas que não eram patenteáveis as invenções respeitantes aos "produtos e preparados farmacêuticos destinados ao homem e aos animais", autorizando somente a tutela dos aparelhos ou sistemas do seu fabrico (§ 3 do artigo 5.°); além de que também permitia a patenteabilidade dos *processos de obtenção de substâncias químicas* (§ 4 do artigo 5.°), que o mesmo é dizer estava já aberta a patenteabilidade dos *métodos de obtenção de medicamentos*. Nada se descortinava quanto aos métodos terapêuticos, de diagnóstico e cirúrgicos.

Idêntico regime vigorou no domínio da Lei de 21 de Maio de 1896, que, pela primeira vez[13], regulou no seu conjunto a então chamada "propriedade industrial": o artigo 11.° desta Lei excluía a patenteabilidade dos "preparados pharmaceuticos e os remedios destinados á alimentação humana ou aos irracionaes"[14], embora a admitisse relativamente aos "processos de fabrico d'esses preparados ou remedios". O mesmo regime constava do Decreto de 28 de Março de 1895[15], que, sendo mantido em vigor após a normalização constitucional, regulamentou aquele Decreto ditatorial: o § 2 do seu artigo 9 preceituava que: "Na industria da pharmacia só se concedem patentes aos processos por que se obtêem os productos e não aos preparados ou remedios".

---

[13] É facto, porém, que o regime vertido nesta Lei de 21 de Maio de 1896 consta praticamente inalterado do Decreto ditatorial n.° 6, de 15 de Dezembro de 1894. As Cortes converteram, então, este Decreto na referida Lei de 21 de Maio de 1896.

[14] A proibição da concessão de patentes às *invenções de produtos* ou preparados *farmacêuticos* (medicamentos) remonta, entre nós, ao § 2 do artigo 4.° do Decreto de 31/12/1852. O anterior Decreto de 16/01/1837 não provia qualquer limitação à patenteabilidade no que respeita ao *objecto* da criação, mas autorizava a cessação destes privilégios mediante a prolação de sentença que os declarasse "nullos, ou nocivos" (§ 2 do artigo 22.°).

[15] In *Diário do Governo*, n.° 75, de 4 de Abril de 1895, p. 900 ss.

A patenteabilidade dos métodos de diagnóstico, terapêuticos e cirúrgicos...   219

Todavia, pode observar-se que, a despeito dessa ausência de regulamentação, em Portugal, da tutela dos métodos terapêuticos, cirúrgicos e de diagnóstico, o § 2 do referido artigo 5.º do CPI de 1940 vedava a patenteabilidade das invenções *cuja utilização* fosse contrária à lei, à segurança pública, à *saúde pública*[16] e aos bons costumes, o que já parecia abarcar as invenções respeitantes aos referidos métodos.

1.3. As aporias; a nova redacção da alínea *c)* do artigo 53.º da CPE revista em 2000. – Pelo contrário, aquela norma da CPE faz supor que estes métodos não são patenteáveis precisamente na medida em que sejam desprovidos de *industrialidade*. Diferença, esta, que não é despicienda: como é sabido, o revestir *aplicação industrial* ou industrialidade (artigo 57.º da CPE[17] e artigo 55.º/3 do CPI de 2003) é um requisito e atributo das realidades que, por si só, *já* são previamente qualificadas como *invenções*. Que é dizer: o atribuir a uma realidade o estatuto de *invenção*[18] é um *prius* relativamente à consideração da presença de *industrialidade* nessa mesma *invenção*. O ser-se susceptível de *aplicação industrial* pressupõe isso mesmo; pressupõe que a realidade na qual se tenta surpreender essa *industrialidade* constitua *já* uma *invenção*.

Para aumentar ainda mais a confusão sobre verdadeira razão de ser da exclusão da patenteabilidade destes *métodos*, a nova redacção da alínea *c)* do artigo 53.º da CPE, revista na Conferência Diplomática de 20 a 29 de Novembro de 2000 – a qual irá entrar em vigor em 13/12/2007, dado que a Grécia ratificou, recentemente, em 13/12/2005, esta nova versão da CPE[19], tornando-se no 15.º Estado-membro a fazê-lo –, mantém a exclusão da patenteabilidade; todavia, insere-a agora nas *realidades que constituem invenções, mas cuja patenteabilidade está, à partida, excluída por*

---

[16] O § 3 do artigo 37.º da Lei de 21 de Maio de 1896 fulminava com a nulidade ("são nullos os privilegios ...") todo o invento que fosse "julgado prejudicial á segurança ou á saúde publicas ou contrario ás leis".

[17] Nos termos desta norma, uma invenção desfruta de industrialidade quando "*o seu objecto pode ser fabricado ou utilizado em qualquer tipo de indústria, incluindo a agricultura*".

[18] *Invenção* enquanto *solução técnica para um problema técnico que mobiliza meios técnicos* (invenção materializada num *produto, método* ou *uso*), mediante a manipulação humana controlável das *forças naturais* (*v.g.*, da física, da química, da termodinâmica, etc.).

[19] O texto, em língua inglesa, da nova versão da CPE pode ser consultado in *Official Journal of the European Patent Office*, 2003, n.º 1, Special Edition, p. 3 ss.

motivos atinentes à tutela da ordem pública e dos bons costumes, mais precisamente a *exigências deontológicas* respeitantes ao exercício das profissões médicas. Deixou-se de fazer radicar esta exclusão da patenteabilidade da falta de industrialidade, relegando para uma norma que preceitua a proibição da patenteabilidade de certas realidades, que, *constituindo inventos*, não podem ser protegidas por razões diversas.

É, destarte, importante situar adequadamente o *fundamento* desta exclusão da patenteabilidade. Estará esse fundamento localizado nos vários referentes *axiológico-jurídicos* que se precipitam "do exterior" e condicionam o próprio *subsistema jurídico* do *direito de patente* – a tutela dos valores e interesses precipitados nas cláusulas gerais da *ordem pública* e dos *bons costumes*, ou a tutela da *saúde pública*?

Ou, pelo contrário, o fundamento da proibição de outorgar direito de patente aos *métodos terapêuticos, cirúrgicos* e de *diagnóstico* reside "dentro" deste subsistema, sendo determinado por "razões internas" ligadas ao requisito da *industrialidade*, ou seja, à necessidade de as invenções patenteáveis ostentarem soluções técnicas susceptíveis de serem *actuadas ou executadas, com resultados concretos constantes, tantas vezes quantas as necessárias*, no sector de actividade económica pertinente, de harmonia com a *descrição* apresentada pelo requerente da protecção, por forma a qualquer perito na especialidade (*v.g.*, profissional de saúde, operador de máquina ou maquinismo através do qual se realizam as várias etapas destes métodos) lograr *a* solução técnica reivindicada, ainda quando ela apresente alguns desvios pouco significativos relativamente àquela descrição? Será que, afinal, a razão de ser desta exclusão repousa nos *critérios de patenteabilidade* definidos pelo regime jurídico positivo plasmado no CPI, mais precisamente no critério da (susceptibilidade de) *aplicação industrial* ou *industrialidade*?

Ou, enfim, partilhará esse fundamento de todos aqueles elementos "exteriores" a este subsistema e, simultaneamente, dos elementos intra-sistemáticos ou endógenos, respeitantes ao conteúdo do requisito da *industrialidade* ou *susceptibilidade de aplicação industrial* dos mencionados *métodos*?

Este problema da patenteabilidade dos métodos terapêuticos, cirúrgicos e diagnóstico é importante à luz, não apenas da actual expansão da tecnologia aplicada ao exercício da medicina, não somente por mor da *dessacralização*[20] da Medicina e a *despersonalização* dos cuidados de saúde,

---

[20] GUILHERME DE OLIVEIRA, "O fim da «arte silenciosa»", in *Temas de Direito da*

A patenteabilidade dos métodos de diagnóstico, terapêuticos e cirúrgicos... 221

quer visem escopos de diagnóstico, de profilaxia ou de terapia, mas também, e sobretudo, esta questão é de decisiva importância à luz das novas técnicas de *diagnóstico* e *terapia genética somática* – seja as que mobilizam métodos de utilização e transformação de células *autólogas* (isto é, células do próprio paciente), seja as que utilizam células *alogénicas* (ou seja, células que pertenciam a outros seres humanos) ou *xenogénicas* (células que se integravam no corpo de animais) –, na exacta medida em que tais *métodos terapêuticos* se destinam, pela *natureza* da própria (bio)tecnologia envolvida, a ser aplicados a pacientes *individuais*[21] (ou a animais específicos), *com exclusão de outros pacientes* (ou animais), aí onde o método (terapêutico) já não funcionará, ou poderá não alcançar os mesmos resultados terapêuticos, por virtude de o *genoma* dessa outra pessoa (ou animal) ser diferente.

Estas novas (bio)tecnologias ao serviço da realização de diagnósticos e de terapias, quer envolvam ou não etapas especificamente cirúrgicas – diferentemente da pesquisa e desenvolvimento de novos métodos terapêuticos, cirúrgicos ou diagnóstico efectuada pelos profissionais médicos na estrita medida da aplicação aos seus pacientes – convocam e desvelam uma acentuada *despersonalização da criação inventiva*: no sector das terapias e dos diagnósticos com base nas actuais biotecnologias, tais métodos não são, doravante, desenvolvidos através de uma estreita relação médico-paciente; estes métodos são hoje, pelo contrário, desenvolvidos pelos mesmos actores económicos que se dedicam à investigação e ao desenvolvimento de novas *substâncias activas* para incorporar novos fármacos susceptíveis de ser patenteados (*invenções de produtos*). Os métodos terapêuticos e de diagnóstico estão normalmente associados à preparação e/ou administração de um fármaco.

Medicina, Centro de Direito Biomédico, I, Coimbra Editora, Coimbra, 1999, p. 91 ss., p. 94.

[21] Cfr. o ponto 1.1.a. da Parte IV do Anexo C (normas e protocolos analíticos, farmacológicos e clínicos em matéria de *ensaios de medicamentos*), ao Decreto-Lei n.° 72/91, de 8 de Fevereiro, na redacção do Decreto-Lei n.° 97/2004, de 23 de Abril. Veja-se João Paulo REMÉDIO MARQUES, *Biotecnologia(s) e Propriedade Intelectual*, Dissertação para Doutoramento, existente no fundo bibliográfico da Faculdade de Direito de Coimbra, Coimbra, Abril de 2005, Vol. I, § 85.2., pp. 229-230 = Almedina Coimbra, 2007, pp. 310-311; Alfred KEUKENSCHRIJVER, in Rudolf BUSSE, *Patentgesetz, Kommentar*, 6ª edição, De Gruyter, Berlin, 2003, § 5, anotação à margem n. 22, pp. 231-232; agora, tb., Joseph STRAUSS/Karolina HERRLINGER, "Zur Patentierbarkeit von Verfharen zur Herstellung individuumespezifischer Arzneimittel", in *Gewerblicher Rechtsschutz und Urheberrecht, Internationaler Teil*, 2005, p. 869 ss., p. 873 ss.

Posto que esta actividade importa o dispêndio de avultadas somas (*v.g.*, na identificação das sequências de genes e das funções das proteínas envolvidas nos processos celulares, na escolha dos vectores de expressão desses genes, nos ensaios *in vitro*, nos ensaios clínicos em animais e, depois, em seres humanos, nos procedimentos administrativos dirigidos à emissão de autorizações de comercialização nos Estados onde se pretenda comercializar os *métodos de diagnóstico* e de *terapia genética*), torna-se pertinente a criação de *incentivos* que estimulem e tornem *eficiente* estas actividades de investigação[22] e desenvolvimento de novas *terapias genéticas* e de novos *métodos de diagnóstico* – atente-se, *v.g.*, no método de diagnóstico genético de certo tipo de carcinomas do seio (BCR1) comercializado pela sociedade *Miryad Genetics*, cuja patente foi objecto de algumas limitações, quanto ao alcance das *reivindicações*, na oposição deduzida junto dos órgãos jurisdicionais competentes do Instituto Europeu de Patente –, pois é muito complexa a determinação do *nexo causal* entre o método terapêutico ou de diagnóstico genéticos, que estejam a ser desenvolvidos, e o sucesso dos resultados[23]. Faz-se, actualmente, mister desenvolver uma pesquisa e investigação multidisciplinares, aqui onde os profissionais médicos, isoladamente considerados, pouco ou nada representam na economia destes novos processo de inovação tecnológica.

1.4. Sequência. – Eis o "roteiro" agora proposto, o qual – adentro das especificidades postuladas no regime jurídico positivo dos direitos nacionais europeus de patentes e do Instituto Europeu de Patentes, qual perspectiva "europeizada" da proibição da patenteabilidade dos métodos terapêu-

---

[22] Cfr. Bengt DOMEIJ, *Pharmaceutical Patents in Europe*, Kluwer Law International, Norstedts Juridik, The Hague, London, Boston, Stockholm, 2000, pp. 41-42, segundo o qual a proibição da patenteabilidade dos métodos terapêuticos e de diagnóstico não é *eficiente* a partir do momento em que o desenvolvimento de novos métodos terapêuticos se torna tecnologicamente muito complexo e caro, de tal maneira que a actual proibição da patenteabilidade destes métodos deve ser interpretada de uma forma cada vez mais *restritiva*; isto porque, para o Autor, na esfera das realidades patenteáveis é importante saber quem são os inventores, devendo-se estimular os inventores *mais eficientes* de processos desta natureza, a ponto de as *considerações éticas* deverem, de algum modo, subordinar-se a estes imperativos de eficiência económica na inovação tecnológica [conforme o Autor afirma: "Ethical considerations are subordinate. Inventions that requires sizeable investments in order to be achieved, or more importantly, to be exploited commercially, should belong to the patentable field" – *ob. cit.*, p. 42].

[23] Já, neste sentido, Joseph STRAUS, "Patentrechtliche Probleme der Gentherapie", in *Gewerblicher Rechtsschutz und Urheberrecht, Internationaler Teil*, 1996, p. 10 ss., p. 10.

A patenteabilidade dos métodos de diagnóstico, terapêuticos e cirúrgicos... 223

ticos, cirúrgicos e de diagnóstico – nos permite embrenhar, em primeiro lugar, na breve análise do enquadramento histórico-comparativo desta exclusão da patenteabilidade; em segundo lugar, procederemos à concreta densificação do regime jurídico desta exclusão, à luz da mais recente jurisprudência uniformizadora da *Grande-Câmara de Recurso* do Instituto Europeu de Patentes[24], a qual não deixará de se repercutir, no futuro, nas decisões tiradas nas Câmaras Técnicas de Recurso destes Instituto, em sede de pedidos de *patentes europeias*, e nos tribunais dos Estados-membros da CPE, seja em sede de *patentes nacionais*, seja no domínio de *pedidos de invalidação* de *patentes europeias*.

2. Referência a uma distinção pertinente: a proibição das patentes de métodos terapêuticos, cirúrgicos e de diagnóstico e a permissão das patentes de *invenções de uso para fins médicos*. – Não obstante se mantenha esta proibição na actual redacção do artigo 52.º/4 da CPE[25], quanto à patenteabilidade dos métodos ou processos terapêuticos, cirúrgicos ou de diagnóstico, o n.º 5 do artigo 54.º da CPE – e, outrossim, quanto às *patentes nacionais*, a norma do artigo 54.º/1, alínea *a)*, do CPI de 2003 – permite(m), a despeito disso, a concessão de direito de patente relativamente *ao uso* de substâncias ou composições desprovidas de novidade (*id est*, substâncias ou composições já compreendidas no estado da técnica) para o efeito de utilização em qualquer dos métodos acima referidos (de diagnóstico, terapêuticos e cirúrgicos), contanto que essa específica utilização não esteja, ela própria, compreendida no estado da técnica.

Enquanto no primeiro caso estamos perante uma *invenção de método* ou *processo*, no segundo quedamo-nos face a uma *invenção de produto destinado a um específico fim médico* (*product-for-use*). As reivindicações usadas neste último caso são commumente conhecidas por *Swiss-type claims*: reivindica-se o uso de uma substância ou composição destinada ao *fabrico* de um medicamento, com vista a uma nova e inventiva aplicação terapêutica[26].

---

[24] Decisão G 0001/04, de 16/12/2005, in *http://www.epo.org* = *Official Journal of the European Patent Office*, 2006, p. 334 ss.

[25] A qual será mantida na nova redacção da alínea *c)* do artigo 53.º, após o início de vigência da revisão introduzida no texto da CPE pela Conferência Diplomática de 20 de Novembro de 2000.

[26] Assim, já a Decisão 5/83 da Grande-Câmara de Recurso do Instituto Europeu de Patentes, in *Official Journal of the European Patent Office*, 1985, p. 64 ss. = *International Review of Industrial Property and Copyright Law*, 1985, p. 83 ss.; contra, veja-se a

224 J. P. Remédio Marques

A *novidade* e o *nível inventivo* desta última invenção devem residir no *novo (e inventivo) uso médico* ou *farmacêutico*, pois a substância já se achava integrada no acervo de conhecimentos divulgados junto dos peritos na especialidade. Parece que estamos perante um *conceito especial* de *novidade*[27]. Esta maneira de reivindicar tem permitido proteger a *primeira* e as *subsequentes indicações terapêuticas de substâncias ou composições já compreendidas no estado da técnica*. A especificidade desta aparentemente confusa e contraditória forma de reivindicar [é que, para alguns, falhará invariavelmente a *novidade* do invento, pelo menos no que tange à *segunda e às subsequentes aplicações terapêuticas*[28], visto que a substân-

---

jurisprudência do Reino Unido, no caso *John Wyeth & Brother Ldt's Application*, in *Reports of Patent Cases*, 1985, p. 545 ss., p. 563: "The «use of substance A in the manufacture of a medicament to treat disease B», *is, in reality, a claim to the method of manufacture of such a medicament by using substance A in its manufacture*" – o itálico é nosso; tb. Simon THORLEY/Richard MILLER *et alii*, in *TERREL on the Law of Patents*, 16ª edição, 2006, cit., § 6-122, p. 198.

[27] Já assim, a decisão T 128/82, da Câmara Técnica de Recursos do Instituto Europeu de Patentes, no caso *HOFFMANN LA ROCHE/Pyrrolidine derivatives*, in *Official Journal of the European Patent Office*, 1984, p. 164 ss.; tb. Gerald PATERSON, *The European Patent System*, 2ª edição, Sweet & Maxwell, London, 2001, p. 521.

[28] Já, assim, desde a decisão G 5/83, da Grande Câmara de Recurso do Instituto Europeu de Patentes, no caso *EISAI/Second medical indication*, in *Official Journal of the European Patent Office*, 1985, p. 64 ss. À excepção dos ordenamentos francês (cfr., *infra*, nota seguinte) e holandês, a doutrina e a jurisprudência nacionais têm vindo a admitir a validade das patentes referidas *à segunda* e às *subsequentes indicações terapêuticas* de substâncias já compreendidas no estado da técnica, contanto que o efeito técnico seja novo e inventivo – Karl BRUCHHAUSEN, "Die 2. medizinische Indikation von Arzneimitteln im europäischen Patentrecht", in *Gewerblicher Rechtsschutz und Urheberrecht, Internationaler Teil*, 1985, p. 139 ss.; Maurizio AMMENDOLA, in MARCHETTI/UBERTAZZI, *Commentario breve al diritto della Concorrenza*, Cedam, Padova, 1997, anotação V ao Art. 14 da *legge invenzione*, p. 1352; Alfred KEUKENSCHRIJVER, in Rudolf BUSSE, *Patentgesetz, Kommentar*, 6ª edição, De Gruyter, Berlin, 2003, pp. 233-234, anotações à margem n.°s 32 e 33; Rudolf KRAßER, *Patentrecht – Ein Lehr und Handbuch*, 5ª edição, C. H. Beck, München, 2004, pp. 241-243; Manuel LOBATO GARCIA-MIJAN, *El Nuevo Marco Legal de las Patentes Químicas e Farmacêuticas*, Civitas, Madrid, 1994, pp. 156-160; Georges SZABO, "Second Medical and Non-medical Indication – The relevance of indications to novel subject-matter", in *Zehn Jahre Rechtsprechung der Grossen Beschwerdekammer im Europäischen Patentamt*, Carl Heymanns Verlag, Köln, Berlin, Bonn, München, 1996, p. 11 ss., pp. 22-24. Concede-se que a recusa de protecção, ao nível das *patentes nacionais*, deste tipo de *invenções de produtos limitados a um uso*, poderá gerar uma desarmonia incomportável entre o regime das *patentes europeias*, que hajam designado Estados onde não se admite a validade das *patentes nacionais* desta natureza. Haverá, destarte, uma dis-

A patenteabilidade dos métodos de diagnóstico, terapêuticos e cirúrgicos... 225

cia para que tenha sido encontrada uma nova utilização terapêutica *não é nova* e ninguém deverá apropriar-se de usos que essa substância já propiciaria, embora eles fossem desconhecidos no momento em que ela se tornou acessível aos peritos na especialidade; além de que a administração da substância para a primeira indicação terapêutica produz necessariamente os efeitos terapêuticos da segunda e das subsequentes aplicações posteriormente identificadas, ainda quando seja alterada a *posologia*, a *via de administração* ou a *dosagem* da substância[29]] reside no facto de o uso reivindicado ser *susceptível de aplicação industrial*. Atente-se que se reivindica *o uso* da substância para *o fabrico* do medicamento. Isto permite usar, em regime de exclusivo industrial e uma vez concedida a patente, a referida substância na execução de um método proibido à luz do artigo 52.°/4.

Todavia, o *âmbito tecnológico de protecção* desta *patente de produto* (limitada e destinada a um específico uso) seguramente não se estende ao *exercício do método terapêutico* – nem, ao que parece, ao uso dessa substância enquanto material de partida para preparação de outras substâncias químicas, ainda que derivadas da que é conhecida, *maxime*, se nestas últimas substâncias a substância activa não é a substância em relação à qual

---

criminação entre as *patentes nacionais* concedidas pelas entidades administrativas competentes dos Estados-membros da CPE e as *patentes europeias* cuja *validade* somente pode ser posta em causa nos termos do artigo 138.° da CPE; sendo, para mais, certo que esta Convenção visou precisamente, e a mais da consagração de um *procedimento administrativo unitário* para a concessão de *patentes europeias* (as quais, após serem concedidas pelo Instituto Europeu de Patentes, transformam-se num *feixe* de patentes nacionais sujeitas embora, quanto aos aspectos da validade às normas da CPE e da jurisprudência tirada nos órgãos jurisdicionais deste Instituto), a criação de um *direito uniforme* .

[29] A *Cour de Cassation* francesa não admite este tipo de reivindicações (e de invenções), por motivo da falta de *nível inventivo*: a aplicação nova de um princípio activo conhecido corresponde a um resultado novo desprovido de actividade inventiva, visto que "l'invention du príncipe actif induite toutes les applications thérapeutique qui seront faites par la suite et qui existent potentiellment dans l'invention" – acórdão da *Cour de Casation*, de 26/10/1993, o caso *Synthelabo, in Propriété industrielle, Bulletin documentaire*, 1994, p. 557, III; Michel VIVANT, "La brevetabilité de la seconde application thérapeutique", in *Juris Classeur Periodique*, 1989, I, n.° 3382. Por sua vez, para alguns autores, o actual Art. L. 611-11, § 4, do *Code de la propriété industrielle*, não permite a patenteabilidade da segunda indicação terapêutica – Jean-Christophe GALLOUX, *Droit de la propriété industrielle*, Dalloz, Paris, 2000, p. 79; tb., no mesmo sentido da falta de novidade da segunda indicação terapêutica, M. DE HASS, "L'object du brevet dans l'industrie pharmaceutique", in AZEMA, J./DE HASS, M. (eds.), *Protection et exploitation de la recherche pharmaceutique*, Litec, Paris, 1980, p. 29 ss., p. 39.

226 *J. P. Remédio Marques*

se goza de uma patente de uso[30]. Este método terapêutico será somente protegido na eventualidade de, como veremos, se acharem reunidas certas condições para ele ser objecto de uma *patente autónoma*. Os médicos ficam, assim, salvos de *usar livremente* o *método terapêutico* cuja patente não possa ser concedida, mesmo nas eventualidades em que haja sido concedido um direito de patente respeitante *ao uso de uma substância para fabricar um medicamento utilizado nesse mesmo método terapêutico*. Este parece ser o significado no disposto no artigo 54.º/5 da CPE.

Nestes termos, o requerente da protecção deve reivindicar, como referimos, a "substância «X» para uso como medicamento destinado a debelar a doença «Y»" ou, o que é o mesmo, a "substância «X» para fabricar um medicamento para combater a doença «Y»" – isto dito, embora a específica *indicação do uso* não traduza, *em princípio*, uma limitação do *âmbito de protecção* do direito conferido ao titular somente em relação ao *específico uso reivindicado* dessa substância ou composição já conhecida[31]. Está-lhe, ao invés, vedado reivindicar a "substância «X» para o tratamento da doença «Y»", visto que ele estaria então a reivindicar uma *invenção de método* terapêutico, cuja patenteabilidade, quanto às *patentes europeias* (que designem, *inter alia*, o nosso país como *Estado da protecção*), se encontra, como vimos, afastada por força do artigo 52.º/4 da CPE e, quanto às *patentes portuguesas*, é também recusada nos termos do artigo 52.º/2 do CPI de 2003.

Não obstante esta distinção entre patentes de métodos terapêuticos e patentes de novos e inventivos usos de produtos (já compreendidos no estado da técnica), a junção de reivindicações "Swiss-tipe" nos pedidos de patente, nos termos atrás referidos, tem servido, bem ou mal, para ultrapassar (alguns d)os obstáculos colocados pela recusa ou pela invalidade de reivindicações dirigidas a *métodos terapêuticos*[32]. Se, por exemplo, for

---

[30] Cfr. a decisão do *Court of Appeal*, no caso *American Home Products v. Novartis*, in *Reports of Patent Cases*, 2001, p. 8 ss., § 52. Embora tivessem sido identificados uns resquícios de *rapamicina* no produto do demandado (cerca de 0,8%), substância em relação à qual se patenteara um novo uso como substância imuno-supressora, o certo é que essa presença não foi entendida como um elemento técnico essencial do que havia sido reivindicado pelo titular da patente.

[31] Decisão G/83, para uniformização de jurisprudência, da *Grande-Câmara de Recurso* do Instituto Europeu de Patentes, in *Official Journal of the European Patent Office*, 1985, p. 64 ss.; no mesmo sentido navegam as *Directrizes Para Exame do Instituto Europeu de Patentes*, Parte C, Cap. IV, n.º 4.2.

[32] Tb. Todd MARTIN, "Patentability of Methods of Medical Treatment: A Compara-

reivindicado um *método de usar o paracetemol* (substância química já conhecida: *v.g.*, como analgésico) no tratamento dos primeiros sintomas da doença de *Alzeimer*, mediante a administração endovenosa de certa dosagem dessa substância química, é bom de ver que, pese embora o método seja novo e inventivo, esta reivindicação conflitua flagrantemente com a proibição constante do artigo 52.°/4 da CPE. Porém, o requerente pode ultrapassar esta objecção se juntar uma outra reivindicação – ou alterar esta mesma reivindicação quando for colocado perante uma objecção do instituto de patentes ou no quadro de uma acção de invalidação –, nos termos da qual se pretende usar o *paracetemol* para o fabrico de um medicamento ou de uma preparação farmacêutica para ser administrado no tratamento da doença de *Alzeimer*. Nesta eventualidade, o exclusivo industrial atinge o uso do produto conhecido para essa específica indicação terapêutica, mas não impede a *livre administração* dessa substância, por parte de qualquer médico, nas *doses* e de acordo com a *via de administração* (endovenosa, parentérica, etc.) indicada pelo titular da patente e aprovada pela *Agência Europeia do Medicamento* ou, entre nós, pelo *Instituto da Farmácia e do Medicamento* (INFARMED)[33].

Não obstante, cremos que os órgãos jurisdicionais do Instituto Europeu de Patentes estão, actualmente, a usar de lata (e excessiva) bonomia na concessão destas *patentes de uso de substâncias já conhecidas para fabrico ou preparação de um medicamento com fins terapêuticos ou de*

---

tive Study", in *Journal of the Patent and Trademark Office Society*, 2000, p. 381 ss., pp. 398-399.

[33] Cremos que já não será admissível reivindicar o segundo (e os subsequentes) uso(s) cirúrgicos de um instrumento ou aparato [reivindicar, por exemplo, o uso de uma parte de um instrumento cirúrgico «X» na fabricação de um instrumento cirúrgico «Y» para o tratamento cirúrgico da deslocação do tendão de Aquiles]. Isto porque, diferentemente da substância, cujo uso novo e inventivo subsequente conduz ao seu consumo, o instrumento cirúrgico pode ser usado repetidamente [assim, decisão T 227/91, da Câmara Técnica de Recurso do Instituto Europeu de Patentes, no caso *CODMAN/Second cirurgical use*, in *Official Journal of the European Patent Office*, 1994, p. 491 ss.]. Ademais, a fabricação do instrumento cirúrgico pode servir, à partida, *múltiplos propósitos*, pelo que, se fosse autorizada esta reivindicação, revelar-se-ia difícil, senão mesmo impossível, apurar a concreta verificação e extensão da *violação do direito de patente*. Tb., em termos análogos, Todd MARTIN, "Patentability of Methods of Medical Treatment: A Comparative Study", 2000, cit., p. 399. De resto, um instrumento cirúrgico já compreendido no estado da técnica, ainda quando sobre ele recaia um direito de patente, não pode ser objecto de uma segunda patente, mesmo que seja identificada uma nova aplicação, uma vez que esta não representa, por si só, um novo (e inventivo) efeito técnico.

diagnóstico, o que já, por si só, constitui uma *excepção à excepção* da exclusão prevista no actual artigo 52.°/4 da CPE: esta excepção (que permite a constituição do exclusivo industrial) à excepção (que afirma a liberdade de utilização de determinados métodos terapêuticos e de diagnóstico) tem sido interpretada de uma maneira aberta, no sentido de permitir a patenteabilidade do uso de substâncias já conhecidas na preparação ou na fabricação de medicamentos ou de substâncias aptas a ser utilizadas em diagnósticos, aí onde a *novidade* e o nível inventivo do *uso* ou da *aplicação* consiste apenas na *dosagem* prevista ou na *forma de aplicação* (*v.g.*, endovenosa, oral, etc.) dessa substância[34].

§ 2.
Roteiro histórico-comparativo da protecção das invenções relativas a métodos terapêuticos, cirúrgicos e de diagnóstico

3. O estado da questão no quadrante jurídico anglo-saxónico. – A proibição da patenteabilidade dos métodos terapêuticos, cirúrgicos e de diagnóstico aplicados ao corpo humano e animal constitui uma singular solução que vigora nos ordenamentos jurídicos europeus e naqueles outros que sofreram a influência colonizadora dos europeus.

3.1. E.U.A.; os acordos bilaterais comerciais realizados entre os E.U.A. e outros países. – Nos E.U.A., pelo contrário, nunca foi consagrada semelhante proibição no ordenamento positivo. Quase desde as primícias do moderno direito de patentes, foi aí adoptada uma visão essencialmente "realista-utilitarista": à parte os casos decididos a partir dos meados dos século XIX até ao início do século XX, em que se rejeitou a patenteabilidade dos métodos de terapia com base, essencialmente, no facto de que tais métodos envolviam as *funções naturais de animais*[35], a partir da terceira década do século passado a jurisprudência tem vindo a

---

[34] Cfr., recentemente, a decisão T 2020/02, no caso *GENETECH/Method of administration of IGF-1*, in *http://www.epo.org*.: reivindicara-se o novo *uso* do factor de crescimento da insulina (*Insulin Growth Factor-1*) – proteína já compreendida no estado da técnica – na preparação de um medicamento apto a ser administrado em mamíferos, de jeito a exprimir a sua resposta biológica no tratamento de uma doença crónica em mamíferos.

[35] Assim, no caso *Morton v. New York Eye Infirmary*, 17 *Federal Cases*, 1862, p. 879 ss., p. 884.

A patenteabilidade dos métodos de diagnóstico, terapêuticos e cirúrgicos... 229

admitir a patenteabilidade destes métodos, não sem que se detectem alguns avanços e recuos: veja-se, por exemplo, o caso *Dick v. Lederle Antitoxin Laboratories*, de 1932[36], onde foi admitida a reivindicação de um *processo* de fabricação e de *administração de uma vacina*, o qual consistia no isolamento de uma bactéria responsável pela escarlatina, o seu crescimento em cultura apropriada, a sua imunização e a injecção das bactérias no corpo humano. Existe, isso sim, a partir de 1996 – atentos os excessos a que podia conduzir o exercício do *licere* de tais patentes, no que tange à concreta prestação de cuidados de saúde por parte dos profissionais habilitados –, a possibilidade de fazer a *utilização livre* de alguns destes métodos, *in casu*, os *métodos terapêuticos* patenteados, em determinadas circunstâncias. Com efeito, a nova redacção do § 287 (c)(1)(4) do *Patents Act*, na redacção do § 616 da *Public Law* N.° 104-208, de 30/09/1996, isenta os médicos e outros profissionais que actuam sob a direcção de um médico, de quaisquer responsabilidades perante o titular da patente de método terapêutico, desde que a execução do método protegido pela patente ocorra durante o exercício da sua actividade clínica em estabelecimentos de prestação de cuidados de saúde (*health care entities*), com base numa relação contratual ou outra relação especial (*professional affiliation: v.g.*, vínculo de trabalho autónomo ou de trabalho subordinado, exercício da medicina no quadro do ensino universitário, etc.)[37]. Esta *utilização livre* do direito de patente vale apenas para as *patentes de métodos terapêuticos* cujo pedido de protecção tenha sido depositado junto *United States Patent and Trademark Office* após o dia 30/09/1996. Ela não se aplica, pelo contrário, às patentes de métodos terapêuticos aplicados a *animais não humanos*: os veterinários podem ser acusados de violação do direito de patente, caso a actividade não se reconduza apenas à investigação científica.

E, tão-pouco, parece esta *utilização livre* ser susceptível de invocação por parte dos médicos, nas eventualidades em que se utilizam máquinas ou

---

[36] In 6 *United States Patents Quarterly*, 1932, p. 40 ss.

[37] Cfr. Todd MARTIN, "Patentability of Methods of Medical Treatment: A Comparative Study", in *Journal of the Patent and Trademark Office Society*, Vol. 82, 2000, p. 381 ss., p. 400 ss.; John K. FLANAGAN, "Gene Therapy and Patents", *ivi*, Vol. 80, 1998, p. 739 ss.; Sven J. R. BOSTYN, "The Prodigal Son: The Relationship Between Patent Law and Health Care", in *Medical Law Review*, Vol. 11, n.° 1, 2003, p. 67 ss., p. 103; João Paulo F. REMÉDIO MARQUES, *Biotecnologia(s) e Propriedade Intelectual*, Vol. I, Dissertação para Doutoramento, existente no fundo bibliográfico da Faculdade de Direito de Coimbra, Coimbra, Abril de 2005, § 81, p. 223 e notas 552, 553 = Vol. I Almedina, Coimbra, 2007, pp. 303-304 notas 601 e 602.

outros aparatos corpóreos para realizar métodos de diagnóstico. Na verdade, aquela alteração do *Patents Act* estadounidense só isentou a actividade médica nos casos de procedimento cirúrgico aplicado a um corpo humano ou animal, vivo ou cadáver, o que não abrange o *uso de máquinas patenteadas* ou o uso de outros produtos ou substâncias, bem como não abarca o uso de processos biotecnológicos patenteados [§ 287(c)(2)(A) e (F) da referida Secção 35 do *United States Codes*]. Por exemplo, se for admitida a patenteabilidade de uma reivindicação dirigida a caracterizar um método de cirurgia traduzido, *inter alia*, na administração de uma substância imuno-supressora (para combater a resposta do sistema imunitário a um transplante de orgão), deixa de ser livre a utilização desse método cirúrgico, na medida em que essa utilização seja *directamente instrumental* ao uso da substância ou produto patenteados [a *contrario sensu* da referida § 287(c)(2)(F), segundo a qual: "where the use of that composition of matter does not directly contribute to achievement of the objective of the claimed method"], tornando-se uma actividade reservada do titular da patente.

Pelo que, diferentemente do que se passa no seio da CPE, torna-se reservado o *primeiro uso médico de uma substância ou composição* já compreendida no estado da técnica (substância eventualmente patenteada), não se achando os profissionais médicos estadounidenses salvos de praticar *livremente* os métodos terapêuticos e cirúrgicos associados ao uso de substâncias anteriormente patenteadas[38]. Como referimos atrás, os profissionais médicos que operam na Europa não carecem, na verdade, de pedir autorização ao(s) titular(es) da(s) patente(s) do primeiro e subsequentes usos médicos de substâncias já compreendidas no estado da técnica, mesmo quando tais patentes de *novos usos médicos* recorrem às reivindicações "Swiss-type". Mais: esta forma de reivindicar torna-se absolutamente desnecessária face ao ordenamento norte-americano. Por outro lado, enquanto a proibição do artigo 52.°/4 da CPE (*idem*, no artigo 52.°/2 do CPI de 2003) não se estende aos métodos aplicados ao corpo de *cadáveres*, o § 297(c)(2)(E) do referido Título 35 do *United States Codes* só isenta de responsabilidade os métodos patenteados praticados em cadáveres[39].

---

[38] Todd MARTIN, "Patentability of Methods of Medical Treatment ...", 2000, cit., pp. 403-404.

[39] Essa alínea *F)* preceitua, na verdade, que: "The term «body» shall mean a human body, organ *or cadaver*, or a non-human animal used in medical research or instruction directly relating to the treatment of humans" – o itálico é nosso.

A patenteabilidade dos métodos de diagnóstico, terapêuticos e cirúrgicos... 231

Não se pense, contudo, que, a despeito de os métodos terapêuticos serem, há muito, patenteáveis nos E.U.A., o exercício das faculdades jurídicas subjectivas que aproveitam ao titular foram (e são), não raras vezes, obstaculizadas por mor da *invalidação* deste tipo de patente: seja por falta de nível inventivo, seja por falta de novidade ou por motivo de não desfrutarem de uma concreta e credível utilização ou aplicação (*utility*)[40], seja, ainda, por uma razão de cariz psico-sociológica respeitante ao exercício da profissão médica, são raros os casos em que médicos, titulares de patentes de processos terapêuticos, demandam outros médicos, por motivos não apenas deontológicos, mas também porque enfrentam o risco da perda da consideração e respeito por parte dos outros profissionais. De resto, estes titulares de direitos de patente podem, como vimos e em certos termos, accionar os fabricantes de aparelhos, máquinas e maquinismos utilizados na realização de terapias, bem como as sociedades farmacêuticas.

Em suma, o ordenamento estadounidense seguiu uma via completamente oposta à perfilhada no quadro jurídico da CPE e dos ordenamentos nacionais dos Estados contratantes: em vez de, uma verificadas certas condições, proibir a patenteabilidade dos métodos terapêuticos, cirúrgicos e de diagnóstico – seja com base nas cláusulas gerais da *ordem pública*, dos *bons costumes*, da tutela de *interesses deontológicos* e da defesa da *saúde pública*, ou com base numa condenável *fictio iuris* da *falta de industrialidade* de tais métodos –, limitou-se a seguir o disposto no artigo 27.º/1 do Acordo TRIPS, que prevê a concessão de direito de patente *em todos os domínios da tecnologia, seja de produto ou de processo.*

---

[40] Cfr. os casos *Morton v. New York Infirmary*, de 1862, in 17 *Federal Cases*, p. 879 ss. (processo n.º 9,865, decidido pelo *South District* de Nova Iorque); *Ex parte Brinkerhoff*, do *Board of Appeal do Patent Office*, in *Journal of the Patent and Trademark Office Society*, 1883, p. 796 ss.: aqui, considerou-se que a execução do método de tratamento não permitia alcançar sempre o mesmo resultado, com o que temos, à luz dos actuais requisitos de patenteabilidade, uma falta de *industrialidade* – sendo, porém, certo que, hoje, a mesma questão já não se poria, pois o conhecimento do corpo humano e o conhecimento dos efeitos que as intervenções humanas e medicamentosas nele suscitam é incomensuravelmente mais completo do que era em 1883 (cfr. Doris Thums, "Patent Protection for Medical Treatment – A Distinction Between Patent Law and Medical Law", in *International Review of Industrial Property and Copyright Law*, 1996, p. 423 ss., p. 435); *Martin v. Wyeth*, de 1959, tirado pelo 4th *Circuit*, in 193 *Federal Reporter, second series*, p. 58; e *In re Stanley*, de 1992, tirado no *Federal Circuit*, 1992 *U.S. App. LEXIS* 2361; *Pallin v. Singer*, in *United States Patents Quarterly, second series*, Vol. 36, 1995, p. 1050 ss., caso, este, que levou à aprovação da referida alteração do *Patents Act*, em 30/09/1996, *rectius* ao § 287(c) do *United States Codes.*

Todavia, aquele legislador estadounidense atenuou sensivelmente as possibilidades de se accionar com sucesso os profissionais médicos e restante pessoal, sob a supervisão de médicos, pela prática de actos traduzidos na utilização dos métodos terapêuticos patenteados[41]. Solução que, ao cabo e ao resto, traduz a ideia de harmonia com a qual as patentes relativas a estas invenções desfrutam de parco relevo económico: embora tais métodos sejam, na larga maioria dos casos, susceptíveis de *aplicação industrial*, no sentido em que as regras técnicas divulgadas na descrição e nas reivindicações permitem a execução dos métodos tantas vezes quantas as necessárias pelos peritos na especialidade, o *sucesso económico* destes processos depende, pelo contrário, da perícia intelectual e manual dos médicos[42], pois tais realidades não são, salvo raríssimas excepções, utilizáveis em massa.

*

Razões menos insuspeitas têm levado os E.U.A. a negociar com diversos países *acordos de comércio bilaterais* – commumente designados por *TRIPS-Plus* –, cuja execução no outro Estado implica a eventual remoção desta exclusão da patenteabilidade ou a proibição da sua inclusão nesse ordenamento interno. O fundamento é sempre o artigo 27.°/1 do Acordo TRIPS, que determina a patenteabilidade dos inventos em todos os domínios da tecnologia. É, por exemplo, o que sucede no Acordo de Livre Comércio (*Free Trade Agreement*) celebrado entre os E.U.A. e o Chile, em 2003, cujo artigo 17.9.1. elimina o poder de estes Estados Contraentes preverem a proibição da patenteabilidade dos métodos terapêuticos e de outras invenções com base na cláusula da ordem pública. Mesmo que no Acordo de Livre Comércio celebrado entre os E.U.A e a Austrália, em 2004, não se preveja a proibição do exercício desta faculdade de contenção dos Estados Contraentes em sede de métodos terapêuticos, a razão dessa omissão é simples: como veremos já adiante, os tribunais australianos já admitiam, antes de 2004, a patenteabilidade dos métodos terapêuticos, excepto se o invento for subsumido à cláusula da "general inconveniance" originária do primitivo direito inglês do "Estatuto dos Monopólios" de 1624.

---

[41] Todd MARTIN, "Patentability of Methods of Medical Treatment ...", 2000, cit., p. 406.

[42] Nuno PIRES DE CARVALHO, *The TRIPS Regime of Patent Rights*, 2002, cit., p. 175.

A patenteabilidade dos métodos de diagnóstico, terapêuticos e cirúrgicos... 233

3.2. Nova Zelândia. – Na Nova Zelândia, o *Patents Act*, de 1953 não prevê esta proibição de patenteabilidade, embora tenha sido objecto de alterações em 1990, 1992 e 1994; mas a polémica foi aberta, em 1983, com o caso *Weelcome Foundation Ltd. v. Commissioner of Patents*[43]: o *Court of Appeal* determinou a proibição da patenteabilidade dos métodos terapêuticos aplicados ao corpo humano. São, assim, admitidas as patentes respeitantes a invenções de métodos terapêuticos *aplicados aos animais não humanos*. Todavia, esta polémica terá terminado, por ora, em 1999, com o caso *Phamaceutical Management Agency Ltd. v. The Commisioner of Patents*, decidido pelo *Court of Appeal*, que confirmou a decisão do *High Court*, de harmonia com a qual as *invenções de métodos de terapia* são patenteáveis, mas a patente pode ser recusada por motivos éticos ou de política legislativa, tendo o tribunal sugerido a utilização de um certo tipo de reivindicações semelhante ao que é admitido e usado junto do Instituto Europeu de Patentes (as *Swiss-type claims*): "uso da substância «Y» para o fabrico de um medicamento para ser usado no tratamento da doença «X»"[44]. Não obstante, em Janeiro de 1997, o *Patent Office* neozelandês passou a permitir a apresentação de reivindicações "Swiss-type" (uso de uma substância para a fabricação de um medicamento para a doença «X»"), seguido, posteriormente, pela jurisprudência[45]. O que, na

---

[43] In *Fleet Street Reports*, 1983, p. 593.

[44] Isto embora, como referimos *supra*, esta forma de reivindicar contenha *reivindicações de produto* (já compreendido no estado da técnica) limitadas a um específico uso médico (o primeiro uso médico e/ou os subsequentes usos médicos). Prática que, de resto, irá tornar-se desnecessária, uma vez que a nova redacção do n.° 5 do artigo 54.° da CPE, com início de vigência em 13/12/2007, permitirá patentear qualquer substância ou composição compreendidas no estado da técnica para uso *num qualquer específico* método mencionado na alínea *c)* do artigo 53.°, quer se trate da *primeiras* utilização médica, quer da *segunda* utilização ou utilizações subsequentes ["... *for any specific use in a method referred to in Art. 53 (c)*"; "... *Zur zpecifischen Anwendung in einem in Artikel 53 c)*"; "... *toute utilisation spécifique dans une méthode visée à l'article 53 c)*"].

[45] Cfr., no mesmo sentido, a decisão tirada no caso *Pharmaceutical Management Agency Ltd v. The Commissioner of Patents*, pelo *Court of Appeals*, de 17/12/1999, aí onde se reafirmou a ideia segundo a qual as patentes de métodos terapêuticos podem ser recusadas por motivos éticos ou de política legislativa e que a admissão de tais patentes pode, nesse caso, ser acolhida, se e quando o requerente alterar as reivindicações no sentido de renunciar à faculdade de accionar os concretos médicos pela execução dos métodos protegidos. cfr. *Journal of the Chartered Institute of Patents Agents* (CIPA Journal), Janeiro de 2000.

234   *J. P. Remédio Marques*

perspectiva da tutela dos interesses das empresas farmacêuticas, tenderá a minorar a concreta proibição da patenteabilidade de alguns destes métodos.

3.3. Austrália. – Na Austrália, até 22/07/1998, ou seja até à prolação da decisão do caso *Bristol Meyers Squibb Co. v. F. H. Faulding & Co. Ltd.*[46], pelo *Federal Court*, o panorama mostrava uma *total liberdade* na admissão da validade de patentes de métodos terapêuticos, pois, quer o *Patent Act* de 1952, quer o de 1990, não encerram qualquer proibição expressa de conceder patentes a invenções de métodos terapêuticos. Os tribunais usavam, quanto muito, a cláusula geral da "general inconveniance" – que remonta ao *Statute of Monopolies* britânico de 1624 – para recusar essa protecção[47]. No entretanto, o § 18/2 do *Patents Act* de 1990 passou expressamente a excluir a patenteabilidade dos *seres humanos* e dos *processos biológicos* conducentes à sua criação e desenvolvimento.

Com efeito, a partir dos anos 30 do século passado até 1998, firmou- -se uma jurisprudência, que, com alguns avanços e recuos, admitia cautelosamente a patenteabilidade dos métodos terapêuticos. De harmonia com esta jurisprudência, o *Commissioner of Patents*, autoridade suprema do *Patent Office* australiano, apenas deveria recusar esses pedidos de patente se e quando entendesse existir uma séria probabilidade ou uma probabilidade quase provada ("practical certain") de que tais patentes viriam a ser posteriormente invalidadas pelos tribunais[48]. Noutros casos, afirmava-se

---

[46] In *Intellectual Property Review*, 2000, Vol. 46, p. 553 ss.

[47] Dianne NICOL/Janie NIELSEN, "The Australian Medical Biotechnology Industry and Acess to Intellectual Property: Issues for Patent Law Development", in *The Sydney Law Review*, Vol. 23, n.º 3, 2001, p. 347 ss., p. 364; cfr., tb., sobre o panorama australiano, Annete URQUIJO, "The Restriction of Acess to Healthcare by Patent Law: Fact or Fiction?", in *University of South Wales Law Journal*, Vol. 27, n.º 1, 2004, p. 170 ss., pp. 172-173.

[48] Cfr. o caso *Joos v. Commissioner of Patents*, decidido pelo *High Court* australiano, em 1972, in *Common Law Reports*, 1972, Vol. 126, p. 611 ss.: tratava-se de um método de aperfeiçoamento do vigor e da elasticidade do cabelo e das unhas. Já no caso *Maeder v. Busch*, de 1938, in *Common Law Reports*, 1938, Vol. 59, p. 684 ss., o *High Court* havia revelado algumas dúvidas quanto à idoneidade destes métodos para constituir objecto válido de direito de patente, aí onde um dos juízes (o juiz DIXON) expressou dúvidas sobre a patenteabilidade, uma vez que o objecto da invenção não era dirigido à fabricação de um produto para ser colocado no comércio ("the object in not to produce or aid the production of any article of commerce"): tratava-se de um método de obtenção de cabelo humano permanentemente encaracolado. No caso *National Research Development Corporation v. Commissioner of Patents*, tirado no *Hight Court*, em 1959 (in *Common Law Reports*, 1959, Vol. 102, p. 252 ss.), os magistrados foram mais comedidos, pois nota-

A patenteabilidade dos métodos de diagnóstico, terapêuticos e cirúrgicos... 235

inclusivamente que os métodos cirúrgicos constituem objecto lícito e possível ("proper subject-matter") de direito de patente[49], além de que as motivações éticas e económicas sugiram o encorajamento da pesquisa médica através da possibilidade de concessão de direito de patente[50].

Porém, com a prolação daquela decisão, tirada no *Federal Court*, o *Patent Office* e os restantes tribunais ficaram habilitados a, por via deste precedente, recusar tais pedidos de patente por razões de ordem *ética*. No entanto, o *Federal Court* rejeitou firmemente a existência de uma exclusão *total* à patenteabilidade das invenções de métodos terapêuticos. De facto, os juízes BLACK e LEHANE do *Federal Court* (os quais formaram a maioria que fez vencimento no colectivo), entenderam que era ilógico distinguir, para efeitos de protecção por direito de patente, entre *os produtos* com propriedades terapêuticas destinados a ser administrados no corpo humano (ou animal) e *os processos* terapêuticos aplicados ao corpo humano (ou animal): em ambos os casos é produzido o mesmo resultado benéfico com escopo terapêutico. Além disso, a patenteabilidade resulta mais incontroversa na exacta medida em que o Parlamento australiano, tendo tido oportunidade para alterar o ordenamento positivo após a *aplicação efectiva* do Acordo TRIPS no território australiano (isto é, em 1/01/1996), não procedeu à mudança do *statu quo ante*, no qual a patenteabilidade de tais métodos nunca fora posta em causa senão por outros motivos, *maxime* por não constituírem um "manner of manufacture" ou, como referimos, pela cláusula da "general inconveniance".

3.4. África do Sul. – Na África do Sul, o artigo 25.º/11 do *Patents Act*, de 1977, determina a proibição da patenteabilidade dos métodos tera-

---

ram a aparente necessidade de excluir este métodos terapêuticos, com base na sua *natureza* essencialmente *não económica* (*essentially non-economic nature*). Sobre isto, cfr. David KELL, "Expanding the Frontier of Patentability: Methods of Medical Treatment of the Human Body", in *European Property Review*, 1995, p. 202 ss., p. 203.

[49] Assim, no caso *Rescare Ltd c. Anaesthitic Supplies Pty, Ltd.*, de 1994, decidido pelo *Federal Court*, in *All England Law Reports*, 1994, p. 141 ss.: estava em causa a patenteabilidade de um método que evitava a apneia do sono em pessoas que ressonam. Embora a patente tenha sido invalidada por motivo de as reivindicações não se haverem baseado na descrição, a maioria dos juízes (*in casu*, os juízes LOCKHART e WILCOX; com o voto de vencido do juiz SHEPPARD) entendeu que os métodos terapêuticos aplicados ao corpo humano constituem um válido e lícito objecto de patente.

[50] *Obicter dictum* do juiz LOCHHART, no caso *Rescare Ltd. c. Anaesthitic Supplies, Ltd*, *supra* citado na nota anterior – *loc. cit.*, p. 156.

236 J. P. Remédio Marques

pêuticos, cirúrgicos e de diagnóstico "practiced on the human or animal body", à semelhança do disposto na CPE. Essa proibição é justificada ao arrimo da *falta de industrialidade* de tais métodos.

3.5. Canadá. – No Canadá, a situação é dúbia. O *Patents Act* de 1985 não cuida em particular sobre a patenteabilidade destes métodos, tendo a resolução do problema sido relegada para a jurisprudência. O § 3/a da Secção n. 1709 do *North American Free Trade Agreement*, de 17/12/1992, prevê que os Estados Contratantes possam proibir a patenteabilidade de tais métodos. Todavia, deve dizer-se que, enquanto os *métodos de tratamento*, conquanto com escopo *profiláctico*, não são patenteáveis, o mesmo não sucede com os *métodos de diagnóstico*. Curiosamente, o Instituto canadiano de patentes considera, por sua vez, não patenteáveis os (novos) *usos* de instrumentos cirúrgicos[51].

3.6. Reino Unido. – No Reino Unido, as restrições à patenteabilidade dos métodos cujas estapas actuam no corpo humano remontam ao caso *In the Matter of C and W's Application for a Patent*, de 1914[52], respeitante a um método de extracção de chumbo do corpo humano de pessoas que sofrem de envenenamento, aí onde foi excluída a protecção por motivo de essa invenção não respeitar a uma nova forma de fabrico (*manner of manufacture*) de um bem provido de valor comercial. Na sequência dos procedimentos de impugnação da recusa de protecção, o parecer do *Solicitor-General*, de 20/04/1918, também propugnou a recusa com base na ideia de que se não estava perante uma "manner of manufacturing a product"[53] – situação que, essa sim, poderia tornar um método patenteável, na

---

[51] Joy D. MORROW, "Patentable Subject-Matter: Emerging Technologies", in *Patent Law of Canada*, Carswell, Thompson, 1994, p. 23 ss., p. 33; Todd MARTIN, "Patentability of Methods ...", 2000, cit., pp. 416-417. O mesmo sucede no quadro da CPE, à luz da decisão T 227/91, no caso *CODMAN/Second cirurgical use*, in *Official Journal of the European Patent Office*, 1994, p. 491 ss., o qual recusou a patenteabilidade de um novo uso de um instrumento cirúrgico, com base na ideia de que estes aparelhos não são consumidos durante a respectiva utilização, o que, pelo contrário, sucede com as substâncias químicas com propriedades farmacêuticas ["... medicaments, on the other hand, are expended in the process of use and thus have a once for all utility"].

[52] In *Report of Patents, Design and Trademark*, 1914, p. 235.

[53] William CORNISH/David LLEWELIN, *Intellectual Property*, 5ª edição, Sweet & Maxwell, London, 2003, § 5-67, pp. 215-216; BERGMANS, *La Protection des Innovations Biologiques*, Larcier, Bruxelles, 1990, pp. 162-163; João Paulo REMÉDIO MARQUES, *Bio-*

A patenteabilidade dos métodos de diagnóstico, terapêuticos e cirúrgicos... 237

medida em que as etapas da sua realização poderiam conduzir à obtenção de um produto com valor merceológico[54] –, tendo a recusa sido mantida na decisão sujeita a recurso: seja porque a extracção do chumbo do corpo humano não traduzia um *processo de fabrico de uma substância* ou aparato *corpóreo* ou o melhoramento desse processo de fabrico, seja porque o método em causa não se destinava a ser usado no fabrico de um bem com *valor comercial*. Embora esta jurisprudência tenha sido posta em causa, mais recentemente, em sede de *obicter dicta*, no caso *Schering AG'S Application* (1971)[55] – que o mesmo é dizer, embora os juízes tivessem entendido que a patenteabilidade de um método não depende da circunstância de a sua execução originar um produto com valor comercial –, o *Patent Appeal Tribunal* mantive aquela antiga jurisprudência, mas revogou a decisão do *Patent Office*, visto que, por um lado, o método anticoncepcional não poderia ser subsumido a um método de terapia de uma doença e, por outro, entendeu que o poder legislativo (o Parlamento britânico) não teria querido proteger os métodos terapêuticos ao abrigo da então Secção 41 do *Patents Act* de 1949.

Uma outra justificação poderá ainda ser alinhada contra a patenteabilidade, no Reino Unido, dos métodos terapêuticos ao abrigo do *Patents Act* de 1949: dado que o elenco das *licenças obrigatórias* não incluía os métodos terapêuticos, isso significava que o legislador não teria desejado autorizar a patenteabilidade desses métodos, pois, se o quisesse determinar, teria adicionado tais situações ao elenco das circunstâncias de cuja verificação pode originar a concessão de *licença obrigatória*[56].

Pouco antes do início de vigência do actual *Patents Act*, de 1977, formou-se uma corrente jurisprudencial, pelo menos a partir do caso *Eli Lilly*

---

tecnologia(s) e Propriedade Intelectual, Vol. I, 2005, cit., p. 225 = vol. I, Almedina, Coimbra, 2007, p. 306; Rainer MOUFANG, "Methods of Medical Treatment Under Patent Law", in *International Review of Industrial Property and Copyright Law,* 1993, pp. 25-26; Sven J. R. BOSTYN, "No Cure Without Pay? Referral to the Enlarged Board of Appeal Concerning the Patentability of Diagnostic Methods", in *European Intellectual Property Review*, 2005, p. 412 ss., p. 413.

[54] Curiosamente, este tipo de retórica argumentativa encara as *invenções de método* ou de *processo* como actividades meramente *instrumentais* à obtenção de um *resultado final* traduzido numa *coisa tangível* provida de *valor comercial*.

[55] In *Report of Patents, Design and Trademark*, 1971, p. 337 ss.: reivindicara-se aí um *método de contracepção*.

[56] Rainer MOUFANG, "Methods of Medical Treatment Under Patent Law", 1993, cit., pp. 25-26.

and Co.'s Application (1975)[57], segundo a qual a razão de ser da exclusão da protecção radica em razões éticas e deontológicas: a utilização de tais métodos no tratamento dos pacientes não deverá ser objecto de eventuais limitações ou constrangimentos por motivo da existência de direitos exclusivos sobre tais esses métodos terapêuticos. Uma corrente, já nossa conhecida, mantinha a posição de que estes métodos não constituíam *invenções* enquanto "any manner of new manufacture"— exactamente no caso *Upjohn Co. (Roberts's) Application*, de 1977[58], onde se discutiu a patenteabilidade de um método de redução das secreções gástricas.

Actualmente, se é certo que, na sequência do disposto no artigo 52.°/4 da CPE, a Secção 4.A(1)(a) e (b), ambos do *Patents Act* de 1977, revisto em 2004 (Patents Act de 2004), torna claro que os métodos cirúrgicos, terapêuticos e de diagnóstico aplicados aos animais e aos seres humanos acham-se, *a priori*, subtraídos da patenteabilidade, o certo é que preponderam, algo prolixamente[59], justificações *axiológico-jurídicas* a par de justificações *deontológicas*[60], bem como a ideia de que tais inventos são desprovidos de *aplicação industrial*[61].

4. O estado da questão nos quadrantes do direito continental europeu de patentes. – Não se pense, contudo, que, aquém do Canal da Mancha, as coisas se encontram pacificadas no que diz respeito à determinação dos interesses, valores ou da justificação meramente técnica susceptíveis de basearem esta exclusão da patenteabilidade.

---

[57] In *Reports of Patent, Design and Trademark Cases*, 1975, p. 438 ss.: reivindicara-se um método de utilização terapêutica de um composto químico já conhecido, no qual foram identificadas propriedades anti-inflamatórias.

[58] In *Reports of Patent, Design and Trademark Cases*, 1977, p. 94 ss.

[59] Crítico quanto a esta indeterminação legitimadora, cfr. Brian C. REID, *A Practical Guide to Patent Law*, 3ª edição, Sweet & Maxwell, London, 1999, p. 13.

[60] Veja-se o caso *John Wyeth & Brother's Application; Shering's Application*, in *Reports of Patent, Design and Trademark Cases*, 1985, p. 545 ss., onde se afirma que: "... The use in practice by practitioners of such methods of medical treatment in treating patients should not be subject to possible restraint or restriction by reason of any patent monopoly". Tb. Simon THORLEY/Richard MILLER *et alii*, in *TERREL on the Law of Patents*, 16ª edição, 2006, cit., § 2-14, p. 24: "Doctors and vets should be free to give the most appropriate treatment without fear of patent litigation".

[61] Assim, William CORNISH/David LLEWELYN, *Intellectual Property*, 5ª edição, 2003, cit., p. 215.

A patenteabilidade dos métodos de diagnóstico, terapêuticos e cirúrgicos... 239

4.1. Alemanha. – A evolução na doutrina e na jurisprudência alemãs, reflectida nas posições veiculadas no quadro da redacção primitiva do artigo 52.°/4 da CPE, é paradigmática desta equivocidade legitimadora da proibição da patenteação destes métodos.

Na verdade, uma primeva justificação desta proibição surpreende-se no dealbar do século XX, nas posições então adoptadas pelo *Patentamt* alemão: uma vez que este tipo de inventos se destina a influenciar a vida ou o equilíbrio psico-físico, entendeu-se que eles não eram providos de *industrialidade*[62]. A *industrialidade* verificava-se apenas nas invenções que eram susceptíveis de utilização nas operações ou nas actividades de natureza *mecânica* ou *química*, com vista a transformar matérias-primas em *produtos finais*: somente estes últimos é que pertenciam ao campo da "técnica"[63]. Com o que temos aqui uma curiosa aproximação ao critério de decisão pouco tempo depois usado no Reino Unido, a propósito, como vimos, da exigência de o método patenteável ser instrumental ao fabrico de um produto final ("any manner of a new manufacture"). Em suma: pese embora tais métodos actuáveis sobre o corpo humano pudessem, porventura, ser repetidos, manteve-se a ideia central de que estes métodos, ainda quando fossem descritos de uma forma suficiente e clara, eram carecidos de industrialidade e não eram susceptíveis de aplicação industrial, visto que eram executados no quadro de uma actividade não comercial. Esta posição aparece reflectida no § 5(2) da actual *Patentgesetz* alemã[64].

De facto, ainda nas vésperas do domínio da *Patentgesetz* de 1936, o alargamento dos confins adentro dos quais a actividade humana podia ser qualificada como *actividade industrial* para estes específicos fins da patenteação de inventos (*v.g.*, na pesca, na caça, na extracção de minérios, na agricultura, etc.) levou a que a justificação da exclusão da tutela das invenções de métodos terapêuticos passasse a ser temperada com argumentos de natureza "ética". Era permitida a constituição de exclusivos res-

---

[62] Assim, a decisão do *Patentamt*, de 30/12/1904, no caso *Badewaser,* in *Blatt für Patent-, Muster- und Zeichenwesen*, 1905, p. 4; no mesmo sentido, a decisão do *Patentamt*, de 1/03/1906, no caso *Zahnregulierung, ivi*, 1906, p. 215.

[63] Nestes termos, veja-se a decisão do *Patentamt*, de 12/06/1914, in *Blatt für Patent, Muster und Zeichenwesen*, 1914, p. 257.

[64] Rudolf KRAßER, *Patentrecht – Ein Lehr und Handbuch*, 6ª edição, C. H. Beck, München, 2004, p. 204, reconhecendo, porém, que se trata de uma *fictio iuris*; Bernd APPEL, *Der menschlicher Körper im Patentrecht*, Carl Heymanns Verlag, Köln, Berlin, Bonn, München, 1995, p. 49; tb. Rainer MOUFANF, "Methods of Medical Treatment ...", cit., p. 30.

peitantes às invenções com finalidades puramente *cosméticas*, exactamente na medida em que não desfrutassem de uma *eficácia propriamente terapêutica*, ou seja, contanto que a sua execução não implicasse *modificações* ou *alterações* no *organismo humano*[65].

Vale dizer: o exercício do *ius prohibendi* inerente às invenções de métodos *cuja execução influía no estado de saúde dos pacientes* passou a ser maioritariamente encarado como ofensivo dos *bons costumes* (*gute Sitten*)[66]. E essa preocupação é de tal modo intensa a ponto de não se permitir a *monopolização* da utilização destes métodos no restabelecimento da saúde dos pacientes, subtraindo-os ao livre uso por parte da colectividade e da classe dos profissionais médicos[67].

Porém, a partir do início dos anos sessenta do século passado a cláusula dos bons costumes aplicável à constituição do direito de patente sofreu uma certa menorização em favor, novamente, da tradicional justificação, de harmonia com a qual a estes método falta a suficiente industrialidade e carácter merceológico para serem patenteáveis. As justificações de cariz *ético-social*, embora nunca tenham sido afastadas, foram então instrumentalizadas para o efeito de negar a industrialidade destes inventos, o que traduzia a falta de industrialidade do exercício da própria medicina. A posição perfilhada do Supremo Tribunal Federal alemão (BGH) foi, neste caso, decisiva. O acórdão, de 26/09/1967, no caso *Glatzeoperation*[68], constituiu, na verdade, um marco paradigmático na solidificação desta dogmática. Pois, o exercício da actividade médica não é perspectivado como uma

---

[65] Neste sentido, ao que nos parece, a decisão do *Patentamt*, de 28/01/1935, in *Blatt für Patent, – Muster und Zeichenwesen*, 1935, 1935, p. 31. Parece-nos que esta outra maneira de ver as coisas superou, do ponto de vista heurístico, a antiga concepção anglo-saxónica segundo a qual as invenções de métodos só podiam ser protegidas quando a execução dos ciclos, das actividades ou das etapas reivindicadas actuasse no quadro da indústria manufactureira ("any new manner of manufacture") dirigida à produção ou fabricação de produtos.

[66] Neste sentido, a decisão do *Patentamt*, de 4/11/1952, in *Gewerblicher Rechtsschutz und Urheberrecht*, 1953, p. 172; tb., já, Hans DERSIN, "Über die patentfähigkeit von Verfahren zur Behandlung des lebenden menschlichen Körpers", in *Gewerblicher Rechtsschutz und Urheberrecht*, 1951, p. 2 ss., p. 5 = in *Mitteilungen der deutschen Patentanwälte*, 1951, p. 2 ss.

[67] Neste sentido, a citada decisão do *Patentamt*, de 4/11/1953, *ivi*, p. 172: "durch ein Patent monopolisiert und damit der freien Benutzung durch die Allgemeinheit und insbesondere durch die Ärzteschaft entzogen werden würde".

[68] In *Gewerblicher Rechtsschuz und Urheberrecht*, 1968, p. 142 ss., com anotação de Moser VON FILSECK, *ivi*, p. 146 ss., p. 147.

A *patenteabilidade dos métodos de diagnóstico, terapêuticos e cirúrgicos...* 241

"verdadeira" *indústria*: a tutela da *saúde pública*, atribuição primeira do Estado, impede que a *medicina* seja considerada uma "actividade industrial", no sentido reclamado pelo subsistema do direito de patente.

A prática terapêutica não é, destarte, vista como um *fim em si mesma*, mas repousa num fim último: na consciência cívica dos profissionais médicos e dos deveres (também *deontológicos*) que estes têm para com os pacientes e a colectividade. Embora não se negue que os estabelecimentos de saúde, enquanto prestadores de serviços de serviços de saúde e de cuidados paliativos (*v.g.*, recobro, etc.), ou entidades a quem tais serviços são subjectivamente imputáveis, possam revestir natureza de "indústria" (a indústria dos serviços), a concreta actividade clínica, enquanto tal, destes profissionais não desfruta de carácter industrial, mesmo quando praticada no quadro destas instituições[69]. E ainda que a essa actividade (que, ninguém duvida, é uma *actividade económica*) não presida um escopo ou um *fim lucrativo* (*Erwerbszweck*), sempre as invenções obtidas no seu seio, e para os fins de restabelecimento da saúde dos pacientes, estão, nesta perspectiva, desprovidas de *industrialidade*, posto que são actuáveis no seio de uma profissão dirigida a assegurar a tutela da *saúde pública* – ainda que, por razões de oportunidade relacionadas com interesses de política legislativa não sejam tais invenções subtraídas à tutela do direito de patente.

Embora esta jurisprudência tenha revisitado e dado novo fôlego à primitiva justificação desta exclusão da tutela por direito de patente, nascida no *Patentamt* no dealbar do século XX, essa primeva justificação é agora manipulada ao ser conferido um particular sentido ao vocábulo "indústria" e ao relevar-se a *natureza biológica* das consequências do actuar desses métodos: os *processos* (*essencialmente*) *biológicos* gerados pelo actuar destes métodos retiram, à luz desta concepção, não só a presença de *industrialidade* [no seu sentido de *executabilidade* ou *realizabilidade* da solução técnica descrita e reivindicada com *resultados constantes, tantas vezes quantas as necessárias*, por qualquer perito na especialidade], mas também a existência de uma *invenção*, por virtude da incompletude da própria essência da *ideação* apta a ser protegida por direito de patente.

Ou seja, o actuar daqueles métodos *no* corpo humano, não apenas não desfruta de *industrialidade*, como também, e sobretudo, não traduz uma verdadeira *invenção* enquanto *regra técnica* gerada pela manipulação humana *controlável* das *forças naturais*, com vista a gerar a solução técnica para um problema técnico.

---

[69] Acórdão citado do BGH, de 26/09/1968, cit., p. 146.

4.2. França e Bélgica. – Também em França e na Bélgica, a doutrina fez-se eco desta posição, segundo a qual os métodos de diagnóstico ou terapêuticos traduzem o exercício de actividades típicas dos médicos, o que exclui que sejam havidas como actividades que relevam do domínio da "indústria" enquanto modos de actuar que não traduzem *actividades comerciais*[70]. O próprio Art. L. 611-16 do *Code de la Propriété Intellectuelle* plasma esta ideia: "*Ne sont pas considerées comme des inventions susceptibles d'applicaton industrielle* au sens de l'article L. 610-10 les méthodes de traitement chirurgical ou thérapeutique du corps humain ou animal et les méthodes de diagnostic ...*" – o itálico é nosso.

4.3. Espanha. – O artigo 4, n.° 4, *Ley* de Patentes espanhola, de 1986, também reproduz, tal como *Code de la propriété intellectuelle*, o disposto no artigo 52.°/4 da CPE, cuja redacção já remontava ao artigo 1.° da Convenção de Estrasburgo de 1963: embora possam ser considerados *invenções*, os métodos em análise, quando aplicados ao corpo humano ou animal, são considerados desprovidos de *industrialidade*[71]. Isto não

---

[70] Bernhard BERGMANNS, *La Protection des Innovations*, cit., p. 260; Albert CHAVANNE/Jean-Jacques BURST, *Droit de la propriété industrielle*, 5ª edição, 1998, Dalloz, Paris, p. 36; Jean Marc MOUSSERON, *Traité des Brevets*, Librairies Techniques, Paris, 1984, p. 243; Jean-Christophe GALLOUX, *Droit de la Propriété Industrielle*, Dalloz, Paris, 2000, p. 69; contra Frédéric POULLAUD-DULIAN, *La Brevetabilité des Inventions*, Litec, Paris, 1997, p. 61, para quem "les méthodes de traitement chirurgical ou thérapeutique ou de diagnostic ne sont, nous semble-t-il, pas plus des inventions au sens de l'article L. 611--10.2 do CPI ou 52-2 de la CPE"; Frédéric POULLAUD-DULIAN, *Droit de la propriété industrielle*, Montchrestien, Paris, 1999, p. 92; já muito crítico quanto à justificação desta proibição fundada na ausência de *industrialidade*, cfr. M. VAN EMPEL, *The Granting of European Patents*, Leyden, 1975, p. 64. Na formulação de Pierre MATHÉLY, *Le droit européen des brevets d'invention*, Journal des notaires et des advocats, Paris, 1978, p. 134, o conceito de "indústria" traduz, para este efeito, o conjunto de actividades humanas através das quais se utiliza a Natureza e a matéria, de tal forma que é *industrialmente aplicável* a invenção que tem por objecto os meios pelos quais as pessoas podem agir sobre as forças naturais ou sobre os elementos preexistentes na Natureza, por forma a modificá-los ou a usá-los.

[71] Alberto CASADO CERVIÑO, "Los sistemas nacional y europeo de protección de las invenciones", in *Revista Jurídica de Catalunya*, 1991, p. 459 ss.; recentemente, Amelia MARTÍN URANGA, *La protección Jurídica de las Innovaciones Biotecnológicas. Especial Consideración de su Protección Penal*, Fundación BBVA, Comares, Bilbao, Granada, 2003, p. 369.

A patenteabilidade dos métodos de diagnóstico, terapêuticos e cirúrgicos... 243

impede que alguns autores[72] vejam nessa proibição a tutela de interesses ético-morais[73] ou do interesse da *saúde pública*, que já haviam motivado a proibição da patenteabilidade das *invenções de produtos*, de substâncias e preparados farmacêuticos, ao abrigo do § 2 do artigo 48 do *Estatuto de la Propriedade Industrial* de 26/07/1929.

4.4. Itália. – No panorama transalpino, a doutrina tende avisadamente a afastar a retórica argumentativa que funda esta exclusão da patenteabilidade dos métodos terapêuticos, cirúrgicos e de diagnóstico aplicados ao corpo humano na falta de industrialidade; vê, antes, a razão de ser desta exclusão, ora em preocupações ou motivações "éticas"[74] destinadas a subtrair ao universo das realidades patenteáveis os processos que coenvolvem a *vida* e a *saúde* das pessoas (e dos animais[75]), ora na ausência de *materialidade*[76] preclusiva do reconhecimento de uma invenção – no sentido em que se trata de actividades essencialmente *cognoscitivas*, actividades pura ou essencialmente *intelectivas* tradutoras de *actividades intelectuais* exercidas por estes profissionais.

5. A consagração desta proibição na CPE e a sua razão de ser (a influência da dogmática e da jurisprudência germânicas). – A Confe-

---

[72] Jorge PEDEMONTE FEU, *Comentários a la Ley de Patentes*, 2ª edição, Bosch, Barcelona, 1995, p. 39.

[73] Assim, Jose Antonio GOMEZ SEGADE, "Falta de patenteabilidad de los procedimientos terapeuticos", in *Tecnologia y Derecho*, Martial Pons, Madrid, Barcelona, 2001, p. 709 ss., p. 717, pois, uma vez assegurada a executabilidade e a repetibilidade do método, os obstáculos à patenteação somente podem basear-se em justificações dessa natureza.

[74] Vincenzo DI CATALDO, *I brevetti per invenzione e per modello*, 2ª edição, Giufré, Milano, 2000, p. 92; Adriano VANZETTI/Vicenzo DI CATALDO, *Manuale di Diritto Industriale*, 4ª edição, Giufré, Milano, 2003, p. 328.

[75] Todavia, Adriano VANZETTI e Vicenzo DI CATALDO, *Manuale*, 4ª edição, 2003, cit., p. 328, questionam-se acerca da validade deste fundamento ético quando é sindicado em relação às invenções de métodos terapêuticos, cirúrgicos e de diagnóstico aplicados ao corpo de *animais* não humanos, os quais importam, em primeira linha, interesses específicos da medicina veterinária. A razão de ser desta extensão à medicina veterinária pode consistir, na opinião dos Autores, na circunstância da porventura fácil transferência dos conhecimentos adquiridos na medicina veterinária – cujas soluções técnicas materializadas nestes métodos não poderiam constituir o objecto de exclusivo industrial, sendo livremente utilizadas pelos peritos nesta especialidade – para o sector da *medicina humana*.

[76] Neste sentido, Maria Adalgia CARUSO, *Temi di diritto Industriale*, Giufré, Milano, 2000, p. 235.

rência Diplomática de Munique, no seio da qual se alcançou o consenso para a CPE de 5 de Outubro de 1973, adoptou a posição veiculada pela jurisprudência do BGH alemão, nos termos da qual os métodos em análise foram, uma vez reunidas certas *condições negativas*, excluídos da patenteabilidade por motivo de não serem susceptíveis de *aplicação industrial*. A delegação alemã nessa Conferência Diplomática teve a iniciativa de propor a redacção da norma do actual artigo 52.°/4. Este preceito (ainda) não aparece, de facto, situado no domínio das excepções à patenteabilidade, previstas no artigo 53.°[77]. Ela foi sistematicamente deslocada da norma que regula o requisito da industrialidade (artigo 57.°) para o artigo 52.°/4, que disciplina as "invenções patenteáveis", quais limitações quanto ao próprio *objecto da protecção*, embora justifique, algo enigmaticamente, a ausência de protecção no facto de tais inventos serem desprovidos de *industrialidade*.

Esta justificação esconde uma *fictio iuris*[78] ou uma falsa equiparação de realidades não equiparáveis[79]. O teor gramatical do artigo 52.°/4 da CPE denuncia já este sentido: "Não são consideradas invenções como susceptíveis de aplicação industrial ...". Tratou-se, com esta deslocação, de adoptar a posição primacialmente veiculada pela doutrina e pela jurisprudência germânicas anteriores à *Patentgesetz* de 1980, segundo as quais o fundamento da exclusão residia, na verdade, na ausência de industrialidade de tais métodos.

De facto, no âmago de uma certa concepção de "indústria" está a ideia de que o exercício de certas profissões, *maxime* certas profissões

---

[77] Passará tal preceito a integrar, como dissemos, a alínea *c)* do artigo 53.° ("excepções à patenteabilidade"), a partir do início de vigência em 13/12/2007, do novo texto da CPE, revisto na Conferência Diplomática, que decorreu entre 20 a 29 de Novembro de 2000.

[78] SINGER/STAUDER, in Margarete SINGER/Dieter STAUDER, *The European Patent Convention, A Commentary*, 3ª edição, Sweet & Maxwell, Carl Heymmans Verlag, Cologne, Berlin, Bonn, Munich, 2003, p. 78; Rudolf KRAßER, *Patentrecht*, 5ª edição, 2004, cit., p. 204; já Rainer MOUFANG, "Methods of Medical Treatment", cit., p. 33; agora, Joseph STRAUS/Karolina HERRLINGER, "Zur Patentierbarkeit von Verfahren zur Herstellung individuumspezifischer Arzneimittel", 2005, cit., p. 870, p. 872.

[79] Rainer MOUFANG, "Methods of Medical Treatment", cit., p. 33, para quem a presença de industrialidade não é o bastante para evitar o funcionamento deste motivo de exclusão da patenteabilidade, de modo que o disposto neste artigo 52.°/4 prevalece sobre o preceituado no artigo 57.° da mesma CPE (*ob. cit.*, p. 33, nota 83).

A patenteabilidade dos métodos de diagnóstico, terapêuticos e cirúrgicos... 245

liberais, como a dos médicos, não traduz uma actividade industrial[80]. Por *actividade industrial*, a jurisprudência alemã[81] (acompanhada pela doutrina[82]) significaram uma actividade que persegue o lucro e, por via disso, um escopo precipuamente egoístico, ao contrário da profissão médica, cujo fim principal é servir o interesse público. Embora seja uma actividade económica, que também pode legitimamente perseguir o lucro, percebe-se a razão deste modo de ver as coisas: a *capacidade intelectual* dos profissionais deste sector é actuada no quadro da prestação de serviços de saúde, mediante o exercício e a aplicação das capacidades e do treino científico destes profissionais.

E temos, então, a alegada *falta de industrialidade* de inventos desta natureza utilmente posta ao serviço das concepções e dos postulados axiológicos-jurídicos e deontológicos dirigidos à prevenção da monopolização da aplicação das terapias médicas a favor da *liberdade terapêutica*[83] enquanto interesse superior da colectividade[84] e valor deontológico, ainda que para o efeito se tenha tornado necessário excluir, de igual jeito, os métodos de diagnóstico. A exploração comercial de todos estes métodos revelar-se-ia assim incompatível com a protecção da vida e da integridade humanas.

---

[80] Já, assim, FERTIG, "Schutz des Diagnostikums", in *Gewerblicher Rechtsschutz und Urheberrecht*, 1925, p. 298 ss., p. 299; e o acórdão do Supremo Tribunal Federal alemão, no citado caso *Glatzenoperation*, de 26/09/1967.

[81] Acórdão do Tribunal Federal de Patentes alemão, de 27/09/1984, no caso do *crescimento do cabelo (Haarwachstum)*, in *Gewerblicher Rechtsschutz und Urheberrecht*, 1985, p. 125, segundo o qual é patenteável um método para estimular o crescimento do cabelo, no caso em que o peticionante haja renunciado às reivindicações que caracterizam as etapas cirúrgico-terapêuticas, pois que qualquer cabeleireiro poderia exercitá-lo; no mesmo sentido veja-se o acórdão de 19/01/1984, in *Mitteilungen der deuschen Patentanwälte*, 1984, p. 214, nos termos do qual somente não são patenteáveis, no sentido do § 5(2), cláusula 1ª da *Patentgesetz*, por *falta de industrialidade*, os métodos cirúrgicos e terapêuticos do corpo humano.

[82] H. VIERHEILIG, "Zum Patentschutz therapeutischer Verfahren", in *Der Betriebs-Berater*, 1978, p. 528 ss., p. 529.

[83] Assim, mais recentemente, no acórdão do Supremo Tribunal Federal alemão, no caso *Endoprotheseinsatz*, in *Gewerblicher Rechtsschutz und Urheberrecht*, 2001, p. 321 ss.; Alfred KEUKENSCHRIJVER, in Rudolf BUSSE, *Patentgesetz*, 6ª edição, 1999, cit., § 5, anotação à margem n. 19, p. 230.

[84] Sobre esta justificação, cfr. já Hans DERSIN, "Über die Patentfähigkeit von Verfahren zur Behandlung des lebenden menschlichen Körpers (Dauerwell- und Haarfärbeverfahren)", in *Mitteilungen der deutschen Patentanwälte*, 1951, p. 2 ss., p. 5.

246 J. P. Remédio Marques

Vê-se, deste modo, que o argumento da falta de industrialidade foi, na verdade, instrumentalizado para o efeito de proteger os *interesses superiores da colectividade* e o cumprimento de certas *regras deontológicas* da profissão médica.

Como referimos, a Conferência Diplomática de Munique de 29 de Novembro de 2000, dirigida à revisão da CPE, alterou a colocação desta exclusão da patenteabilidade: a nova redacção da alínea *c)* do artigo 53.° adiciona esta proibição às que respeitam à violação da ordem pública e dos bons costumes.

5.1. Crítica à exclusão da patenteabilidade baseada em argumentos técnicos: a alegada falta de industrialidade. – Face ao exposto não pode pretender-se ancorar a exclusão da patenteabilidade destas invenções de processo numa suposta "razão técnica": a *falta de industrialidade*.

Nós não vemos, na verdade, como possa negar-se falta de *industrialidade* à esmagadora maioria dos métodos terapêuticos, cirúrgicos e de diagnóstico, na exacta medida em que as regras técnicas que permitem a sua execução sejam susceptíveis – como parece – de ser utilizadas, com a obtenção de *resultados* (industriais) *constantes, tantas vezes quantas as necessárias por qualquer perito na especialidade, face à descrição e às reivindicações ínsitas no pedido de patente*: a *executabilidade* e a *repetibilidade constantes* do invento garantem, neste sentido, a presença de *industrialidade*.

Isto dito face à concepção lata de *indústria* recebida no artigo 2.° do CPI de 2003[85], a qual já decorre do disposto no artigo 4.°-*quater* da Convenção da União de Paris. De facto, não só a *propriedade industrial* como também, em particular, o universo das *realidades patenteáveis* pode integrar as *criações industriais* obtidas para o exercício de *qualquer activi-*

---

[85] Nos termos desta norma "Cabem no âmbito da propriedade industrial a indústria e o comércio propriamente ditos, as indústrias das pescas, agrícolas, florestais, pecuárias e extractivas, bem como todos os produtos naturais ou fabricados *e os serviços*" – o itálico é nosso. Repare-se que é mais provável encontrarmos realidades não patenteáveis em algumas destas *actividades económicas* e menos em outras. Por exemplo, os *métodos de fazer negócios* "enquanto tal", *sem qualquer contributo técnico* [artigo 52.°/1, alínea *d)*, e n.° 3 do CPI de 2003; *idem*, artigo 52.°/2, alínea *c)*, e n. 2 da CPE) relevam essencialmente da *indústrias dos serviços*; por outro lado, as *descobertas* ou as *substâncias já existentes na Natureza* "enquanto tal" [artigo 52.°/1, alínea *b)*, e n.° 3 do CPI de 2003; *idem*, artigo 52.°/2, alínea *a)*, e n.° 2 da CPE] são normalmente o *objecto* das indústrias extractivas, das indústrias transformadoras, das pescas, das actividades agrícolas, silvícolas e pecuárias.

dade económica: indústria produtiva, extractiva, comércio (enquanto intermediação nas trocas), actividades económicas agrícolas e silvícolas, pecuária, pesca, artesanato e... *indústria dos serviços*, aqui onde se acolhe, a mais de outras *profissões autónomas* (*v.g.*, escultores, pintores, músicos, cientistas, desportistas, etc.) – e de certas *indústrias de serviços* exercidas como *empresas comerciais* nos termos dos artigos 230.°, 403.° e ss. e 425.° e ss., todos do Código Comercial, com recurso, segundo alguns, à *analogia iuris*[86] –, aqui onde se acolhe, como dizíamos, o exercício das chamadas *profissões liberais*, que traduzem a prática de actividades cujo resultado é devido a certas *capacidades* ou *aptidões intelectuais*[87] de quem as exerce, como é o caso dos *médicos*.

Vale isto por dizer que há verdadeiras *criações industriais* no exercício desta última *indústria dos serviços*, salvo se, por exemplo, atenta a sua complexidade de execução e destreza, o concreto método terapêutico apenas for dominado, no sentido de apenas poder ser executável com os mesmos resultados terapêuticos constantes pelo médico inventor e respectiva equipa.

§ 3.

O Regime Jurídico Positivo desta Excepção à Patenteabilidade

Como é sabido, esta exclusão da patenteabilidade não atinge qualquer método utilizado no exercício da actividade médica. Ela atinge apenas os (**1**) métodos de *diagnóstico*, (**2**) os métodos *terapêuticos* ou *cirúrgicos*, (**3**) contanto que a execução destes métodos seja realizada *sobre o corpo humano ou animal*. Impõe-se reduzir a complexidade destes requisitos de cuja verificação decorre a proibição da tutela por direito de patente (e, entre nós, por *modelo de utilidade*[88]), bem como analisar criticamente os diferentes diálogos doutrinais e jurisprudenciais que aqui se cruzam.

---

[86] Jorge Manuel COUTINHO DE ABREU, *Curso de Direito Comercial*, Vol. I, 6ª edição, Almedina, Coimbra, 2006, pp. 65-66.

[87] Cfr., por todos, Jorge Manuel COUTINHO DE ABREU, *Curso de Direito Comercial*, Vol. I, 6ª edição, 2006, cit., p. 103.

[88] Isto porque o artigo 118.° do CPI de 2003 manda aplicar aos *modelos de utilidade* o disposto no artigo 52.°, aqui onde se prevê expressamente esta exclusão da patenteabilidade.

248   *J. P. Remédio Marques*

6. A densificação da proibição

6.1. Processos aplicados *ao* corpo humano ou animal. – Parece evidente que esta proibição atinge somente as invenções de métodos desta natureza cuja execução implica um *contacto directo com o corpo humano vivo*[89] – métodos executáveis *in vivo*[90] – ou com o corpo de animais não humanos nas mesmas condições vitais.

Isto significa, desde logo, que não se encontram abrangidos pela proibição os métodos (de diagnóstico ou cirúrgicos) executáveis sobre cadáveres humanos, partes de cadáveres humanos ou de animais, bem como os *métodos fitoterapêuticos* aplicados aos diferentes constituintes vegetais de plantas (partes de plantas)[91]. Não são atingidos pela proibição, de igual sorte, os métodos terapêuticos, cirúrgicos ou de diagnóstico aplicados *directamente* em *próteses amovíveis* aplicadas *ao* corpo humano.

Os métodos executáveis em *próteses* ou em *implantes permanentemente* ligados ou introduzidos no corpo – seja no interior dos tecidos, dos músculos ou dos órgãos, seja na superfície do corpo ou de algum orgão ou tecido em contacto com o exterior – já não são patenteáveis, visto que estes objectos, sobre os quais incidem as actividades ou etapas constitutivas do método, passam a formar uma *unidade* com as demais *partes* ou elementos *componentes* do corpo, constituindo um todo inseparável: a execução dos métodos terapêuticos, ainda quando envolva etapas cirúrgicas ou de diagnóstico, afecta, neste caso, *directamente* o corpo humano[92].

---

[89] Solução que parece ter emergido de uma sugestão feita pela delegação francesa, por ocasião da Conferência Diplomática de Munique de 1973, embora, em geral, esta exclusão da patenteabilidade tenha sido proposta, pela primeira vez, em 1964, na sequência da Conferência de Estrasburgo, de 11/11/1963, sobre a harmonização de certos de direito substantivo em matéria de patentes – cfr. Rainer MOUFANG, "Methods of Medical Treatment ...", cit., p. 27, p. 29.

[90] Sven J. R. BOSTYN, "No Cure Without Pay? Referral to the Enlarge Board of Appeal ....", 2005, cit., p. 416;

[91] Klaus-Jürgen MELLULIS, in BENKARD, *Europäisches Patentübereinkommen*, 2002, cit., Art. 52, anotação à margem n. 231, p. 372.

[92] Já foi, por exemplo, decidido que não é patenteável, com base no artigo 52.°/4 da CPE, um método (terapêutico) de modelação da forma de uma lente de contacto implantada permanentemente na córnea do paciente, com vista a corrigir a visão, através de raios *laser*, posto que a execução das etapas nessa lente *permanentemente* fixada na córnea importa um não despiciendo efeito: a alteração *imediata* e *directa* do poder de refracção do olho do paciente – assim, decisão T 24/91, no caso *THOMPSON/Cornea*, in *Official Journal of the European Patent Office*, 1995, p. 512 ss. De igual jeito foi recusada a patente do uso de uma substância para prevenir queimaduras solares: embora tivesse sido

A patenteabilidade dos métodos de diagnóstico, terapêuticos e cirúrgicos... 249

Surpreendem-se, no entanto e não raras vezes – cada vez mais, a partir do actual advento da realização de *diagnósticos genéticos* e de terapias que recorrem a células do próprio paciente, precipuamente dele retiradas e recombinadas geneticamente *in vitro*, seja de terceiros deles retiradas e inseridas no corpo dos pacientes após terem sido previamente manipuladas *in vitro* –, certos métodos de terapia ou de diagnóstico, que, em alguma ou algumas das etapas da sua realização, envolvem a interacção com o corpo humano. É o caso daqueles métodos que, no domínio da *terapia genética somática*, implicam invariavelmente uma etapa de recolha de amostras de células *alogénicas* (de terceiros), *autólogas* (do próprio paciente) ou *xenogénicas* (de animais não humanos). *Quid iuris*, se esta etapa ou actividade de recolha de amostras (de células, de fluidos ou de tecidos) não tiver sido especificamente *reivindicada* no pedido de patente ou de modelo de utilidade? Será que, a despeito disso – ou seja, não obstante, as restantes etapas de execução do método (de diagnóstico ou de terapia) decorrerem *in vitro* –, esta etapa necessariamente realizada *in vivo*, no corpo humano (ou de animal não humano) contamina a validade e a admissibilidade da *globalidade das etapas* constitutivas do processo?

De harmonia com a decisão T 964/99, tirada no caso *CIGNUS/Device and method of sampling of substances using alternating polarity*[93], a patente deve ser recusada quando apenas *uma das etapas* constitutivas do método reivindicado seja executada *no* ou *sobre o* corpo humano ou animal. No entendimento desta jurisprudência, devem ser excluídos da patenteabilidade todos os métodos (*in casu*, de diagnóstico) praticados sobre o corpo humano relacionados com a realização de diagnósticos (*et, pour cause*, de terapias): não será, assim, patenteável um método, que inclua múltiplas etapas ou actividades, mas em que alguma ou algumas impliquem a colheita de amostras de tecidos, fluidos ou outros elementos biológicos do corpo humano ou animal[94].

---

alegado que essa substância actuava como um filtro solar, que o mesmo é dizer que não interagia com a epiderme, a Câmara Técnica de Recurso entendeu que o efeito dessa substância era provocado, em parte, pela sua interacção com a pele, pelo que o uso reivindicado era um uso terapêutico aplicado *ao corpo* ao humano – decisão T 1077/93, de 30/05/1996, no caso que opôs a sociedade L'OREAL à sociedade ESTER LAUDER ["composition cosmétique contenant un complexe cuivrique de l'acide 3,5-diisopropyl salicylique pour la protection contre le rayonnement UV et utilisation d'un tel composé en cosmétique"], in *European Patent Office Reports*, 1997, p. 546 ss. = *http://www.epo.org*.

[93] In *Official Journal of the European Patent Office*, 2002, p. 4 ss.

[94] Parece que navegava já neste sentido a decisão T 775/92, de 7/04/1993, no caso *TEIJIN LIMITED/Diagnostic merthods*, in *http://www.epo.org*.

Mas uma outra corrente jurisprudencial faz, porém, escola junto dos órgãos jurisdicionais do Instituto Europeu de Patentes. Trata-se do entendimento propugnado, pela primeira vez, na decisão T 385/86, no caso *BRUKER/Non-invasive determination of measure values*[95], segundo o qual a exclusão da patenteabilidade do artigo 52.°/4 da CPE somente deve ser actuada se e quando *todas* as etapas ou actividades (de natureza técnica) constitutivas do método reivindicado – enquanto etapas caracterizadoras do escopo de diagnóstico – necessitam ser executadas sobre o corpo humano ou animal; se, pelo contrário, uma parte do método tiver que ser actuada fora do corpo humano, a interacção da *parte restante* do método com o corpo humano (bem como a intensidade desta interacção) não descaracteriza a possibilidade de protecção: pois, faz-se mister que, tanto a medição dos valores quanto a realização da sintomatologia com base nos resultados examinados (com o eventual desvio relativamente ao valor-padrão) sejam levadas a efeito *in vivo, sobre* um *corpo humano vivo*. Neste outro sentido, será rejeitada a patenteabilidade de um teste de diagnóstico de alergias executável *directamente* na pele, contanto que a comparação com um valor-padrão e a eventual identificação de desvios relativamente a esse valor-padrão possa ser detectada através de uma coloração diferente dos tecidos da pele da pessoa examinada; outrossim, não será patenteável um método de endoscopia cuja execução através do esófago da pessoa examinada possa derivar *imediatamente* a presença de eventuais lesões nas paredes do estômago (*v.g.* úlceras, infecções microbianas, etc.)[96].

Face a esta divergência jurisprudencial sobre a mesma questão de direito ostentada por duas das Câmaras Técnicas de Recurso – ou seja, a divergência sobre o alcance da exclusão da patenteabilidade no que tange apenas aos *métodos de diagnóstico*, mas cujas conclusões podem ser, em alguns casos, extensíveis aos *métodos terapêuticos* e *cirúrgicos* –, foi sus-

---

[95] In *Official Journal of the European Patent Office*, 1988, p. 308 ss.

[96] Na opinião da Câmara Técnica de Recurso no caso *BRUKER*, também não será, por exemplo, recusada a patentabilidade de um *método radiográfico* através de *raios-X*, cujos resultados surgem na película e somente podem ser avaliados fora do corpo humano através de luz florescente, sendo que o diagnóstico só é susceptível de ser efectuado após a comparação com certo valor-padrão (cfr. o § 4.3.2. desta decisão). No quadro da jurisprudência tirada no caso *CIGNUS* todos estes exemplos traduzem, pelo contrário, métodos excluídos da patenteabilidade ao abrigo do artigo 52.°/4 da CPE, pois somente serão patenteáveis os métodos de diagnóstico realizáveis *totalmente fora do corpo humano*, cuja execução, tão-pouco, exija uma ou várias etapas de extracção de amostras do corpo humano vivo ou do corpo de animais não humanos vivos (cfr. o § 4.3. desta decisão).

A patenteabilidade dos métodos de diagnóstico, terapêuticos e cirúrgicos... 251

citada a intervenção da *Grande-Câmara de Recurso* do Instituto Europeu de Patentes, com vista à *uniformização de jurisprudência*.

Este mais lato orgão jurisdicional de recurso do referido Instituto pronunciou-se, recentemente, sobre esta (e outras questões) do alcance da exclusão da patenteabilidade consignada no artigo 52.°/4 da CPE, através da decisão G 1/04, de 16/12/2005[97].

Com efeito, no que a esta questão diz respeito, a Grande-Câmara de Recurso distingue os *métodos terapêuticos* e os *métodos cirúrgicos*, por um lado, dos *métodos de diagnóstico*, por outro: nas duas primeiras espécies os métodos podem ser executados através de uma única actividade ou de um ciclo único; ao invés, os *métodos de diagnóstico* são sempre executáveis através da realização de *várias etapas*, *ciclos* ou *conjunto de actividades*, sendo que algumas desfrutam invariavelmente de *natureza intelectiva*, *dedutiva*, puramente *mental* (§ 5 desta decisão).

De facto, estes últimos métodos, os de *diagnóstico*, implicam, em primeiro lugar, **(1)** uma *fase de exame* traduzida na recolha de amostras ou a obtenção de dados; **(2)** depois, faz-se mister efectuar a *comparação desses dados* (*v.g.*, fisíco-químicos, alteração de sequências genéticas, identificação de proteínas normalmente associadas a certas doenças) com certos valores-padrão; **(3)** em terceiro lugar, é preciso descortinar a *presença*, ou não, de *desvios relativamente a tais valores*, ou seja, a existência de certos sintomas que explicam tal desvio; e, finalmente, **(4)** é necessário *atribuir o eventual desvio* dos valores *a um determinado quadro clínico*.

Esta última etapa é, na opinião da Grande-Câmara de Recurso, uma etapa que importa a realização de juízos meramente *dedutivos*, ou seja, é uma etapa puramente *intelectiva*, que nem, tão-pouco, poderá traduzir uma *invenção* (§§ 5.2. e 6.4.1. desta decisão).

Vale isto por dizer que só são excluídos da patenteabilidade os *métodos de diagnóstico* cujas etapas de natureza técnica indispensáveis à realização do diagnóstico são executadas *in vivo*, no corpo humano ou animal. A falta de qualquer uma daquelas etapas ou actividades de natureza técnica constitutivas da realização de um "diagnóstico completo" impede que se qualifique o método reivindicado como *método de diagnóstico*: quanto

---

[97] No momento em que escrevemos, esta decisão ainda não foi publicada no *Boletim Oficial do Instituto Europeu de Patentes*, mas já é acessível na *página da rede* titulada por esta organização, in *http://www.epo.org.*. Cfr., para uma primeira análise, Dirk SIECKMANN, "European Union: EPO issues landmark decision on patentability of diagnostic methods", in *World Intellectual Property Review*, 2006, Vol. 20, n.° 2, pp. 6-7.

muito traduzirá um *método de obtenção de dados* ou de *elementos* sobre o estado de (des)equilíbrio físico-psíquico da pessoa examinada (§ 6.2.2. desta decisão), sendo, por isso, susceptível de patenteação, se e quando reunir os demais requisitos de protecção (novidade, actividade inventiva, industrialidade, suficiência e clareza da descrição e não contraditoriedade com as reivindicações). Desta maneira, são perfeitamente patenteáveis os métodos de diagnóstico cujas etapas ou actividades de natureza técnica forem realizadas por *máquinas* que usam *programas de computador*, desde que a execução das *etapas técnicas* destinadas à realização do diagnóstico não implique uma interacção com o *corpo humano vivo* ou animal – o que sucede com as etapas constitutivas de métodos de diagnóstico realizadas *in vitro* (*v.g.*, através de sondas de ADN).

Daqui também se pode concluir que, no que tange à patenteabilidade dos *métodos de diagnóstico*, a Grande-Câmara de Recurso perfilha, no essencial, a orientação consignada no citado caso *BRUKER*[98], ao arrepio do entendimento perfilhado na decisão *CIGNUS*, o que também equivale à adopção de uma *interpretação restritiva* desta exclusão da patenteabilidade, conforme é recorrentemente salientado pela doutrina e pela jurisprudência do Instituto Europeu de Patentes.

Quanto aos *métodos terapêuticos* e *cirúrgicos*, sendo certo que, como vimos, eles podem ser executados através de *uma única etapa*, actividade ou ciclo, a sua patenteabilidade estará afastada todas as vezes que as reivindicações (ou uma *reivindicação independente*) revelarem a presença de uma actividade física praticada *directamente sobre o corpo humano* (*v.g.*, uma punção lombar para administrar uma injecção epidural: veja-se este exemplo no § 6.2.1. da decisão da Grande-Câmara de Recurso G 1/04).

---

[98] Já depois da prolação da decisão G 1/04, da Grande-Câmara de Recurso, foi proferida a decisão T 330/03, no caso *ABOTT LABORATORIES/Multiplex sensor and method of use*, de 7/02/2006, tirada numa Câmara Técnica de Recurso – aí onde no pedido de patente fora reivindicado um método de medição de um parâmetro químico-físico (*id est*, um método de diagnóstico) a partir de uma amostra de sangue, que consistia na realização de duas espectroscopias, mais precisamente uma análise de absorção de infra-vermelhos e foto-acústica, com vista à determinação do teor de *glucose* no *sangue humano* –, segundo a qual o método reivindicado, embora implicasse a recolha de amostras biológicas do corpo humano, não permitia a obtenção directa de um diagnóstico, mas apenas a obtenção de *resultados intermédios*. De facto, a realização desta análise feita sobre fluidos humanos não envolve a comparação dos resultados obtidos com um parâmetro predeterminado, com vista a detectar desvios relativamente ao valor-padrão, por forma a estabelecer a presença de um determinado sintoma durante a execução do método.

A patenteabilidade dos métodos de diagnóstico, terapêuticos e cirúrgicos... 253

Se, porém, o *método terapêutico* for executável *ex vivo*, em cadáveres, fluidos ou amostras de tecidos, órgãos ou células, que hajam sido objecto de precípua extracção do corpo humano vivo, nada parece obstar a que tais métodos sejam "candidatos positivos" a direito de patente[99].

Estas considerações parecem pertinentes para iluminar a eventual patenteabilidade de alguns *métodos de diagnóstico* e de *terapia genética*. Ou seja: se as etapas ou actividades de natureza terapêutica, havidas como *essenciais* – nos termos do artigo 84.° da CPE (ou do artigo 62.°/4 do CPI de 2003), para executar a invenção – têm lugar fora do corpo humano (ou animal), não entrando directamente em contacto com ele, parece-nos estar aberta a via da patenteabilidade de tais métodos.

Veja-se o caso da *terapia genética somática com recurso a células do próprio paciente* (isto é, *células autólogas*). Dado que este tipo de terapias envolve a manipulação genética das *células* retiradas precipuamente do corpo do paciente, com vista a modificar as suas propriedades funcionais (imunológicas, metabólicas, etc.), daqui segue que, do ponto de vista das *etapas essenciais* definidoras do métodos, todas essas actividades têm lugar *fora do corpo humano*.

De facto, após a colheita das células, ocorre a sua manipulação *ex vivo*, propagando ou activando a população de células (*v.g.*, através de imunoterapia adoptiva); depois, há lugar à preparação e armazenamento *ex vivo* do *vector de expressão* (*v.g.*, plasmídeo, vírus, etc.); em terceiro lugar, faz-se mister transferir o *vector de expressão* para o núcleo das *células hospedeiras*, anteriormente colhidas *in vivo* do corpo do paciente. Isto significa que as etapas essencial ou substancialmente terapêuticas reivindicadas ocorrem *fora do corpo* humano.

---

[99] Rainer MOUFANG, "Methods of Medical Treatment ...", cit., p. 46; Bernard BERGMANNS, *La Protection des Innovations Biologiques*, 1990, cit., p. 168; Karl BRUCHHAUSEN, in BENKARD, *Patentgesetz*, 9ª edição, 1993, cit., § 5, anotação à margem n. 11, p. 330; Rainer SCHULTE, *Patentgesetz*, 6ª edição, 2001, cit., § 5, anotação à margem n.° 26, p. 216; João Paulo REMÉDIO MARQUES, *Biotecnologia(s) e Propriedade Intelectual*, Vol. I, 2005, cit., § 89, p. 233 = Vol. I, Almedina, Coimbra, 2007, p. 315; Daniel X. THOMAS, "Patentability Problems in Medical Technology", in *International Review of Industrial Property and Copyright Law*, 2003, p. 847 ss., p. 865; Todd MARTIN, "Patentability of Methods of Medical Treatment ...", cit., p. 391; Rudolf KRAßER, *Patentrecht*, 5ª edição, 2004, cit., p. 206; Karl-Jürgen MELULLIS, in BENKARD, *Europäisches Patentübereinkommen*, 2002, cit., Art. 52, anotação à margem n. 262, 263, p. 380; decisão T 182/90, no caso *SEE-SHELL/Blood Flow*, in *Official Journal of the European Patent Office*, 1994, p. 641 ss., § 2.1. = *International Review of Industrial Property and Copyright Law*, 1995, p. 87 ss., p. 88.

Vem isto para dizer que, a despeito de a exclusão da patenteabilidade atingir os métodos terapêuticos aplicados ao corpo humano (ou animal), parece-nos, por isso, possível patentear *métodos de terapia genética*, contanto que as *etapas essenciais da execução do método*, as quais definem a invenção reivindicada, tenham lugar *in vitro*, *fora do corpo humano*, ainda quando a leitura da descrição e das reivindicações revela a presença de uma etapa ou de uma actividade, não reivindicadas, pela qual a execução do método entra em *contacto directo* com o corpo humano (*v.g.*, microinjecção, administração oral, etc.).

Tomemos o caso da etapa que consista numa *microinjecção do preparado no corpo* do paciente. Esta etapa ou actividade constitui uma *etapa terapêutica*, embora traduza – na perspectiva do perito na especialidade que leia o conteúdo da descrição e das reivindicações – uma *etapa não essencial* para a *execução técnica* do invento, tal como tenha sido reivindicado, motivo por que esta específica etapa cuja singular execução importa o contacto directo com o corpo humano (ou animal) não pode ser reivindicada, nem pode ser abrangida pelo exclusivo constituído pelas etapas ou actividades de *terapia genética* executáveis *fora* do corpo humano, que não *em contacto directo* com este[100]. Preserva-se, desta forma, a *liber-*

---

[100] Em sentido um pouco diferente, vejam-se as *Directrizes Para Exame do Instituto Europeu de Patentes*, Parte C, Cap. IV, 4.3., nos termos das quais: "Treatment of body tissues or fluids after they have been removed from the human or animal body, or diagnostic methods as applied thereon, are not excluded from patentability *in so far as these tissues or fluids are not returned to the same body*" – o itálico é nosso. Cfr., tb., Rainer MOUFANG, *Genetische Erfindungen im Gewerblichen Rechtsschutz*, Carl Heymanns Verlag, Köln, Berlin, Bonn, München, 1989, p. 298; Rainer MOUFANG, "Methods of Medical Treatment ...", cit., p. 41, o qual admite a patentabilidade consoante a *destinação final* do processo de terapia genética dotado de múltiplas etapas: se o método implicar a colheita e a reinjecção no corpo humano (não esclarece se essa reinjecção é feita na mesma pessoa de onde hajam sido extraídas as amostras biológicas), o Autor parece dar relevo ao conjunto, classificando-o como método terapêutico insusceptível de protecção. Pela nossa parte, cremos que *se o tratamento tiver lugar fora do corpo humano, e como tal for reivindicado*, nada obsta à protecção da invenção do método terapêutico: a etapa ou a actividade que importa o *contacto directo com o corpo humano* não é, nesse caso, objecto de reivindicação, nem deve ser qualificada (*maxime*, no caso das manipulações genéticas ex vivo de células extraídas do próprio paciente ou extraídas do corpo de outras pessoas ou animais) como *elemento técnico essencial* para definir a invenção, no sentido dado pelo artigo 84.° da CPE [ou da Regra n.° 29 do seu Regulamento de Execução: cfr. o § 6.2.4. da mencionada decisão G 1/04, nos termos da qual o requerente da protecção não pode omitir as etapas ou actividades *essenciais*, ou seja, as etapas que permitem estabelecer ime-

A patenteabilidade dos métodos de diagnóstico, terapêuticos e cirúrgicos... 255

dade de actuação dos profissionais médicos, e os seus *deveres deontológicos* para com os pacientes, se e quando for necessário proceder a essas microinjecções.

*

E contra isto não se diga que, afinal, o que é *objecto de reivindicação* é apenas a *substância activa, o produto* resultante da manipulação genética das células da paciente (de terceiros ou de animais) ocorrida *in vitro, o produto* utilizado como *vector de expressão*, com o que teremos apenas uma *invenção de produto*. É verdade que, uma vez preparadas *fora do corpo humano*, as células em cujos núcleos se efectua a precípua *manipulação genética* devem ser qualificadas como *medicamentos de terapia genética* (*v.g.*, ácidos nucleicos livres, ácidos nucleicos complexados e vectores não víricos; vectores víricos; e células geneticamente manipuladas), susceptíveis de *patente de produto*. Não se esqueça, porém, que estes medicamentos não constituem o *resultado final* da actividade terapêutica. Tais *medicamentos de terapia genética* permitem apenas a transferência do(s) gene(s) terapêutico(s) para as células humanas ou animais, com a subsequente expressão *in vivo, dentro do corpo humano*, após se ter procedido à injecção da preparação.

Vale dizer: as células terapeuticamente modificadas, após terem sido introduzidas no corpo do paciente, induzirão a expressão das *proteínas* de interesse dentro do corpo humano, como que completando um *processo terapêutico* que se iniciara fora dele com a obtenção da *substância activa* e do *produto acabado* (*id est*, a substância activa formulada no seu recipiente primário final para a utilização médica prevista) – ainda quando as células manipuladas promanam do próprio paciente e tivessem nele sido

---

diata e directamente um diagnóstico, para a execução do método, como forma expedita de ultrapassar ou de contornar (*circumvent*) a proibição do artigo 52.º/4 da CPE] – João Paulo Remédio Marques, *Biotecnologia(s) e Propriedade Intelectual*, Vol. I, 2005, cit., §§ 97-99, pp. 242-244 = Almedina, Coimbra, 2007, cit., pp. 329-332.

De igual modo, não está afastada a patenteabilidade do *medicamento* (*invenção de produto*) assim obtido e usado com escopo terapêutico [*maxime*, a substância ou *princípio activo* constituído pelo próprio *vector de expressão*, que permite, por exemplo, "activar" ou "desactivar" uma determinada proteína quando for microinjectado no corpo do paciente], ainda quando, sendo a terapia bem sucedida, passe a integrar o *núcleo* de todas as células do paciente: os actos reservados ao titular da patente (*do produto*) são apenas os que têm lugar *fora do corpo humano* para fins merceológicos.

colhidas. Claro está que, já não será patenteável o método de tratamento *in vivo* das células do paciente, ainda que seja associado a dispositivos médicos (*v.g.*, microcápsulas, matrizes intrínsecas, moldes biodegradáveis, etc.). Pelo contrário, são patenteáveis todas as etapas, ciclos ou actividades de preparação destes medicamentos, que, como tal, tenham decorrido *fora do corpo humano*.

Posto que, para muitos, não é possível imaginar métodos terapêuticos cujas *fases* ou *etapas essenciais* não decorram em *contacto directo* com o corpo humano ou animal[101], para este outro entendimento está aberta a patenteabilidade do *processo de preparação ex vivo das substâncias activas*, a qual não colide com o disposto no artigo 52.°/4 da CPE, nem com o artigo 52.°/2 do CPI de 2003.

6.2. Métodos de diagnóstico; a realização ou a supervisão da execução do método por parte de um médico. – Apurado o sentido da expressão métodos "aplicados ao corpo humano ou animal", é necessário ainda precisar o que deve entender-se por invenções cujo objecto é um *método de diagnóstico*.

Com efeito, de harmonia com a jurisprudência uniformizadora tirada na decisão G 1/04, trata-se de invenções cuja execução conduz ao *imediato e directo reconhecimento e determinação* da natureza de certas condições médicas ou veterinárias, com vista à identificação e localização ou à exclusão da verificação de uma certa patologia. É, ademais, necessário, que – posto que se cura de *invenções de processos* – todas as *actividades, ciclos* ou *etapas* reivindicadas e havidas como *essenciais* para a execução da solução técnica sejam dirigidas à realização de um diagnóstico, que não apenas à *obtenção* ou ao *processamento de dados* sobre certas condições de (des)equilíbrio físico-psíquico (§ 6.2.2. da citada decisão; *idem*, decisão T 385/86, no citado caso *BRUKER*).

Se, ao invés, a execução do método implica apenas a obtenção de *resultados intermédios*, não haverá um verdadeiro método de diagnóstico, uma vez que a execução de métodos desta natureza deve propiciar a possibilidade de comparar os dados obtidos com os valores-padrão e surpreender a presença de eventuais desvios com base nessa comparação, os

---

[101] Cfr., agora, neste sentido, Sven J. R. BOSTYN, "No Cure without Pay? ...", 2005, cit., p. 418.

A patenteabilidade dos métodos de diagnóstico, terapêuticos e cirúrgicos... 257

quais são susceptíveis de ser atribuídos à presença de uma certa patologia ou quadro clínico[102].

Todavia, diferentemente da jurisprudência tirada no caso *BRUKER*, a Grande-Câmara de Recurso do Instituto Europeu de Patentes não faz depender a presença de um método de diagnóstico cuja patenteabilidade deva ser negada, no sentido atrás mencionado, da circunstância de a sua execução ser realizada por *médicos* (ou *veterinários*).

Nesta ordem de ideias, a decisão G 1/04 acolheu a orientação defendida na decisão T 964/99, no caso *CIGNUS*, embora com base num diferente fundamento: é que, para a decisão G 1/04, não só não se encontra qualquer referência, nos trabalhos preparatórios da Convenção de Munique, à necessidade de os métodos excluídos deverem ser executados por *pessoal médico*, como também se torna altamente inseguro, à luz do quadro jurídico existente nos diferentes ordenamentos nacionais, condicionar a outorga ou a recusa de uma *patente europeia* ao envolvimento, maior ou menor, destes profissionais *na execução* ou *na supervisão da execução* destes métodos (§§ 6.1. e 6.3 desta decisão). E, deste modo, pese embora o ponderoso fundamento *ético-social* que, para a maioria da doutrina, envolve esta proibição da patenteabilidade e a despeito de o método não dever ser necessariamente *executado por médicos* ou com a *supervisão* de médicos, daí não decorre o tornar-se tal método em "candidato positivo" à patenteabilidade[103].

---

[102] Já, assim, Doris THUMS, "Patent Protection for Medical Treatment ...", cit., pp. 428-429; Sven J. R. BOSTYN, "No Cure without Pay? Referral to the Enlarged Board ...", 2005, cit., pp. 415-416; Rainer MOUFANG, "Methods of Medical Treatment ...", cit., pp. 45-46; Bengt DOMEIJ, *Pharmaceutical Patents in Europe*, 2000, cit., pp. 35-36; decisão T 655/92, de 11/02/1997, no caso *NICOMED/Contrast agent for NMR imaging*, in *Official Journal of the European Patent Office*, 1998, p. 17 ss.; Simon THORLEY/Richard MILLER/ /Guy BURKILL *et alii*, in *TERREL On the Law of Patents*, 16ª edição, 2006, cit., § 2-15, p. 25.

[103] Contra, Sven J. R. BOSTYN, "No Cure without Pay? ...", 2005, cit., pp. 417-418, para quem não se vislumbram razões para excluir estes métodos da patenteabilidade quando eles não têm que ser executados ou supervisionados por médicos, pois inexiste aí um pôr em perigo a liberdade e os deveres deontológicos dos médicos; tb. Bengt DOMEIJ, *Pharmaceutical Patents*, 2000, cit., p. 32; Lionel BENTLEY/Brad SHERMAN, *Intellectual Property Law*, Oxford University Press, 2001, p. 366; no mesmo sentido, veja-se a decisão T 24/91, no citado caso *THOMPSON/Cornea*, in *Official Journal of the European Patent Office*, 1995, p. 521, de harmonia com a qual, o fundamento subjacente ao artigo 52.°/4 da CPE é o de assegurar que todos aqueles que pretendam usar os métodos não vejam a sua actuação condicionada pela existência de uma patente, sendo certo que um método terapêutico há-de ser executado por médicos, ou sob a supervisão de médicos; contra Gerald PATERSON, *The*

É, assim, indiferente, para o efeito da aplicação do disposto no artigo 52.°/4 da CPE [e, a partir de Dezembro de 2007, o artigo 53.°, alínea *c*), da CPE], fazer depender a qualificação do método reivindicado como método de diagnóstico da circunstância de ele *deve ser executado*, ou envolver a *participação* ou a *supervisão* de *médicos* ou de *veterinários*. A qualificação de um método como sendo de *diagnóstico* (ou de *terapia*: cfr., *infra*, já a seguir) não depende do *nomen* por que seja conhecido ou da *qualificação profissional* de quem deva executar ou supervisionar tal execução: a patenteabilidade não é necessariamente afirmada ou rejeitada mesmo que a sua execução (ou supervisão) possa ser feita por outrem (*v.g.*, ortopedistas, fisioterapeutas, técnicos de radiologia, etc.), que não por médicos ou veterinários.

6.3. Métodos de terapia; métodos cosméticos. – Repare-se que os *métodos terapêuticos* (aplicados ao corpo humano ou animal) integram, igualmente, a exclusão da patenteabilidade prevista no artigo 52.°/4 da CPE e do artigo 52.°/2 do CPI de 2003.

Mas o que deve entender-se por *métodos terapêuticos*? Deverá privilegiar-se um *sentido restritivo* traduzido na presença de um escopo de *curar uma doença*? A jurisprudência do Instituto Europeu de Patentes tem adoptado um *sentido amplo* de método terapêutico.

À luz deste entendimento, um *método terapêutico* não é apenas todo aquele método cuja execução visa restituir o equilíbrio psico-físico (e/ou social) perdidos por motivo de doenças. O *sentido amplo* da expressão[104]

European Patent System, 2ª edição, 2001, cit., § 9-52, p. 427; com dúvidas, Rainer MOU-FANG, "Methods of Medical Treatment ...", cit., p. 36, segundo o qual o carácter médico de um processo terapêutico não depende somente da qualificação da pessoa que o executa; tb. a decisão T 329/94, no caso *BAXTER/Blood extraction method*, in *Official Journal of the European Patent Office*, 1998, p. 241 ss., nos termos da qual, "The need for a medical practitioner to perform a measure on the human body or supervise such an operation is not the sole criterion by which a method step has to be assessed ... under Article 52(4) EPC. *The purpose and inevitable effect of the step at issue are much more important*" – o itálico é nosso.

[104] Rudolf KRAßER, *Patentrecht*, 5ª edição, 2004, cit., p. 206; Rainer SCHULTE, *Patentgesetz mit EPU*, 6ª edição, 2001, cit., § 5, anotações à margem n.°s 31, 32, 33, p. 218; Alfred KEUKENSCHRIJVER, in Rudolf BUSSE, *Patentgesetz*, 6ª edição, 1999, cit., § 5, anotação à margem n. 21, p. 231; William CORNISH/David LLEWELYN, *Intellectual Property*, 5ª edição, 2003, cit., § 5-71, p. 217; agora, a decisão T 04/98, de 9/08/2001, no caso que opôs a sociedade SEQUUS PHARMACEUTICALS, Inc. à sociedade INEX PHARMACEUTICALS, Corporation, in *Official Journal of the European Patent Office*, 2002, p. 139 ss. = *Gewerblicher*

A patenteabilidade dos métodos de diagnóstico, terapêuticos e cirúrgicos... 259

abarca, igualmente, os métodos com *escopo profiláctico* (*v.g.*, métodos de injecção, de vacinação, de remoção de tártaro nos dentes[105], de queda do cabelo[106], etc.)[107], cuja execução envolve actividades, ciclos ou etapas dirigidas a *prevenir* a causação de doenças ou outras disfunções; e, outrossim, atinge os métodos destinados a *aliviar* ou a *suprimir* a dor, o desconforto físico[108] ou restaurar a capacidade física[109], ainda que a diminuição desta não tenha sido provocada por uma doença[110].

Mas, de acordo com a jurisprudência de alguns Estados-membros da CPE, já não parecem subsumir-se à exclusão da patenteabilidade dos *métodos terapêuticos* as *invenções de processos* de inseminação artificial[111] e *de contracepção*[112] – isto porque a *gravidez* não deve ser havida

---

Rechtsschutz, Internationaler Teil, 2002, p. 438; Simon THORLEY/Richard MILLER/Guy BURKILL *et alii*, in *TERREL On the Law of Patents*, 16ª edição, 2006, cit., § 2-15, p. 24.

[105] Decisão T 290/86, no caso *ICI/Cleaning plaque*, in *Official Journal of the European Patent Office*, 1992, p. 414 ss., mesmo que estes métodos desfrutem de um simultâneo ou concomitante *efeito cosmético*; tb. decisão do *Patents Court* britânico, de 14/10/1976, no caso *Oral Health Products Inc (Halstead's) Application*, in *Reports of Patent, Design and Trademark Cases*, 1977, p. 612 ss.

[106] Decisão T 143/94, de 6/10/1995, no caso que opôs MAI, JUTTA a ERWIN STÜCKER, in *Official Journal of the European Patent Office*, 1996, p. 430 ss.

[107] Cfr. a decisão T 19/84, no caso *DUPHAR/Pigs II*, in *Official Journal of the European Patent Office*, 1989, p. 24, segundo a qual: "all prophylaxis serves to maintain health and therefore comes under the provision of Article 52(4) EPC".

[108] Por exemplo, o desconforto associado à menstruação – assim, Decisão T 81/84, no caso *RORER/Dysmenorrhea*, in *Official Journal of the European Patent Office*, 1988, p. 207 ss.

[109] Cfr. a decisão T 24/91, no caso *THOMPSON/Cornea*, cit., p. 512, nos termos da qual: "The meaning of the term 'teraphy' is not restricted to curing a disease and removing its causes. Rather, the term covers any treatment which is designed to cure, alleviate, remove or lessen symptoms of, or prevent or reduce the possibility of contracting any disorder or malfunction of the human or animal body".

[110] Neste sentido, veja-se a decisão T 81/84, no caso *RORER/Dysmenorrhea*, in *Official Journal of the European Patent Office*, 1988, p. 207 ss.

[111] Cfr., no quadro da indústria pecuária, a decisão T 582/88, de 17/05/1990, no que caso que opôs a sociedade ELI LILLY and Co. à sociedade SMITH KLINE BEECHAM, in *Official Journal of the European Patent Office*, Supplement, 1991, p. 19.

[112] Decisão T 74/93, no caso *BRITISH TECHNOLOGY GROUP/Contraceptive method*, in *Official Journal of the European Patente Office*, 1995, p. 712 ss. A solução será diferente quando o método contraceptivo inclui um método terapêutico, no sentido em que a sua execução impede a produção dos efeitos secundários associados à aplicação de contraceptivos – neste sentido, cfr. a decisão T 820/92, no caso *GENERAL HOSPITAL/ /contraceptive method*, in *Official Journal of the European Patent Office*, 1995, p. 113 ss.,

260   *J. P. Remédio Marques*

como uma *doença* – e dos métodos destinados à *interrupção voluntária da gravidez*[113], pese embora, na nossa opinião, alguns destes métodos impliquem, *lato sensu*, a execução de etapas terapêuticas, exactamente na medida em que a sua aplicação – *et, pour cause*, a interrupção da gravidez – visa restaurar o *equilíbrio psíquico* da mulher, decorrendo assim de uma *indicação terapêutica*. Nestes casos, poderá ser possível evitar a reivindicação de *etapas terapêuticas* ou do *uso* e da *aplicação* das substâncias para fins terapêuticos. Outrossim, acham-se subtraídos a esta proibição as invenções de métodos destinados a melhorar as propriedades ou as características de animais (p. ex., aumentar a qualidade da lã produzida por ovelhas ou aumentar a quantidade de leite gerado por vacas)[114]; mas já não, ao que parece, as *invenções com escopo higiénico*, designadamente as que têm por escopo a prevenção do nascimento ou a destruição de parasitas[115], pois que os *métodos de higiene* (humana ou animal) desfrutam, *uno*

de acordo com a qual na eventualidade de o método envolver a administração de duas ou mais substâncias, para efeitos do disposto no artigo 52.°/4 da CPE, a questão não está em saber se o *fim principal* ou *exclusivo* da execução do método é um *fim não terapêutico*. Pelo contrário, uma reivindicação de método deve ser subsumida à proibição constante do referido artigo 52.°/4 se a administração de uma das substâncias provoca um efeito terapêutico, se e quando esta administração é um elemento caracterizante da reivindicação. No citado caso *GENERAL HOSPITAL*, o método contraceptivo executado mediante a administração de uma substâncias química implicava um tratamento com base em esteróides destinados a prevenir a causação dos efeitos secundários emergentes da administração daquela substância química.

[113] Veja-se a decisão do *Patents Appeal Tribunal*, de 9/07/1971, no caso *Schering A.G.'s Application*, in *Reports of Patent, Design and Trademark Cases*, 1971, p. 337 ss., p. 344; a decisão do Tribunal de Paris, de 24/09/1984, in *Propriété industrielle, bulletin documentaire*, 1984, III, 251 (método de controlo do ciclo menstrual, o qual implicava a administração de uma preparação farmacêutica à luz de determinadas condições de execução); a decisão do BGH, de 28/11/1972, no caso *Intrauterinpessar*, in *Gewerblicher Rechtsschutz und Urheberrecht*, 1973, p. 585 ss.; William CORNISH/David LLEWELYN, *Intellectual Property*, 5ª edição, 2003, cit., § 5-71, p. 218; Rainer MOUFANG, "Methods of Medical Treatment ...", cit., p. 41, nota 133; Frédéric POULLAUD-DULIAN, *La Brevetabilité des Inventions*, 1997, cit., pp. 63-64; Rainer SCHULTE, *Patentgestz mit EPÜ*, 6ª edição, 2001, § 5, anotação à margem n. 35, p. 219.

[114] Cfr. as decisões T 774/89, de 2/06/1992, in *http://www.epo.org.*; e T 582/88, de 17/05/1990, *ivi* (métodos de melhoria da qualidade do leite através da administração de certas substâncias químicas).

[115] Veja-se, neste sentido, a decisão T 116/85, no caso *WELLCOME/Pigs I*, in *Official Journal of the European Patent Office*, 1989, p. 13 ss.; aparentemente em sentido oposto, cfr. a decisão da *Cour d'appel* de Paris, de 24/09/1984, in *Propriété industriele, bulletin documentaire*, 1984, III, 252, a qual revogou a decisão de recusa de protecção,

A patenteabilidade dos métodos de diagnóstico, terapêuticos e cirúrgicos... 261

actu, de uma *natureza profiláctica*, neles se surpreendendo, como vimos, uma natureza terapêutica *lato sensu*.

Quid iuris quanto às invenções de *métodos cosméticos?* Neste particular, há que efectuar várias distinções.

Desde logo, não é pelo facto de a execução do método cuja protecção seja requerida produzir um *efeito cosmético* que a invenção se torna numa "candidata positiva" à patenteabilidade: a recusa da protecção do invento deve ser afirmada ainda quando, *a mais deste efeito cosmético*, a execução da invenção do método visa suprimir, remover, aliviar, prevenir ou reduzir a causação de desequilíbrios psico-físicos. A patenteabilidade das invenções que exibem esta natureza está apenas condicionada pela circunstância de o *efeito cosmético* não brotar da acção com *escopo terapêutico*.

Em segundo lugar, detecta-se uma certa jurisprudência do Instituto Europeu de Patentes de harmonia com a qual a mera presença de uma etapa de natureza terapêutica – traduzida em uma ou em várias reivindicações –, no quadro mais vasto de uma invenção de processo não terapêutico, tende a "contaminar" a patenteabilidade deste processo[116]. Solução que se nos afigura excessiva, ao menos naquelas eventualidades em que o *efeito estético* ou as *etapas de natureza estética* são *dissociáveis* ou *cindíveis* e autonomamente mensuráveis relativamente às etapas dotadas de natureza terapêutica e, como tal, são reivindicadas com exclusão destas últimas.

Claro está que a patenteabilidade não deve ser negada quando, à parte a verificação das demais condições de protecção, a execução do método produz um *resultado estético autonomizável* ou *dissociável* do *resultado terapêutico* (ou profiláctico): se ambos os efeitos técnicos são claramente *dissociáveis* ou *cindíveis*, pensamos que não deve ser convocada a proibição prevista no artigo 52.°/4 da CPE.

A recente decisão T 833/03, de 1/10/2004, no caso *THE GENERAL HOSPITAL CORP/Hair removal method*[117], é elucidativa no trilhar desta retórica argumentativa. Discutia-se a patenteabilidade de um método de radiação óptica, com um determinado comprimento de onda, usado para a

---

emanada do Instituto francês da propriedade intelectual, de um "procédé de lutte contre les parasites des animaux à sang chaud". Cfr. Albert Chavanne/Jean-Jacques Burst, *Droit de la propriété industrielle*, 5ª edição,1998, cit., p. 36; Frédéric Poullaud-Dulian, *La Brevetabilité des Inventions*, 1997, cit., p. 63.

[116] Neste sentido, veja-se a já citada decisão T 820/92, no caso *GENERAL HOSPITAL/Contraceptive method, passim*, § 5.5.

[117] In *http://www.epo.org*, § 3.4.

262   J. P. Remédio Marques

remoção (do excesso) de pilosidade: uma Câmara Técnica de Recurso, diferentemente do que havia sido decidido pela Divisão de Oposição, entendeu que, tal como fora descrito e reivindicado, o método era patenteável, visto que o excesso de pilosidade, não obstante possa ser causado por factores hereditários ou por doenças do foro endocrinológico, não é, *por si só*, prejudicial às pessoas. Donde, nesta perspectiva, da execução deste método apenas resultam *efeitos técnicos* animados por *propósitos estéticos* – a alegada melhoria da aparência fenotípica das pessoas em que seja aplicado –, propósitos claramente *autonomizáveis* e *dissociáveis* dos eventuais efeitos terapêuticos. Naturalmente que, ao perfilhar este entendimento, a Câmara Técnica de Recurso admitiu, a título de *obicter dicta*, a patenteabilidade dos métodos cirúrgicos de aplicação de *tatuagens* ou de "piercings", cujo objectivo exclusivo consiste, na perspectiva do visado, na "melhoria" da aparência física.

Se, pelo contrário, o *resultado terapêutico* for *indissociável* ou *inseparável* do *resultado cosmético* – o que sucede quando o *efeito cosmético* (ou outro: p. ex., melhorar as propriedades dos animais sobre os quais o invento é executável) resulta inexoravelmente da acção terapêutica provocada pela execução do método reivindicado –, parece-nos que a patente deve ser negada[118] (ou invalidada), mesmo quando o requerente da protecção (ou o respectivo titular) haja reivindicado apenas os efeitos técnicos de natureza cosmética: é que, nestas eventualidades, o *efeito cosmético* não é senão *o resultado inevitável* (ou *um dos resultados*) da execução do método terapêutico.

A decisão T 144/83, no caso *DU PONT/Appetite supressant, supra* citada na nota anterior, é polémica. Na verdade, tendo sido reivindicado um método de melhoramento da aparência exterior de mamíferos, através da administração de um produto com propriedades anorexígenas, que pro-

---

[118] Decisão T 36/83, no caso *ROUSSEL UCLAF/Thenoyl Peroxyde*, de 14/05/1985, in *Official Journal of the European Patent Office*, 1986, p. 295 ss.; decisão T 144/83, no caso *DU PONT/Appetite supressant, ivi*, 1986, p. 301 ss.; decisão T 290/86, no caso *ICI/Cleaning plaque, ivi*, 1992, p. 414 ss.; tb. o acórdão do *Tribunal de Grande Instance* de Paris, de 16/11/1994, in *Propriété industrielle, Bulletin documentaire*, 1995, n.º 583, III, p. 115: curava-se, neste caso, de um método de aplicação de uma substância química, com propriedades anti-inflamatórias, na epiderme, o qual também produzia um efeito estético na pele. Contra, já Jochen Pagenberg, in *International Review of Industrial Property and Copyright Law*, 1987, p. 258 ss., p. 261, para quem a distinção entre o *efeito terapêutico* e o *efeito cosmético* é algo artificiosa: no caso, o Autor já perfilha a ideia de que a *obesidade* pode ser causada por uma *doença*.

A patenteabilidade dos métodos de diagnóstico, terapêuticos e cirúrgicos... 263

vocava a perda de peso corporal, a Câmara de Recurso sustentou, algo acriticamente, que era difícil distinguir o *efeito estético* do *efeito terapêutico* (tratamento da obesidade), e que essa aporia não deveria correr contra o requerente da protecção, o qual apenas reivindicava o *efeito técnico* dirigido à produção de *efeitos estéticos*. Aceita-se, até certo ponto, esta solução – mas somente na estrita medida em que seja reivindicado o *efeito estético* –, visto que, pese embora o resultado estético seja indissociável do *efeito terapêutico*, inexiste um *nexo causal invariável* ou *inevitável* entre estes dois resultados: de facto, o método pode ser aplicado a pessoas que não sofrem de obesidade e, somente neste caso, se deve formar um *círculo de proibição* relativamente às actividades de exploração comercial do método. Pelo contrário, no *supra* citado caso versado na decisão T 290/86, no caso *ICI/Cleaning Plaque*, o *resultado estético* traduzido na remoção de tártaro e de outras impurezas dos dentes era *indissociável do resultado terapêutico*, constituindo uma *normal* e *inevitável* consequência do efeito terapêutico, o qual sempre seria logrado. De igual jeito – e com interesse em relação aos métodos que provocam efeitos terapêuticos e, *uno actu*, efeitos estéticos ou cosméticos –, no problema analisado na decisão T 780/89, de 12/08/1991, no caso *BAYER/Immunostimulant*[119], o efeito plasmado no aumento da produção de carne por animal, ao qual o método reivindicado fosse aplicado, traduzia um mero *efeito secundário* do *efeito principal profiláctico* (*et, pour cause*, terapêutico): a *imunoestimulação* das aves de capoeira e dos mamíferos não humanos para que as reivindicações eram dirigidas.

6.4. Métodos de cirurgia; necessidade de tais métodos perseguirem um escopo terapêutico. – A CPI de 2003 e a CPE negam, como sabemos, a patenteabilidade aos "métodos de tratamento cirúrgico ou terapêutico". Não se pense, contudo, que as invenções respeitantes a *métodos cirúrgicos* vêem a sua patenteabilidade proscrita, mesmo quando o seu escopo (ou fim principal) não é terapêutico.

Na verdade, nós entendemos que as palavras "tratamento" e "cirúrgico" *não representam dois requisitos autónomos*. Se fossem dois requisitos autónomos, a patenteabilidade seria liminarmente excluída, ainda quando à invenção do método não presidisse qualquer escopo terapêutico.

---

[119] In *Official Journal of the European Patent Office*, 1993, p. 440 ss., anotado por José António GOMEZ SEGADE, "Falta de Patentabilidad de los Procedimientos Terapéuticos", in *Tecnología y Derecho*, 2001, cit., p. 709 ss., p. 716 ss.

Daí que somente *são candidatos positivos à patenteabilidade os métodos que, envolvendo uma intervenção física* (métodos invasivos) *directa no corpo humano* (*in vivo*), *não sejam potencial ou efectivamente adequados a prevenir, manter ou a restabelecer a saúde humana, a integridade física ou o bem-estar das pessoas e dos animais*[120]. As invenções cujo objecto consiste em uma ou em várias etapas de natureza cirúrgica executadas no corpo humano ou animal *in vivo* – tais como[121], endoscopias, punções, injecções[122], excisões, projecção de raios *laser*, implantação de cateteres, etc. – podem não visar ou não ter como resultado o restabelecimento, a prevenção ou a manutenção da *saúde* das pessoas, ou seja, podem não visar o *equilíbrio físico-psíquico e social das pessoas* em cujo corpo tais intervenções têm lugar. Neste sentido, cremos que tais invenções são "candidatas positivas" à patenteabilidade[123]. Não se esqueça que a *cirurgia* constitui um ramo da ciência médica respeitante ao tratamento das doenças, dos ferimentos ou dos defeitos corporais através da intervenção *in vivo* no próprio corpo.

Vale dizer: na nossa opinião são "candidatos positivos" à patenteabilidade os *métodos cirúrgicos* que *não servem propósitos terapêuticos* (*v.g.*,

---

[120] Entre nós, já neste sentido, João Paulo REMÉDIO MARQUES, *Biotecnologia(s) e Propriedade Intelectual*, Vol. I, 2005, cit., § 90, p. 234 = Almedina, Coimbra, 2007, cit., p. 316; tb. Daniel X. THOMAS, "Patentability Problems in Medical Technology", in International Review of Industrial Property and capyright Law, 2003, p. 847 ss., p. 869; com dúvidas, mas sem esclarecer, SINGER/STAUDER, in SINGER/STAUDER, *The European Patent Convention*, 3ª edição, Vol. I, 2003, cit., p. 79, segundo os quais: "The concept is at present undergoing a change in meaning and is not only directed at health. Treatment methods that do not serve therapeutic purposes can also be of surgical nature: cosmetic treatment, termination of pregnancy, artificial insemination or the removal of an organ".

[121] Klaus-Jürgen MELULLIS, in BENKARD, *Europäisches Patentübereinkommen*, 2002, cit., Art. 52, anotação à margem n. 239, p. 374.

[122] Com dúvidas, veja-se o acórdão do Tribunal Federal alemão de Patentes, de 12/12/1988, no caso *Implantieren von Haarbündeln*, in *Mitteilungen der deutschen Patentanwälte*, 1989, p. 148.

[123] Daí que não concordemos inteiramente com o disposto nas *Directrizes para Exame do Instituto Europeu de Patentes* (Parte C, Cap. IV, 4.3.), de harmonia com as quais a palavra *cirurgia* define a natureza do tratamento e não o seu resultado. No dizer destas *Directrizes* (*loc. cit.*): "Therapy defines the *nature of the treatment rather than its purpose*. Thus, e.g. a method of treatment by surgery for cosmetic purposes or for embryo transfer is excluded, as well as surgical treatment for therapeutic purposes" – o itálico é nosso. Contra, Rainer MOUFANG, "Methods of Medical Treatment ...", cit., p. 39, nota n. 114, concordando com estas *Directrizes para Exame*, no sentido em que a palavra "cirurgia" refere-se à *natureza* da intervenção e não ao *propósito* que anima a execução do método.

interrupção voluntária da gravidez[124], colocação de "piercings", tatuagens, furos nas orelhas, esterilização voluntária, inseminação artificial, transferência de embriões ou remoção de órgãos para fins de pesquisa e investigação[125], ou outras etapas cujo resultado final é a *morte* dos animais onde são executados[126]), no sentido lato acima mencionado, mas que, a despeito disso, envolvem etapas ou actividades manuais ou realizadas através da utilização de máquinas aplicadas *in vivo* no corpo humano ou animal (*v.g.*, radiações *laser*, ressonância magnética)[127].

A recente decisão de uniformização de jurisprudência G 1/04, de 16/12/2005, em sede, atente-se, da patenteabilidade dos *métodos de diagnóstico*, reconhece e aceita, em *obicter dicta*, este entendimento. Nas palavras da Grande-Câmara de Recurso (§ 6.2.1.), "os métodos cirúrgicos, no sentido conferido pelo artigo 52.°/4 da CPE, são todos os que se traduzem em intervenções físicas no corpo humano ou animal, *nas quais é muito*

---

[124] Aqui o *eventual efeito terapêutico*, com vista, por exemplo, a debelar um estado de desequilíbrio psíquico da grávida é destacável, cindível ou dissociável de outros efeitos não terapêuticos [*v.g.*, no caso de interrupção da gravidez por indicações de natureza sócio-económica]. Como é sabido, não é pela circunstância de esta *indicação* não se encontrar prevista no ordenamento [civil ou penal, enquanto causa de exclusão da *ilicitude* e da *culpa*] do Estado onde se pede protecção da patente que o direito de patente pode ser, *sic et simpliciter*, recusado com base nas cláusulas gerais da *ordem pública* ou dos *bons costumes*, atento o disposto no artigo 53.°, alínea *a)*, *in fine*, da CPE, e no artigo 53.°/1, 2ª parte do CPI de 2003.

[125] Klaus-Jürgen MELULLIS, BENKARD, *Europäisches Patentübereinkommen*, 2001, cit., Art. 52, anotação à margem n. 240, p. 374; mais exemplos em Rainer SCHULTE, *Patentgesetz mit EPÜ*, 6ª edição, 2001, cit., § 5, anotação à margem 29, p. 217.

[126] Neste último sentido, veja-se a decisão T 35/99, no caso *GEORGETOWN UNIVERSITY/Pericordial acess*, in *Official Journal of the European Patent Office*, 2000, p. 447 ss.), onde também foi decidido que constituem métodos proibidos ao abrigo do preceituado no artigo 52.°/4 da CPE todos os que, *independentemente do seu específico fim*, traduzem intervenções no corpo humano ou animal onde se *atribui prioridade* à manutenção ou preservação da *vida* ou da *saúde* do corpo onde são executados. Já, neste sentido, Karl BRUCHHAUSEN, in BENKARD, *Patentgesetz*, 9ª edição, 1993, cit., § 5, anotação à margem n. 10, p. 329; Rainer MOUFANG, "Methods of Medical Treatment ...", cit., p. 38.

[127] Veja-se um repositório quase exaustivo destes problemas na decisão T 182/90, no caso *SEE-SHELL/Blood flow*, in *Official Journal of the European Patent Office*, 1994, p. 641 ss.: estava em causa a possível rejeição de uma das reivindicações (a reivindicação n.° 1), que incluía uma *etapa cirúrgica*, a qual, na fase de oposição, foi alterada pelo titular da patente, no sentido de ser reivindicado um *método de medição da corrente sanguínea em tecidos de animais*, método, este, que implicava a introdução de micro-esferas na corrente sanguínea dos animais e a precípua recolha de amostras dos tecidos, após a morte dos animais, com vista a medir o número de micro-esferas existentes nesses tecidos.

importante a manutenção da vida ou da saúde da pessoa" ["...in which mantaining the life and health of the subject is of paramount importance"] onde tais métodos são executados[128]. A também recente e já citada decisão T 33/99, no caso *GEORGETOWN UNIVERSITY/Pericardial acess*, terá sido, de resto, o primeiro aresto onde se reconhece que a expressão, na versão em língua inglesa do disposto no artigo 52.°/4 da CPE, "treatment of the human or animal body by surgery", atinge apenas os *processos que visam manter a vida ou a saúde do corpo humano ou animal nos quais são executados* ["priority to mantaining the life or health of the human or animal body on which they are performed"[129]]. Cabe ainda referir, ao arrimo deste entendimento por nós perfilhado, a decisão T 789/96, de 23/08/2001, no caso *ELA MEDICAL/Méthode thérapeutique*[130], de harmonia com a qual as exclusões previstas no artigo 52.°/4 da CPE somente se aplicam aos métodos (de diagnóstico, cirúrgicos e terapêuticos) que produzem efeitos terapêuticos.

*

Reconhece-se que este entendimento – segundo o qual a patenteabilidade somente se encontra proscrita quando a intervenção física no *corpo*

---

[128] O juiz relator exemplifica da seguinte forma: "For example, within the meaning of article 52(4) EPC, a claim including the feature 'performing a lumbar puncture to deliver epidural injections' is to be considered to relate to a method of surgery" (§ 6.2.1. cit.).

[129] *Official Journal of the European Patent Office*, 2000, p. 447 ss., p. 451. Tb., tendencialmente, no sentido por nós adoptado, cfr. Lionel BENTLEY/Brad SHERMAN, *Intellectual Property Law*, 2001 = 2.ª edição, 2004, p. 389, cit., p. 366.

[130] In *http://www.epo.org*.: curava-se de um método de utilização de um estimulador do ritmo cardíaco, onde se reivindicara o controlo da energia de estimulação, de jeito a optimizar o consumo de energia do aparelho. Daí que inexistisse um *nexo funcional* ou um *nexo de causalidade* entre a execução do processo reivindicado e um qualquer eventual *efeito terapêutico* exercido no corpo por essa máquina. Isto porque os parâmetros definidos pelo estimulador não eram utilizados para regular a amplitude, a frequência da estimulação ou qualquer outro parâmetro actuável *directamente* sobre o coração: poderia, inclusivamente, sobrevir a morte a todo o paciente em cuja cavidade torácica fosse implantado esse estimulador, uma vez que o processo reivindicado somente actuava periodicamente (*v.g.*, de 6 em 6 horas) Diferentemente, à luz dos factos apreciados na decisão T 82/93, no caso *TELETRONICS/Cardiac pacing*, in *Official Journal of the European Patent Office*, 1996, p. 274 ss. (§ 1.5.), o método consistia na utilização dos valores de pressão detectados, para o efeito de regular quantitativamente o débito do estimulador cardíaco: neste caso, existia, na verdade, um nexo funcional entre os valores mensuráveis e o efeito terapêutico aplicado directamente sobre o coração do paciente.

A patenteabilidade dos métodos de diagnóstico, terapêuticos e cirúrgicos... 267

humano vivo é potencial ou efectivamente adequada a prevenir, manter ou a restabelecer a saúde, a integridade física ou o bem-estar – vai ao arrepio da doutrina tradicional, das *Directrizes para Exame do Instituto Europeu de Patentes* (Parte C, Cap. IV, 4.3., citada *supra* na nota 122) e de alguma jurisprudência menos recente do Instituto Europeu de Patentes. De facto, tem sido commumente entendido que os *métodos cirúrgicos* estão excluídos do universo das realidades patenteáveis, mesmo quando a sua execução *não* visa alcançar um resultado terapêutico[131]: pois, neste enfoque, a exclusão refere-se à *natureza* do tratamento (cirurgia) e não ao *propósito* ou à *finalidade* que justifica a sua execução (finalidade terapêutica, finalidade cosmética ou outra). Daí que, para este outro entendimento, são excluídas da patenteabilidade as invenções de métodos de esterilização, de interrupção da gravidez, de combate à calvície, de anestesia, de extracção de órgãos ou de tecidos do corpo humano ou animal *in vivo*, etc., *ainda quando a tais métodos não preside qualquer escopo terapêutico* no sentido lato atrás referido[132].

---

[131] Karl Bruchhause, in Benkard, *Patentgesetz*, 9ª edição, 1993, cit., § 5, anotação à margem n. 8, p. 328; Alfred Keukenschrijver, in Rudolf Busse, *Patentgesetz*, 6ª edição, 1999, cit., § 5, anotação à margem n. 27, p. 223; Rainer Shulte, *Patentgesetz mit EPÜ*, 6ª edição, § 5, anotação à margem n.º 30, p. 217; Rudolf Kraßer, *Patentrecht*, 5ª edição, cit., 2004, p. 208; Rainer Moufang, "Methods of Medical Treatment ...", cit., pp. 38-39, cit., pp. 38-39; Bernhard Bergmans, *La protection des Innovations Biologiques*, 1990, cit., p. 165; Simon Thorley/Richard Miller/Guy Burkill *et alii*, in *TERREL On the Law of Patents*, 16ª edição, cit., 2007, § 2-15, pp. 24-25: "Claims directed to cosmetic treatment will be susceptible of industrial application providing the treatment does not involve surgery, *since surgery must relate to the method of treatment and not to its purpose*" – o itálico é nosso; Adriano Vanzetti/Vincenzo di Cataldo, *Manuale di diritto Industriale*, 4ª edição, 2003, cit., p. 329; Todd Martin, "Patentability of Methods of Medical Treatment ...", 2000, cit., pp. 390-392; Vincenzo di Cataldo, *I brevetti per invenzioni e per modello*, 2ª edição, 2000, cit., p. 93, Autor que chega, inclusivamente, a afirmar que: "Ritengo que tale accezione del termine [acepção segundo a qual a palavra *cirurgia* compreende as intervenções com escopo estético e meramente destrutivo, como são os métodos de esterilização de animais] sia rilevante per l'applicazione della norma in esame, non esistendo motive per addottatare un'accezione diversa"; decisão do *Patents Court* britânico de Dezembro de 1982, no caso *Unilever Limited* (*Davis's*) *Application*, in *Reports of Patent, Design and Trademark Cases*, 1983, p. 219 ss., p. 228 = *Gewerblicher Rechtsschutz und Urheberrecht, Internationaler Teil*, 1984, p. 308.

[132] Se é verdade que o Tribunal Federal alemão de Patentes (*Bundespatentgericht*) já decidiu, em 20/12/1983, no caso *Homotransplantat*, in *Gewerblicher Rechtsschutz und Urheberrecht*, 1985, p. 276, que era patenteável um método de utilização de uma parte de tendão humano enquanto material para transplante, especialmente preparado para esse fim,

268   *J. P. Remédio Marques*

A referência aos métodos cirúrgicos, à "cirurgia", traduz, nesta outra perspectiva aqui rejeitada, uma *categoria autónoma* e *independente* relativamente à categoria "terapia", que não uma sub-categoria dos "métodos de terapia"[133]. É curiosa uma das justificações alinhadas: as intervenções cirúrgicas, mesmo as que são pautadas por um escopo cosmético, mobilizam a presença de conhecimentos médicos específicos, por forma a evitar--se a causação de danos à saúde das pessoas submetidas à intervenção cirúrgica[134].

Na nossa opinião, face à aparente *fusão teleológica* da expressão "tratamento cirúrgico"[135], a possibilidade, atrás aceita, de surpreendermos a *cindibilidade* ou a *dissociação* claramente mensurável entre um *efeito terapêutico* e um *efeito cosmético*, estético ou outro, que hajam sido reivindicados – com base na qual o resultado técnico ou o efeito não terapêutico pode ser protegido –, também serve para justificar a patenteabilidade dos *métodos cirúrgicos* (invasivos ou não invasivos) *a que não preside uma finalidade terapêutica*, ou sempre que o *efeito* (técnico) *terapêutico* não decorre *necessária*, *inelutável* ou *irresistivelmente* da execução das *etapas cirúrgicas*. A exclusão parece, assim, atingir somente os tratamentos com *escopo terapêutico não cirúrgico* e com *escopo terapêutico cirúrgico*: o ser *cirúrgico*, o ser um "tratamento cirúrgico", deve referir-se apenas à forma de actuação do método terapêutico, e não à categoria ou à natureza da intervenção.

Dado que o sentido interpretativo adequado extraído pelo intérprete deve conformar-se com as razões que levam o legislador a plasmar uma

---

a justificação desta abertura estava no facto de, no entender do tribunal, este método poder ser (ainda que exclusivamente) utilizado no *domínio industrial*: a preparação do tendão, precipuamente retirado de cadáveres humanos, poderia ser realizada numa empresa com escopo lucrativo. Temos aqui novamente a pré-compreensão segundo a qual a execução dos métodos cirúrgicos fora do domínio das profissões médicas (profissões liberais) confere patenteabilidade a tais métodos, exactamente porque só assim se evita a razão de ser da proibição da exclusão destes métodos: a sua *falta de industrialidade*.

[133] Nestes termos, Rainer MOUFANG, "Methods of Medical Treatment ...", cit., p. 39.

[134] Acórdão *supra* citado do Tribunal Federal alemão de Patentes (*Bundespatentgericht*), de 21/12/1988, no caso *Implantieren von Haarbündeln*; Karl BRUCHHAUSEN, in BENKARD, *Patentgesetz*, 9ª edição, 1993, cit., § 5, anotação à margem n. 9, pp. 328-329.

[135] Observe-se que o legislador, do CPI de 2003 e da CPE, não distinguem *método cirúrgico* e *método terapêutico*: a proibição visa atingir os "métodos de tratamento cirúrgico *ou* terapêutico" – o itálico é nosso.

A *patenteabilidade dos métodos de diagnóstico, terapêuticos e cirúrgicos...* 269

determinada consequência jurídica, *in casu*, a proibição da patenteabilidade de certas invenções de métodos de terapêuticos, cirúrgicos e não cirúrgicos, e de diagnóstico, daqui resulta que só estaremos em condições de compreender que os vocábulos "tratamento" e "cirúrgico" não constituem dois *requisitos autónomos* após percebermos as motivações que terão suscitado, nos anos sessenta do século passado, a consagração destas exclusões das invenções patenteáveis.

Desde já se adianta que a preocupação primeira do legislador terá sido (e ainda é) a de assegurar o *acesso aos cuidados de saúde* por parte dos pacientes, bem como a garantia da inteira, completa e incondicionada *liberdade terapêutica* dos profissionais de saúde, seja **(1)** nos *momentos anteriores às intervenções, maxime,* nas *fases do diagnóstico*, seja **(2)** nas fase da *preparação das intervenções cirúrgicas (v.g.,* anestesias, processos de esterilização de mãos), seja, ainda, **(3)** no que respeita às *intervenções terapêuticas,* cirúrgicas ou não cirúrgicas, *propriamente ditas.*

O *leitmotiv* da exclusão tem um alvo claríssimo: os métodos cujo *escopo último consiste na terapia de seres humanos e de animais*; em suma *os métodos cuja execução atinge as esferas de actividade médica e veterinária.*

Refira-se, ainda, que há muito que a Grande-Câmara de Recurso do Instituto Europeu de Patentes havia indicado a razão de ser subjacente às proibições ínsitas no artigo 52.º/4 da CPE. De facto, na decisão G 6/83, no caso *PHARMUKA/Indication médicale*[136], esta mais alta instância jurisdicional do Instituto Europeu de Patentes assevera que o objectivo é o seguinte: *assegurar a liberdade do exercício de actividades não comerciais ou industriais no domínio da medicina humana e da medicina veterinária* – ideia que foi imediatamente corroborada pela jurisprudência das Câmaras Técnicas de Recurso, desde logo na citada decisão T 144/83, de 27/03/1986, no caso *DU PONT/Appetite suppressant*[137], segundo a qual *os métodos indicados nessa norma são susceptíveis de patenteabilidade contanto que não produzam qualquer efeito terapêutico* [§ 3: "Such exclusions from patentability must be construed narrowly and should not apply to treatments which are not therapeutic in character"].

---

[136] In *Official Journal of the European Patent Office*, 1985, p. 67 ss.
[137] *Ivi*, 1986, p. 301 ss.

§ 4.
O(s) Fundamento(s) Éticos da Exclusão

7. As cláusulas da ordem pública e dos bons costumes. – Atento o exposto, vimos atrás que, não raras vezes, se tenta fundar a recusa da patenteabilidade dos métodos terapêuticos (cirúrgicos ou não cirúrgicos) e de diagnóstico nas cláusulas gerais da *ordem pública* e dos *bons costumes*, precipitadas no próprio regime jurídico do direito de patente (art. 53.º, alínea *a)*, da CPE e artigo 53.º/1 do CPI de 2003).

Observe-se que, não obstante a CPE não tenha sido objecto de revisão por mor do disposto na Directriz n.º 98/44/CE, sobre a tutela das *invenções biotecnológicas*, o certo é que em 1999 foram aditadas novas disposições no *Regulamento de Execução* desta CPE, por força da decisão do Conselho de Administração do Instituto Europeu de Patentes, de 16/06/1999, cujo conteúdo se acha agora vazado nas Regras n.ºs 23*b* a 23*e*, com início de vigência em 1/09/1999[138], as quais são aplicáveis aos pedidos pendentes nessa data[139], servindo, no caso e ao que parece, para interpretar o disposto no artigo 53.º, alínea *a)*, da CPE.

Os (quatro) casos enumerados nesta Regra n.º 23*d*, alíneas *a)* a *d)*, são meros *exemplos* de invenções cuja *exploração* comercial viola, *ipso facto*, os *bons costumes* e/ou a *ordem pública*, devendo a patente ser recusada sem mais indagações acerca da existência e da intensidade da violação; as hipóteses que não são aí *expressamente* mencionadas – como é, por exemplo, a *utilização indirecta* de *embriões humanos* num processo precipuamente reivindicado de obtenção de *células estaminais* (como no-lo

---

[138] In *Official Journal of the European Patent Office*, 1999, p. 573.

[139] Neste sentido, veja-se o § 5 da decisão T 315/03, de 6/07/2004, da Câmara Técnica de Recurso do Instituto Europeu de Patentes, no caso *Method of producing transgenic animals*, in *http://www.epo.org.* = *http://legal.european-patent-office.org/dg3/biblio/ t030315ex1.htm*, no litígio que opôs *The President and Fellows of the Harvard University* a uma miríade de organizações não-governamentais e partidos políticos, alguns representados no Parlamento Europeu; no mesmo sentido, pode ver-se a decisão T 272/95, de 23/10/2002, no caso *HOWARD FLOREY INSTITUTE/Relaxin*, § 4; bem como a decisão G 1/98, in *Official Journal of the European Patent Office*, 2000, p. 111 ss., § 3.10. No entretanto, a decisão T 1374/04, de 7/04/2006, no caso *WARF/Stem cells*, requereu recentemente à Grande-Câmara de Recurso a uniformização de jurisprudência sobre este (e outros pontos respeitantes à patenteabilidade de células estaminais cuja obtenção envolve a destruição de embriões humanos), decisão que é esperada somente para o início do ano 2008.

A patenteabilidade dos métodos de diagnóstico, terapêuticos e cirúrgicos... 271

revelam os factos apreciados na decisão T 1374/04, de 7/04/2006, *supra* cit. na nota 139, *in fine*) – devem, a despeito disso, ser objecto de ponderada apreciação face aos critérios de decisão adoptados na sindicação destas cláusulas gerais[140] ao abrigo do artigo 53.º, alínea *a*), da CPE.

7.1. A cláusula da ordem pública – O recurso à cláusula da *ordem pública* visa a tutela de certos valores e *interesses gerais da comunidade*, tais como a *defesa da segurança pública* (*v.g.*, paz e segurança públicas contra actos de terrorismo), a *protecção do ambiente*, a *dignidade* da pessoa humana e a *integridade física* (e psíquica) *das pessoas*[141]. A *Carta dos Direitos Fundamentais da União Europeia*[142] – que não reveste força perceptiva directa no quadro da CPE e no quadro dos ordenamentos dos Estados contratantes, representando antes um instrumento interpretativo do direito comunitário vigente dos Estados-membros da União Europeia – suavizou algumas das tradições e sensibilidades próprias dos ordenamentos jurídicos dos Estados-membros em matéria de ordem pública, já que enuncia um acervo de valores irrenunciáveis destas democracias: concede protecção à *propriedade intelectual* (artigo 17.º/2) no quadro, porém, do *desenvolvimento equilibrado*, de jeito a conjugar o progresso científico e tecnológico e o progresso social. *Propriedade intelectual* que é, de igual sorte, tutelada no quadro do respeito por outros valores fundamentais, de entre os quais avulta, de facto, a *dignidade da pessoa humana*, o respeito pela *vida humana*, a *integridade física*, a segurança, a liberdade, a igualdade, a protecção dos dados pessoais, a *tutela da saúde*, dos direitos dos consumidores, e a protecção do ambiente.

---

[140] Já, neste sentido, veja-se o § 6 da *supra* citada decisão T 315/03, de 6/07/2004.

[141] Já, neste sentido, a decisão T 356/93, da Câmara Técnica de Recurso do Instituto Europeu de Patentes, no caso *Plant Genetic Systems N.V e outros*, in *Official Journal of the European Patent Office*, 1995, p. 545 ss.; tb. recentemente, e no mesmo sentido, o §§ 5 e 6 da decisão T 315/03, de 6/07/2004, no caso *Method for producing transgenic animals*, in *http://www.epo.org.*, litígio que, a respeito da *patente europeia* concedida à Universidade de Harvard, respeitante aos métodos de recombinação genética de certos roedores e aos próprios roedores adrede obtidos por reprodução, opôs *The President and Fellows of Harvard University* a múltiplas organizações não-governamentais (de protecção do ambiente e dos animais) e alguns partidos políticos. Tb., assim, sobre os valores e interesses protegidos por esta cláusula geral, Rainer Schulte, *Patentgesetz mit EPÜ*, 6ª edição, 2001, cit., Art. 53, anotação à margem n. 17, p. 74; Karl Brucchausen, in Benkard, Georg, *Patentgesetz, Gebrauchsmustergesetz*, 9ª edição, 1993, cit., § 2, anotação à margem n. 5, p. 216; Rudolf Kraßer, *Patentrecht*, 5ª edição, 2004, cit., pp. 249-250.

[142] In *Jornal Oficial das Comunidades Europeias*, n.º C 364/1, de 18/12/2000.

A própria Directriz n.º 98/44/CE, de 6/07/1998, sobre *invenções biotecnológicas*, agora já transposta para o ordenamento interno de todos os Estados-membros, abre o caminho à patenteabilidade das manipulações genéticas aplicadas aos seres vivos, incluindo os seres humanos, desde que a execução desses inventos contribua para aumentar o nível de saúde, segurança e de bem-estar das pessoas e das colectividades.

A referida Directriz parece ter acolhido a tese, há muito defendida, segundo a qual o direito de patente é, *por regra e em princípio*, um instrumento jurídico tendencialmente "neutro"[143] no que respeita aos potenciais prejuízos e desvalores éticos das invenções por cujo respeito tal direito foi constituído. É um instrumento jurídico ao qual não compete impedir o desenvolvimento de uma certa actividade de investigação ou de produção dos resultados dessa investigação, mas que apenas serve, a par de outros mecanismos regulatórios (*v.g.*, autorizações administrativas, entidades administrativas de regulação de actividades económicas, etc.) para ajudar a decidir e a escolher as actividade económicas produtivas[144], que, respeitando a criações industriais materializadas em produtos, em processos ou em usos, podem ser exercidas num regime de *exclusividade merceológica*.

Salvo os casos enumerados no n.º 2 e na alínea *a)*, do n.º 3, ambos do artigo 53.º do CPI de 2003, e outros com idêntica *ressonância axiológico-jurídica*, dado que essa enumeração é meramente exemplificativa, deve dizer-se que o *controlo dos riscos* associados aos procedimentos de patenteabilidade passou, doravante, a ser maioritariamente realizado, neste nosso horizonte juseuropeu, *a jusante* dos procedimentos de patenteabilidade: concebem-se inúmeras invenções patenteadas, que, quando utiliza-

---

[143] Por exemplo, Paolo SPADA, "Ética dell'innovazione tecnológica ed etica del brevetto", in *Rivista di diritto privato*, 1996, p. 217 ss.; João Paulo REMÉDIO MARQUES, *Patentes de Genes Humanos?*, Faculdade de Direito de Coimbra, Centro de Direito Biomédico, 4, Coimbra Editora, Coimbra, 2001, pp. 58-59; contra, entre outros, Derick BEYLEVELD, "Regulating morality through patent law. Critique of the EC Directive", in *Revista de Derecho y Genoma Humano*, 2000, n.º 12, p. 141 ss., pp. 148-149; tendencialmente contra, à luz do argumento da técnica como *sistema técnico complexo*, cfr. tb. JOÃO LOUREIRO, "Da sociedade técnica de massas à sociedade de risco: prevenção, precaução e tecnociência", in *Estudos em Homenagem ao Prof. Doutor ROGÉRIO SOARES*, Studia Iuridica, 61, Ad Honorem – 1, Coimbra Editora, Coimbra, 2001, 797 ss., pp. 841-842, criticando a contraposição *techné / praxis*.

[144] Neste sentido, entre outros, Adriano VANZETTI/Vincenzo DI CATALDO, *Manuale di Diritto Industriale*, 4ª edição, 2003, cit., p. 348.

A patenteabilidade dos métodos de diagnóstico, terapêuticos e cirúrgicos... 273

das num certo *contexto finalístico-tecnológico*, assumem uma conotação contrária e violadora daqueles princípios e regras fundamentais, mas que são perfeita e commumente aceitáveis quando são utilizadas em outros contextos finalísticos-tecnológicos.

Observe-se, ainda, que o juízo de contraditoriedade da invenção relativamente a estes *valores fundamentais da comunidade* deve ser realizado, não a partir da *publicação* do invento e/ou da *concessão* da patente, mas antes à luz da circunstância de, efectuado um *juízo de prognose*, a *exploração comercial*[145] desse invento violar tais valores e interesses fundamentais[146].

---

[145] Atente-se na redacção do proémio do n.° 1 do artigo 53.° do CPI de 2003 ("As invenções *cuja exploração comercial* seja contrária ..."), bem como da parte inicial da nova redacção da alínea *a)* do artigo 53.° da CPE, com início de vigência em 13/12/2007 ("inventions *the commercial exploitation of which* would be contrary to «ordre public» ..."), o que corresponde à redacção do proémio do artigo 27.°/2 do Acordo TRIPS, segundo o qual: "Os Membros podem excluir da patenteabilidade as invenções *cuja exploração comercial* no seu território ..." – os itálicos são nossos.

Não obstante, apesar de o *Instituto Europeu de Patentes* não ser um orgão da *União Europeia*, e a *CPE* não constituir um instrumento normativo da *União Europeia*, nem os seus órgãos administrativos e jurisdicionais se acharem vinculados pelo disposto no Acordo TRIPS, o certo é que a nova redacção da alínea *a)* do artigo 53.° da CPE, com início de vigência a partir de Dezembro de 2007, só fulmina com a recusa de protecção (ou a invalidade do direito concedido) as invenções cuja *exploração comercial* seja contrária à ordem pública ou aos bons costumes. A mera *publicação do invento* deixa de constituir motivo de exclusão da protecção. Neste caso, a CPE sentiu-se vinculada pelo disposto no artigo 27.°/2 do Acordo TRIPS – bem como se achou vinculada pelo preceituado no artigo 6.°/1 da Directriz n.° 98/44/CE, de 6/0//1998, sobre a protecção das *invenções biotecnológicas*, directriz que, neste particular, já harmonizara este critério com o disposto no citado artigo 27.°/2 do TRIPS. Todavia, contrariamente ao que sucede com a *União Europeia*, o *Instituto Europeu de Patentes* não é membro da *Organização Mundial do Comércio* (O.M.C.): nas recentes decisões uniformizadoras de jurisprudência tiradas nos casos G 2/02 e G 3/03, nos caso *Indian priorities*, de 26/04/2004, propugnou-se que a CPE pode ignorar o disposto no Acordo TRIPS ou o conteúdo de qualquer outro Tratado Internacional que não esteja mencionado na CPE. Nestas decisões estava em jogo um pedido de patente que reivindicara a *prioridade unionista* (de 12 meses: que, nos casos, se iniciara nos dia 13 e 23 de Março de 1995, respectivamente) de um pedido depositado junto da entidade competente da União Indiana, numa época em que este país já era membro da *Organização Mundial do Comércio* (desde 1/01/1995) mas não havia aderido à *Convenção de Paris* de 1883, o que só veio a suceder em 7/12/1998. O resultado foi este: dado que a CPE regula exaustivamente as regras sobre a *prioridade* dos pedidos de protecção e uma vez que essas regras somente reconhecem a prioridade dos pedidos efectuados em Estados aderentes à *Convenção de Paris* de 1883, a *Grande-Câmara de Recurso do Instituto Europeu de Patentes* não aceitou a prioridade do pedido inicialmente depositado na

E o facto de a execução ou da *exploração do invento em todas as suas possíveis modalidades* [*v.g.*, fabricação, transporte, armazenamento, colocação no comércio, etc., bem como as formas não merceológicas de exploração: uso privado, uso experimental, etc.][147] ser proibida nos ordenamentos dos Estados Contratantes da CPE ou da Organização Mundial do Comércio não obsta, de princípio, à concessão do direito de patente, pois não somente as soluções técnicas contidas nas invenções podem

---

União Indiana. A Grande-Câmara de Recurso socorreu-se do disposto no artigo 34.° da *Convenção de Viena sobre o Direito dos Tratados*, o qual determina que um tratado internacional (como é aquele onde se insere o Acordo TRIPS) não pode criar direitos e obrigações para um Estado terceiro senão com o seu consentimento, e quem diz Estado terceiro diz qualquer organização internacional (§ 5.4. da decisão G 2/02). A nova redacção do artigo 87.° da CPE revista, com início de vigência em Dezembro de 2007, já corrige esta anomalia ao reconhecer a prioridade unionista aos pedidos de patente apresentados junto de administrações de Estados aderentes à *Organização Mundial do Comércio*.

[146] Sobre isto, mais desenvolvidamente, João Paulo REMÉDIO MARQUES, *Biotecnologia(s) e Propriedade Intelectual*, Vol. I, 2005, § 107 ss., p. 249 ss., = Almedina, Coimbra, 2007, p. 337 ss.; João Paulo REMÉDIO MARQUES, *Patentes de Genes Humanos?*, 2001, cit., p. 58; Ulrich SCHATZ, "Patents and Morality", in STERCKX, Sigrid (ed.), *Biotechnology, Patents and Morality*, 2ª edição, Ashgate Publishing Limited, 2000, p. 217 ss.; Amanda WRREN, "A Mouse in Sheep's Clothin. The Challenge to the Morality Criterion Posed by Dolly", in *European Intellectual Property Review*, 1999, p. 445 ss.; Alberto PIZZOFERRATO, *Brevetto per Invenzione e Biotecnologie*, Cedam, Padova, 2002, p. 167 ss.; agora, Oliver MILLS, *Biotechnological Inventions, Moral Restraints and Patent Law*, Ashgate Publishing Limited, 2005, p. 51 ss. No passado, a circunstância de a invenção poder vir a ser utilizada para fins meritórios ou louváveis não excluía a proibição da patenteabilidade se, de igual modo, fosse possível conceber a sua utilização para fins considerados contrários aos valores e interesses fundamentais da colectividade, retórica dogmática esta que, ao tempo, legitimou a proibição da *patenteabilidade dos medicamentos* enquanto *patentes de produto*, justificação que já não colhe – cfr. Doris THUMS, "Patent Protection for Medical Treatment ....", cit., p. 439.

[147] Repare-se que o artigo 4.° – *quater* da Convenção (da União) de Paris para a Protecção da Propriedade Industrial, de 20 de Março de 1883, apenas se refere à *venda* do produto cuja patente seja requerida ou invalidada, bem como é omisso sobre se o seu sector normativo é aplicável às eventualidades em que a legislação nacional proíbe *total e irrestritamente* a venda desse produto ("Não poderá ser recusada a concessão de uma patente e não poderá ser uma patente invalidada em virtude de *a venda* do produto patenteado ou obtido por um processo patenteado estar submetido a *restrições* ou *limitações* resultantes da legislação nacional" – os itálicos são nossos). O artigo 27.°/2, parte final, do Acordo TRIPS, bem como os artigos 52.°/1, *in fine*, do CPI de 2003, e 53.°, alínea *c*), da futura versão da CPE esclarecem agora que a *proibição total* da exploração do invento no ordenamento nacional pertinente não constitui, *por si só*, fundamento bastante para negar a concessão do direito de patente ou para invalidar a patente *já* concedida.

A patenteabilidade dos métodos de diagnóstico, terapêuticos e cirúrgicos... 275

demonstrar a inadequação dos parâmetros técnicos (p. ex., requisitos tecnicamente obsoletos em matéria de segurança e conformidade dos produtos sobre que recai a patente), como também a exploração dos inventos em causa pode estar vedada às entidades privadas. A exclusão da patenteabilidade prevista na actual alínea *a)* do artigo 53.° da CPE não é referida ou não é predicada relativamente à invenção de *per se*, nem ao procedimento de patenteabilidade, mas apenas à *forma como a invenção é explorada*. A patente deve ser negada em função da *natureza das ulteriores formas de exploração comercial do invento*, que não por causa da mera publicação ou da consideração do invento desligado das suas concretas aplicações.

Esta exclusão da patenteabilidade apenas deverá assim ser equacionada, seja para permitir, seja para recusar a patenteabilidade, quando se tornar claro que, à luz de um *juízo de prognose*, será recusada (nos Estados onde se pede a protecção) a *autorização administrativa* de *todas e quaisquer das formas de realização* (*e exploração*) *do invento*[148], pelo menos das utilizações que possam ser perceptíveis, a partir da *descrição* e das *reivindicações*, por parte do perito na especialidade (*v.g.*, invenção da utilização de certas bactérias na produção de armas biológicas; invenções de venenos para seres humanos; invenções de armas cuja utilização é proibida à luz do direito internacional, mesmo que alguns ordenamentos nacionais o não proíbam).

Vem isto para dizer que, destarte, não nos parece que a cláusula geral da *ordem pública*, privativa deste último grau do *contra legem* do subsistema do direito de patente, sirva para verdadeiramente, e *ultima ratio*, explicar e para irrestritamente legitimar a proibição da patenteabilidade das *invenções dos métodos* que estamos a analisar. É verdade que a tutela das invenções cuja exequibilidade técnica, *in vivo*, *instrumentaliza* o *corpo humano* deve ser postergada por via da invocação do *princípio da dignidade da pessoa humana* ou pelos valores veiculados pela *ordem social e*

---

[148] Já, neste sentido, Karl BRUCHHAUSEN, in Georg BENKARG, *Patentgesetz, Gebrauchsmustergesetz*, 9ª edição, C. H. Beck, München, 1993, § 2, anotação à margem n. 4, p. 216; Alfred KEUKENSCHRIJVER, in Rudolf BUSSE, *Patentgesetz, Kommentar*, 6ª edição, cit., § 2, pp. 93-94; Ulrich SCHATZ, "Zur Patentierbarkeit gentechnischer Erfindungen in der Praxis des EPA", in *Gewerblicher Rechtsschuz und Urherberrecht, Internationaler Teil*, 1997, p. 588 ss., p. 594; Joseph STRAUS, "Biotechnologische Erfindungen – ihr Schutz und seine Grenzen", in *Gewerblicher Rechtsschutz und Urheberrecht*, 1992, p. 252 ss., p. 260; Rainer MOUFANG, "The Concept of «Ordre Public» and Morality in Patent Law", in VAN OVERWALLE, Gertrui (ed.), *Patent Law, Ethics and Biotechnology*, Bruylant, Bruxelles, 1998, p. 65 ss., p. 72.

económica[149]: a execução destes métodos, ou de *etapas essenciais* constitutivas de tais métodos, sobre o *corpo humano vivo*, aproxima perigosamente as *pessoas* dos bens coisificáveis.

Todavia, concebe-se que contra isto se obtempere dizendo que as *substâncias químicas* com propriedades *terapêuticas* (*v.g.*, fármacos), de *diagnóstico* (*v.g.*, líquidos de contraste) ou as substâncias usadas nas *intervenções cirúrgicas* invasivas (*v.g.*, anestésicos) podem, hoje, receber uma clara protecção pelo direito de patente enquanto *invenções de produtos* e, não obstante, os *princípios activos* protegidos pela *patente* (*de produto*) *actuam directamente* sobre o corpo humano ou animal; além de que, embora a lista não seja exaustiva, o legislador reserva, no artigo 52.°/2 e alínea *a)* do n.° 3, ambos do CPI de 2003, que a exclusão da patenteabilidade fundada na *ordem pública* ou nos *bons costumes* deve ser actuada nos casos em que as invenções de métodos e de substâncias (e de usos) são claramente *repugnantes* e *inaceitáveis*[150] à luz dos valores da *dignidade da*

---

[149] Já, segundo parece, Erich ZIPSE, "Wir das künftige europäische Patenterteilungsverfahren den modernen, zukunftintensiven Technologien gerecht?", in *Gewerblicher Rechtsschutz und Urheberrecht, Internationaler Teil*, 1973, p. 182 ss., p. 186; Joseph STRAUS, "Biotechnologische Erfindungen – ihr Schutz und seine Grenzen", in *Gewerblicher Rechtsschutz und Urheberrecht*, 1992, p. 252 ss., p. 257; Joseph STRAUS/Karolina HERRLINGER, "Zur Patentierbarkeit von Verfahren zur Herstellung ...", 2005, cit., p. 871; Rainer MOUFANG, "Patentierung menschlicher Gene, Zellen und Körperteil? – zue ethischen Dimension des Patentrechts", in COOKSON, C./NOWAK, G./THIERBACH, D. (eds.), *Eposium 1992, Genetic Engineering – The New Challenge, Conference Proceedinds and Essay Competition*, European Patent Office, 1993, p. 133 ss., p. 151; João Paulo REMÉDIO MARQUES, *Biotecnologia(s) e Propriedade Intelectual*, cit., 2005, Vol. I, §110.1., p. 257 = Almedina, Coimbra, 2007, cit., pp. 348-350; Marie-Angèle HERMITTE, *Le brevet et ses exclusions*, cit., p. 2, pois, segundo a Autora: "... dans ce cas, c'est l'idée même de brevetabilité de tels procédés qui choque: on n'aime pas penser que des techniques de pointe concernant la vie humaine puisse faire l'object de droits exclusifs d'exploitation", preferindo a Autora, não obstante, enquadrar esta exclusão da patenteabilidade na cláusula geral dos *bons costumes*.

[150] A favor deste critério de decisão na sindicação destas cláusulas gerais, cfr. as *Directrizes Para Exame do Instituto Europeu de Patentes*, Cap. C-IV,3.1.; tb. já a decisão da *Divisão de Oposição* do *Instituto Europeu de Patentes*, de 31/03/1992, no caso *Lubrizol Transgene Expression*, não publicado, *apud* Gertrui VAN OVERWALLE, "Biotechnology patents in europe: from law to ethics", in STERCKX, Sigrid (ed.), *Biotechnology, Patents and Morality*, 2ª edição, 2000, cit., p. 197 ss., pp. 199-200; João Paulo REMÉDIO MARQUES, "Introdução ao Problema das Invenções Biotecnológicas", in *Direito Industrial*, Vol. I, Almedina, Coimbra, 2001, p. 177 ss., p. 256; agora tb. Alberto PIZZOFERRATO, *Brevetto per Invenzione e Biotecnologie*, 2002, cit., p. 170.

A patenteabilidade dos métodos de diagnóstico, terapêuticos e cirúrgicos... 277

pessoa humana, da *inviolabilidade da vida humana* (em todos os estádios do seu desenvolvimento).

As invenções de novos e inventivos métodos terapêuticos, pelo contrário, ainda quando executados, total ou parcialmente, sobre o corpo humano (ou de animais não humanos) não são, *à partida*, invenções *repugnantes*, *injustas*, *ultrajantes* ou *inaceitáveis*; não se postulam tais invenções em claro conflito com o *núcleo essencial* daqueles *princípios* e *valores fundamentais da Comunidade Europeia* e dos ordenamentos nacionais dos Estados-membros. Pode, todavia, suceder que, como veremos adiante, alguns comportamentos plasmados na execução de tais métodos provoquem uma *ameaça substancialmente muito grave* aos interesses e valores fundamentais da colectividade, tais como a *saúde pública* e o *acesso às terapias*, de jeito a poderem causar sérias perturbações na *ordem económica e social*, caso sejam objecto de direito de patente[151]. Nesses casos *verdadeiramente extremos* é então legítimo conceber a exclusão da patenteabilidade com fundamento na cláusula geral da *ordem pública*.

A normal legitimação dessas proibições de patenteação há-de, pois, residir mais forte e consistentemente em outro local.

7.2. A cláusula dos bons costumes. – E também não nos parece que esse fundamento axiológico-jurídico da proibição da patenteabilidade de (algumas) invenções de métodos terapêuticos, cirúrgicos e de diagnóstico se surpreende irremissivelmente na cláusula geral dos *bons costumes*.

Na verdade, estes outros, os *bons costumes*, condensam alguns princípios cogentes da ordem jurídica. Na decisão T 356/93, de 21/02/1995, no citado caso *Plant GENETIC SYSTEMS/Plant cells*, a Câmara Técnica de Recurso do Instituto Europeu de Patentes sugeriu uma interpretação *uniforme* e *autónoma* do conceito de *bons costumes* (*morality, gutten sitten*), desligada das específicas normas e regulamentos existentes nos Estados contratantes; interpretação *uniforme* e *autónoma* apartada dos critérios eventualmente utilizados pelos órgãos jurisdicionais dos Estados Contratantes da CPE nas acções e que se discute a invalidade de direitos de patente – em acções deduzidas e decididas por estes tribunais nacionais à luz dos respectivos ordenamentos internos – em que esta Câmara Técnica

---

[151] A Câmara Técnica de Recurso do Instituto Europeu de Patentes, na decisão T 356/93, no citado caso *PLANT GENETIC SYSTEMS/Plant cells*, já associou o *impacto ambiental* das invenções respeitantes a *plantas geneticamente manipuladas* à cláusula da *ordem pública*.

de Recurso, como dizíamos, já ensaiou densificar este *conceito indeterminado*.

Segundo este orgão jurisdicional de recurso do Instituto Europeu de Patentes, os *bons costumes* são reconduzidos à crença de que, à luz de certas normas profundamente enraizadas na cultura veiculada pelas sociedade e civilização europeias, certos comportamentos são aceitáveis, enquanto outros não são[152]. Além disso, a proibição da patenteabilidade apenas será chamada à liça se e quando exista um *consenso generalizado* – nas sociedade dos Estados Contratantes para onde se pede a protecção da patente europeia – de que a exploração de tais invenções patenteadas constitui um *comportamento merceológico inaceitável*[153].

---

[152] Cfr. o § 6 desta decisão, segundo o qual: "The concept of morality is related to the belief that some behaviour is right and acceptable whereas other behaviour is wrong, this belief being founded on the totality of the accepted norms which are deeply rooted in a particular culture. For the purposes of the EPC, the culture in question is the culture inherent in European society and civilisation. Accordingly, under Article 53(a) EPC, inventions the exploitation of which is not in conformity with the conventionally-accepted standards of conduct pertaining to this culture are to be excluded from patentability as being contrary to morality". Tb. Rainer SCHULTE, *Patentgesetz mit EPÜ*, 6ª edição, 2001, cit., Art. 53, anotação à margem n. 25, p. 76; Klaus-Jürgen MELULLIS, in BENKARD, *Europäisches Patentübereinkommen*, C. H. Beck, München, 2002, Art. 53, anotação à margem n. 30, p. 294.

[153] Já, assim, a decisão da Divisão de Oposição, no caso *Howard Florey Institute v. Relaxin* (in *European Patents Office Reports*, 1995, p. 541 ss.), respeitante à invenção de uma *hormona* (*proteína*) geneticamente manipulada, cuja patente havia sido concedida pela Divisão de Exame do Instituto Europeu de Patentes, em Abril de 1991, mas que foi objecto de oposição. A Divisão de Oposição rejeitou o pedido invalidação da patente europeia adrede formulado, tendo observado que "a função da norma [isto é, o artigo 53.°, alínea *a)*, da CPE] tem que ser vista como uma medida que garante que o direito de patente não deverá ser concedido relativamente a invenções universalmente consideradas ultrajantes. Esta interpretação reflecte o critério do «fair test» constante das Directrizes para Exame, segundo as quais o artigo 53(a) somente deverá ser invocado em casos raros e excepcionais". Tb., agora, no sentido de acentuar a necessidade da existência de um consenso generalizado na cultura e na sociedade europeias sobre uma certa prática, no que respeita à ofensa à cláusula geral dos *bons costumes*, cfr. o § 10.4. da decisão T 315/03, de 6/07/2004, no caso *Method for producing transgenic animals*, acima citada; e a decisão T 606/03, de 12/01/2006, no caso *ARTEMIS/Gene trap*, in http://www.epo.org., onde, basicamente, foram adoptadas, em matéria de sopesamento do sofrimento dos animais (geneticamente manipulados) e dos riscos ambientais relativamente à beneficência para o Homem, as conclusões tiradas na citada decisão T 315/03.

A decisão T 315/03, de 6/07/2004, da Câmara Técnica de Recurso, no citado caso *Method of producing transgenic animal*[154] – decisão que terá encerrado o conflito que opôs a Universidade de Harvard (*The President and Fellows of Harvard College*) a uma miríade de organizações não governamentais, no celebérrimo caso dos ratinhos (transgénicos) de Harvard, cujo genoma foi precipuamente alterado para desenvolver os mais variados tipos de tumores –, adopta, de igual sorte, este critério de decisão: deve averiguar-se se a *exploração do invento* se adequa aos *padrões de conduta geralmente aceitos na sociedade europeia* (§ 4.6. da decisão); além de que acentua a necessidade da verificação de um *consenso generalizado na cultura e na sociedade europeias* sobre a circunstância de uma certa prática ofender a cláusula geral dos *bons costumes*. Ademais, de acordo com esta jurisprudência, parece que, enquanto os *princípios económicos* e as *convicções religiosas* não devem ser usados, como *critério de decisão*, para representar o acervo de comportamentos e atitudes consideradas aceitáveis, por outro lado e pelo contrário, as eventuais *provas* emergentes da realização de *sondagens* e *inquéritos* susceptíveis de captar as direcções volitivas da opinião pública também devem ser avaliadas com extremo cuidado (§§ 10.1. a 10.4. desta decisão T 315/03).

A *data relevante* para que essa sindicação seja correctamente efectuada há-de coincidir com a *data do pedido de protecção de patente europeia* ou com a *data da prioridade*[155], se a houver, pese embora deva, igualmente, atender-se aos *factos supervenientes*, se e apenas na medida em que eles se reportem ao *statu quo* existente na data do pedido ou na data da prioridade (§§ 8.2., 9.5. e 9.6 desta decisão T 315/03).

Trata-se, como se vê, de uma tentativa de "colonização jurídica" por parte desta instituição europeia, fora da União Europeia, mas que corresponde a uma tendência já sentida de os próprios órgãos jurisdicionais da União Europeia, *in casu*, o Tribunal de Justiça das Comunidades, "europeizarem" o conceito indeterminado de *bons costumes* (e de *ordem pública*)[156].

---

[154] In *http://www.epo.org*.

[155] Karl-Jürgen MULULLIS, in BENKARD, *Europäisches Patentübereinkommen*, 2002, cit., Art. 53, anotação à margem n. 29, p. 394.

[156] É elucidativo deste esforço o acórdão do Tribunal de Justiça das Comunidades, que opôs o Reino dos Países Baixos ao Parlamento Europeu e ao Conselho, processo n.º C-377/98, decidido em 9/10/2001, in *Colectânea de Jurisprudência do Tribunal de Justiça das Comunidades Europeias*, 2001, I, p. 7079 ss., sobre a alegada *nulidade* da Directriz n.º 98/44/CE em matéria de tutela das *invenções biotecnológicas*, por violação do

280 *J. P. Remédio Marques*

Mas esta noção de *bons costumes*, que se pretende *autónoma* e *uniforme* para todos os ordenamentos nacionais, tem vindo gradativamente a perder a autonomia face à cláusula geral da *ordem pública*, já que, esvaziados do seu carácter atinente à "moralidade pública", eles traduzem não apenas o acervo de regras éticas aceites pelas pessoas honestas, correctas e de boa fé, num dado ambiente sócio-cultural e num certo momento histórico[157], como também, do ponto de vista do seu enfoque merceológico no quadro das invenções industriais, são a expressão de um conjunto de *princípios e de normas não escritas* reflectidas em certas *regras deontológicas*[158], em princípios comportamentais por que se deve pautar a pesquisa e o desenvolvimento científicos e os *códigos de conduta* geralmente observados na indústria e nas demais actividades económicas.

Do exposto também parece decorrer que as invenções de *métodos terapêuticos* (ainda quando impliquem *cirurgia*) ou de *diagnóstico* não são, *por si só*, ofensivas de princípios e normas não escritas fundadas na *deontologia profissional* ou em *códigos de conduta* que condensem tais normas deontológicas – nem, tão pouco, conflituam, em abstracto, com o

---

artigo 230.° do Tratado da Comunidade Europeia (correspondente ao pretérito artigo 173.° do Tratado de Roma), in *http://www.curia.eu.int/por/jurisp/index.htm*.

A propósito da alegada ambiguidade dos conceitos de *ordem pública* e dos *bons costumes*, o Tribunal de Justiça sustentou que tais conceitos indeterminados são tradicionalmente utilizados pelos ordenamentos nacionais para garantir a margem de flexibilidade ou ductibilidade necessárias à compreensão das diferentes sensibilidades e contextos sociais. Todavia, sempre salientou que a *margem de livre apreciação* dos Estados-membros não é totalmente *discricionária*, visto que essa Directriz condensa um conjunto de exemplos e práticas (produtos, métodos e usos) que não podem ser patenteáveis; além de que também salienta que a mera violação de disposições normativas internas dos Estados-membros não implica, só por si, a violação da ordem pública, a qual continua ancorada nos princípios e valores fundamentais que dão sentido ao ordenamento jurídico positivo. Só, portanto, nos casos de *ameaças muito graves* a qualquer um dos *interesses fundamentais da colectividade* é que as *perturbações da ordem social* se reconduzem à ofensa da *ordem pública* dos ordenamentos dos Estados-membros, *et, pour cause*, ao direito comunitário.

[157] Nestes termos, Carlos Alberto da MOTA PINTO, *Teoria Geral do Direito Civil*, 4ª edição, por António PINTO MONTEIRO/Paulo MOTA PINTO, Coimbra Editora, Coimbra, 2005, pp. 559-560.

[158] Ressalvando este aspecto da concretização dos *bons costumes* nas *regras deontológicas*, cfr. António MENEZES CORDEIRO, *Tratado de Direito Civil*, I, *Parte Geral*, Tomo II, 3ª edição, Almedina, Coimbra, 2005, p. 549; tb., no quadro do direito de patentes, Ulrich SCHATZ, "Patents and morality", in STERCKX, Sigrid (ed.), *Biotechnology, Patents and Morality*, 2ª edição, 2000, cit., p. 219 (códigos de conduta, regras deontológicas, princípios éticos geralmente aceites nas diferentes disciplinas da investigação científica).

A patenteabilidade dos métodos de diagnóstico, terapêuticos e cirúrgicos... 281

acervo de regras éticas comportamentais aceitas geralmente pelos cidadãos que partilham a cultura e a civilização europeias –, pois que, em sede de concessão de patentes europeias, não cremos que exista um *consenso generalizado* nas *culturas europeias* sobre a *inaceitabilidade* ou a *repugnância* de tais inventos. Decerto que alguns inventos poderão traduzir tal ofensa; a maioria não.

7.3. A patenteabilidade dos métodos previstos no artigo 52.°/2 do CPI de 2003 face à *liberdade terapêutica* e à garantia de *acesso aos cuidados de saúde*. – Reconhece-se que, *em casos excepcionais*, a proibição da patenteabilidade dos métodos de diagnóstico, terapêuticos (cirúrgicos ou não cirúrgicos) pode contender com a cláusula geral da *ordem pública*: isso parece suceder quando *o acesso* ao diagnóstico ou à terapia é posto de tal forma em causa a ponto de essa situação *ameaçar grave e substancialmente certos valores e interesses fundamentais da colectividade*, em particular o da *saúde pública* e do acesso aos cuidados de saúde no quadro da *medicina preventiva*, *curativa* e de *reabilitação*, através do *serviço nacional de saúde* (artigo 64.°/1 e 3, alínea *a*), da Constituição) – por exemplo, quando os serviços médicos competentes são colocados perante uma situação de ameaça ou de consumação de *epidemias* ou de *pandemias*[159], sem

---

[159] Veja-se o recente caso do antiviral patenteado e comercializado pela *ROCHE* sob marca «tamiflu»: se este mediamento antiviral não estivesse já patenteado, há alguns anos, a eventual situação de emergência nacional e planetária que fosse causada pela mutação do vírus da "gripe das aves" impediria a patenteabilidade dos medicamentos retrovirais (e das vacinas) destinados a combater tal *pandemia*. Se esta *pandemia* vier a concretizar-se, ainda que sob outra forma, poderá lançar-se mão da figura que permite a concessão de *licenças obrigatórias*, ao abrigo do disposto no artigo 31.°, alínea *b)*, do Acordo TRIPS [*idem*, artigos 107.°/1, alínea *c)*, e artigo 110.°/2, ambos do CPI: o *interesse público* legitimador da concessão da *licença obrigatória* ocorre quando o *início*, o *aumento* ou a *generalização da exploração da invenção* for de *primordial importância para a saúde pública* ou para a defesa nacional], caso o titular da patente não conceda voluntariamente a *autorização* (remunerada) para a fabricação e comercialização desses medicamentos.

O governo brasileiro já promoveu a adopção de uma estratégia deste tipo quando, em 2001, iniciou o procedimento para a concessão de uma licença obrigatória para a produção, no Brasil, do fármaco "nelfinavir", um *inibidor da protease*, fabricado pelo titular da patente, a sociedade Hoffmann-La ROCHE, que é usado no tratamento do HIV/SIDA. A multinacional farmacêutica, perante a iniciativa do então Ministro brasileiro da Saúde, José Serra, propôs a baixa do preço do medicamento em 13%, o que foi liminarmente rejeitado pelo Governo brasileiro, o qual propôs uma redução de 40%. Simultaneamente,

que para as quais disponham de total *liberdade* para aplicar as terapias adequadas.

Nas demais situações, cremos que não está em jogo o recurso a este último nível do *contra legem*. Vejamos.

Poderá, na verdade, continuar a surpreender-se uma certa contradição no facto de os legisladores da CPE e do CPI de 2003 se mostrarem pressurosos na admissibilidade da patenteação das substâncias, dos instrumentos e dos produtos utilizados na execução de qualquer um daqueles métodos, enquanto *invenções de produto*. Aqui não mostraram estes legisladores qualquer preocupação *ético-social* ou humanitária quanto ao risco da *monopolização* de alguns destes produtos ou na sua disponibilização a *preços mais elevados*. E não se nega que muitas destas substâncias, produtos e preparados farmacêuticos são *indispensáveis* para o sucesso terapêutico de algumas doenças ou síndromes. Maurizio AMMENDOLA[160] ensaiou uma resposta para esta aparente perplexidade e contradição legislativas: enquanto o *licere* de uma *patente de produto* ou *preparado farmacêutico* incide na fabricação e na comercialização da substância patenteada – ou seja, no gozo e no desfrute do *resultado final* do processo de obtenção –, pelo contrário, o *licere* de uma patente de um método terapêutico respeita ao *exclusivo da utilização ou do emprego da própria terapia*. O titular de uma patente de produto ou substância farmacêutica terá, decerto, interesse em explorar economicamente a invenção, o que fará mediante a precípua colocação no mercado de certas quantidades (suficientes, na sua perspectiva) desses fármacos, atentas as necessidades dos consumidores e/ou os constrangimentos, limitações ou condicionamentos postulados pelas entidades nacionais reguladoras dos *procedimentos administrativos de autorização de colocação no mercado*, aí onde, seguramente, é confrontado com alguns condicionamentos na fixação do preço de venda.

---

a indústria brasileira, com larga capacidade industrial instalada e domínio do saber-fazer, já produz 8 das 12 substâncias retrovirais utilizada, em conjunto, no tratamento do HIV/SIDA, uma vez que esse fabrico já ocorria à data do início de vigência do novo Código da Propriedade Industrial brasileiro, de 1996, ou seja, já se verificava antes de 15/05/1997. Cfr, sobre isto, Jilian Clare COHEN/Kristina M. LYBECKER, "Aids Policy and Pharmaceutical Patents: Brazil's Strategy to Safeguard Public Health", in *The World Economy*, Vol. 28, n.º 2, 2005, p. 211 ss., p. 213, p. 218.

[160] Maurizio AMMENDOLA, *La Brevettabilità nella Convenzione di Mónaco*, 1981, cit., pp. 109-111.

A patenteabilidade dos métodos de diagnóstico, terapêuticos e cirúrgicos... 283

Seja quais forem as especificidades existentes nos ordenamentos nacionais (no caso português, no INFARMED), ou junto da *Agência Europeia do Medicamento*, de que depende a prolação da autorização de colocação no mercado, o certo é que as necessidades de acesso a tais fármacos, por parte dos actuais ou dos potenciais consumidores, são normalmente satisfeitas: a existência dos fármacos patenteados nas *farmácias de oficina* ou nas *farmácias dos hospitais* adentro do território do Estado, que haja concedido direito de patente às substâncias activas que os constituem, assegura, com mais ou menos constrangimentos, *o acesso às terapias*[161].

O mesmo já não pode dizer-se acerca do acesso aos *métodos* de terapias ou aos diagnósticos *actuados directamente sobre o corpo humano ou animal*: o direito de patente projecta-se, no seu *licere*, sobre a *acessibilidade aos tratamentos*, às actividades ou etapas de natureza técnica precipuamente descritas e reivindicadas. O direito de patente não é, nesta eventualidade, *oponível* relativamente aos restantes fabricantes de fármacos ou às farmácias (de oficina ou hospitalares); ele é tendencialmente *oponível em relação aos outros profissionais médicos*[162]. Diferentemente dos demais métodos que são susceptíveis de patenteação, a *execução dos métodos de diagnóstico ou de terapia* (cirúrgica ou não cirúrgica) *não culmina na obtenção de um produto, máquina, maquinismo, aparelho ou aparato corpóreo*. A execução destes métodos não traduz a *fase dinâmica* do processo inventivo de *manipulação das forças naturais* dirigida à obtenção de *produtos* (*fase estática*), pois essa execução, ou bem que somente visa, *ultima ratio*, atribuir um determinado quadro clínico a um certo desvio dos parâmetros biometabólicos[163] (*método de diagnóstico*), ou bem que visa prevenir, manter ou restabelecer a *saúde*, ou seja, um determinado equilíbrio psíco-físico (*método de terapia*, ainda que mediante *intervenção cirúrgica*).

A execução de qualquer um destes *métodos*, embora normalmente seja provida de *industrialidade* no sentido atrás referido, não desemboca na obtenção de *um produto* susceptível de ser objecto de exploração eco-

---

[161] Maurizio AMMENDOLA, *La Brevettabilità nella Convenzione di Monaco*, cit., p. 111.

[162] Maurizio AMMENDOLA, *La Brevettabilità*, cit., p. 112.

[163] É claro que esta é apenas a última etapa, *de natureza dedutiva*, adentro de um acervo de etapas constitutivas de um qualquer método de diagnóstico; e, *como tal*, esta derradeira etapa da execução dos métodos de diagnóstico não é protegida, visto que deve ser qualificada como *exercício de actividade mental* desprovido de natureza técnica e de *efeitos técnicos*, nos termos do artigo 52.°/2 da CPE e do artigo 52.°/1, alínea *d)*, do CPI de 2003 ["... métodos no exercício de actividades intelectuais ..."].

nómica (*v.g.*, ser colocado à venda em vários locais) e direito de patente (*patente de produto*). Neste sentido, a concessão de direito de patente, desligada da consagração de outras medidas de correcção do exercício deste direito de exclusivo pelo respectivo titular, pode comprimir de forma inadmissível o *acesso a certos cuidados de saúde*. Far-se-ia mister que os médicos ou as instituições de prestação de cuidados de saúde obtivessem autorização do titular da patente, sempre e por cada ocasião em que necessitassem de aplicar o método a concretos pacientes[164]; seria, em alternativa, necessário que tais profissionais (ou entidades patronais) celebrassem *contratos de licença* de exploração de patente, mediante os quais o titular autorizasse temporariamente a pessoa ou a entidade licenciada a exercitar todas ou algumas faculdades jurídicas ínsitas ao *licere* da patente.

Não se diga, como Rainer MOUFANG[165], que este problema é comum a todas as patentes de métodos que não são commumente utilizados em escala industrial. As dificuldades jurídicas e práticas de acesso ao exercício destes métodos contendem directamente com *valores e interesses fundamentais da colectividade, in casu*, o da *saúde pública* enquanto *tutela objectiva* e *direito a prestações estaduais*, bem como o *direito à vida* e à *saúde individual* enquanto *direitos subjectivos fundamentais*.

Só que é pertinente interrogarmo-nos acerca da existência ou da frequência da verificação de constrangimentos ou limitações no *acesso aos cuidados de saúde* naqueles países que admitem, ou passaram a aceitar a patenteabilidade de métodos terapêuticos, por motivo de tais métodos se acharem aí protegidos por direito de patente – como sucede nos E.U.A., na Austrália e, desde 1999, na Nova Zelândia[166]. E, de facto, quando se pretende responder a esta ponderosa objecção, logo se constata a ausência ou a raríssima frequência de casos em que o acesso aos diagnósticos e às terapias foram negados ou foram severamente limitados por motivo da concessão e vigência de direitos de patente sobre tais métodos. Ao que sabemos, somente nos E.U.A., em 1995, no citado caso *Pallin v. Singer*[167], se colocou um problema desta natureza: uma acção de violação de direito de patente respeitante a um processo cirúrgico de intervenção na córnea, proposta pelo titular da patente, Dr. Pallin, contra um seu colega, na qual era, igualmente, formulado um pedido indemnizatório. De facto, nos E.U.A., o

---

[164] Agora, tb., Rudolf KRAßER, *Patentrecht*, 5ª edição, 2004, cit., p. 209.

[165] Rainer MOUFANG, "Methods of Medical Treatament ...", cit., p. 48.

[166] Cfr., *supra*, n.°s 3.1., 3.2. e 3.3.

[167] In *United States Patents Quarterly, second series*, Vol. 36, 1995, p. 1050 ss.

Patent and Trademark Office concede, desde meados dos anos 90 do século vinte, cerca de 100 patentes de métodos terapêuticos por mês; e, na Austrália, em meados de 2004, a consulta às bases de dados evidenciava a existência de cerca de 3,2 % de patentes em vigor relativamente a métodos terapêuticos, no quadro do universo de patentes vigentes neste país, a maioria das quais (88%) era proveniente de pedidos efectuados à sombra do *Patent Cooperation Treaty* (PCT) e, portanto, proveniente de inventores estrangeiros[168]. E, estranhamente ou não, desconhece-se a existência de litígios ao derredor da utilização por terceiros dos métodos terapêuticos patenteados.

Pelo que é tudo menos certo que a admissão de patentes de métodos de diagnóstico e de terapia, cirúrgica ou não cirúrgica, tenha provocado efeitos perversos no exercício da actividade médica; é, de facto, improvável a verificação actual ou previsível de atentados à liberdade terapêutica e da relação de estrita confiança e confidencialidade entre os médicos e os pacientes: à parte o caso do *Dr. Pallin*, rapidamente pacificado por uma solução de compromisso, jamais a aplicação de um método terapêutico patenteado implicou, por virtude da existência do direito de patente, a denegação de prestação de cuidados de saúde ou a prestação de cuidados alternativos menos recomendáveis ou exigentes em atenção às situações concretas[169] – pelo contrário, os casos commumente conhecidos têm na sua génese, quer o repúdio das práticas da chamada "medicina defensiva" emergente do alargamento das pretensões fundadas na *responsabilidade civil médica*, quer a escassez dos recursos financeiros que tem vindo a pautar a configuração e a orientação das políticas de gestão dos cuidados de saúde nas unidades públicas financiadas pelo *Sistema Nacional de Saúde*. A maioria da doutrina europeia tem, na verdade, vindo a pronunciar-se contra a manutenção desta exclusão da patenteabilidade[170].

---

[168] Annette URQUIJO, "The Restriction of Acess to Healthcare by Patent Law ...", cit., pp. 174-175.

[169] Já, Rainer MOUFANG, "Methods of Medical Treatment ...", cit., p. 48.

[170] Entre outros, Friedrich-Karl BEIER, "Future Problems of Patent Law", in *International Review of Industrial Property and Copyright Law*, 1972, p. 423 ss., p. 441 ss.; Karl BRUCHHAUSEN, "Erfindungen von Ärzten", in *Festschrift für Philipp Möhrig zum 75 Geburstag*, C. H. Beck, München, 1975, p. 451 ss., p. 452, p. 454; Bernhard BERGMANS, *La Protection des Innovations Biologiques*, 1990, cit., pp. 170-171; Joseph STRAUS, "Biotechnologische Erfindungen – ihr Schutz und seine Grenzen", cit., p. 254; Rainer MOUFANG, "Methods of Medical Treatment ...", cit., pp. 48-49; Klaus-R. WAGNER, "Heilverfahren als nicht patentierbare Behandlungsverfahren?", in *Gewerblicher Rechtsschutz und Urhe-*

§ 5.
Pistas para uma solução

8. As razões que justificam, *de iure condendo*, a abolição da proibição da patenteabilidade dos métodos de diagnóstico e de terapia no quadro da CPE e dos ordenamentos dos Estados Contratantes. – É verdade que a concessão de patentes desta natureza pode, como vimos e em casos excepcionais, violar a *ordem pública* ou os *bons costumes*. Nestas eventualidades, é obviamente desnecessário invocar o *regime proibicionista específico* previsto no artigo 52.°/4 da CPE e no artigo 52.°/2 do CPI de 2003.

A garantia da *liberdade terapêutica* e do *acesso aos cuidados de saúde* constituiu, lembre-se, um dos mais fortes argumentos que sustentou o antigo clamor contra a admissibilidade da patenteação das *invenções de produtos* e *preparados químicos* com eficácia *terapêutica* – estas reservas foram, na verdade, agitadas como forma de justificar, mesmo nos países europeus mais desenvolvidos, a proibição das *patentes de medicamentos.* Actualmente, os corifeus da manutenção da proibição no quadro jurídico europeu ou os adeptos estadounidenses da "via proibicionista" – a mais dos riscos associados ao aumento dos custos dos cuidados de saúde[171] e da erosão da *autonomia decisional* dos médicos doravante confrontados com o risco de utilizarem, de boa fé, métodos terapêuticos protegidos[172] – chamam à liça a circunstância de que a irrestrita concessão de patentes desta natureza acaba por conduzir à *denegação dos cuidados de saúde* a todos aqueles que não desfrutam de meios económicos bastantes para custear os diagnósticos ou as terapias; além de que impede esse acesso a todos aqueles pacientes cujos médicos não têm autorização do titular da patente para executar o método[173]; e, enfim, contradiz, do ponto de vista *ético-deonto-*

---

berrecht, 1976, p. 673 ss.; Doris THUMS, "Patent Protection for Medical Treatment …", cit., pp. 442-444; Bernd APPEL, *Der menschliche Körper im Patentrecht*, 1995, cit., pp. 182-183; Bengt DOMEIJ, *Pharmaceutical Patents in Europe*, 2000, cit., pp. 38-44; Rudolf KRAßER, *Patentrecht*, 5ª edição, cit., p. 212; Daniel X. THOMAS, "Patentability Problems in Medical Technology", 2003, cit., pp. 869-870.

[171] Beata GOCYK-FARBER, "Patenting Medical Procedures: A Search for a Compromise Between Ethics and Economics", in *Cardozo Law Review*, Vol. 18, 1997, p. 1527 ss., pp. 1546-1547.

[172] Philip CULBERT, "Patent Law Reform in New Zeland: Should Methods of Medical Treatment be Patentable?", in *Patent World*, Maio, 1997, p. 32 ss., p. 37.

[173] Por exemplo, Edward FELSENTHAL, "Medical Patents Trigger Debate Amoung

lógico, o juramento de Hipócrates, visto que dá consistência à aparência de que *os médicos lucram à custa dos pacientes*[174].

*

Não cremos que qualquer uma destas justificações deponha a favor, quer da irrestrita manutenção da proibição de patenteabilidade que estamos a analisar, quer da consagração dessa proibição nos países que admitem a protecção destes métodos por direito de patente – já salientámos, de resto, a circunstância de que tais temores jamais se concretizaram, mesmo nos países em cujos ordenamentos se prevê a patenteabilidade destes métodos, contanto que sejam novos, desfrutem de nível inventivo e de industrialidade.

Não devendo nós confundir o *acto de patentear*, enquanto protecção de uma *criação industrial* do espírito humano, com os *actos de exploração económica dos inventos patenteados*, sempre diremos que os *elementos* e as *partes destacadas* do corpo humano há muito que podem ser objecto de negócios jurídicos.

Por outro lado, e não obstante os receios clamados até aos finais dos anos sessenta do século passado, inexistem provas seguras segundo as quais a patentabilidade dos *fármacos* e dos *preparados farmacêuticos* – sendo certo que estes actuam no próprio corpo humano ou animal *in vivo* –, enquanto *invenções de produtos*, tenha comprometido substancialmente a *liberdade terapêutica* e o *acesso aos cuidados de saúde*. Pese embora o acesso a tais substâncias esteja mais facilitado face ao regime jurídico do *esgotamento dos direitos de patente* – realidade que não ocorre no domínio das *patentes de métodos de diagnóstico* e *terapêuticos* (cirúrgicos ou não cirúrgicos), posto que estes não se reconduzem ao acesso e à administração de *substâncias químicas* enquanto *realidades corpóreas* susceptíveis de colocação no mercado com o consentimento do titular da patente, traduzindo-se, ao invés, num acervo de etapas, ciclos ou actividades em relação às quais não se coloca obviamente a questão do referido *exauri-*

Doctors", in *Wall Street Journal*, de 11/08/1994, B1; Laura L. Douglas, "Medical Process Patents: Can We Live Without Them? Should We?", in *Journal of Intellectual Property*, Vol. 3, n.º 1, 1995, p. 161 ss., p. 179, § 3.d = in *http://www.lawsch.uga.edu/jipl/vol3/douglass.html*).

[174] Patricia Loughlan, "Of Patents and Patients: New Monopolies in Medical Methods", in *Australian Intellectual Property Journal*, 1995, p. 5 ss., p. 15.

288 J. P. Remédio Marques

mento da patente –, não podemos esquecer que as *patentes de matérias biológicas* com *propriedades terapêuticas e de diagnóstico* desfrutam, no quadro da União Europeia e da CPE, de um *regime especial* respeitante ao *esgotamento da patente*: o titular da patente de produto biológico, ainda quando haja autorizado a colocação no mercado do objecto da invenção, pode sempre impedir a ulterior multiplicação ou a reprodução da matéria biológica adrede comercializada, *para além do cumprimento do concreto escopo contratual* que haja comandado o contrato de alienação[175]. E não é por isto que se vê nas patentes de *substâncias activas* (*v.g.*, vírus geneticamente manipulados, plasmídeos, células produtoras de vírus, lisados celulares, genes preparados de antemão, etc.) de *medicamentos*, enquanto *produtos acabados*, um obstáculo à prestação de cuidados de acesso e/ou um mecanismo de constrangimento da liberdade terapêutica: os *medicamentos de terapia genética* protegidos por *patente de produto* estão já hoje no mercado[176].

Por exemplo, a patente respeitante *colónias de células geneticamente manipuladas ou modificadas in vitro* para exprimir propriedades homólogas anteriormente não expressadas – invenção de medicamento de terapia gené-

---

[175] Cfr. a parte final do artigo 10.º da Directriz n.º 98/44/CE, do Parlamento Europeu e do Conselho, de 6/07/1998, sobre a protecção jurídica das invenções biotecnológicas (in *Jornal Oficial das Comunidades Europeias*, n.º L 213, de 30/07/1998, p. 13 ss.); *idem*, artigo 103.º/2, *in fine*, do CPI de 2003: "A protecção referida nos n.ºs 3 a 5 do artigo 97.º não abrange a matéria biológica obtida por reprodução ou multiplicação de uma matéria biológica comercializada pelo titular da patente, ou com o seu consentimento, no espaço económico europeu, se a reprodução u multiplicação resultar, necessariamente, da utilização para a qual a matéria biológica foi colocada no mercado, *desde que a matéria biológica não seja, de seguida, utilizada para outras reproduções ou multiplicações*" – o itálico é nosso. Cfr., sobre as especificidades do *esgotamento* das patentes de matéria biológicas, João Paulo REMÉDIO MARQUES, *Biotecnologia(s) e Propriedade Intelectual*, Vol. I, cit., 2005, §§ 276 ss., pp. 886-897 = Almedina, Coimbra, 2007, pp. 1123-1124.

[176] Cfr. o Decreto-Lei n.º 97/2004, de 23 de Abril, que alterou o Decreto-Lei n.º 72/91, de 18 de Fevereiro, e que transpôs para a ordem jurídica portuguesa a Directriz n.º 2003/63/CE, da Comissão, de 25/06, que alterou a Directriz n.º 2001/83/CE, do Parlamento Europeu e do Conselho, de 6/11, especialmente o Anexo C, Parte IV, ao citado Decreto-Lei n.º 72/91, de 8 de Fevereiro, sobre os *medicamentos de terapia avançada*. Veja-se agora, no mesmo sentido, o Anexo I, Parte IV, do Decreto-Lei n.º 176/2006, de 30 de Agosto, sobre o regime jurídico a que obedece a autorização de introdução no mercado, o fabrico, a importação, a exportação, a comercialização, a rotulagem, a publicidade, a farmacovigilância e a utilização de medicamentos para uso humano. Este último diploma revogou expressamente o citado Decreto-Lei n.º 97/2004, de 23 de Abril.

A patenteabilidade dos métodos de diagnóstico, terapêuticos e cirúrgicos... 289

tica celular somática – permite que o adquirente dessas *colónias de células*, precipuamente colocadas no mercado pelo titular da patente ou com a sua autorização, possa reproduzi-las para obter e introduzir tais substâncias activas nos medicamentos que comercializa, de acordo com as condições do contrato de aquisição acordado com o titular da patente (ou com um licenciado); mas é-lhe vedado *revender* tais colónias de células (constituídas por células novas que hajam sido obtidas por multiplicação das que foram primitivamente alienadas) a um terceiro: no caso exemplificado, estas *universalidades de facto* apenas podem ser utilizadas para fabricar certas quantidades do medicamento de *terapia genética somática*, que não para serem objecto de novas alienações a uma cadeia de subadquirentes. Pois, se assim se admitisse, cada um dos subadquirentes poderia reproduzir livremente as matérias biológicas que adviessem à sua esfera jurídica a um custo inferior ao que fora inicialmente suportado pelo titular, independentemente, portanto, de ter que realizar os investimentos necessários na pesquisa e no desenvolvimento de tais matérias, tornando-se num *concorrente efectivo* do titular da patente ou da entidade a quem este tivesse licenciado a utilização do invento[177].

Por outro lado, ainda, o novo regime jurídico do *âmbito de protecção das patentes de processos biotecnológicos* confere ao titular da patente o poder jurídico de impedir a utilização das *matérias biológicas* sucessivamente obtidas por reprodução ou multiplicação das matérias biológicas obtidas directa e imediatamente a partir da execução do processo patenteado (por derivação biológica), contanto que conservem as propriedades que, quanto a nós, hajam sido precipuamente reivindicadas e descritas no pedido de patente (artigo 8.°/2 da citada Directriz n.° 98/44/CE; *idem*, artigo 97.°/4 do CPI de 2003). O que vale, já hoje e de *lege data*, por tutelar uma miríade de *processos biotecnológicos de terapia ou de diagnóstico* executados *in vitro*, bem como proteger, *em cascata*, as matérias biológicas sucessivamente obtidas, *sob forma idêntica ou diferenciada*, a partir das matérias biológicas directamente obtidas após a execução do processo patenteado[178].

---

[177] João Paulo REMÉDIO MARQUES, *Biotecnologia(s) e Propriedade Intelectual*, Vol. I, 2005, cit., § 276, p. 887 = Almedina, Coimbra, 2007, pp. 1123-1124.

[178] Sobre o âmbito (material ou biológico) de protecção das patentes de processos biotecnológicos à luz da Directriz n.° 98/44/CE, cfr. João Paulo REMÉDIO MARQUES, *Biotecnologia(s) e Propriedade Intelectual*, Vol. I, 2005, cit., § 260 ss., pp. 819-855, p. 845 ss., = Almedina, Coimbra, 2007, pp. 1040-1086, p. 1073 ss.

290   *J. P. Remédio Marques*

Claro está que, em todas estas eventualidades, o *licere* da patente não se estende às substâncias, nem aos processos biológicos, que, respectivamente, se encontram e actuam ou se verificam no *corpo humano vivo* [artigos 5.°/1 e 9.°, ambos da Directriz n.° 98/44/CE, e artigo 53.°/3, alínea *a*), e 97.°/5, ambos do CPI de 2003], e *enquanto aí ocorrerem, actuarem ou se verificarem*. Mas já se estenderá tal *licere* às matérias biológicas regeneráveis quando, tendo elas sido objecto de manipulação genética e de inserção no corpo humano *vivo*, sejam dele extraídas com vista a ser comercializadas pela pessoa em cujo organismo se reproduziram ou com a sua autorização (*v.g.*, comercialização de certas proteínas existentes no *colostro* geneticamente manipulado de mulher que dê à luz; cedência a terceiros de *plasma sanguíneo* obtido através de manipulação genética, com o escopo de fabricar *vacinas*[179]). Regime que, quando comparado com a execução *in vivo* de métodos de terapia ou de diagnóstico, não deixa de causar perplexidade se atentarmos na circunstância de as matérias biológicas se acharem protegidas por direito de patente quando são inseridas e se replicam num corpo humano vivo, embora tal direito seja *inoponível*, pelo titular, à pessoa em cujo corpo elas estão inseridas e se replicam.

Doutra sorte, ainda quando a admissão à patenteabilidade dos métodos de diagnóstico e de terapia, nos casos que são hoje proscritos no quadro da CPE e dos ordenamentos dos Estados Contratantes, possa implicar o pagamento de rendas periódicas (*royalties*) ou de uma quantia *una tantum* pela execução dos métodos protegidos, não se deve esquecer que o custo da aquisição de máquinas, maquinismos e dispositivos médicos de diagnóstico e de terapia patenteados (patentes de produto) já incorpora o montante inerente à remuneração do titular da patente, o mesmo se dizendo dos fármacos que todos os dias são prescritos pelos médicos.

Porque razão é, então, *eticamente aceitável* incorporar no preço dos equipamentos e dos dispositivos de terapia e de diagnóstico a remuneração do titular da patente, mas é (*eticamente*) *censurável* a patenteabilidade dos métodos de terapia e de diagnóstico? No passado, à excepção dos fármacos, jamais a patenteabilidade de máquinas e de equipamentos utilizados na execução de terapias e de diagnósticos foi posta em causa por motivos ético-jurídicos[180]. Não se descortina, com efeito, uma justificação

---

[179] Cfr. estes exemplos no Relatório do Conselho Dinamarquês de Ética, de 1994, in J. P. REMÉDIO MARQUES, *Patentes de Genes Humanos?*, 2001, cit., p. 68.

[180] Doris THUMS, "Patent Protection for Medical Treatment ...", cit., p. 444; Bengt DOMEIJ, *Pharmaceutical Patents in Europe*, 2000, cit., p. 38.

aceitável da exclusão da patenteabilidade dos métodos que estamos a analisar, se e quando, *de iure condendo*, se atentar num pequeno acervo de *limitações* ao exercício da patente ou, no anverso, de *utilizações livres* que cumpre reconhecer aos médicos e/ou aos veterinários.

*

Há, no entanto, um acervo adicional de motivos que, à parte o recurso às cláusulas da *ordem pública* e dos *bons costumes*, tornam injustificável a manutenção do *regime especial* previsto no actual artigo 52.º/4 da CPE e no artigo 52.º/2 do CPI de 2003. Vejamos.

A teoria económica do subsistema do direito de patente, claramente inspirada no pensamento económico de SCHUMPETER[181], ensina-nos que o direito de patente possui uma importante função de *incentivo à inovação*. Ora, a *inovação tecnológica* é, não raras vezes, realizada com base em *estímulos económicos* e *jurídicos*, estes últimos traduzidos na formação de *exclusivos industriais*. Se é verdade que esse estímulo à *inovação tecnológica* é normalmente desconsiderado por parte dos médicos que desenvolvem novos métodos de terapia (cirúrgica ou não cirúrgica) e, eventualmente, de diagnóstico – pois, à parte o facto de a *procura do mercado* constituir um factor praticamente desprezível enquanto estímulo das actividades de *inovação tecnológica*, estes profissionais almejam, sobretudo, o *reconhecimento científico* pelos seus pares e a construção de sólidas e meritórias *carreiras profissionais*: mais importante é o *status* científico logrado através da investigação, e factor menos decisivo é o que se traduz nas vantagens económicas associadas a essa investigação[182] –, não é menos

---

[181] Cfr. Ejan MACKAY, "Economic Incentives in Markets for Information and Innovation", in Ruth TOWSE/Rudi HOLZHAUER (eds.), *The Economics of Intellectual Property*, Vol. I, Edward Elgar, Cheltenham, Northampton, 2002, p. 8 ss.; Tom G. PALMER, "Intellectual Property: A Non-Posnerian Law and Economic Approach", *ivi*, Vol. I, cit., p. 51 ss.; Erich KAUFER, *The Economics of the Patent System*, Harwood Academic Publishers, Chur, London, Partis, etc., 1988, p. 24 ss.; Fritz MACHLUP, "An Economic Review of the Patent System", in Ruth TOWSE/Rudi HOLZHAUER, *The Economics of Intellectual Property*, cit., 2002, Vol. I, p. 129 ss., p. 147 ss.; Michael JACKSON, "IPR and the Pharmaceutical Industry: Hopes Based on Hopes", in Andrew WEBSTER/Kathryn PACKER (eds.), *Innovation and the Intelectual Property System*, Kluwer Law International, London, The Hague, Boston, 1996, p. 65 ss.; Ove GRANSTRAND, *The Economics and Management of Intellectual Property*, Edward Elgar, Cheltenham, Northampton, 1999, p. 24 ss.

[182] Mesmo que a remuneração destes profissionais seja um elemento importante na predeterminação das suas actividades, os médicos e os veterinários que alcançam novos e inventivos métodos de terapia e de diagnóstico são remunerados através do acréscimo do

verdade que o advento dos métodos de diagnóstico e de terapia com base nas (bio)tecnologias do ADN recombinante envolve a aplicação de importantes recursos económicos: os diagnósticos e as terapias implicam uma intensa *actividade interdisciplinar* – que convoca a intervenção e a presença de engenheiros informáticos, geneticistas, biólogos molecular e médicos e outros profissionais das ciências médicas e das ciências da informação –, a qual é sobretudo efectuada, como referimos, a nível molecular, com base na manipulação "nanobiotecnológica" de vírus, bactérias, plasmídeos, genes de interesse, células e outras matérias biológicas e não biológicas, como sucede, neste último caso, com a maioria das *proteínas*.

A complexidade inerente ao desenvolvimento de novos métodos de diagnóstico e de terapia torna esta actividade extremamente onerosa, o que convoca a emergência dos estímulos (económicos e jurídicos) associados à eventual patenteabilidade de tais métodos. Pois, aos mais eficientes inovadores tecnológicos – aqueles cujos projectos de investigação envolvem a aplicação de importantes recursos económicos – deverá ser possível lograr a concessão de direito de patente[183], e de entre esses inovadores destacam-se, actualmente, as sociedades multinacionais e transnacionais médicas e farmacêuticas.

O panorama europeu tem "protegido" o exercício da actividade dos médicos e dos veterinários dos efeitos do direito de patente, tornando-o *imune* às pretensões dos inventores de métodos de diagnóstico e de terapia, provavelmente porque, a mais das históricas motivações de cariz ético e deontológico, muitos destes profissionais são inovadores tecnológicos "pouco eficientes" de métodos de terapia e de diagnóstico, no sentido em que, por um lado, as inovações tecnológicas de novos métodos têm sido alcançadas independentemente da aplicação de importantes recursos económicos e, por outro, nos propósitos destes profissionais está, por via de regra, ausente a necessidade ou a expectativa da exploração industrial destes novos métodos.

De resto, é escassa a *relevância económica* de muitos métodos de terapia, não raro dependentes da qualidades científicas dos médicos e dos veterinários que os desenvolvem, visto que não se destinam a ser aplica-

---

montante dos seus honorários, os quais são directamente proporcionais ao prestígio que já tenham logrado obter.

[183] Tb., neste sentido, Bengt DOMEIJ, *Pharmaceutical Patentes in Europe*, 2000, cit., p. 42.

dos massivamente, o que torna praticamente desnecessário equacionar a protecção pela via do direito de patente[184]. Na Europa, quer o Instituto Europeu de Patentes, quer os Institutos nacionais de propriedade industrial são chamados a analisar, *caso a caso*, se um método é de terapia ou de diagnóstico; se existem *etapas cirúrgicas*, normalmente associadas ao contacto *in vivo* com o corpo humano ou animal; se é mais importante a *natureza* das etapas do que o *escopo* que preside à sua realização (*v.g.*, cosmético, terapêutico ou outro); se as etapas ou ciclos que traduzem os *elementos essenciais* da solução técnica implicam *o contacto directo* com o corpo humano ou animal *in vivo*; se é necessário que as etapas sejam executadas por *médicos* ou sob a *supervisão de médicos*, etc.

Além disso, a proibição da patenteabilidade dos métodos de diagnóstico e de terapia conduziu à artificiosa estratégia da formulação de *reivindicação do uso de substâncias químicas* (já compreendidas no estado da técnica) *para o fabrico de medicamentos susceptíveis de ser usados* na aplicação de certas terapias ou de diagnósticos (*swiss-type claims*), campo de eleição da (sempre) polémica *patenteabilidade da primeira e das subsequentes indicações terapêuticas de substâncias já compreendidas no estado técnica*.

9. A conciliação dos interesses e a ponderação dos bens. – Se é inquestionável que deveremos *assegurar o desenvolvimento das indústrias que gravitam em torno da medicina*, especialmente, das que mobilizam a manipulação genética com escopo de diagnóstico ou de terapia, não é menos verdade o interesse em *manter* ou *aumentar os níveis de prestação de cuidados de saúde*, com particular atenção nos países menos desenvolvidos[185], ao que acresce o interesse em assegurar uma adequada *regulação pública do mercado das indústrias da medicina*.

A eventual patenteabilidade, de *lege ferenda*, dos métodos de diagnóstico e de terapia aplicados *ao* corpo humano e animal, se bem que contribua para a *eficiência* da *pesquisa* e da *investigação científicas* nas eventualidades em que são elevados os custos económicos subjacentes a estas actividades, deverá, obviamente, ser conciliada com os riscos associados à

---

[184] Nuno Pires de Carvalho, *The TRIPS Regime of Patent Rights*, 2002, = 2.ª edição, 2005, cit., p. 216, cit., p. 175.

[185] Tb. David Vaver/Shamnad Basheer, "Popping Patented Pills: Europe and a Decade's Dose of TRIPs", 2006, cit., p. 283.

294   *J. P. Remédio Marques*

erosão ou, inclusivamente, à perda da *liberdade terapêutica* e ao aumento desmesurado dos *custos dos cuidados de saúde*, quer quando são *directamente* repercutidos na esfera patrimonial dos *pacientes*, quer quando são suportados directamente (total ou parcialmente) pelos *Serviços Nacionais de Saúde* ou por *instituições seguradoras*.

Quanto a este último aspecto, não deveremos menosprezar que, na Europa, bem como nos países mais desenvolvidos do planeta, os *sistemas nacionais de saúde, ainda quando complementados pelos sistemas privados*, asseguram o acesso aos cuidados de saúde por parte dos beneficiários[186], mesmo que tais entidades tenham que distrair alguns meios para suportar as rendas periódicas negociadas com os titulares das patentes[187]; não obstante, os mecanismos administrativos dirigidos à obtenção de autorização de comercialização de produtos e de métodos – não se esqueça que os métodos terapêuticos acham-se normalmente associados à administração de medicamentos – permitem fazer depender a prolação da *autorização administrativa* de uma *proposta aceitável de preços de venda* dos produtos e dos *serviços* médicos efectuada pelo titular da patente ou por um

---

[186] Cfr., entre nós, por exemplo, o Decreto-Lei n.° 249/2003, de 11 de Outubro, que alterou os artigos 20.° e 21.° do Decreto-Lei n.° 72/91, de 8 de Fevereiro, sobre o *regime de formação dos preços das especialidades farmacêuticas*, sujeitando-o à regulamentação aplicável à *formação de preço dos medicamentos genéricos*; o Decreto-Lei n.° 270/2002, de 2 de Dezembro, que estabelece o *regime dos preços de referência para efeitos de comparticipação pelo Estado no preço dos medicamentos*; a Portaria n.° 713/2000, in *Diário da República*, I Série-B, n.° 205, de 5 de Setembro, sobre o *regime de preços dos medicamentos não sujeitos a receita médica*; a Portaria n.° 577/2001, de 7 de Junho, sobre o *regime especial de preços dos medicamentos genéricos* (em desenvolvimento do disposto no Decreto-Lei n.° 242/2000, de 26 de Setembro, que procedeu à *actualização e aperfeiçoamento do regime legal dos medicamentos genéricos*); o Decreto-Lei n.° 118/92, de 25 de Junho, sobre a *comparticipação do Estado no preço dos medicamentos*, na redacção introduzida pelos Decretos-Leis n.°s 305/98, de 7 de Outubro, 205/2000, de 1 de Setembro, 270/2002, de 2 de Dezembro, 81/2004, de 10 de Abril e 90/2004, de 20 de Abril; o Despacho n.° 22 651/2000, in *Diário da República*, II Séria, n.° 259, de 9 de Novembro, sobre o *regime de inclusão* (ou de exclusão) *de medicamentos na lista de medicamentos comparticipados pelo Serviço Nacional de Saúde*; e a circular Informativa do INFARMED n.° 7/CA/98, de 2 de Dezembro, esclarecendo dúvidas sobre o *regime da caducidade da comparticipação de medicamentos, os regimes especiais de comparticipação* e os *critérios de exclusão da comparticipação*, in Abel MESQUITA, *Direito Farmacêutico Anotado*, 3ª edição, Publicações Farmácia Portuguesa, 2005, p. 922 ss.

[187] Annette URQUIJO, "The Restriction of Access to Healthcare by Patent Law ...", cit., p. 180 ss., pp. 195-196.

A patenteabilidade dos métodos de diagnóstico, terapêuticos e cirúrgicos... 295

licenciado. Isto dito sem prejuízo de ser usado idêntico mecanismo por ocasião da concessão a privados dos serviços de prestação de cuidados de saúde.

Já quanto aos riscos associados à *perda da liberdade terapêutica* dos médicos por motivo e por ocasião de acções de violação do direito de patente, a solução estadounidense, de 1996, parece-nos adequada numa perspectiva *de iure condendo*: a execução do método terapêutico (ou de diagnóstico) patenteado(s) *não será ilícita* se e quando for realizada por *médicos no exercício* da sua actividade clínica em estabelecimentos de prestação de cuidados de saúde, públicos ou privados, com base numa relação contratual ou outra relação especial. O titular da patente, face ao *licere* relativamente fraco conferido nessas específicas situações, avaliará a *oportunidade* e a *conveniência* de requerer a concessão de direito de patente. Fora destas eventualidades, especialmente em *situações de urgência na prestação* e *execução do método terapêutico patenteado*, poderá ser razoável exonerar a *ilicitude* por via do *direito de necessidade*[188] ou estado de necessidade (artigo 339.º/1 do Código Civil) e do *cumprimento de um dever jurídico mais importante* em atenção à tutela dos bens da *vida* e da integridade psico-física.

Já se equacionou a possibilidade de alargar o sector normativo e os requisitos do mecanismo da *licença obrigatória*[189]. Mas da circunstância de o poder jurídico de recusar a concessão de uma *licença voluntária* pertencer apenas a um *único* médico ou a uma equipa de médicos que domina(m) a execução do método patenteado, associada à tendencial e conatural "confluência corporativa de interesses", decorre a *insuficiência* deste expediente, visto que não seriam frequentes as eventualidades em que outros médicos pudessem executar o método patenteado com base numa *licença obrigatória*; além de que esta licença teria que ser obtida caso a caso e deveria ser precedida de uma tentativa de negociação da concessão de uma licença voluntária.

---

[188] Já Rainer MOUFANG, "Methods of Medical Treatment ...", cit., p. 49.

[189] Entre outros, Erich ZIPSE, "Wird das Künftige europäische Patenterteilungsverfahren den modernen ...", cit., p. 186; Rainer MOUFANG, "Methods of Medical Treatment ...", cit., pp. 48-49; Karl BRUCHHAUSEN, "Erfindungen von Ärzten", cit., p. 455 ss.; Bernd APPEL, *Der menschliche Körper im Patentrecht*, 1995, cit., p. 187; Rudolf KRAßER, *Patentrecht*, 5ª edição, 2004, cit., p. 212 e nota 91.

10. Conclusão. – Como resulta de todo o exposto, a actual exclusão da patenteabilidade de (certos) métodos terapêuticos (cirúrgicos ou não cirúrgicos) e de diagnóstico, que vigora no quadro da CPE e nos ordenamentos internos dos Estados Contratantes, repousa essencialmente na defesa da preservação da *saúde pública*, da garantia da *liberdade terapêutica* e do *acesso irrestrito aos cuidados de saúde*. Já não faz sentido, contrariamente ao que sucedida até aos anos setenta do século XX, justificar a proibição da patenteabilidade de alguns destes métodos com base na *falta de industrialidade*, ainda que, em última análise, se visasse com essa justificação um *objectivo ético-social* idêntico àquele que justificou, durante muito tempo, a proibição da concessão de patentes respeitantes a *alimentos* e a *substâncias* ou *preparações farmacêuticas*.

Todavia – e diferentemente da investigação desenvolvida individualmente pelos médicos, cujos resultados são esperados como forma de reconhecimento do *status* científico e/ou académico do concreto profissional e não enquanto forma de remunerar o conhecimento e os demais factores de produção mobilizados por estas actividades de inovação tecnológica, aí onde é pequeno o *estímulo* oferecido pela oportunidade de patentear os métodos –, o advento das modernas (bio)tecnologias com escopo *terapêutico* e de *diagnóstico* fundadas no *ADN recombinante* veio alterar o jogo das forças económicas e das mentalidades ao requerer vultuosos investimentos financeiros nas actividades de pesquisa e desenvolvimento de novos métodos.

Posto que estas actividades somente devem ser empreendidas pelos *inovadores mais eficientes*, o direito de patentes tende a *estimular* essa *eficiência*, afastando os *inovadores menos eficientes* na consecução de novos produtos ou métodos: embora a importância das patentes varie em função das indústrias onde os inventos são obtidos, estes direitos de patente são commumente qualificados como os instrumentos jurídicos mais importantes na indução das actividades de pesquisa e desenvolvimento tecnológico no sector das *indústrias farmacêuticas* e da *saúde*. A facilidade com que os concorrentes conseguem imitar, por exemplo, novas moléculas terapêuticas ou novos métodos de diagnóstico genético sem incorrer nos custos suportados pelo inventor permite supor que é benéfica a protecção oferecida pelo direito de patente relativamente a moléculas, a matérias biológicas geneticamente manipuladas ou a métodos terapêuticos ou de diagnóstico que provaram ser superiores relativamente às substâncias ou métodos usados anteriormente para fins de terapia ou de diagnóstico.

A *patenteabilidade dos métodos de diagnóstico, terapêuticos e cirúrgicos...* 297

Pese embora as *patentes de produtos* sejam consideradas como instrumentos jurídicos mais eficientes do que as *patentes de métodos*, o certo é que a partir do momento em que as novas "ferramentas tecnológicas" oferecidas pelo ADN recombinante permitem alcançar novos e inventivos métodos de diagnóstico e de terapia, os elevadíssimos custos envolvidos no seu desenvolvimento, aplicação e comercialização suscitam a necessidade de *estimular* tais actividades através da concessão de direito de patente. Estes interesses devem, porém, ser ponderados e harmonizados com outros interesses e valores, de igual ou superior estalão. Vejamos.

Os meritórios *interesses e valores comunitários e deontológicos* assentes na defesa da *saúde pública*, da segurança dos métodos terapêuticos e de diagnóstico, do *acesso aos cuidados de saúde* e da preservação da *liberdade terapêutica* e da relação médico-paciente revelam que a emergência das *patentes de métodos* desta natureza, nos sectores da saúde pública e individual, é um *caso especial*.

Eficiência, justiça social e *obediência a deveres deontológicos* traduzem uma aporia que legitima esta especificidade. A *ponderação* e a *concordância prática* dos bens e interesses em jogo impõe *soluções diferenciadas*. Pois, estando em jogo a *integridade psico-física* e a *vida humana*, os *consumidores* destes serviços, bem como *alguns dos prestadores* dos serviços – *in casu*, os médicos –, devem, *de iure condendo*, desfrutar de *prerrogativas especiais*, quais *direitos dos utilizadores* do invento protegido, face ao titular da patente do método e mesmo contra a sua vontade, caso todas as invenções no domínio da terapia e do diagnóstico se tornem "candidatas positivas" à patenteabilidade.

Seja através da concessão de *licenças obrigatórias de métodos patenteados* – expediente que se revela algo insuficiente quando, a despeito de o método ser *executável* pelos peritos na especialidade, o titular da patente ou um seu trabalhador (ou um seu licenciado) são porventura as únicas pessoas providas da experiência e da destreza ou perícia para executar o método da melhor forma possível –, seja, a mais do *uso experimental*, através da *inoponibilidade do direito de patente* do titular por ocasião da utilização dos métodos protegidos em certos *locais e situações específicas* onde se joga o acto terapêutico e a *relação pessoalíssima* médico-paciente (*v.g.*, hospitais ou clínicas públicas ou privadas), seja mediante uma mais cuidadosa *regulação pública, em matéria de formação do preços, da comparticipação no custo para o utente de certos métodos terapêuticos ou de diagnóstico*, eis algumas maneiras de tratar de modo *desigualitário* o exercício do *licere* inerente ao direito de patente relativamente a situações que, por si só, também são *especiais* e *desiguais*, exactamente porque envolvem a *saúde* e a *vida* das pessoas.

Mas tudo isto pressupõe, *de lege ferenda*, a abolição da proibição da patenteabilidade dos métodos terapêuticos e de diagnóstico do quadro normativo da CPE e dos ordenamentos dos Estados Contratantes, os quais, naquelas situações mais *aberrantes* e *inaceitáveis* para as diferentes culturas europeias, continuarão a ser obviamente sindicáveis à luz das cláusulas gerais da *ordem pública* e dos *bons costumes*.

BASES DE DADOS GENÉTICOS – PERSPECTIVA ÉTICA

RUI NUNES
Professor Catedrático de Bioética da Faculdade de Medicina do Porto

> SUMÁRIO: 1. Introdução. 2. Objectivos da constituição de uma base de dados genéticos. 3. Enquadramento ético e valores sociais. 3.I. Autonomia e privacidade. 3.II. Equidade e solidariedade. 4. Considerações finais

1. Introdução

Ao longo dos últimos anos tem-se assistido à criação de bases de dados genéticos em diversos países europeus, com diferentes objectivos e estratégias. Também, em Portugal, a criação de uma base de dados com estas características deve ser ponderada no quadro dos valores mais representativos da nossa sociedade, designadamente a dignidade da pessoa humana.

Em Portugal existe legislação específica sobre esta matéria – Lei n.º 12/2005, de 26 de Janeiro, Lei sobre Informação Genética Pessoal e Informação de Saúde – e que foi já objecto de Relatório/Parecer do Conselho Nacional de Ética para as Ciências da Vida[1]. Para além destes instrumentos importa ter em consideração as disposições normativas em vigor sobre a problemática da colheita, conservação, processamento e uso de produtos biológicos (incluindo a informação genética) de que se podem destacar, a Carta dos Direitos Fundamentais da União Europeia (n.º 2 do Artigo 3.º),

---

[1] Relatório/Parecer 43/CNECV/2004 do Conselho Nacional de Ética para as Ciências da Vida sobre o Projecto de Lei n.º 28/IX Informação Genética Pessoal e Informação de Saúde (Relator: Rui Nunes), Documentação 9, Ano 2004, Conselho Nacional de Ética paras as Ciências da Vida, Presidência do Conselho de Ministros, P. 23-43, Lisboa, 2004.

a Declaração Internacional sobre Dados Genéticos Humanos[2] a Convenção sobre os Direitos do Homem e a Biomedicina[3], e ainda diversas resoluções do Conselho da Europa, das Comunidades Europeias, da OCDE, da UNESCO, da OMS e da European Society of Human Genetics.

Este trabalho, ao abordar a dimensão ética das bases de dados genéticos pretende contribuir para uma reflexão aprofundada sobre aspectos ainda não regulamentados no que se refere à constituição de uma base desta natureza, nomeadamente na interface com a formação de bancos de produtos biológicos (incluindo DNA), para efeitos de diagnóstico, de tratamento e de investigação. Aspectos relacionados com as bases de dados genéticos efectuadas para permitir a identificação civil ou a investigação criminal serão igualmente abordados na óptica dos direitos humanos fundamentais.

2. Objectivos da Constituição de uma Base de Dados Genéticos

Desde o início da década de noventa que a comunidade científica internacional empreendeu a análise do genoma humano, um mega projecto com importantes benefícios não apenas no plano médico[4] mas, também, a outros níveis, tal como a agro-pecuária ou a ciência da computação. O facto do património genético humano se transmitir ao longo das gerações implica uma postura de profundo respeito perante a possibilidade da sua manipulação descontrolada. Assim, a comunidade humana é responsável pelo património genético de todos os seres humanos, incluindo o das gerações vindouras, pelo que se considera hoje que o genoma humano é património comum da humanidade[5].

---

[2] Aprovada por consenso em Paris na 32ª Sessão da Conferência Geral da UNESCO, a 29 de Setembro 7 de Outubro de 2003.

[3] Convenção para a Protecção dos Direitos do Homem e da Dignidade do Ser Humano face às Aplicações da Biologia e da Medicina: Convenção sobre os Direitos do Homem e a Biomedicina, aberta à assinatura dos Estados membros do Conselho da Europa em Oviedo, em 4 de Abril de 1997 (Resolução da Assembleia da República n.° 1/2001, Diário da República Número 2, I-Série, 3 de Janeiro de 2001).

[4] Benefícios previsíveis no que respeita ao diagnóstico e rastreio de doenças genéticas mas, também, no que se refere ao tratamento através da terapia génica humana. Ver Nunes R: Dimensões éticas da terapia génica. Actas do IV Seminário do Conselho Nacional de Ética para as Ciências da Vida. Presidência do Conselho de Ministros, Imprensa Nacional Casa da Moeda, Lisboa, 1998.

[5] O genoma humano corresponde ao património genético de um ser humano, iden-

Bases de Dados Genéticos – Perspectiva Ética

À luz do princípio da precaução, a posição prevalecente tem sido a de considerar que a informação genética (informação sobre características hereditárias de um, ou mais, indivíduos obtida por análise de ácidos nucleicos ou por qualquer outro método científico), bem como a informação proteómica (informação sobre características de proteínas de um, ou mais, indivíduos) devem estar sob a esfera protectora da dignidade humana, qualquer que seja o meio pelo qual esta informação venha a ser obtida[6].

Porém, a realização de testes genéticos, ou seja procedimentos para detectar a presença, ausência ou alteração de um gene ou de um cromossoma, incluindo um teste indirecto para metabolitos específicos, pode revelar-se extremamente útil no contexto clínico. Designadamente, quando oferecidos num programa específico para uma determinada população ou segmento populacional pretendendo-se detectar características genéticas em indivíduos assintomáticos. De toda a evidência este rastreio genético[7] tem um potencial ilimitado devendo ser efectuado nos termos da legislação nacional e internacional sobre direitos humanos.

Neste contexto, a criação de bases de dados genéticos, ou seja qualquer registo informatizado ou não, que contenha informação genética sobre um conjunto de indivíduos ou famílias (incluindo os dados decorrentes da informação proteómica), deve merecer uma protecção adequada na legislação portuguesa e parece razoável que sempre que possível devem ser mantidas e supervisionadas por um médico geneticista e, na sua ausência, por outro médico com a qualificação adequada para o efeito. Recorde-

---

tificando-o com a espécie a que pertence. A identidade pessoal refere-se à complexa inter-relação entre o património genético individual – identidade genética – e influências ambientais, entre as quais se enquadram a educação, o ambiente familiar e social, a cultura, e outros factores determinantes para o desenvolvimento integral da pessoa. Ver Nunes R: Arguição da dissertação de doutoramento em Direito subordinada ao tema implicações jurídicas do Projecto do Genoma Humano: Constituirá a discriminação genética uma nova forma de apartheid? Themis VII (12); 2006:189-202.

[6] Ver Nunes R, Melo H, Nunes C: Genoma e dignidade humana, Colectânea Bioética Hoje n.º 5, Gráfica de Coimbra, Coimbra, 2002.

[7] Pode estar em causa a realização de rastreio neo-natal que só tem legitimidade ética se a intervenção beneficiar directamente o recém-nascido. Ainda que essa realização seja aceitável para indicações incontroversas (tal como o rastreio da fenilcetonúria ou do hipotiroidismo) deve ser obtido o consentimento expresso para a realização de análises de DNA. No caso do rastreio de doenças para as quais não exista tratamento ou prevenção, afigura-se como não ética a realização do rastreio neo-natal mesmo com consentimento parental.

-se que, segundo Luís Archer[8], está em causa "o armazenamento e utilização de resultados de testes genéticos e não de amostras biológicas (sangue, DNA)". Para este autor é também importante distinguir entre perfis electroforéticos de bandas *"DNA-Fingerprints"*[9], SNPs de zonas não codificantes (*Single Nucleotide Polymorphism*) e resultados de testes para a detecção de genes de susceptibilidade ou determinantes da ocorrência de doença[10].

Também no plano internacional a constituição de bases de dados genéticos tem gerado alguma controvérsia designadamente quando, em Dezembro de 1998, o Parlamento da Islândia aprovou uma lei (*Health Sector Database Act*) que autorizava o Ministro da Saúde a conceder uma licença exclusiva a uma empresa norte-americana (*de Code Genetics*) para criar uma base de dados com informação proveniente dos processos clínicos de todos os cidadãos islandeses. A aprovação em sede parlamentar procurou obter não apenas a legitimidade formal necessária (de acordo com os proponentes tratou-se da obtenção de consentimento comunitário) mas, também, a ratificação da doutrina do consentimento presumido na recolha de informação pessoal dos processos clínicos (ainda que exista a hipótese de dissentimento através do preenchimento do formulário apropriado – *opting-out* – modalidade semelhante à existente em Portugal na transplantação de órgãos).

Porém, deve salientar-se que, de acordo com este diploma legal, a recolha e processamento de dados genotípicos na Islândia carece de consentimento específico, e devidamente esclarecido. Está em causa a possibilidade de cruzar a informação médica existente e reuni-la numa base de

---

[8] Archer L: Considerações éticas sobre bases de dados genéticos, Comunicação Pessoal.

[9] *DNA Fingerprints*: Perfis electroforéticos de bandas com aplicação potencial, entre outros, em provas de paternidade ou em processos de identificação para fins civis ou criminais. Ver a este propósito Archer L: Da genética à bioética, Colectânea Bioética Hoje n.º 11, Gráfica de Coimbra, Coimbra, 2006.

[10] Pode-se distinguir entre testes genéticos de diagnóstico, testes genéticos para a detecção do estado de heterozigotia (efectuados em pessoas saudáveis mas portadoras heterozigóticas para doenças recessivas), testes pré-sintomáticos (identificação do sujeito como portador, ainda que assintomático, do gene inequivocamente responsável por uma dada doença autossómica dominante de início tardio), e testes genéticos preditivos (testes que permitem a detecção de genes de susceptibilidade, ou seja uma predisposição genética para uma dada doença com hereditariedade complexa e com início habitual na vida adulta).

Bases de Dados Genéticos – Perspectiva Ética 303

dados centralizada – *Icelandic Healthcare Database* – com informação genotípica e mesmo genealógica. E, deste modo, criar novas oportunidades para o estudo e a investigação das interacções entre os genes e o ambiente na patogénese das doenças humanas gerando novas modalidades de tratamento.

Importa, também no nosso país, não apenas promover um amplo debate na sociedade portuguesa sobre esta temática mas, igualmente, definir claramente quais as normas ético-jurídicas que devem ser respeitadas na constituição de uma base desta natureza. Mais ainda, se estiver também em causa a colheita de sangue, de outros produtos biológicos e a obtenção de amostras de DNA para testes genéticos. O que implica, de acordo com a Declaração Internacional sobre Dados Genéticos Humanos, a regulamentação da colheita, processamento, utilização e armazenamento de produtos biológicos. Deve ficar bem patente, porém, se o objectivo da constituição de uma base de dados é de natureza clínica (incluindo a investigação), ou se também se pretende a sua concretização para efeitos de medicina forense (processos cíveis, processos criminais ou outros procedimentos legais). Desde que, naturalmente, consistente com o Direito nacional e internacional sobre direitos humanos.

No atinente aos bancos de produtos biológicos, ou seja "qualquer repositório de amostras biológicas ou seus derivados, com ou sem tempo delimitado de armazenamento, quer utilize colheita prospectiva ou material previamente colhido, quer tenha sido obtido como componente da prestação de cuidados de saúde de rotina, quer em programas de rastreio, quer para investigação, e que inclua amostras que sejam identificadas, identificáveis, anonimizadas ou anónimas"[11], são exigíveis critérios éticos ainda mais estritos para a sua constituição. Em especial se estiver em causa o armazenamento de células de dadores que não prestaram consentimento válido e eficaz.

3. Enquadramento Ético e Valores Sociais

A constituição de uma base de dados genéticos e, por maioria de razão, a colheita, o processamento, a conservação e a utilização de material biológico, devem inscrever-se não apenas no quadro dos valores mais

---

[11] Lei n.º 12/2005, de 26 de Janeiro, Lei sobre Informação Genética Pessoal e Informação de Saúde.

representativos da nossa sociedade[12] mas, também, nas normas éticas e deontológicas[13] dos profissionais de saúde que tiverem a incumbência de lidar com este tipo de material. Seguidamente apresentam-se aqueles princípios que, em nosso parecer, devem ser respeitados no contexto da criação de uma base de dados genéticos ou de um banco de produtos biológicos.

3-I. *Autonomia e Privacidade*

Com a afirmação do princípio do respeito pela autonomia está em causa a consagração do conceito de que cada ser humano deve dispor das condições básicas para se auto-realizar. Este direito à liberdade de autodeterminação da pessoa, em genética, pode estender-se a familiares do caso *index*, ou seja pode referir-se ao princípio da "autonomia familiar". Assim, a colheita de material biológico, bem como o processamento e armazenamento posterior deste material, carecem de consentimento informado, livre e esclarecido, sendo o aconselhamento genético um imperativo profissional. Se, nos termos da lei, qualquer cidadão tem o direito a ser informado sobre a sua saúde pode, igualmente, configurar-se neste contexto um direito a não ser informado sobre a sua constituição genética individual.

Inúmeras disposições ético/jurídicas reafirmam a necessidade de obtenção de consentimento esclarecido[14], nomeadamente a Convenção sobre Direitos Humanos e Biomedicina, ou a Carta dos Direitos Fundamentais da União Europeia que determina no artigo 3.° ("Direito à integridade do ser humano") dever ser respeitado no domínio da medicina "o consentimento livre e esclarecido da pessoa, nos termos da lei". De igual modo o Código Penal aprovado pelo Decreto-Lei n.° 400/82, de 23

---

[12] Nunes R: Os valores e a sociedade plural. *In* Dependências Individuais e Valores Sociais. Colectânea Bioética Hoje n.° 7, Gráfica de Coimbra, Coimbra, 2004.

[13] Por exemplo, o Código Deontológico dos Médicos (Revista da Ordem dos Médicos n.° 3, Março de 1985: 1-28) ou o Código Internacional de Ética para os Profissionais de Saúde Ocupacional (International Commission of Occupational Health (ICOH), Segurança n.° 136; 1999: 33-35).

[14] A doutrina do consentimento informado pressupõe que o sujeito esteja competente para decidir e que goze de capacidade para o efeito. Isto é, que disponha da capacidade intelectual mínima, bem como do grau de consciência necessário para decidir sobre o melhor curso de actuação. Ver Nunes R: Obrigações profissionais e regras de conduta. Olhar o presente, projectar o futuro. *In* Direitos do Homem e Biomedicina, Universidade Católica Editora, Lisboa, 2003.

de Setembro, pune no artigo 156.° as intervenções e tratamentos médico-cirúrgicos realizados sem o consentimento do paciente, que só é considerado eficaz, de acordo com o disposto no artigo seguinte, se o paciente tiver, em princípio, sido devidamente esclarecido sobre o diagnóstico e a índole, alcance, envergadura e possíveis consequências dos mesmos.

De facto, é hoje aceite que a colheita de produtos biológicos deve ser precedida por um esclarecimento das circunstâncias que rodeiam a execução da técnica, assim como das consequências de um eventual resultado positivo. A constituição de uma base de dados genéticos e/ou de um banco de produtos biológicos deve estar em conformidade com a doutrina do consentimento informado do sujeito e quando tal não for possível do seu legítimo representante (geralmente os pais no caso das crianças). Tratando-se de um adolescente este deve ser envolvido no processo de decisão de acordo com a sua maturidade pessoal (recorde-se que, de acordo com o Código Penal, a partir dos 14 anos de idade o adolescente deve prestar o assentimento para qualquer acto médico-cirúrgico). Mais ainda, e sempre que possível, este consentimento expresso deve tomar a forma escrita para melhor materialização da prova.

Como já se referiu, por informação genética[15] entende-se a informação sobre as características hereditárias de um, ou mais, indivíduos obtida por análise de ácidos nucleicos ou qualquer outro método científico. Existem, em nosso parecer, duas grandes dimensões éticas a considerar. Por um lado, a informação genética de natureza médica (ou de saúde) destinando-se à investigação científica ou à utilização em cuidados de saúde. Por outro, a informação genética para fins de identificação civil ou de investigação criminal.

No atinente à colheita e processamento de informação genética no âmbito da saúde, para além dos pressupostos gerais da actuação médica, deve salientar-se o pressuposto ético e jurídico de que o consentimento livre e esclarecido deve ser separado no que respeita à execução de testes genéticos no âmbito assistencial e, por outro lado, para fins de investigação, podendo ser revogado a qualquer momento em ambos os casos. Mais ainda, deve constar no documento de informação a finalidade da colheita e o tempo de conservação do material biológico. Porém, no contexto da saúde, a formação de uma base de dados ou de um banco de produtos biológicos deve depender sempre de uma decisão médica e apenas se deve aceitar amostras em resposta a um pedido de profissionais de saúde e não

---

[15] Nunes R: A identidade genética. Cadernos de Bioética n.° 22; 2000: 3-15.

do próprio ou da sua família[16]. Em qualquer circunstância deve ser obtido o consentimento esclarecido para a colheita de produtos biológicos, estando verificadas as condições em que é legítima a utilização desta informação para fins de investigação científica (incluindo estudos epidemiológicos e amostras de sangue seco em papel obtidas em rastreios neonatais).

Tratando-se de métodos ainda em fase experimental, deve explicar-se com clareza os benefícios previsíveis (para o próprio e para a sociedade), bem como os tratamentos prospectivos, reforçando a noção de que estando ainda numa fase experimental a possibilidade terapêutica é apenas hipotética.

Em circunstâncias excepcionais, porém, e precedido de um parecer positivo de uma comissão de ética para a saúde (CES)[17], ou, no caso de se tratar de uma base de alcance nacional, de parecer prévio do Conselho Nacional de Ética para as Ciências da Vida, poderá ser admissível a constituição de uma base de dados adoptando a lógica do consentimento presumido. Porém, as CES – e em especial a Comissão de Ética para a Investigação Clínica[18] – devem ser particularmente cautelosas no que se refere à autorização de ensaios clínicos de fármaco-genética[19] onde se pretenda constituir uma base de dados genéticos sem consentimento específico e individualizado para o efeito. Com a agravante de que neste tipo de ensaio clínico o armazenamento de material biológico é efectuado geralmente por

---

[16] Inviabilizando, a título de exemplo, o pedido directo de uma grávida para que se proceda à colheita de sangue do cordão para armazenamento de células estaminais, sendo sempre uma decisão que compete ao médico obstetra.

[17] As Comissões de Ética para a Saúde têm, de acordo com o ordenamento jurídico português, uma dupla função. Por um lado, apreciar e dar parecer sobre projectos de investigação (incluindo ensaios clínicos de medicamentos para uso humano). Por outro, intervir no âmbito dos cuidados de saúde analisando os dilemas éticos que possam surgir neste contexto. Nalguns países existem mesmo Comissões de Ética Clínicas. Ver Nunes R: Clinical ethics committees. Council of Europe and Ministry of Labour, Health and Social Affairs of Georgia, Tbilisi, 2003: 48-57.

[18] Organismo independente e pluridisciplinar criado pela Lei n.º 46/2004, de 19 de Agosto, com a incumbência de – em articulação com as CES – assegurar a protecção dos direitos, da segurança e do bem-estar dos participantes em ensaios clínicos.

[19] Por fármaco-genética entende-se o estudo da variação genética que afecta a resposta a medicamentos. Prevê-se que tenha um papel importante na segurança e eficácia dos medicamentos para uso humano, associando-se ao conceito de "medicina personalizada" Ver Nuffield Council on Bioethics: Pharmacogenetics. Ethical Issues. London, 2003.

Bases de Dados Genéticos – Perspectiva Ética   307

entidades com fins comerciais e com sede em países estrangeiros, logo fora da esfera de influência das autoridades de saúde portuguesas. Importa, então, regulamentar esta prática no nosso país de modo a evitar que direitos fundamentais dos cidadãos sejam subtilmente violados.

No plano ético, mais complexa ainda é a constituição de uma base de dados genéticos para fins de identificação civil ou de investigação criminal. Recorde-se que esta plausibilidade encontra-se tacitamente prevista na Lei sobre Informação Genética Pessoal e Informação de Saúde quando se refere expressamente no n.° 19 do Artigo 19.° que "os bancos de produtos biológicos constituídos para fins forenses de identificação criminal ou outros devem ser objecto de regulamentação específica". Assim, dado que o legislador não exige legislação específica mas, antes, a regulamentação da lei já existente deduz-se que a sua opção foi a de aceitar genericamente a criação de uma base de dados com estes objectivos.

Não existe, naturalmente, objecção de princípio à criação de uma base de dados genéticos para fins de identificação civil ou de investigação criminal. De facto, dada a reincidência de alguns tipos de crimes (por exemplo, de natureza sexual) ou, por outro lado, a possibilidade sempre existente de surgirem situações de catástrofe (a título exemplificativo, terramotos), estas bases de dados podem-se revelar no futuro de extrema utilidade. Porém, é desejável que pelo menos as bases de dados genéticos para fins de identificação civil cumpram com o requisito do consentimento expresso e esclarecido. Seria incompreensível se, a título de exemplo, se viessem a utilizar os registos efectuados em larga escala em Portugal no âmbito do rastreio e consequente diagnóstico da fenilcetonúria e do hipotiroidismo (rastreio genético neo-natal) para constituir uma base de dados genéticos na ausência de consentimento informado parental ou, no caso de adolescentes e maiores de idade, de consentimento informado do visado. Note-se que no processo de obtenção de consentimento para efectuar o rastreio genético neo-natal deve ficar claro não apenas o objectivo da aplicação do teste de rastreio mas, igualmente, o destino a dar ao suporte em papel com a amostra sanguínea decorrente deste rastreio.

Neste contexto, e estreitamente relacionado com o exercício da autonomia encontra-se o direito à privacidade individual. Este direito pretende salvaguardar a liberdade individual, delimitando uma zona da vida pessoal virtualmente inacessível a qualquer intromissão externa. O termo "privacidade" pode englobar quatro dimensões diferentes:

a) Privacidade Física, isto é a acessibilidade física limitada, de qualquer tipo, sem consentimento do interessado;

308 Rui Nunes

b) Privacidade Mental, ou seja a restrição de qualquer interferência ilegítima na mente ou na vontade da pessoa;

c) Privacidade Decisional, refere-se à liberdade no campo da escolha individual;

d) Privacidade Informacional, alcançada através da imposição de limites ao acesso não autorizado a informação de natureza individual.

Este direito implica o rigoroso cumprimento do segredo profissional por parte de todos os agentes envolvidos no tratamento dos dados pessoais, biológicos, ou genéticos, bem como o arquivamento escrupuloso do processo clínico individual, independentemente do suporte em que se encontre (convencional ou informático). No quadro do exercício do direito à privacidade é interdito pela lei portuguesa o armazenamento de material biológico humano não anonimizado por parte de entidades com fins comerciais[20].

Deste modo, a informação individual de saúde ("todo o tipo de informação directa ou indirectamente ligada à saúde, presente ou futura, de uma pessoa, quer se encontre em vida ou tenha falecido, e a sua história clínica e familiar"[21]) deve ser tratada no mais escrupuloso respeito por este direito fundamental recordando que existe no nosso país legislação pertinente sobre esta matéria Lei n.° 67/98 de 26 de Outubro – Lei de Protecção de Dados Pessoais[22]. De facto, esta lei ao definir dados pessoais como "qualquer informação, de qualquer natureza e independentemente do respectivo suporte, incluindo som e imagem, relativa a uma pessoa singular identificada ou identificável (titular dos dados)" parece omitir deliberadamente a questão da propriedade efectiva da informação de saúde e dos dados clínicos registados. Note-se, porém, que ainda de acordo com a Lei de Protecção de Dados Pessoais qualquer pessoa tem o direito de acesso a

---

[20] O conceito de "entidade com fins comerciais" não é claro. Porém, em nosso parecer o princípio fundamental é o de que existindo uma ou mais instituições envolvidas no processo de constituição de uma base de dados ou de um banco de produtos biológicos deve ser claramente definido o papel de cada um dos intervenientes sendo que a "instituição mãe" não deve ter como objectivo primacial o "comércio", ou seja, a obtenção de lucro.

[21] Lei n.° 12/2005, de 26 de Janeiro – Lei sobre Informação Genética Pessoal e Informação de Saúde.

[22] Lei n.° 67/98 de 26 de Outubro – Lei de Protecção de Dados Pessoais (transpõe para a ordem jurídica portuguesa a Directiva n.° 95/46/CE, do Parlamento Europeu e do Conselho, de 24 de Outubro de 1995, relativa à protecção das pessoas singulares no que diz respeito ao tratamento dos dados pessoais e à livre circulação desses dados).

estes dados ainda que por interposta pessoa (médico escolhido pelo titular dos dados).

Sendo a informação genética referente a características hereditárias de um, ou mais, indivíduos, é por vezes no melhor interesse de terceiras partes familiares, incluindo descendentes ter acesso a esta informação. Ponderando o direito à privacidade individual com o dever de prestar auxílio a quem dele necessita, existe algum consenso de que interesses privados legítimos (prevenção de doenças ou minimização do seu impacto) justificam alguma flexibilidade por parte dos profissionais de saúde, no sentido de permitir o acesso à informação genética do caso *index* por parte dos familiares envolvidos. Parece ser razoável, então, a disposição já constante na legislação portuguesa de permitir esta plausibilidade, protegendo adequadamente o tratamento desta informação nomeadamente no que respeita ao acesso, segurança e confidencialidade dos dados.

Ou seja, deve ser salvaguardada a possibilidade dos familiares tomarem conhecimento de determinados dados genéticos relativos ao caso *index*. Concordamos com a referência constante na Lei sobre Informação Genética Pessoal e Informação de Saúde de que "Todos os parentes em linha directa e do segundo grau da linha colateral podem ter acesso a uma amostra armazenada, desde que necessário para conhecer melhor o seu próprio estatuto genético, mas não para conhecer o estatuto da pessoa a quem a amostra pertence ou de outros familiares". É fundamental, porém, que as associações profissionais esclareçam cabalmente a sociedade sobre os limites do segredo profissional e qual o âmbito do direito à privacidade individual.

Assim, não parece ser relevante a referência ao conceito de propriedade do material biológico, desde que esteja salvaguardado o acesso do dador (e da família) aos dados que lhe dizem directa ou indirectamente respeito. Compete obviamente aos médicos e investigadores o dever de proteger os direitos e interesses das pessoas a quem pertence a informação, bem como de zelar pela conservação e integridade do banco de produtos biológicos. Ao Ministério da Saúde e à Ordem dos Médicos competem a tarefa de proceder à certificação e de promover os processos de garantia de qualidade deste tipo de banco.

3-II. *Equidade e Solidariedade*

Nos termos da Constituição Portuguesa todos os cidadãos têm o direito à protecção da saúde e o dever de a defender e promover. Porém, num sistema aberto a procura de cuidados de saúde será sempre superior à oferta, e dado o custo dos testes genéticos (e, por maioria de razão, da constituição de uma base de dados genéticos), importa estabelecer critérios claros, transparentes e democráticos de priorização na saúde[23].

Quando se pretende garantir o acesso equitativo de toda a população aos testes genéticos importa relevar a expressão, aliás constante na Lei de Bases da Saúde "nos limites dos recursos humanos, técnicos e financeiros disponíveis"[24]. Está em causa a convicção de que, à luz da doutrina da dignidade humana, nenhum cidadão pode ser discriminado em razão da sua doença ou do seu património genético no acesso aos cuidados de saúde, ainda que uma determinada classe de meios de diagnóstico ou de tratamento possa ser excluída devido a restrições económicas do sistema. No entanto, a decisão de excluir uma determinada modalidade de diagnóstico ou de tratamento deve ser tomada no quadro de instituições com legitimidade para o efeito e de acordo com o princípio da *public accountability*[25]. Ou seja, devem ser claros e transparentes os métodos e os processos que originaram essa decisão.

Pelo que a constituição de uma base de dados genéticos não deve nem privilegiar nem discriminar nenhuma classe particular de cidadãos, devendo os benefícios ser acessíveis a toda a população. Decorre desta asserção o princípio do não-patenteamento de genes e sequências nucleotídicas. De facto, não tem sido habitual na esfera do direito bio-médico o reconhecimento do direito de propriedade de células, tecidos ou órgãos humanos. Pelo que, no quadro da aceitação do genoma humano como património comum da humanidade, deve impedir-se o patenteamento do património genético humano.

---

[23] Nunes R: Regulação da saúde, Vida Económica, Porto, 2005.

[24] De facto, de acordo com a Lei de Bases da Saúde (Lei n.º 48/90 de 24 de Agosto), Base I, "A protecção da saúde constitui um direito dos indivíduos e da comunidade que se efectiva pela responsabilidade conjunta dos cidadãos, da sociedade e do Estado, em liberdade de procura e de prestação de cuidados, nos termos da Constituição e da Lei. O Estado promove e garante o acesso a todos os cidadãos aos cuidados de saúde nos limites dos recursos humanos, técnicos e financeiros disponíveis". Também a Convenção sobre os Direitos do Homem e a Biomedicina se pronuncia sobre esta temática, designadamente no seu Artigo n.º 3.º: "As Partes tomam, tendo em conta as necessidades de saúde e os recursos disponíveis, as medidas adequadas com vista a assegurar, sob a sua jurisdição, um acesso equitativo aos cuidados de saúde de qualidade apropriada".

[25] Nunes R, Rego G: Prioridades na saúde. McGraw-Hill, Lisboa, 2002.

Mas, importa compatibilizar esta perspectiva com o princípio da liberdade de investigação. Ou seja, a autonomia individual pode exprimir--se através da curiosidade pelo conhecimento, característica específica do ser humano. Assim, desde que respeite os direitos humanos, a investigação deve ser considerada não apenas como uma prerrogativa individual, mas, também, como uma mais valia no plano social. Um pressuposto ético, que não pode ser negligenciado, é o direito à liberdade de investigação, desde que este direito não entre em conflito com outros mais valorizados socialmente, como o da inviolabilidade da integridade física e mental de um ser humano.

Parece ser de grande pertinência, por seu turno, a inclusão na lei de regras específicas no que respeita à investigação sobre o genoma humano e a terapia celular, pelas características especiais de que se reveste este tipo de investigação. Nomeadamente, deve ser referida a problemática da responsabilidade social para com as gerações futuras. Contudo, e na esteira do conceito de património comum da humanidade atrás expendido, deve ficar claro perante a comunidade científica nacional e internacional o princípio do livre acesso da comunidade científica aos dados emergentes da investigação sobre o genoma humano (informação proveniente de projectos de investigação financiados por fundos públicos ou privados), bem como o imperativo dos investigadores partilharem este conhecimento.

Um exemplo candente de ausência de partilha de conhecimento científico em Portugal é a criação de bancos de células estaminais do cordão umbilical. As células estaminais presentes no cordão umbilical após transplantação para um dador compatível repovoam a medula óssea do receptor sendo uma fonte importante de células sanguíneas. Tratando-se de células imunologicamente imaturas não despertam o mesmo tipo de rejeição das células de medula óssea do adulto. Mais ainda, a característica nuclear deste tipo de célula é a sua pluripotencialidade, pelo que, supostamente, podem diferenciar-se em distintas linhas celulares. Assim, não é de estranhar que existam a nível mundial mais de uma centena de bancos de células estaminais do cordão umbilical (QUADRO I).

QUADRO I
Banco de Células Estaminais
do Cordão Umbilical – Perspectiva Ética[26]

I. POTENCIAIS BENEFÍCIOS: A) PARA TERCEIROS (TRANSPLANTE HETE-RÓLOGO): Utilizado quando não existe dador HLA compatível. Tratamento de anemia aplástica, leucemias, linfomas, etc.; **B) PARA O PRÓPRIO** (TRANSPLANTE AUTÓLOGO): Benefício comprovado no caso de adultos cujas células estaminais foram colhidas do seu sangue periférico. Ainda sem benefício determinado no caso de recém-nascidos. Trata-se de um "Seguro de Vida" na expectativa de que essas células venham a ter utilidade clínica para o próprio ou para a sua família; **C) PARA A SOCIEDADE:** Pretende-se estimular a investigação biomédica e contribuir para a criação de uma rede de alta tecnologia neste domínio (biotecnologia e biofarmacêutica) criando linhas celulares para transplantação.

II. CARACTERÍSTICAS: Colheita fácil e associada a um risco mínimo para a mãe e para o recém-nascido. Fácil armazenamento (nitrogénio líquido a -196° C) e disponibilidade. Não é necessário o mesmo grau de compatibilidade HLA do que o exigido com as células de medula óssea.

III. INVESTIGAÇÃO EM CURSO: No domínio da diabetes, doenças cardíacas (enfarte agudo do miocárdio, por exemplo), esclerose múltipla, doença de Parkinson, demência de Alzheimer, entre outros.

IV. PROMOTOR: A) SEM FINS LUCRATIVOS (PÚBLICO OU PRIVADO): Garantia de transparência, solidariedade, não-comercialização (de células, tecidos, órgãos, incluindo gâmetas); **B) PRIVADO COM FINS LUCRATIVOS (COMERCIAL):** A possibilidade da exploração comercial e da venda de células estaminais humanas limita a sua concretização. Porém, representam cerca de 25% destes bancos à escala global.

V. SITUAÇÃO PORTUGUESA: No nosso país está em curso a constituição de um banco público de células do cordão[27]. Existem já, porém, alguns bancos privados para utilização futura (do próprio dador) de células estaminais crio-

---

[26] Opinion of the European Group on Ethics in Science and New Technologies to the European Commission. Ethical Aspects of Umbilical Cord Blood Banking, 16 March 2004.

[27] Alguns cientistas propuseram recentemente a criação em Portugal de um "Instituto de Células Estaminais e de Terapia Celular", público, sem fins lucrativos, centralizado, que coordenasse a nível nacional a colheita e distribuição deste tipo de células de acordo com a patologia em causa.

preservadas. De facto, estão em curso desde Julho de 2003 diversos programas de colheita e conservação de células estaminais do cordão umbilical de recém- -nascidos (com consentimento parental) para utilização numa fase posterior da vida, caso exista essa necessidade. Porém, de momento, não existe evidência científica do benefício desta prática no plano terapêutico. Após a venda de um *Kit* especial a equipa obstétrica procede à colheita de sangue do cordão e/ou placenta.

VI. REDE EUROPEIA: A globalização científica no âmbito da saúde, e partindo do pressuposto que o genoma humano é muito semelhante entre todos os seres humanos, tem originado uma prática de partilha dos benefícios das células estaminais em toda a Europa (*Netcord Foundation*). Antevê-se estreita colaboração internacional neste domínio.

Em todo o caso, e antecipando a possibilidade de implementação de uma verdadeira Medicina Regenerativa, importa que os benefícios decorrentes da existência de bancos de produtos biológicos, em particular de células estaminais, sejam de acesso equitativo a toda a população. Pelo que, ainda que se aceite, em princípio, a concorrência económica no domínio da saúde, os produtos biológicos devem ser conservados essencialmente em bancos públicos e de preferência com uma grande diversidade de amostras representando o maior número possível de tipos de HLA (de acordo com a diversidade étnica da população portuguesa), dado que a proliferação de bancos privados, ao privilegiar o benefício individual, diminui a solidariedade inter-comunitária[28]. É neste enquadramento axiológico que em Espanha – ao contrário de Portugal – não é permitida a constituição de bancos privados de células estaminais do cordão umbilical existindo, ao invés, um banco público de acesso universal.

Em síntese, se é certo que os interesses da ciência enquanto tal não se devem sobrepor aos interesses do indivíduo e aos seus direitos fundamentais, a constituição de bases de dados genéticos e de produtos biológicos podem revestir-se de enorme interesse no futuro, pelo que devem ser implementadas políticas que promovam a solidariedade entre os cidadãos de modo a que todos possam vir a usufruir dos benefícios da sua criação.

---

[28] Ver Recomendação N.° R/01/ERS/05 sobre a colheita e conservação de células estaminais do sangue do cordão umbilical de recém-nascidos (Relatores: Rui Nunes et al), Entidade Reguladora da Saúde, Porto, 2005 (www.ers.pt).

4. Considerações Finais

A constituição de uma base de dados genéticos deve afirmar claramente o primado do ser humano, e da sua dignidade, como fundamento da sociedade plural e do Estado de Direito[29]. Assim, a investigação científica neste domínio não deve nunca contribuir para a discriminação ou a estigmatização de nenhuma pessoa[30]. De facto, se por estigmatização se entender marcar, rotular ou descreditar alguém ou alguma comunidade por uma característica particular, então a generalização dos testes genéticos pode reflectir e mesmo reforçar as atitudes negativas da sociedade para com a pessoa portadora de deficiência. *A fortiori*, quando a tecnologia genética permite, de facto, que algumas deficiências sejam socialmente consideradas como uma questão de escolha e não de destino. Pelo que deve evitar-se esta tendência reforçando a noção de que a qualidade de vida é independente de qualquer forma de determinismo genético.

Em todo o caso a criação de uma base de dados genéticos e a constituição de um banco de produtos biológicos deve apenas ter lugar em laboratórios nacionais (ou estrangeiros) que pautem a sua actividade por princípios técnicos e éticos bem estabelecidos. Desde logo, cumprindo com os mais rigorosos critérios de qualidade neste domínio de actividade[31]. Assim, as entidades que venham a criar uma base de dados genéticos ou um banco de produtos biológicos em Portugal devem solicitar a certificação e a acreditação pelas autoridades competentes nesta matéria. Qualidade é um conceito complexo e de difícil aplicação no sector da saúde, desde logo devido à distinção entre qualidade técnica (definida pelas leis da arte e pelas regras da Medicina Baseada na Evidência), qualidade apercebida pelos cidadãos e qualidade organizacional, entre outras dimensões plausíveis.

---

[29] Nunes R, Melo H: Genetic testing in the workplace: medical, ethical and legal issues. Law and the Human Genome Review, n.° 13; 2000: 119-142.

[30] Na investigação que envolva seres humanos, incluindo a colheita, o processamento, o uso e o armazenamento de amostras biológicas humanas, deve ter-se em atenção os princípios éticos universalmente defendidos sobre a matéria designadamente os que constam no relatório *International Ethical Guidelines for Biomedical Research Involving Human Subjects*, (Geneva, 2002) produzido pelo Conselho para as Organizações Internacionais de Ciências Médicas (CIOMS) em colaboração com a Organização Mundial da Saúde.

[31] A propósito de qualidade em saúde consultar Sirgy M: Quality in health care: theory, application and evolution. Academy of Marketing Science 26 n.° 2; 1998: 155-156.

Bases de Dados Genéticos – Perspectiva Ética 315

Porém, porque se trata, sobretudo, da colheita, processamento, conservação e uso de amostras biológicas ou de dados genéticos, a constituição de um banco de produtos biológicos desde que devidamente certificado e acreditado no que respeita às normas de qualidade em vigor no nosso país deve enquadrar-se no âmbito de um processo de verdadeira garantia total de qualidade. Que, na óptica de Avedis Donabedian, se refere a "todas as acções que tenham como objectivo estabelecer, proteger, promover e melhorar a qualidade dos cuidados de saúde"[32]. Em particular, a constituição de um banco de produtos biológicos deve dedicar especial atenção à prevenção da transmissão de doenças transmissíveis tal como o VIH e a hepatite B.

Parece ser razoável que a constituição de uma base de dados genéticos e de um banco de produtos biológicos esteja em conformidade com critérios técnicos e científicos bem determinados, pelo que a autorização prévia, dada pela Comissão Nacional de Protecção de Dados, pelo Ministério da Saúde e demais organismos reguladores da saúde[33], é uma pretensão que deve ser respeitada. Sempre na óptica da melhoria da qualidade assistencial do nosso sistema de saúde. Assim, no quadro da prestação de cuidados de excelência, a sugestão de constituir uma estrutura desta natureza encontra a sua legitimidade ética numa visão da saúde não apenas curativa mas sobretudo preventiva[34].

Assim, somos de opinião que a constituição de uma base de dados genéticos, bem como de um banco de produtos biológicos, com uma finalidade terapêutica ou de investigação bio-médica, é uma iniciativa de louvar a todos os títulos dado que permitirá, também em Portugal, um avanço substancial do conhecimento científico. Sobretudo se efectuada por instituições sem fins comerciais[35] que disponibilizem os dados (não confiden-

---

[32] Donabedian A: An introduction to quality assurance in health care. Oxford University Press, New York, 2003.

[33] Por exemplo, a Entidade Reguladora da Saúde, criada pelo Decreto-Lei n.º 309/2003 de 10 de Dezembro, e que tem como um dos seus objectivos primaciais garantir adequados padrões de qualidade e de segurança nos serviços de saúde.

[34] Buchanan D: An ethic for health promotion. Rethinking the sources of human well-being. Oxford University Press, New York, 2000.

[35] Em princípio a constituição de um banco de produtos biológicos deve ser reservada a instituições públicas ou privadas sem fins lucrativos de modo a garantir a qualidade dos procedimentos utilizados e a universalidade no acesso aos benefícios decorrentes desta tecnologia. Ver European Group on Ethics in Science and New Technologies to the European Commission. EGE Opinion n.º 11 on The Ethical Aspects of Tissue Banking (21 July 1998).

ciais) a todos aqueles que verdadeiramente necessitem. A constituição de bases de dados genéticos para fins de identificação civil ou de investigação criminal merece uma reflexão mais aprofundada quer no que respeita aos fundamentos para a sua criação quer sobre as condições da colheita e conservação de produtos biológicos. E, ao Estado Português compete sobretudo a função de controlo e supervisão no plano técnico, ético, e da qualidade garantindo a articulação com as redes internacionais que venham a surgir neste domínio e a protecção dos direitos inalienáveis dos cidadãos.

TODA A VERDADE AO DOENTE?

Walter Osswald
Professor aposentado da Faculdade de Medicina do Porto
Conselheiro do Instituto de Bioética
da Universidade Católica Portuguesa

Sem recorrer à questão posta por Pilatos, parece todavia indispensável, no limiar deste escrito, reflectir sobre as características e limites da verdade, tal como se apresenta na praxis médica. Com ironia afirmou um facultativo americano que era impossível, ao médico, transmitir toda a verdade ao doente, já que ele próprio a não conhecia. Ou, por outras palavras: a "verdade" da doença não é plenamente adquirível pelo médico, mesmo que este conheça a natureza da doença, quiçá a forma e extensão das lesões existentes, as células que a constituem, os processos bioquímicos em causa e outros dados que os meios de diagnóstico, cada vez mais complicados, a que pode recorrer, fielmente lhe fornecem.

De facto, na medicina o diagnóstico é sobretudo de natureza probabilística; embora a probabilidade possa atingir elevadíssima expressão, também não são raros os casos em que o diagnóstico é simplesmente presumido ou apenas provável ou até representado por um simples ponto de interrogação. Mesmo quando disponha de dados objectivos (natureza de um tumor revelada por biopsia, estirpe bacteriana identificada por cultura, imagem inequívoca fornecida por tomografia axial computorizada, etc.), o médico poderá estabelecer a verdade de um diagnóstico, mas terá de avançar com prudência o prognóstico, puramente probabilístico, baseado na história natural da doença, na extensão e gravidade das lesões, no estado geral do paciente, nas suas características psicológicas, na sua vontade de viver, etc. Ora, é óbvio que a verdade que interessa ao doente assume eminentemente um carácter prognóstico, pois diz respeito ao seu futuro, à evolução da doença, às perspectivas de melhoria ou cura, eventualmente à previsão de um desenlace fatal e, nesse caso, a um cálculo do período de sobrevida.

Perante tais incertezas, dificuldades e incógnitas, não é de surpreender que o médico se exima a pronunciar-se oracularmente, se refugie em condicionalismos e recorra a aforismos de índole relativizante. Quando assim procede, não está a ocultar a verdade, mas apenas a revelar a fragilidade e incompletude da aproximação à verdade que lhe foi possível descortinar no complexo mosaico do acontecimento vital a que chamamos doença.

I

Verdade aproximada, incompleta, probabilística, pois, esta verdade atingível em Medicina. Feita esta reserva liminar, cuidemos agora de apurar se esta verdade disponível, eventualmente truncada, que está ao alcance do médico, deve ou não ser por este partilhada com o seu doente. A resposta, como nos esforçaremos por demonstrar, não pode ser senão afirmativa.

Em primeiro lugar, por a veracidade ser um dever do médico. Conhecedor de dados pessoais, confidente e depositário de segredos, desvendador de intimidades, o médico não pode fechar-se, omitir informações, proferir afirmações enganosas, mentir até, sem ofender gravemente o seu dever de constituir referencial da verdade, dispensador de informação correcta e completa. Quando peca por omissão ou deliberada informação falsa, o médico põe em risco a relação com o doente, abala a sua confiança e deixa de ter fundamento para, por seu turno, exigir do paciente a informação completa e verdadeira que o ajudará a diagnosticar e a tratar.

Por outro lado, estamos em presença de um incontestado direito do doente, reconhecido de resto como tal em solenes declarações e códigos nacionais e internacionais. Este direito faz parte integrante dos direitos a que a autonomia dá acesso e expressão: ninguém tem maior direito a saber o que concerne à sua vida e saúde do que a própria pessoa. Princípio fundamental da ética médica, de universal aceitação mas de aplicação prática incompleta, limitada, por vezes desvirtuada, a autonomia, baseada na dignidade essencial da pessoa, é o fundamento necessário e suficiente para este direito do doente.

II

Significa o exposto que ao médico caiba sempre, em todo o tempo, comunicar "toda" a verdade ao doente? Aqui exige-se ponderação e trata-

Toda a verdade ao doente? 319

mento diferenciado da questão, sem todavia contemporizar com sofismas de raiz paternalista.

Antes de mais, aquilo a que se convencionou chamar privilégio terapêutico. O médico não deve revelar a verdade inquietante, premonitória de grave sofrimento ou morte, pois tal brutal verdade pode desencadear angústia, depressão, quiçá tentativa de suicídio; no próprio interesse do doente, a ocultação da verdade seria então legítima, argumenta-se. Mas uma crítica de raiz ética põe imediatamente em causa este raciocínio: pode na verdade resultar algo de bom de um acto intrinsecamente mau, como é o de mentir? A observação empírica mostra, por outro lado, que mesmo que aceitássemos esta dúbia argumentação, numa atitude consequencialista, pelo bem hipotético que para o doente poderia resultar da omissão de verdade ou do engano deliberado, nos encontraríamos em terreno escorregadio e cientificamente não válido. É que a enorme experiência acumulada em séculos de actividade médica claramente evidencia que a verdade, mesmo quando reveladora de situação grave ou terminal, é geralmente aceite e elaborada pelo doente numa integração psicológica vital imensamente importante para um fim de vida sério e digno, através de fases cuja descrição e sistematização devemos a Elisabeth Kübler Ross; incredulidade, revolta, negociação, podem e devem ser etapas conduzindo à aceitação e superação.

Não se nega, todavia, que em alguns casos o alegado privilégio terapêutico tenha a sua justificação, como de resto o fazia notar já o Papa Pio XII. Mas nesses casos é o próprio doente que não deseja fazer uso do seu direito à informação verdadeira e completa, e essa atitude tem obrigatoriamente de ser respeitada, pois se sobrepõe ao dever médico de dizer a verdade. O doente que prefere ignorar o diagnóstico e o prognóstico, que se entrega voluntária e confiadamente ao saber e decisão médica, não pode ser confrontado com a verdade que não deseja conhecer; revelá-la constituiria uma crueldade gratuita, um atropelo do seu direito fundamental e uma má prática da medicina, mesmo do ponto de vista puramente técnico.

Tem-se de resto feito notar que a ocultação da verdade corresponde, mais vezes, a uma inconsciente recusa do médico a aceitar o sofrimento e morte do seu doente do que a uma atitude compassiva e piedosa. O médico confronta-se, no diagnóstico infausto do padecimento do seu doente, com a sua própria impotência para alcançar o objectivo primordial de aliviar, confortar, curar, manter a vida; mais ainda, a previsão da morte do paciente vem lembrar-lhe, de forma aguda, a sua própria vulnerabilidade e finitude. O carácter stressante da actividade de médicos e enfermeiros que lidam prioritariamente com doentes terminais, bem estudado e reconhecido na literatura especializada, vem confirmar este aspecto da pesada missão dos profissionais de saúde.

III

Comunicar a verdade, informar com veracidade, pois. Nem sempre, como vimos, e de forma respeitosa e compassiva. Na delicada e exigente relação médico-doente, a verdade desejada pelo doente, no uso do seu direito incontestável, tem de ser comunicada no momento próprio, de forma gradual, com ajuda permanente e sem pôr de lado a esperança. Já que a verdade disponível não é, como vimos, "toda" a verdade, seria errado apresentá-la como algo do que sabemos e do que podemos razoavelmente prever. Ponto alto do "diálogo singular" (Duhamel) estabelecido entre médico e doente, não pode ter a frialdade de uma constatação de carácter técnico-científico, pressupõe o conhecimento do doente, exige respeito e compaixão (*cum passio*). É mais um processo do que um acontecimento, mais uma partilha do que uma comunicação. Sendo assim, é intensamente pessoal e íntimo este processo de transmissão da verdade. Por isso mesmo, não se justifica a prática, infelizmente corrente, de comunicar a verdade à família ou aos amigos do paciente, mantendo este na ignorância do que a ele prioritariamente diz respeito, prática que, embora seguramente bem intencionada, roça pela fraude. A não ser nos (raros) casos em que seja legítimo recorrer ao privilégio terapêutico, ou quando o doente não deseje conhecer a verdade, esta é eminentemente sua e só deve ser comunicada a outros pelo próprio ou a seu pedido, ou pelo menos com a sua autorização. Tudo o resto representa grave desvio da ética médica.

Em conclusão: comunicar a verdade é um dever do médico, alicerçado sobre um direito do doente. A verdade disponível, que não é "toda" a verdade; a verdade desejada ou exigida pelo doente; a verdade que ele possa suportar. Difícil tarefa esta, que exige respeito e compaixão, que tem carácter gradual e só se entende no delicado e complexo processo da relação médico-doente, sem dúvida; mas tarefa importante e nobre, que distingue e eleva a profissão cuja suprema lei é, desde o tempo hipocrático, respeitar, alcançar e promover o bem do doente.

ALGUMAS LEITURAS SUGERIDAS

Beauchamp, T.L. – Childress, J.F. *Principles of Biomedical Ethics*, 3rd. ed., Oxford University Press, New York. Oxford, 1989

Llaveria, E. Domenech – Polaino-Lorente, *A Comunicación y verdad en el paciente terminal*, in: Manual de Bioética General (Dir. A. Polaino-Lorente), Rialp, Madrid 1994

Pegoraro, R. *Verità al malato*, in: Dizionario di Bioética (coord. S. Leone, S. Privitera), EDB-ISD, Istituto Siciliano di Bioética, Palermo, 1994

Santos, Laureano *A verdade comunicada ao doente*, in: Bioética (coord. L. Archer, J. Biscaia. W. Osswald), pp. 360-362, Verbo, Lisboa-São Paulo, 1996.

MÃE PORTADORA *
A PROBLEMÁTICA DA MATERNIDADE
DE SUBSTITUIÇÃO

JORGE DUARTE PINHEIRO **

SUMÁRIO: 1. Introdução; 2. Noção e modalidades de maternidade de substituição; 3. A natureza da maternidade de substituição; 4. A admissibilidade da maternidade de substituição; 5. A constituição do vínculo de filiação; 6. O poder paternal; 7. Considerações finais.

1. Introdução

O presente trabalho intitula-se "mãe portadora", socorrendo-se de uma terminologia que é usada no direito francês para designar uma realidade que também é conhecida pelas expressões "mãe hospedeira", "mãe de aluguer" e "mãe de substituição". O termo "mãe de aluguer" é especialmente popular no Brasil, enquanto a expressão "mãe de substituição" tem origem no direito anglo-americano.

Nenhuma das designações é perfeita. Falar de "mãe portadora", "mãe de aluguer" ou "mãe hospedeira" sugere que se está perante alguém que é mãe temporariamente, alguém que é mãe durante o período de gestação e que depois deixa de o ser. Ora, em rigor, só se é mãe após o nascimento da criança e a chamada mãe portadora pode acabar por ser a mãe jurídica, contra a sua própria vontade. Por seu turno, além de não estar a salvo destas críticas, o termo "mãe de substituição" é ambíguo: quem substitui

---

* Texto baseado numa palestra proferida em 27 de Julho de 2006 sobre o mesmo tema, no âmbito do Curso de Verão de Direito da Bioética, organizado pela Faculdade de Direito de Lisboa em conjunto com a Associação Portuguesa de Direito Intelectual.

** Professor Auxiliar da Faculdade de Direito de Lisboa.

quem[1]? Geralmente, a expressão identifica a mulher que faz a gestação, por ocupar, no processo de gravidez, o lugar daquela que pretende assumir a qualidade de mãe jurídica. No entanto, há quem prefira usar o conceito de "mãe de substituição" para a mulher que, sem ter gerado a criança, pretende assumir a qualidade de mãe, ocupando, no plano da constituição do vínculo de filiação, o lugar da mulher que deu à luz. Apesar disso, graças à influência cultural dos países de língua inglesa e ao número de casos de gestação por conta de outrem que se verificam em Inglaterra e, sobretudo, nos Estados Unidos[2], é a expressão "mãe de substituição" que se tem vindo a impor em todo o mundo mesmo em países do sistema romano-germânico, como Portugal. Aliás, entre nós, a Lei de Procriação Medicamente Assistida[3] usa a terminologia "maternidade de substituição". Por conseguinte, de agora em diante e salvo indicação em contrário, faremos uso indiferenciado das expressões mãe ou maternidade portadora e mãe ou maternidade de substituição.

No tratamento doutrinário da matéria, é já clássica a alusão a dois casos, um que é descrito no Antigo Testamento e outro que foi submetido à apreciação dos tribunais norte-americanos no séc. XX . O caso bíblico é o de Raquel que cedeu uma serva ao marido Jacob para que ela gerasse um filho em nome da sua dona[4]. O caso norte-americano é o do bebé M[5]: o casal Stern celebrou um contrato com Mary Beth Whitehead, mediante o qual todos concordavam que Mary Beth fosse inseminada artificialmente com esperma do Sr. Stern, com o objectivo de dar à luz uma criança que entregaria ao mencionado casal; todavia, após o parto, Mary Beth e o respectivo marido recusaram-se a entregar a criança.

---

[1] Cfr. VERA LÚCIA RAPOSO, *De mãe para mãe. Questões legais e éticas suscitadas pela maternidade de substituição*, Coimbra, Coimbra Editora 2005, pp. 10-11.

[2] Cfr. RAFFAELE TORINO, "Legittimità e tutela giuridica degli acordi di maternità surrogata nelle principali esperienze straniere e in Italia", *Familia* 2002/1, p. 179, nota 1: em particular nos países norte-americanos, o número de crianças nascidas graças à maternidade de substituição está em aumento constante; nos Estados Unidos da América, o número que, entre 1976 e 1985, não era superior a 100, chegou a 4000 em 1991; e em Inglaterra, segundo o "Brazier Report" de 1988, nasciam por ano 50 a 80 crianças, fruto de 100 a 180 acordos de maternidade de substituição.

[3] Lei n.º 32/2006, de 26/7.

[4] Cfr. *Génesis* 30.

[5] *Matter of Baby M*, 109 N.J. 396, 537 A.2d 1227 (N.J. 1988), que foi consultado em WALTER WADLINGTON/RAYMOND C. O'BRIEN, *Domestic Relations. Cases and Materials*, 5ª ed., New York, Foundation Press, 2002, pp. 749 e s.

Mãe portadora – a problemática da maternidade de substituição   325

E não faltam situações mais recentes, verificadas já no séc. XXI, que têm despertado grande curiosidade como, p.e., a de uma mulher norte--americana que gerou três gémeos para a sua filha[6] e, em especial, a do bebé Charlie[7], cujo nascimento em Junho de 2005 se deveu à colaboração de três irmãs, Alex Patrick, Charlotte e Helen. Charlotte, irmã gémea de Alex, doou um óvulo, que foi fecundado no laboratório com esperma do marido de Alex. O embrião foi implantado no útero de Helen. Terminada a gravidez, Helen entregou a criança a Alex, que foi reconhecida como mãe legal do menor em Novembro de 2005 por decisão de um tribunal londrino.

Este breve enunciado de casos, a par das razões que apontam para e existência de dificuldades terminológicas, permitem a detecção imediata de dois grandes problemas. É lícita a figura da maternidade portadora ou de substituição? Independentemente da questão da licitude, quem será juridicamente a mãe? São perguntas a que tentaremos dar uma resposta no quadro do direito civil positivo português. Para o efeito, é conveniente um estudo prévio dos aspectos atinentes à noção, modalidades e natureza da maternidade portadora. Embora centrais, as questões da admissibilidade da figura e da determinação da filiação materna não esgotam a problemática da maternidade de substituição. Num sistema de filiação tendencialmente biparental, há que discutir a questão da paternidade. Quem é o pai da criança? O marido ou companheiro da mulher que gerou? O marido ou companheiro da mulher que, não tendo gerado, pretendia assumir a qualidade jurídica de mãe? Nenhum deles? Mas nem a determinação da filiação, materna e paterna, põe fim a todas as questões relevantes. A filiação ascendente pode ser atribuída a pessoas que não contavam com isso e que não têm condições para sustentar a criança, ou pode recair sobre pessoas que não vivem em comum.

Deste modo, a exposição subsequente observará a seguinte ordem: noção e modalidades de maternidade de substituição; natureza da figura; admissibilidade da maternidade portadora; constituição do vínculo de

---

[6] A gestação foi feita por Tina Cade em benefício da filha, Camille Hammond, segundo notícia de 10/01/2005 (cfr. *http://www.bionews.org.uk/new.lasso?storyid=2402*; última consulta efectuada em 12/06/2006).

[7] Segundo notícia da BBC News, divulgada em 10/11/2005, disponível em *http://newsvote.bbc.co.uk/mpapps/pagetools/print/news.bbc.co.uk/2/hi/uk_news/engl...* (última consulta efectuada em 12/06/2006).

filiação, na hipótese de maternidade de substituição; poder paternal relativo à criança nascida na sequência de um acordo de maternidade de substituição.

2. Noção e modalidades de maternidade de substituição

2.1. Numa noção ampla, a maternidade de substituição consiste num fenómeno de gestação para outrem. A noção, que prescinde da alusão a uma manifestação de vontade da mulher gestante, tem a vantagem de abranger o caso bíblico da serva de Raquel. Não é, porém, suficientemente expressiva dos fenómenos modernos de maternidade de substituição, que assentam num compromisso entre os intervenientes. Por isso, afigura-se preferível uma noção mais restrita, que tenha em vista as hipóteses que actualmente são mais comuns.

O art. 8.º, n.º 1 da Lei de Procriação Medicamente Assistida define maternidade de substituição como "qualquer situação em que a mulher se disponha a suportar uma gravidez por conta de outrem e a entregar a criança após o parto, renunciando aos poderes e deveres próprios da maternidade"[8]. No entanto, aludindo a uma renúncia translativa de poderes e deveres próprios da maternidade, o conceito contém uma visão apriorística da matéria da determinação da filiação materna: seria mãe quem dá à luz.

Assim sendo, parece-nos ser conveniente uma definição mais neutra: na maternidade de substituição, uma mulher dispõe-se a suportar uma gravidez por conta de outrem e a entregar a criança após o parto a outra mulher, reconhecendo a esta a qualidade jurídica de mãe[9]. Para tornar mais fluido o discurso, passaremos a designar como mãe de gestação a mulher que se dispõe a suportar a gravidez e como mãe de recepção a mulher a quem aquela se comprometeu a entregar a criança[10].

---

[8] Noção proposta há cerca de 15 anos por GUILHERME DE OLIVEIRA, *Mãe há só uma (duas). O contrato de gestação*, Coimbra, Coimbra Editora, 1992.

[9] Cfr. JORGE DUARTE PINHEIRO, "Procriação medicamente assistida", *Estudos em memória do Professor Doutor António Marques dos Santos*, vol. I, Coimbra, Almedina, 2005, p. 777; e *Direito da Família e das Sucessões*, vol. II, *Direito da Filiação. Filiação biológica, adoptiva e por consentimento não adoptivo. Constituição, efeitos e extinção*, Lisboa, AAFDL, 2005, p. 58.

[10] Igualmente conhecida como mãe de destino ou mãe social: cfr. OLIVEIRA ASCENSÃO, "Procriação assistida e Direito", *Estudos em homenagem ao Professor Doutor Pedro Soares Martínez*, vol. I, Coimbra, Almedina, pp. 666-667.

Mãe portadora – a problemática da maternidade de substituição   327

A maternidade de substituição implica normalmente três fases: negociação, celebração do acordo e cumprimento do que foi estipulado. O acordo é realizado normalmente entre a mãe de gestação e a mãe de recepção, podendo intervir também os respectivos maridos ou companheiros. Em regra, a participação masculina traduz-se num consentimento que, no que respeita ao marido ou companheiro da mãe de recepção, encerra uma vontade de assumir a paternidade jurídica da futura criança, e que, no que toca ao marido ou companheiro da mãe de gestação, se concretiza no compromisso da entrega da criança à mãe de recepção e no reconhecimento de que esta é, para todos os efeitos legais, a mãe, e de que o próprio companheiro ou marido da mãe de gestação não é o pai. Na perspectiva da mãe de gestação, a fase do cumprimento desdobra-se em quatro subfases[11]: concepção, ou implantação de embrião; gravidez; parto; e entrega da criança à mãe de recepção, com o reconhecimento de que esta é a titular das situações jurídicas maternais (e, eventualmente, de que o marido ou companheiro da mãe de recepção é o titular das situações paternais).

2.2. Modalidades.
De entre as possíveis classificações de maternidade de substituição, destacamos quatro. Uma das classificações distingue consoante a gravidez da mãe de gestação resulte da prática de acto sexual ou do recurso a uma técnica de procriação medicamente assistida. O caso bíblico do adultério de Jacob, consentido por Raquel, enquadra-se na primeira situação. Hoje em dia, a maternidade de substituição opera sobretudo mediante o recurso a técnicas de procriação medicamente assistida: p.e., inseminação artificial da mãe de gestação com espermatozóides do elemento masculino do casal de recepção. Deste modo, é à segunda modalidade que a partir de agora dedicaremos toda a nossa atenção.

Outra classificação serve-se do critério da titularidade do ovócito que está na origem da gravidez da mãe de gestação[12]. O óvulo pode pertencer à mãe de gestação, à mãe de recepção ou a uma terceira mulher. Se o óvulo pertencer à mãe de gestação, fala-se de maternidade de substituição genética. Se não pertencer à mãe de gestação[13], está-se perante uma materni-

---

[11] Cfr. ALICIA BENEDETTA FARAONI, "La maternità surrogata", capítulo da obra colectiva *Il diritto delle relazione affettive (Nuove responsabilità e nuovi danni)*, sob a direcção de Paolo Cendon, vol. I, Pádua, CEDAM, 2005, pp. 644-645.
[12] Cfr. VERA LÚCIA RAPOSO, *De mãe para mãe* cit., pp. 31-32.
[13] P.e., houve uma transferência, para o útero ou para as trompas da mãe de gesta-

328 Jorge Duarte Pinheiro

dade de substituição puramente gestacional. Alguma doutrina, reserva a expressão mãe portadora justamente para a mãe de gestação que não contribuiu com o óvulo[14]. Nesta hipótese de mãe meramente portadora, o ovócito pode pertencer ou não à mãe de recepção. Se não pertencer à mãe de recepção, haverá uma terceira mulher, que designaremos como mãe dadora[15].

Uma terceira classificação atende à existência, ou não, de contrapartidas patrimoniais para a mãe de gestação. Se o acordo estipular uma retribuição para a mãe de gestação, temos uma maternidade de substituição a título oneroso. Não estando prevista qualquer vantagem patrimonial, será uma maternidade de substituição a título gratuito.

A quarta e última classificação seleccionada contrapõe a maternidade de substituição intra-familiar à maternidade de substituição extra-familiar, consoante haja ou não uma ligação familiar entre a mãe de gestação e a mãe de recepção.

3. A natureza da maternidade de substituição

Nas situações típicas de maternidade de substituição, é celebrado, por escrito, um acordo mediante o qual uma das partes (a mãe portadora ou de gestação) assume perante a outra (mãe ou casal de recepção) três obrigações principais: iniciar e completar uma gravidez; entregar à mãe de recepção a criança resultante da gestação; e reconhecer a mãe de recepção como mãe jurídica, abstendo-se da reivindicação de quaisquer direitos parentais

---

ção, de um óvulo de outra mulher ou de um embrião resultante da fertilização *in vitro* dos gâmetas de terceiros, não sendo as células reprodutoras femininas provenientes da mãe de gestação.

[14] Cfr. OLIVEIRA ASCENSÃO, "Procriação assistida" cit., pp. 666-667; orientação usual na doutrina francesa e suíça, segundo informação de GUILHERME CALMON NOGUEIRA DA GAMA, *A nova filiação: o biodireito e as relações parentais: o estabelecimento da parentalidade-filiação e os efeitos jurídicos da reprodução assistida heteróloga*, Rio de Janeiro, Renovar, 2003, p. 745, nota 1674.

[15] No caso das três irmãs inglesas, citado, *supra*, na Introdução, a mãe dadora seria Charlotte. VERA LÚCIA RAPOSO, *De mãe para mãe* cit., p. 140, nota 203, afirma que se pode até pensar em cinco mães: "Imagine-se que uma mulher contrata com outra para que esta gere um filho que será entregue no final. Mas o embrião será gerado a partir do óvulo de uma terceira mulher. Sucede, porém, que os óvulos desta outra mulher necessitam de ser enriquecidos com ADN mitocondrial proveniente de uma outra mulher, e são ainda objecto de um transplante de núcleo, núcleo esse proveniente de uma quinta mulher."

Mãe portadora – a problemática da maternidade de substituição 329

sobre o menor. É natural que a mãe de recepção se vincule a pagar as despesas com o parto, bem como aquelas que são inerentes à aplicação das técnicas da procriação medicamente assistida ou estejam relacionadas com a saúde da mulher grávida e do nascituro. Eventualmente, pode ser estipulado o pagamento à mãe de gestação de uma quantia que ultrapasse o montante das despesas, o que, correspondendo a uma verdadeira retribuição, revela o carácter oneroso do compromisso. O acordo pode incluir a assunção pela mãe de gestação de certos deveres de comportamento durante a gravidez: p.e., abstenção do consumo de álcool, de drogas, da prática de actividades de risco e de relações sexuais (pelo menos no período anterior à concepção)[16].

É indubitável que o acordo de maternidade de substituição configura um contrato, isto é, uma regulação que é produto da declaração de vontade de duas partes. No entanto, qual será o tipo de contrato em apreço? Um contrato de alienação, que seria de compra e venda ou doação de uma criança[17], conforme fosse oneroso ou gratuito? Um contrato de concessão de gozo, que seria de aluguer ou comodato do útero[18], conforme fosse celebrado a título oneroso ou gratuito?

O contrato de maternidade de substituição não é um contrato de alienação de uma criança. Os contratos de compra e venda e doação têm como efeitos essenciais comuns a transmissão da propriedade de uma coisa e a obrigação de entrega da mesma (arts. 879.° e 954.° do Código Civil). No contrato de maternidade de substituição, a mãe de gestação obriga-se a entregar uma criança, que, nos termos do art. 66.°, n.° 1 do Código Civil, é uma pessoa e não uma coisa. Para mais, nos contratos de alienação, a obrigação principal do vendedor ou doador circunscreve-se à entrega do objecto, enquanto o contrato de maternidade de substituição engloba uma obrigação principal prévia à entrega da criança: a mãe de gestação vincula--se a iniciar e completar uma gravidez.

---

[16] Cfr. Paula Martinho da Silva, *A procriação artificial. Aspectos jurídicos*, Lisboa, Moraes, 1986, pp. 72-73; Alicia Benedetta Faraoni, *La maternità surrogata. La natura del fenomeno, gli aspetti giuridici, le prospettive di disciplina*, Milão, Giuffrè, 2002, pp. 178-184.

[17] Ideia implícita na posição de dois autores norte-americanos que defenderam a organização de "um mercado de bebés" cfr. Guilherme de Oliveira, *Mãe há só uma (duas)* cit., pp. 15-16.

[18] Inspirando-se neste tipo de qualificação, cfr. Francesco Patruno, "La vicenda sul c.d. utero in affito. Profili giuridici", *Il Diritto di Famiglia e delle Persone* 2001/4, pp. 1642 e s.

A maternidade de substituição tão-pouco se confunde com um contrato de aluguer ou comodato do útero. No contrato de aluguer ou comodato, uma das partes obriga-se a proporcionar à outra o uso temporário de uma coisa[19]. Ora, ainda que se aceitasse a qualificação de uma parte do corpo de um ser humano vivo como uma coisa, a verdade é que a maternidade de substituição não se reduz a uma disponibilização do útero para uma gestação em benefício de terceiro. A mãe de gestação obriga-se a entregar o menor e a reconhecer a filiação jurídica deste relativamente à mãe de recepção.

À maternidade de substituição parece adequar-se melhor a qualificação de contrato de prestação de serviço atípico[20]. O art. 1154.° do Código Civil define o contrato de prestação de serviço como aquele em que uma das partes se obriga a proporcionar à outra certo resultado do seu trabalho. Na maternidade de substituição, a mãe de gestação compromete-se a entregar, de facto e de direito, à mãe de recepção o fruto da sua actividade de gestação. Trata-se de um contrato em que o serviço prestado consiste numa gestação por conta de outrem.

4. A admissibilidade da maternidade de substituição

Será válido o contrato de gestação por conta de outrem? A resposta depende, em certa medida, do entendimento que se tiver dos limites ao princípio da liberdade contratual. Como é sabido, genericamente, o sistema romano-germânico contém mais restrições à autonomia privada do que o sistema anglo-americano. Consequentemente, não é de estranhar a separação que se observa entre os ordenamentos de um e de outro sistema no que toca à maternidade de substituição. No sistema anglo-americano, há uma oscilação entre a permissão e a proibição. No sistema romano--germânico, predomina a orientação contrária à figura da mãe portadora.

Contudo, importa ser mais preciso. No sistema anglo-americano, há que aludir, em separado, ao direito inglês e ao direito norte-americano. O direito inglês admite a maternidade de substituição a título gratuito, mas

---

[19] Cfr. arts. 1022.°, 1023.°, 1031.° e 1129.° do Código Civil.

[20] Igualmente, MASSIMO DOGLIOTTI/ALBERTO FIGONE, *Procreazione assistita. Fonti, orientamenti, linee di tendenza. Commento alla legge 19 febbraio 2004, n.40*, Milão, IPSOA, 2004, p. 35; ARNALDO RIZZARDO, *Direito de Família*, 3ª ed., Rio de Janeiro, Editora Forense, 2005, pp. 511-512.

Mãe portadora – a problemática da maternidade de substituição 331

não aquela que é praticada a título oneroso[21]. No direito norte-americano, a solução varia de Estado para Estado federado. Em Dezembro de 2000, cerca de metade dos Estados tinham legislação ou regra do precedente sobre o contrato de gestação por conta de outrem; no seio destes, cerca de metade permitia a maternidade de substituição, enquanto os restantes a proíbíam; e alguns dos Estados que acolhiam a validade do contrato afastavam a possibilidade de ser atribuída uma compensação de qualquer tipo à mãe de gestação. Tendo em conta este panorama, o art. 8 do *Uniform Parentage Act* norte-americano[22] propõe a admissibilidade do contrato de gestação, mas faz depender a vinculatividade do acordo de uma homologação judicial, estabelecendo um paralelo com o processo de adopção; ao contrato de maternidade de substituição não homologado é negada relevância na determinação da filiação, sem prejuízo de os pais de recepção poderem ser responsabilizados pelo sustento da criança na sequência do parto da mãe de gestação.

No sistema romano-germânico, a maternidade portadora é expressamente proibida pela legislação espanhola[23], francesa[24], italiana[25] e alemã[26];

---

[21] *Surrogacy Arrangements Act* 1985, secção 2. Sobre o assunto em Inglaterra, cfr. RUTH DEECH, "The Legal Regulation of Infertility Treatment in Britain", em *Cross Currents (Family Law and Policy in the US and England)*, obra colectiva dirigida por Sanford Katz e outros, Oxford/Nova Iorque, Oxford University Press, 2000, pp. 185-186; JONATHAN HERRING, *Family Law*, 2ª ed., Harlow (Inglaterra), Pearson, 2004, pp. 294-296.

[22] O *Uniform Parentage Act* foi elaborado pela National Conference of Comissioners on Uniform State Laws, que também o aprovou em 2000, com o objectivo de levar a uma aproximação das legislações dos vários Estados federados norte-americanos relativas ao estabelecimento da filiação. O documento, que sofreu a sua última alteração em 2002 e foi aprovado pela American Bar Association em 2003, pode ser consultado em *www.law.upenn.edu/bll/ulc/ulc_frame.htm*. Acerca da maternidade de substituição nos Estados Unidos da América, cfr. GEORGE J. ANNAS, "The Regulation of Human Reproduction in the US", em *Cross Currents* (obra colectiva citada, *supra*, na nota 21), pp. 151-155; D. KELLY WEISBERG, *Family Law*, Nova Iorque, Aspen, 2004, pp. 241-246.

[23] Art. 10.1. da Lei 14/2006, de 26/5 ("Técnicas de Reproducción Humana Asistida"). Sobre a maternidade de substituição em Espanha, no âmbito da lei anterior, cfr. SALVADOR IDRÁCH, "Gestación por sustitución: Inadmisión en la Ley 35/1988, de 22 de noviembre", *Revista General de Derecho*, may., 1997, pp. 5175 e s.

[24] Art. 16-7 do *Code civil*. Sobre a maternidade de substituição em França, cfr. PATRICK COURBE, *Droit de la Famille*, 4ª ed., Paris, Armand Collin, 2005, pp. 381-383.

[25] Art. 12.°, n.° 6 da Lei n.° 40, de 19/02/2004 ("Norme in materia di procreazione medicalmente assistita").

[26] § 1 I Nr. 7 da *Embryonenschutzgesetz* (Lei de Protecção dos Embriões, conhecida abreviadamente como EmbryoSchG ou ESchG), de 13/12/1990. Sobre a maternidade

no Brasil, prevalece a opinião contrária à admissibilidade da maternidade de substituição[27]. Portugal segue a tendência que se manifesta nos países com os quais tem maiores afinidades: o art. 8.º, n.º 1 da Lei de Procriação Medicamente Assistida determina a nulidade dos negócios jurídicos, gratuitos ou onerosos, de maternidade de substituição. Todavia, a matéria é controversa. Uma vez que a própria validade da lei ordinária depende da sua conformidade constitucional, é inevitável uma apreciação do tema da admissibilidade ou inadmissibilidade da maternidade de substituição com base nos princípios de Direito da Personalidade e de Direito da Filiação que estão inscritos na lei fundamental.

De entre os muitos argumentos que são aduzidos a favor da maternidade de substituição[28], avultam três. Diz-se que a maternidade de substituição cria vida humana, que assegura o direito de procriar em condições de igualdade e que está de harmonia com o princípio da autonomia privada.

À primeira vista, a maternidade de substituição, ao multiplicar as hipóteses de nascimento de um ser humano, é susceptível de encontrar fundamento num princípio de favorecimento da vida humana[29], emergente do art. 24.º da Constituição da República Portuguesa.

O segundo argumento em abono da gestação por conta de outrem é o de que só este contrato faculta o acesso à maternidade das mulheres que não conseguem completar uma gravidez com sucesso, evitando que elas sejam discriminadas relativamente àquelas que, graças às técnicas de procriação medicamente assistida, acabam por gerar crianças que nem sequer conseguiriam conceber pela prática de relações sexuais. E na verdade o art. 36.º, n.º 1 da Constituição da República Portuguesa reconhece um direito de constituir família em condições de plena igualdade, que abarca o direito de procriar[30].

---

de substituição no direito alemão, cfr. SCHLEGEL, "Zur Wirksamkeit von Ersatzmutterschaftverträgen und deren Rechtsfolgen für das Kind", *Familie und Recht* 1996, pp. 116 e s.

[27] Cfr. GUILHERME CALMON NOGUEIRA DA GAMA, *A nova filiação* cit., p. 748.

[28] Cfr., p.e., os que são estudados por VERA LÚCIA RAPOSO, *De mãe para mãe* cit., pp. 63-88.

[29] Em Israel, a maternidade de substituição é admitida, fenómeno que é justificado pelo facto de a procriação ser aí entendida "não apenas como um dever religioso, mas inclusive como uma obrigação patriótica" (cfr. VERA LÚCIA RAPOSO, *De mãe para mãe* cit., pp. 107-108).

[30] Cfr. GUILHERME DE OLIVEIRA, "Aspectos jurídicos da procriação assistida" *Revista da Ordem dos Advogados* n.º 49, Dezembro de 1989, p. 768. Mostra-se reticente

Mãe portadora – a problemática da maternidade de substituição 333

No entanto, os dois argumentos em equação acabam por não ser particularmente aptos para a resolução do problema da admissibilidade ou inadmissibilidade da maternidade de substituição. A criação de vida humana e a procriação não são valores absolutos. Não se pode pensar pura e simplesmente que é melhor existir do que nunca existir, que é melhor ser concebido e nascer do que nunca ter sido concebido e nunca ter nascido. A concepção, nomeadamente quando decorre da aplicação de uma técnica de procriação medicamente assistida, deve ser um acto reflectido, sensível aos sentimentos e necessidades da pessoa que se virá a formar e a nascer. É neste sentido que se compreende o art. 67.º, n.º 2, al. d), da Constituição da República Portuguesa, preceito que encarrega o Estado de "organizar as estruturas jurídicas e técnicas que permitam o exercício de uma maternidade e paternidade *conscientes*". E, concretamente sobre o argumento que invoca uma exigência de igualdade no acesso à maternidade, sublinhe-se que o direito de procriar está sujeito a limites intrínsecos, que correspondem ao fim do direito, fim que não é meramente egoísta nem imediatista. O direito de procriar é concedido para a formação de um grupo familiar composto por filho e progenitor; neste grupo, o interesse mais ponderoso é o da criança[31]. Que o interesse mais ponderoso é o da criança percebe-se no art. 36.º, n.ºs 5, 6 e 7, da Constituição, quando se atribui aos pais não só o direito mas também o dever de educação e manutenção dos filhos, quando se admite que os filhos sejam separados dos pais se estes não cumprirem os seus deveres fundamentais, e quando se protege a adopção. Que o interesse mais ponderoso é o da criança percebe-se quando o *supra* mencionado art. 67.º, n.º 2, al. d), da mesma lei básica, alude ao exercício de uma maternidade e paternidade conscientes. Que o interesse mais ponderoso é o da criança percebe-se quando o art. 69.º, n.º 1, da Constituição reconhece às crianças o direito à protecção da sociedade e do Estado contra todas as formas de abandono, de discriminação e de opressão e contra o exercício abusivo da autoridade na família. E no n.º 2, desse artigo, determina-se que o Estado assegura especial protecção às crianças órfãs, abandonadas ou por qualquer forma privadas de um ambiente familiar normal.

---

quanto à existência de um direito fundamental à procriação, Fernando Araújo, *A procriação assistida e o problema da santidade da vida*, Coimbra, Almedina, 1999, pp. 19-21.

[31] Portanto, o direito de procriar não implica o "direito de ter uma criança". Como frisa Ruth Deech, "The Legal Regulation" cit., p. 172, "there is no «right to a baby», even though this is sometimes taken up by the media when there is a heart-rending case".

Deste modo, resta avaliar a consistência do argumento da autonomia privada, autonomia que a Constituição da República Portuguesa tutela ao declarar que todos têm direito ao desenvolvimento da personalidade (art. 26.º, n.º 1)[32] ou à liberdade (art. 27.º, n.º 1)[33]. Só que o exercício da liberdade contratual está balizado pelos princípios fundamentais do direito, que penetram em conceitos indeterminados. É assim que os negócios jurídicos são nulos se contrariarem a ordem pública ou os bons costumes, como resulta do art. 280.º, n.º 1 do Código Civil.

Entre nós, é nítida a repulsa pelo contrato de gestação a título oneroso[34]. De facto, a gestação e entrega de uma pessoa, a troco de dinheiro, atenta contra o valor da dignidade humana: a gestação é tida como um serviço qualquer, ignorando-se totalmente a sua natureza íntima, e a criança é equiparada a um objecto, ao resultado de uma actividade.

Nos termos do art. 67.º, n.º 2, al. e), da Constituição da República Portuguesa, ao Estado incumbe regulamentar a procriação assistida, mas em termos que salvaguardem a dignidade da pessoa humana. O princípio da dignidade da pessoa humana, que é, aliás, o princípio fundador da nossa ordem jurídica, como decorre do art. 1.º da Constituição, volta a ser invocado no art. 26.º, n.º 3, da lei fundamental, no qual se estabelece que a lei garantirá a dignidade pessoal do ser humano, nomeadamente na criação, desenvolvimento e utilização das tecnologias e na experimentação científica. Deste princípio decorre que a pessoa deve ser tratada *como pessoa*, como um fim em si mesmo; que à pessoa deve ser reconhecida autonomia, autodeterminação; que o ser humano não deve ser coisificado, instrumentalizado nem comercializado.

O contrato de gestação a título gratuito não enfrenta idêntico grau de oposição, apesar de dar azo frequentemente a situações de substituição intra-familiar, que escapam aos quadros tradicionais de concepção do

---

[32] Cfr. Jorge Miranda/Rui Medeiros, *Constituição portuguesa anotada*, tomo I, *Introdução Geral. Preâmbulo. Artigos 1.º a 79.º*, Coimbra, Coimbra Editora, 2005, pp. 286-288.

[33] Cfr. Capelo de Sousa, *O direito geral de personalidade*, Coimbra, Coimbra Editora, 1995, pp. 256 e s., em particular p. 257, nota 597, e p. 281.

[34] Cfr., nomeadamente, Guilherme de Oliveira, *Mãe há só uma (duas)* cit., pp. 17 e s.; Vera Lúcia Raposo, *De mãe para mãe* cit., p. 126; Sousa Dinis, "Procriação assistida: questões jurídicas", *Colectânea de Jurisprudência* 1993/4, p. 12. Noutro sentido, cfr. Fernando Araújo, *A procriação assistida* cit., pp. 29 e s., que aduz argumentos relativizadores da proibição do "aluguer do útero".

Mãe portadora – a problemática da maternidade de substituição 335

parentesco[35]. Lembre-se apenas o exemplo da mulher que gera uma criança para a sua filha: a mãe de gestação da criança será concomitantemente avó.

A falta de uma contrapartida económica para a mãe de gestação, que indicia o altruísmo da sua atitude, leva os autores a defenderem a plena validade do contrato nos casos em que a mãe de recepção seja a mãe genética, por não haver colisão com aquele que seria o critério exclusivo ou predominante de estabelecimento da filiação (o critério biológico)[36]; ou a pugnar, ainda que *de lege ferenda*, pela validade de todos os contratos de gestação a título gratuito, de forma a que se evite uma discriminação dos casais compostos por mulheres impossibilitadas de concluir uma gestação com sucesso, que não poderiam ter filhos, perante os casais inférteis, que já poderiam ter filhos mediante o recurso às técnicas de procriação assistida[37].

Embora preveja a invalidade de todos os negócios de maternidade de substituição, incluindo expressamente os gratuitos, a Lei de Procriação Medicamente Assistida não deixa de atender à especificidade da gestação não remunerada: o art. 39.° só estabelece sanções penais para a maternidade de substituição a título oneroso.

Não obstante a menor censura moral que enfrentam os contratos gratuitos de gestação por conta de outrem ou até a simpatia pública de que por vezes gozam, um ilustre cultor do Direito da Filiação[38] há muito que se pronuncia pela sua invalidade, apresentando fundamentalmente as duas seguintes razões: ao estipularem a entrega (de facto e de direito) da criança que venha a nascer a alguém que não é a mãe de gestação, tais contratos

---

[35] Cfr., sobre as consequências da substituição intra-familiar, ALICIA BENEDETTA FARAONI, *La maternità surrogata* cit., pp. 249-252.

[36] Cfr. FRANCISCO AGUILAR, "O princípio da dignidade da pessoa humana e a determinação da filiação em sede de procriação medicamente assistida", *Revista da Faculdade de Direito da Universidade de Lisboa* 2000, pp. 682 e s.; TIAGO DUARTE, *"In vitro veritas?" – A procriação medicamente assistida na Constituição e na lei*, Coimbra, Almedina, 2003, pp. 86 e s.

[37] Cfr. SOUSA DINIS, "Procriação assistida" cit., pp. 12-13. Considerando que a maternidade de substituição "pode ser classificada como um *demerit good*", VERA LÚCIA RAPOSO, *De mãe para mãe* cit., pp. 128, 129 e 141, manifesta-se também favorável, *de iure constituendo*, à validade dos contratos de gestação a título gratuito.

[38] Cfr. GUILHERME DE OLIVEIRA, *Mãe há só uma (duas)* cit., pp. 60 e s. Com base em razões semelhantes, SOUSA DINIS, "Procriação assistida" cit., p. 13, aceita, *de iure condito*, a proibição dos contratos de gestação gratuitos.

violam o princípio da taxatividade dos meios de regular o destino dos menores, que é um dos princípios básicos da regulamentação dos estados de família; além disso, o consentimento da mãe de gestação quanto à entrega da criança, sendo prestado antes da concepção, ofende o art. 1982.°, n.° 3 do Código Civil (que prevê que o consentimento para a adopção só pode ser dado pela mãe do adoptando decorridas seis semanas após o parto), aplicável analogicamente ao consentimento estruturante do contrato de gestação.

Salvo o devido respeito, os dois motivos apontados não são decisivos: na eventualidade de coincidência entre a mãe genética e a mãe de recepção, é discutível quer a existência de uma violação das regras legais de regulação do destino dos menores, dado o predomínio do critério biológico no estabelecimento da filiação (que, por isso, tende a orientar a definição da titularidade dos direitos e deveres parentais), quer uma aplicação analógica do regime da prestação do consentimento da mãe do adoptando à prestação do consentimento da mãe de gestação, já que o regime da adopção pressupõe que os adoptantes não sejam simultaneamente progenitores biológicos...

Seja como for, o contrato de gestação a título gratuito não pode deixar de ser sempre nulo, por impor a uma das partes que ela suporte "uma gestação integral necessariamente perturbadora da condição da mulher"[39]. Há uma intensa instrumentalização do corpo de uma pessoa para que outra pessoa venha a receber um filho.

Em suma, encontra inteira justificação constitucional a solução da Lei de Procriação Medicamente Assistida: do princípio da dignidade da pessoa humana extrai-se a inadmissibilidade da maternidade de substituição.

Há, porém, um problema a resolver quanto ao contrato de gestação a título oneroso. O que acontece se as partes cumprirem o que foi estipulado? O que acontece se a criança tiver nascido para ser entregue à mãe de recepção? O contrato é nulo e o art. 289.°, n.° 1 do Código Civil associa à nulidade a obrigação de restituição de tudo o que tiver sido prestado. Mas, se devem ser restituídas as quantias pagas a título de retribuição pelo serviço de gestação por conta de outrem, isto não significa que à mãe de gestação seja absolutamente vedado o direito a uma compensação pelas des-

---

[39] É o que escreve CARLOS PAMPLONA CORTE-REAL, "Os efeitos familiares e sucessórios da procriação medicamente assistida (P.M.A.)", *Estudos em Homenagem ao Prof. Doutor Inocêncio Galvão Telles*, vol. I, Coimbra, Almedina, 2002, p. 358.

Mãe portadora – a problemática da maternidade de substituição 337

pesas e danos decorrentes da celebração e cumprimento de um contrato nulo, se estiverem preenchidos os requisitos da responsabilidade civil pré-contratual (cfr. art. 227.° do Código Civil) e não houver motivo para excluir a indemnização com base em culpa da lesada (cfr. art. 570.° do Código Civil)[40].

5. A constituição do vínculo de filiação

5.1. O desejável é que não ocorra uma situação de maternidade de substituição. No entanto, a criança que nascer na sequência de um contrato de gestação por conta de outrem não pode ser ignorada. É preciso determinar a respectiva filiação, tarefa que tem de ser realizada atendendo ao interesse superior da criança, que é, como atrás referimos, um aspecto central na regulamentação constitucional da família parental.

O art. 8.°, n.° 3 da Lei de Procriação Medicamente Assistida declara que a mulher que suportar uma gravidez de substituição é havida, para todos os efeitos legais, como mãe da criança que vier a nascer. O diploma segue uma lógica estritamente obrigacional, que, aparentemente, coincide com a lógica subjacente ao sistema português de estabelecimento da maternidade. Numa visão puramente obrigacional, a invalidade obsta à produção das consequências pretendidas pelos contraentes. Se as partes do contrato queriam que a qualidade jurídica de mãe coubesse à mãe de recepção, a nulidade impede a relevância da vontade que manifestaram. Todavia, a constituição do vínculo de filiação não está sujeita às regras legais sobre os negócios jurídicos. O que será fulcral, repita-se, é o interesse da criança, cuja protecção anima as normas atinentes à filiação.

Numa primeira análise, o que se prevê na Lei de Procriação Medicamente Assistida corresponde ao que é estatuído nas normas gerais sobre o estabelecimento da maternidade: o art. 1796.°, n.° 1 do Código Civil prevê que a filiação materna resulta do facto do nascimento. Contudo, a correspondência assinalada é totalmente formal. Quando aludiu ao facto do nascimento, num preceito com redacção de 1977, o legislador do Código Civil teve em vista unicamente as situações em que a mãe de gestação é a

---

[40] O que, sendo raro, não é impossível. Diferentemente, ALICIA BENEDETTA FARAONI, "La maternità surrogata" cit., p. 649: exclui liminarmente qualquer ressarcimento, ainda que haja boa fé da mãe portadora, alegando que "ignorantia legis non excusat".

mãe biológica. O parto foi mencionado enquanto sinal de ligação genética incontestável entre duas pessoas, a parturiente e o recém-nascido[41].

O critério principal de constituição do vínculo de filiação é biológico, como resulta dos arts. 1586.° e 1801.° do Código Civil. O art. 1586.° contrapõe a filiação natural à adopção fazendo referência aos laços de sangue. O art. 1801.° admite os exames de sangue como meios de prova nas acções relativas ao estabelecimento da filiação. E a preponderância do critério biológico ajusta-se ao peso do interesse da criança na configuração do direito fundamental de constituir família: dependendo o poder paternal da constituição do vínculo de filiação, é de esperar um melhor desempenho das responsabilidades parentais por aqueles que são os pais genéticos.

Assim sendo, de *iure condendo* e até numa perspectiva constitucional, afigura-se duvidosa a solução da Lei de Procriação Medicamente Assistida, que imputa sempre à mãe de gestação a maternidade jurídica de uma criança nascida na sequência de um contrato de maternidade de substituição. Se a mãe de recepção for a mãe genética, como justificar o entendimento de que a mãe de gestação é a mãe legal da criança? Eventualmente, em nome da invalidade do contrato e da necessidade de sancionar as partes. No entanto, o aspecto primordial não será o interesse da criança? O que protege mais o menor? A constituição do vínculo de filiação materna relativamente a alguém que desejou a criança e que tem com ela laços de sangue? Ou a constituição do vínculo quanto a alguém que não tem com ela nenhuma ligação biológica e que só quis dar à luz a criança para a entregar a outrem?

Nos casos de maternidade de substituição exclusivamente gestacional, atribuir à mãe portadora a qualidade legal de mãe pode representar um factor de criação de uma situação de risco para a criança, dada a escassa motivação da mãe forçada para a prestação de cuidados parentais. É claro que nada impede que a mãe de substituição, descontente com a sua qualidade de mãe jurídica, decida livremente dá-la em adopção à mãe de recepção, prestando o consentimento adequado para o efeito decorridas seis semanas após o parto[42]. Mas, entretanto ou em vez disso, conhecendo a

---

[41] Cfr. PAULA MARTINHO DA SILVA, *A procriação artificial* cit., pp. 75-76: "o legislador nunca imaginou, aquando da elaboração de normas sobre esta matéria, que a maternidade genética pudesse ser dissociada da maternidade gestadora!".

[42] Cfr. CAPELO DE SOUSA, *O direito geral de personalidade* cit., pp. 226-227, nota 466.

Mãe portadora – a problemática da maternidade de substituição 339

natureza humana, terá sido devidamente prevenida a hipótese de uma situação de abandono da criança?

É, portanto, discutível o critério de maternidade imposto pela Lei de Procriação Medicamente Assistida nos casos em que a mãe genética é a mãe de recepção[43]. E nem mesmo noutros casos de maternidade de substituição se pode aplaudir entusiasticamente a constituição do vínculo de filiação materna relativamente à mulher gestante.

O biologismo não exprime um valor absoluto no âmbito da constituição do vínculo de filiação. Por vezes, o critério dos laços de sangue cede quando não se confirma, nem é muito provável que se venha a confirmar, a expectativa ou a presunção da maior aptidão dos pais biológicos para o exercício do poder paternal. É o que se passa quando a lei admite a constituição do vínculo de filiação adoptiva plena (arts. 1979.° e s. do Código Civil), quando a Lei de Procriação Medicamente Assistida afasta a paternidade ou maternidade do dador de sémen, ovócitos ou embriões (arts. 10.°, n.° 2, 21.° e 27.°), ou quando se prevê a constituição de um vínculo de paternidade por consentimento não adoptivo[44] (cfr. art. 1839.°, n.° 3, do Código Civil, e art. 20.° da Lei de Procriação Medicamente Assistida). Em tais momentos, o critério biológico é substituído pelo volitivo.

Se nem a mãe de gestação nem a mãe de recepção contribuir com o óvulo, a maternidade não é fixada relativamente àquela que o fez, porque se tratará de uma mera dadora. Fará então sentido impor a qualidade de mãe jurídica à mãe de gestação, que se limita a agir como simples dadora de um serviço? E na maternidade de substituição genética, a mãe de gestação continua a ser mera dadora, embora dadora a dois títulos – do óvulo e do serviço de gestação. Se, p.e., a mãe de recepção declarar a maternidade como sendo sua e se, decorridos dois anos sobre a data do nascimento da criança (prazo a partir do qual não é admitida a averiguação oficiosa da filiação), a mãe de gestação não reivindicar para si a qualidade de mãe jurídica, não será o interesse do menor motivo suficiente para aceitar que a maternidade se fixou relativamente à mãe de recepção[45]?

---

[43] No sentido da maternidade jurídica da mãe de recepção que seja simultaneamente mãe genética, cfr. OLIVEIRA ASCENSÃO, "Procriação assistida" cit., p. 668; TIAGO DUARTE, *"In vitro veritas?"* cit., pp. 86 e s.; FRANCISCO AGUILAR, "O princípio da dignidade da pessoa humana" cit., pp. 682 e s.; VERA LÚCIA RAPOSO, *De mãe para mãe* cit., p. 132.

[44] Sobre a filiação por consentimento não adoptivo, cfr. JORGE DUARTE PINHEIRO, *Direito da Família e das Sucessões*, vol. II cit., pp. 15-16, 64-68.

[45] Cfr. DARIO MANNA, "Diritti e responsabilità della madre surrogata", capítulo da

5.2. A Lei de Procriação Medicamente Assistida não é clara quanto à paternidade da criança nascida na sequência de um contrato de gestação por conta de outrem.

Das disposições da Constituição da República Portuguesa em matéria de Direito da Filiação resulta que o ideal é que seja constituído quer o vínculo de filiação materna quer o vínculo de filiação paterna; que os pais vivam em comum e exerçam em conjunto o poder paternal ou que, não vivendo em comum, partilhem, se possível, o exercício desse poder. É o que decorre da consagração do direito de constituir família em condições de plena igualdade (art. 36.º, n.º 1), do reconhecimento do direito e do dever de educação e manutenção dos filhos pelos pais, sem distinção entre a figura materna e a paterna (art. 36.º, n.º 5), da previsão do princípio da inseparabilidade dos filhos dos pais (art. 36.º, n.º 6), da elevação da maternidade e da paternidade a valores sociais eminentes (art. 68.º, n.º 2) e, por fim, da generalidade das normas centradas na relevância do interesse do menor.

Ora, a Lei de Procriação Medicamente Assistida não parece favorecer a definição da filiação paterna da criança cujo nascimento foi causado por um contrato de maternidade de substituição; e muito menos parece favorecer a constituição do vínculo de filiação ascendente quanto a duas pessoas que vivam em comum. Por um lado, determina que a mãe de gestação é a mãe legal (art. 8.º, n.º 3) e que o dador de sémen não pode ser havido como pai da criança que vier a nascer (art. 21.º). Por outro lado, no caso de inseminação com sémen de dador, admite a fixação da paternidade somente quanto àquele que, sendo marido da mulher inseminada ou que viva com ela em união de facto, tenha consentido na inseminação, enquanto beneficiário da técnica de procriação medicamente assistida heteróloga (art. 20.º). Ou seja, seguindo a lógica da Lei de Procriação Medicamente Assistida, a criança, em regra, não terá pai. Se quem tiver contribuído com as células reprodutoras masculinas for terceiro, ele nada

---

obra colectiva *Il diritto delle relazione affettive* citada, *supra*, na nota 11, pp. 681-683: independentemente da licitude ou ilicitude da gestação por conta de outrem, o autor entende que o critério de maternidade deve ser o do interesse do menor. Posição *sui generis* é a de LILIANA ROSSI CARLEO ("Maternità surrogata e *status* del nato", *Familia* 2002/2, pp. 403-404), que hesita entre dois caminhos: a atribuição da maternidade a uma única mulher, com base no critério do interesse do menor, tendo em conta as circunstâncias concretas, ou a identificação de duas mães jurídicas, a de gestação e a de recepção, numa construção que, superando o princípio da unidade do *status*, tutelaria um novo modelo de família alargada.

Mãe portadora – a problemática da maternidade de substituição 341

mais é do que um mero dador. Se os gâmetas pertencerem ao companheiro ou marido da mãe de gestação, os gâmetas foram cedidos por alguém que agiu como simples dador. É verdade que se a mãe de gestação for casada vigorará a presunção de que é pai o respectivo marido (art. 1826.°, n.° 1, do Código Civil). Não obstante isto, a paternidade presumida é impugnável (art. 1839.° do Código Civil), ainda que o marido da mãe de gestação tenha contribuído com o seu sémen ou tenha consentido na inseminação heteróloga desta, uma vez que, na primeira situação, ele agiu como mero dador, enquanto que, na segunda situação, o consentimento prestado não revela a vontade de vir a assumir a paternidade, vontade que é indispensável na constituição dos laços de filiação não biológica[46].

Se o membro masculino do casal de recepção tiver contribuído com o seu sémen, rejeitada, por lei, a maternidade da mãe de recepção, terá ele razões para perfilhar? Admitindo que queira perfilhar, se a mãe de gestação for casada, a perfilhação pressupõe a prévia impugnação da paternidade presumida do marido da mãe de gestação, impugnação para a qual o membro masculino do casal de recepção carece de legitimidade, tendo de requerer ao Ministério Público que a faça (arts. 1839.° e 1841.°). E se não perfilhar, mesmo quando a mãe de gestação não seja casada, torna-se dúbia a possibilidade de ser constituída a sua paternidade mediante uma decisão em acção de investigação.

O critério biológico é preponderante no campo da procriação derivada de acto sexual. O risco do nascimento de filho resultante de acto sexual corre totalmente por conta daqueles que o praticam. Em contraste, fora da procriação derivada de acto sexual, salvo disposição em contrário (como o duvidoso art. 8.°, n.° 3 da Lei de Procriação Medicamente Assistida), o critério geral é o volitivo: para que se decrete a adopção, é indispensável a vontade do adoptante (cfr., p.e., o art. 1990.°, n.° 1, al. a) do Código Civil); para que se forme um vínculo de filiação associado ao uso de uma técnica de procriação medicamente assistida, exige-se o consentimento daquele que juridicamente virá a ser o progenitor (cfr. art. 1839.°, n.° 3, do Código Civil, e art. 14.° da Lei de Procriação Medicamente Assistida). Mais: esse consentimento tem de ser livre e esclarecido (cfr., novamente, o art. 14.° da Lei de Procriação Medicamente Assistida). Só que, na maternidade de substituição, a contribuição voluntária com material biológico pelo membro masculino do casal de recepção, apesar de manifestar uma intenção de aderir a um projecto parental, foi efectuada na

---

[46] Cfr. bibliografia, *supra*, na nota 44.

convicção de que a mãe de recepção será a mãe jurídica, convicção que é errónea se se aplicar a Lei de Procriação Medicamente Assistida, já que o art. 8.º considera que é mãe legal a mãe de gestação. Portanto, se não for afastada a solução que o diploma prescreve para a maternidade, o consentimento do membro masculino do casal de recepção estará provavelmente viciado por erro. O erro-vício desqualifica o consentimento enquanto elemento constitutivo do vínculo de filiação. Se o membro masculino do casal de recepção tivesse conhecimento da realidade normativa ou não teria contribuído com os seus gâmetas ou a sua contribuição nada mais significaria do que uma dação...

Na perspectiva da fixação da paternidade, as repercussões da regulamentação da Lei de Procriação Medicamente Assistida no campo da maternidade de substituição mostram-se pouco felizes, ou até adversas ao espírito das disposições constitucionais. Isto é, designadamente, patente se as células reprodutoras, masculinas e femininas, provierem do casal de recepção. É razoável aqui negar a maternidade da mãe de recepção, tornando legítima a recusa da paternidade por parte daquele que é seu marido ou companheiro? E não só aqui. Sempre que o marido ou companheiro da mãe de recepção tenha manifestado a intenção de vir a ser pai no contrato de gestação por conta de outrem, sem que tenha havido qualquer contributo genético do casal de recepção, será de excluir o relevo dessa vontade de ser pai, desde que a mesma subsista, seja qual for a solução legal sobre o aspecto da maternidade? Não será de ponderar o interesse da criança? Não é preferível que ela tenha como pai alguém que a deseja e que teve responsabilidade no desencadear do processo que levou ao nascimento do menor? Repare-se que, frequentemente, a opção se traduzirá entre ter esta pessoa como pai ou não ter nenhum pai. A mãe de gestação pode ser uma mulher só; ela pode ser casada e o respectivo marido impugnar a paternidade presumida da criança; pode estar a viver em união de facto heterossexual e o respectivo companheiro não pretender perfilhar.

6. O poder paternal

Se se aceitar o que dispõe a Lei de Procriação Medicamente Assistida, no domínio da maternidade de substituição, o normal é que a filiação da criança se constitua quanto à mãe de gestação e apenas quanto a ela. Será, portanto, a ela que incumbirá o poder paternal, nos termos do art. 1910.º do Código Civil. Eventualmente, a filiação paterna poderá vir a ser

Mãe portadora – a problemática da maternidade de substituição   343

constituída quanto ao marido ou companheiro da mãe de gestação, se não for impugnada a paternidade presumida do marido (arts. 1826.° e s. do Código Civil) ou se o companheiro perfilhar (arts. 1849.° e s. do Código Civil), não havendo impugnação da perfilhação (nomeadamente, pelo membro masculino do casal de recepção que possa ter contribuído para o nascimento com os seus próprios gâmetas). Constituída a filiação quanto a ambos os progenitores, o poder paternal será exercido conjuntamente, se aqueles estiverem unidos pelo matrimónio (art. 1901.°, n.° 1 do Código Civil), ou se declararem, perante o funcionário do registo civil, que o exercício do poder paternal pertence a ambos (art. 1911.°, n.° 3 do Código Civil).

Segundo o art. 1878.°, n.° 1 do Código Civil, o poder paternal inclui os direitos-deveres de velar pela segurança e saúde dos filhos, de prover ao seu sustento, dirigir a sua educação, representá-los e administrar os seus bens. Por força da Lei de Procriação Medicamente Assistida, as situações jurídicas inerentes ao poder paternal incumbirão frequentemente a pessoas que não contavam com elas ou que não estão em condições económicas de as exercer. De qualquer modo, o poder paternal não pode deixar de ser exercido (cfr. art. 1882.° do Código Civil). Todavia, não se pode ignorar o papel que a mãe, ou o casal, de recepção teve no processo que levou ao nascimento da criança. Por isso, supomos que o instituto geral da responsabilidade civil pode ser aplicado para satisfazer, à custa da mãe ou do casal de recepção, as necessidades da criança que a mãe de gestação não consiga assegurar[47]. E acreditamos também que, dentro de certos condicionalismos, seja permitido à mãe de gestação reclamar uma compensação junto da mãe ou do casal de recepção, com vista a atenuar as consequências negativas dos encargos que a titularidade do poder paternal produziu na vida daquela que, contra a sua própria vontade, é a mãe legal.[48]

Não sendo a Lei de Procriação Medicamente Assistida tão fechada no aspecto da paternidade quanto o é no domínio da maternidade, *de iure condito*, não é absolutamente inviável que venha a ser constituída a filiação

---

[47] Cfr. art. 8 do *Uniform Parentage Act*, que não afasta a hipótese de os pais de recepção, que não venham a ser reconhecidos como pais jurídicos, serem responsabilizados pelo sustento da criança nascida na sequência do parto da mãe de substituição; ALICIA BENEDETTA FARAONI, "La maternità surrogata" cit., p. 649 (o menor pode ser compensado pelos danos, patrimoniais e não patrimoniais, que tiver sofrido por causa do acordo ilícito de maternidade de substituição).

[48] Cfr., *supra*, n.° 4 *in fine*.

paterna da criança a que respeita o contrato de gestação relativamente ao membro masculino do casal de recepção, em especial se forem deste as células reprodutoras masculinas. Isso será plausível, p.e., quando a mãe de gestação não for casada e o membro masculino do casal de recepção tiver perfilhado a criança. Em tal hipótese, terá de ser regulado o exercício do poder paternal. Atendendo ao que se estatui no art. 1911.°, n.°s 1 e 2, o exercício do poder paternal competirá, em princípio, à mãe de gestação, pelo que ao pai de recepção caberá o dever de prestar alimentos à criança, o direito de a visitar, bem como o poder de vigiar a educação e as condições de vida do filho. Mas não tem de ser assim: no respeito do princípio do interesse da criança, o exercício do poder paternal poderá ser exercido por ambos os progenitores, se eles estiverem de acordo, ou só pelo pai, havendo acordo ou decisão judicial nesse sentido (cfr. art. 1912.°).

7. Considerações finais

A problemática da maternidade de substituição é difícil e sensível. Falamos de uma área em que é imperioso agir com prudência e humildade, uma vez que é grande o risco de incerteza e subjectividade. A nossa intenção não é, nem foi, mais do que pensar sobre o assunto e formular uma opinião, que não pretendemos impor a ninguém. A nossa posição está longe de ser indiscutível e não está a salvo de padecer de incorrecções jurídicas e valorativas. Por isso, não a podemos ver como definitiva.

Da mesma forma, não se pode esquecer que a lei é feita por homens e que, portanto, não é perfeita. De qualquer maneira, a lei ordinária deve ser acatada, a não ser que colida com princípios fundamentais. E, fiel à Constituição, ou não, é susceptível de ser melhorada.

Sem outro intuito que não o de ajudar a reflectir, gostaria de formular umas derradeiras observações pessoais. Concordo com a proibição da maternidade de substituição. No entanto, na perspectiva da nova lei, a mãe portadora é mais do que uma mera portadora é a mãe, a única mãe, e, em regra, será o único progenitor. Talvez fosse conveniente repensar o que se prevê quanto à qualidade jurídica de mãe e de pai, porque o regime da filiação deve ser estruturado não para sancionar adultos que participaram, de forma mais ou menos inconsciente no processo de procriação, mas sobretudo para proteger aqueles que têm a qualidade de filhos menores.

O CLONE HUMANO
PERSPECTIVAS CIENTÍFICA, ÉTICA E JURÍDICA

DANIEL SERRÃO
Professor Catedrático Jubilado da Faculdade de Medicina do Porto

Agradeço ao Prof. Dr. José de Oliveira Ascensão o convite para colaborar nestes *Estudos de Direito da Bioética*.

A escolha do tema foi da minha responsabilidade e espero que o tratamento que lhe dei suscite interesse e alguma polémica tanto no plano ético como no jurídico.

O clone veio para ficar. A sua presença no campo da investigação científica merece, por isso, uma cuidada e judiciosa reflexão.

SUMÁRIO: Introdução; 1. Perspectiva científica; 2. Perspectiva ética; 3. Perspectiva jurídica; 4. Estatuto do clone humano; 5. Conclusão.

INTRODUÇÃO

A clonagem humana não é uma realidade
Mas é uma ameaça.

Justifica-se, por consequência, que se faça, sobre este tema, um debate bem informado e sereno, sem medos injustificados mas também sem a ingenuidade de acreditar que nada de inaceitável poderá vir a acontecer.

O nascimento da Dolly, uma pobre ovelha mediatizada até à exaustão, com o uso das mais modernas técnicas de *marketing* científico, não foi uma proeza científica. Foi um acontecimento improvável, após centenas de fracassos de obstinados investigadores e, ainda hoje, não se conhecem, cientificamente, os motivos do sucesso ocasional, nem dos insucessos persistentes. Não foi um aperfeiçoamento técnico porque, após a Dolly, o processo de reprodução de ovelhas usando a transferência nuclear para ovócitos des-

346 Daniel Serrão

nucleados continuou a ser de baixíssimo rendimento, ou seja, é ineficiente. Como é ineficiente em todas as espécies animais nas quais tem sido tentado.

Contudo, a publicação do trabalho de Campbell e colaboradores, em Fevereiro de 1997, na muito prestigiada revista *Nature*, do nascimento da ovelha Dolly sem fecundação, tem uma importância no plano biológico que considero transcendente.

A biologia molecular estava assente num dogma que a clonagem anulou, independentemente de haver reprodução, com êxito ou sem ele.

O dogma, fixista e reducionista, apoiava-se na descoberta de Watson e Crick, e seus continuadores, de que a estrutura química do ADN genómico tornava possível a codificação de toda a informação necessária à construção de um corpo próprio de cada espécie. Nas espécies gonocóricas, com uma forma corporal masculina e outra feminina, uma vez concluída a reunião dos gâmetas, está constituído um genoma que exprime a informação arquivada nos genes codantes. A expressão, segundo o dogma central da biologia molecular, acontece porque segmentos de ADN (genes codantes), fazem-se copiar em segmentos de ARN e estes induzem, no citoplasma da célula a síntese de proteínas com uma função específica. A estrutura e função de cada uma destas proteínas estaria codificada no zigoto e em todas as células do embrião até ao estado de 6-8 células (período de toti-potência). Como este processo é sequencial, enquanto estiver activo o mecanismo de cópia das primeiras proteínas, que vão dirigir todo o processo, há a possibilidade de reprodução, nesta fase, do corpo total próprio da espécie.

A constituição de um clone em Laboratório, a partir de células diferenciadas colhidas num corpo já constituído e cultivadas in vitro e usando, apenas, o núcleo "arrefecido" destas células e o citoplasma de um ovócito sem núcleo, demonstrou que era possível silenciar o genoma invertendo o dogma: factores proteicos do meio de cultura actuam sobre o ARN citoplasmático da célula diferenciada e este anula a capacidade de expressão do ADN nuclear, transformando esta célula diferenciada em célula totalmente indiferenciada por bloqueio progressivo da expressão de todas as informações codificadas no genoma.

O dogma ADN → ARN → Proteínas, como via única, foi anulado e ficou demonstrado que este processo é reversível, predominando uma ou outra das duas sequências de acontecimentos bioquímicos. A informação flúi do núcleo para o citoplasma mas pode, também, passar do citoplasma para o núcleo.

De facto, o núcleo silenciado pode ser reactivado quando sobre ele

O *clone humano* 347

actuam factores de activação presentes no citoplasma do ovócito; e a primeira resposta é a duplicação da cadeia de ADN e consequente divisão da célula em duas, depois das duas serão quatro e assim por diante. À medida que o número de células aumenta outras informações do ADN vão sendo libertadas iniciando-se uma diferenciação rudimentar até ao blastocisto com separação física entre a massa celular interna, que vai continuar o desenvolvimento do embrião e as células da parede do blastocisto que irão dar a parede do saco vitelino e as estruturas de fixação à mucosa do útero (vilosidades coriais placentares).

Nesta sequência em cascata dos fenómenos biológicos os factores externos citoplasmáticos efectuam, sobre o núcleo silenciado da célula somática diferenciada, o mesmo trabalho metabólico que efectuam sobre o núcleo do zigoto resultante da conjugação dos hemi-núcleos gaméticos. De facto, o citoplasma do zigoto é o citoplasma do ovócito; e os factores químicos indutores da divisão e diferenciação, pressentindo no seu interior um núcleo com material genómico correspondente a 46 cromossomas, não sabem distinguir se este núcleo resultou de junção da metade genómica de cada um dos dois gâmetas (fertilização do ovócito) ou se é um velho núcleo de uma célula diferenciada provida de material genómico equivalente a 46 cromossomas e descendente de outra célula com a mesma quantidade de material cromossómico.

O pequeno truque de Campbell, aplicando ao ovócito desnucleado, após a transferência do núcleo diplóide da célula somática diferenciada, de uma mínima dose de energia eléctrica, ludibriou o citoplasma do ovócito que começou a lançar sobre o núcleo diplóide silenciado, os seus factores de activação nuclear, como está programado para fazer ao núcleo do zigoto. Por não ter possibilidade bioquímica de fazer esta distinção.

Que este núcleo diplóide, funcionalmente arrefecido, tenha entrado num processo de divisão e diferenciação não é, se assim me posso exprimir, por virtude própria, mas pelas condições artificiais em que foi colocado pela tecnologia biológica. Chamar-lhe embrião, como tantos fizeram, a meu ver abusivamente, é usar uma alegoria terminológica inaceitável, como adiante comentarei.

1. **Perspectiva científica**

Esta transferência do núcleo de células somáticas diferenciadas, mantidas em meio de cultura o qual, progressivamente, lhes retira a capacidade de diferenciação e de divisão, para um ovócito de fêmea da mesma espécie, desnucleado, e a sua posterior activação, constitui um resultado científico interessante mas ainda não consolidado.

No plano científico permanece como um resultado aleatório em todas as espécies nas quais foi testado.

Os corpos obtidos a partir de clones, em todas as espécies já testadas, apresentam, ao nascer, alterações na programação dos genes que condicionam defeitos de desenvolvimento mais ou menos graves. Nos clones que morrem *in vivo*, por exemplo em Primatas não humanos, os defeitos genéticos, além de incompatíveis com a vida, são tão graves, que um investigador lhes chamou um autêntico "catálogo de horrores".

Em ratos, por exemplo, os animais obtidos por clonagem reprodutiva nascem com excesso de peso, desenvolvem obesidade e apresentam, com frequência, anomalias visuais e auditivas. Nos carneiros é frequente nascerem com cardiomegalia (coração grande) e pulmões mal constituídos que afectam o desenvolvimento e encurtam o tempo de vida. A ovelha Dolly começou a aumentar muito de peso pelo que passou a ser alimentada com uma dieta controlada, envelheceu precocemente, teve de ser sacrificada quando apresentou doenças incuráveis.

Pode falar-se de sucesso científico?

Certamente que não.

No plano estritamente científico seria totalmente inaceitável aplicar esta técnica ao ser humano.

Como é sabido a aplicação, ao Homem, de qualquer nova técnica obriga, por uma questão de rigor metodológico de aceitação universal, a exigentes experiências em sistemas celulares, in vitro, em órgãos isolados de animais e em animais completos, para testar, entre outros aspectos, a bio-segurança e a eficiência.

Os resultados publicados, até hoje, mostram que o método é de grande risco biológico e de muito baixa eficiência.

A conclusão é inequívoca: a aplicação ao ser humano da técnica de transferência nuclear de células somáticas é, cientificamente, inaceitável, face aos resultados experimentais em animais, incluindo Primatas não humanos. Não tem segurança, não é eficiente.

Alguns "cientistas", contudo, anunciaram ter, em curso, gravidezes humanas resultantes da transferência para o útero de clones humanos que estariam em desenvolvimento. A análise do perfil científico destes auto-denominados "cientistas" é elucidativa.

O clone humano

Brigitte Boisselier diz-se directora científica da seita religiosa rae-liana. Sem formação cientifica adequada e tendo sido demitida de técnica de um Laboratório francês, por graves irregularidades, foi recrutada pelo chefe da seita raeliana. Raël, aliás Claude, um típico mitómano, franco-canadiano, com uma carreira falhada de desportista e jornalista desportivo, chamou-a para ela realizar a ordem dos extraterrestres que o visitaram e lhe disseram: todos os seres humanos devem reproduzir-se por clonagem para se tornarem raelianos. Montou uma burla baseada no pagamento antecipado, para uma lista de espera, dos cidadãos que desejam ser clona-dos, declarou dispor de mulheres raelianas prontas a doar ovócitos e a receberem os clones, e anunciou em 2000 o aparecimento de um clone em 18 meses. Nada aconteceu que possa ser avaliado e os meios de comuni-cação social desinteressaram-se; mas esqueceram-se de lhes perguntar pelos bebés humanos clonados, na data que fora anunciada para o primeiro nascimento.

A consulta ao site "clonaid.com" que apresenta, em média, um pequeno texto por ano, e a consulta de quase 15.000 referências na Inter-net deixa-nos, contudo, estupefactos: Brigitte Boisselier anuncia que a menina-clone, chamada Eva, nascida em 20 de Dezembro de 2002, foi para casa em 1 de Janeiro de 2003. Informa do nascimento de mais 5 bébés-clones até Fevereiro de 2003; anuncia que produz e vende células estaminais de clones, diz ter celebrado em 26 de Dezembro de 2003 o pri-meiro aniversário do primeiro clone humano que está de perfeita saúde. Depois em notas posteriores anuncia o nascimento do 6.º clone na Aus-trália e mais sete: na Austrália, um segundo, e os seis restantes no México, Brasil, Espanha, Itália, Reino Unido e Hong-Kong. Diz ter outras 23 mulheres grávidas, normais, com fetos normais. Todos os já nascidos são normais.

Defende-se da acusação de não apresentar provas do que afirma por a clonagem humana ser considerada um crime contra a humanidade e ela não desejar que os casais que têm um filho-clone sejam perseguidos judi-cialmente e punidos. Diz-se ameaçada pela ONU, e em Outubro de 2004 mandou a todos os Embaixadores nas Nações Unidas uma carta patética acusando a Assembleia Geral de a considerar criminosa contra a Humani-dade por estar a clonar seres humanos; em Janeiro de 2006 ofereceu os seus "Laboratórios" ao sul – coreano Hwang, autor confesso de falsifica-ção de resultados em experiências de clonagem humana, logo que ele foi condenado; por solidariedade activa, segundo escreve.

Delírio de escrita, estruturado, ou haverá algo a ser praticado? É legítima a dúvida mas um dos seus textos, de Maio de 2004, publicado no site é mais a favor da primeira hipótese. Transcrevo-o em inglês para não introduzir componentes subjectivos na minha tradução.

"GODSEND: THE MOVIE, CLONAID: THE REALITY TUESDAY 04 MAY 2004

Thousands of families have contacted Clonaid in the last couple of years in the hope to see a later born twin of their deceased family member be born again. Many of those families are families of celebrities, business leaders and political leaders – we are currently working on the case of a prime minister whose son has been killed.

And we at Clonaid are very proud that we have been able to realize this dream for some of those families already. They world's first clone baby is actually the belated twin of his deceased brother and he was born in January 2003 shortly after Eve's birth. According to his parents, he has developed different behaviours but also likes the same toys as is brother.

Contrary to what some bad movies try to make people believe, cloning a deceased person is not about exploiting people in difficult times, but about providing another option for them instead of grief and despair. They want to give another chance to this unique genetic make up that disappeared too soon. Also, how many couples have conceived a new child by natural means immediately following the death of their previous child? Yet nobody doubts a new child's capacity for happiness just because he might have born after his sibling's death.

In a not too distant future, advanced cloning technologies will allow us to even recreate a deceased person in an adult body, with all his past experiences and memories, allowing mankind to enter the age of immortality at it has been announced by His Holiness Rael, founder of Clonaid, in 1973 already after his contact with the Eloim, mankind's extraterrestrial creators."

Todo o texto, mas particularmente o último parágrafo, tem características da escrita paranóica.

No plano científico – e até prova em contrário – tudo o que se refere à actividade de Brigitte Boisselier na clonagem humana é inexistente e as suas afirmações não têm qualquer conteúdo científico.

O clone humano 351

Diferente é o caso de Antinori que dirige um serviço privado de procriação in vitro, em Roma, que em 1994 preparou tecnicamente uma mulher de 63 anos para que recebesse um embrião humano transferido para o seu útero "rejuvenescido", e lograsse um nascimento de criança viva e viável. Também neste caso é pena que os meios de comunicação social se não tenham ainda preocupado com o futuro desta criança, com as condições do seu desenvolvimento e com a saúde da mãe idosa, depois da cesariana a que teve de ser submetida.

Mas Antinori, embora dono de uma lucrativa Clínica de fertilização in vitro, em Roma, com vasta clientela de mulheres do escol dirigente dos Países petrolíferos, que correm o risco de ser repudiadas pelos maridos quando inférteis, segundo as normas islâmicas, tem necessidade de mediatização constante. Assim anunciou que iria usar a clonagem para resolver os casos de infertilidade para os quais não há solução com nenhuma das técnicas de fertilização *in vitro*.

Tem sinais de egocentrismo paranóico segundo o jornalista Tim Radford, da BBC, que o entrevistou, em Roma, em 1998.

Severino Antinori desdobrou-se em entrevistas à comunicação social mais crédula e sensacionalista, para anunciar que tinha gravidezes em evolução e que o primeiro nascimento ocorreria algures, em Israel, ou num País árabe, em Janeiro de 2003. Repudia o uso da palavra clonagem, que substitui por "transferência de material genético", critica os raelianos, insiste que o que vai fazer é "curar" a infertilidade quando não há gâmetas de um ou de ambos os membros do casal e, embora duramente criticado pelos especialistas de fertilização em todo o mundo, considera-se perseguido pela inveja dos colegas como foram, há 30 anos, Steptoe e Edwards os criadores da fertilização *in vitro* no Reino Unido.

Na referida entrevista a Tim Radford, apresenta-se como um megalómano, inventor da ICSI, o que é mentira, e compara-se aos grandes nomes da história da ciência, etc.

Até 2006 não surgiu nenhum artigo científico deste ginecologista italiano referente a clonagem humana, nem nenhuma comprovação da existência do clone humano que iria nascer em 2003. Já em Maio deste ano de 2006 Antinori declarou, em conferência de imprensa, em Roma, que não estava à frente de nenhum projecto de clonagem humana e que, com 61 anos, se retirava da actividade "científica".

Estou de acordo com I. Wilmut que lamentou, recentemente, a atenção dada às declarações puramente verbais de pessoas como S. Antinori, Panoyotis Zavos, R. Seeds e todos quantos anunciam o próximo nascimento de um clone humano, que foram levadas demasiado a sério.

Parece seguro poder afirmar-se que não nasceu nenhum clone humano após gravidez e que a constituição de produtos de transferência nuclear de células somáticas humanas com capacidade para se dividirem a ponto de poderem ser usados como fonte de células estaminais é muito problemática.

O anúncio da Advanced Cell Technology em 1999 e em 2001 da constituição de estruturas celulares humanas (chamadas embriões) com capacidade para funcionarem como banco de células estaminais humanas foi muito prejudicado pelo escândalo da falsificação, em cadeia, de resultados de clonagem humana, "vendidos" ao mundo científico por meio da prestigiada revista Science. A prova de que "cientistas" que investiguem nesta área não são íntegros veio abalar muito a esperança "popular" de que em breve tais cientistas nos iriam trazer a cura de doenças como as degenerescências do cérebro ou o enfarte do miocárdio.

Em conclusão: não há nenhuma prova científica de que tenha nascido um ser humano resultante da transferência do núcleo diplóide de uma célula somática para um ovócito desnucleado e que, transferido para um útero humano, tivesse originado uma gravidez de um feto nascido, viável.

Mas pode vir a haver. E podem estar em curso, particularmente em clínicas de fertilização humana *in vitro*, muitas tentativas, até agora falhadas e por isso não relatadas ao mundo científico, que possam vir a conseguir o nascimento de um corpo humano viável, geneticamente (quase) idêntico a outro já existente, vivo ou morto.

A simples possibilidade de este tipo de cópia de um ser humano, realizada sem nenhuma ligação ao processo reprodutivo próprio das espécies com dimorfismo sexual, justifica a análise ética e alguma reflexão jurídica.

E também não pode deixar-se de lado a possibilidade de este produto laboratorial ser usado apenas para investigação científica e, nesta hipótese, analisar, igualmente, os aspectos éticos e, eventualmente, jurídicos.

2. Perspectiva ética

Dividirei a análise ética da cópia de um ser humano após transferência nuclear, dita clonagem reprodutiva, em dois níveis de reflexão: antes e depeois do nascimento. Sempre ponderando os objectivos, as circunstâncias e as intenções.

2.1. *Antes do nascimento*

A clonagem reprodutiva humana não tem nenhum objectivo declarado. Quando se coloca a questão: clonar os homens, para quê? não há nenhuma resposta. Os delírios raelianos de que foi uma ordem emitida pelos "elohins"que chegaram num Objecto Voador Não Identificado – OVNI – não merece qualquer análise ética, é apenas um delírio alucinatório, misturado com exploração da credibilidade ingénua ou ansiosa de muitas pessoas. A resposta de Antinori de que é para ajudar casais inférteis porque não produzem gâmetas é falsa porque a cópia de um dos membros do casal infértil não pode ser havida nunca como um tratamento da infertilidade. Alguns, mais honestos, falam de pura curiosidade científica: será que no Homem vai funcionar como nos outros animais?

Para estes, justifica-se um comentário ético.

Um investigador científico não está desvinculado, pelo facto de o ser, de todas as suas obrigações e de todos os seus direitos humanos e sociais. Não é um cidadão excepcional ou excepcionalizado, titular de privilégios próprios ou portador de valores superiores.

A investigação, que ele pratica e que o todo social, directa ou indirectamente paga, só se legitima por ser um serviço orientado para o melhor bem do corpo social e dos seus membros, incluindo, claro está, o próprio cientista.

Portanto, gastar recursos financeiros, que são sempre escassos, para um objectivo puramente individual é eticamente inaceitável. A avaliação do custo em relação ao objectivo como benefício social é uma análise ética que as modernas sociedades, democráticas e justas, fazem, quer se trate de custos financeiros ou de custos humanos (perdas, sofrimento, frustrações, etc.).

A sociedade não deve aprovar, eticamente, este diletantismo científico. O investigador, como tal, até pode desejar gastar os recursos do seu laboratório para ver se a clonagem humana "funciona", mas o mesmo investigador, como cidadão que é, deve opor-se a esse dispêndio e considerá-lo um inútil desperdício.

Vejamos as circunstâncias.

A reprodução por clonagem teve algum êxito em várias espécies animais. Mas tem sido um êxito precário, improvável e inseguro, não cientificamente controlado porque há variáveis das quais se desconhece, ainda, o modo de actuação. É, portanto, muito ineficiente e com riscos imprevisíveis.

A sua aplicação ao homem decorreria sempre no âmbito da investigação científica. Ora, as regras éticas que regulam, internacionalmente a investigação científica em seres humanos, exigem, como condição prévia, que não pode ser escamoteada, a realização de investigação idêntica em sistemas biológicos não humanos, desde a célula isolada ao animal completo. Neste caso particular, em que estaria em jogo a constituição de um corpo humano, por via não sexuada, mas com recurso a um útero de acolhimento, impõe-se o uso de Primatas não humanos.

Sem esta condição prévia estar cumprida, nenhuma Comissão de ética em investigação científica em seres humanos autorizaria qualquer ensaio de produção de cópias de seres humanos.

E as investigações prévias em Primatas não humanos deveriam ter demonstrado que a técnica de clonagem era segura, reprodutível, eficiente e produzia o resultado esperado: um primata nascido, viável, sem defeitos genéticos ou epigenéticos e sem sinais de "envelhecimento" telomérico.

Como estas experiências quase não existem e as poucas realizadas deram resultados catastróficos, pode afirmar-se que as circunstâncias que envolvem a reprodução não sexuada a ser experimentada no ser humano, tornam todo e qualquer ensaio, eticamente reprovável.

Finalmente as intenções.

A intenção dos defensores da produção por clonagem é constituir um ser humano, homem ou mulher, por um processo técnico que não implica a procriação resultante da fertilização de ovócitos por espermatozóides após uma relação sexual.

Que qualidades éticas tem esta intenção?

Com que valores pode ser justificada?

A resposta a estas duas questões não é fácil de dar em poucas páginas mas vou tentar.

Abre-se aqui um problema de fundo que é o da relação entre Natureza e ética.

Foi convicção firme da ciência dos séculos XIX e XX que a Natureza, como Cosmos, tinha leis explicativas das relações entre as partes que a compõem; e que estas leis causais eram a verdade da Natureza cósmica. Esta convicção estendeu-se à natureza viva e à natureza humana chegando a afirmar-se que o cérebro segrega o pensamento como o fígado segrega a bílis.

Porém, à medida que a física e a química se aproximavam dos componentes mais elementares da matéria, como cosmos, tornou-se necessário conceder à Matéria como Cosmos liberdade e indeterminação. Ilya Prigogine no seu notável e profético livro "La Fin des Certitudes", publicado em 1996, no qual trata de "Temps, Chaos et les Lois de la Nature", afirma sem rodeios:

"Ce qui émerge aujourd´hui est donc une description médiane, située entre deux représentations aliénantes, celle d´un monde déterministe et celle d´un monde arbitraire soumis au seul hasard. Les lois ne gouvernent pas le monde, mais celui-ci n´est pas non plus régi par le hasard. Les lois physiques correspondent à une nouvelle forme d´intelligibilité qu´expriment les représentations probabilistes irréductibles. Elles sont associées à l´instabilité et, que ce soit au niveau microscopique au macroscopique, elles décrivent les événements en tant que possibles, sans les réduire à des conséquences déductibles et prévisibles de lois déterministes. Peut-être cette distinction entre ce qui peut être prévu et contrôlé et ce qui ne peut pas l´être aurait-elle satisfait la quête d´intelligibilité de la nature au cœur de l´œuvre d´Einstein?»

Na biologia celular e na genética o paradigma determinista teve de ser abandonado e cada vez tem maior aceitação um modelo probabilístico baseado sobre um equilíbrio, instável e dificilmente previsível, entre génese e epigénese, entre ADN nuclear e factores citoplasmáticos, entre memória, aprendizagem e inovação.

Curiosamente a neurobiologia, graças aos modernos meios de observação da activação sequencial dos circuitos neuronais parece seduzida por um modelo determinista, que faz depender os comportamentos humanos da actividade cerebral e, no limite, submete a ética à natureza, anulando o valor da liberdade e consequente autonomia da pessoa humana.

Se as decisões humanas não são livres tudo é permitido porque nada pode ser proibido. Os seres humanos se não são livres não são responsáveis e todo o edifício ético individual e de moral social vai cair e sob os seus escombros restará uma humanidade animalizada, presa nos seus comportamentos instintivos e puramente reactivos. A brutalidade da violência dos seres humanos uns sobre os outros, mesmo exercida por equipamentos tecnológicos da mais mortífera eficácia e produzidos pela sofisticada inteligência humana, suposta livre e autónoma, são expressões claras da pulsão de matar que é uma propriedade da natureza humana, anterior e, muitas vezes, superior ao respeito ético pela vida do outro; respeito que Moisés, apresentou a um pequeno grupo de pastores nómadas, alguns milhares de anos antes de Cristo. E apresentou essa formulação ética não como um resultado da reflexão da sua inteligência pessoal livre e autónoma, mas como uma ordem em forma negativa, uma proibição, que lhe for transmitida por uma realidade transcendente, um YHWE. A forma negativa, não matarás, indica que, na época, matar o outro era uma forma habitual de regular a conflitualidade interpessoal.

Pois bem. Decorridos mais de 10 mil anos de profunda evolução da cultura dos homens, que vivem hoje nos mais diversos ambientes e com as mais diversas estruturas sociais, a morte do homem pelo homem ocorre com a mesma persistência, na selva africana, nos igloos do Ártico, nas ruas de Nova Iorque ou nas casas, imaginadas pacíficas, de uma qualquer pequena localidade portuguesa. Diga-se entre parênteses que é raro o dia em que não é comunicado um crime de homicídio em Portugal. Dou um exemplo perfeitamente aleatório: no dia em que escrevo este texto, 8 de Agosto de 2006, leio no Jornal de Notícias: "Ciúme levou-o a assassinar a mulher com 11 facadas", "Mulher agrediu dois à facada", "Emigrante matou mãe à facada". O desenvolvimento dos títulos mostra bem a futilidade das motivações que libertaram, em cada caso, a pulsão de matar. Comprovando que, mesmo num povo, como o português, considerado de bons costumes e boa índole, sofredor e pacífico, a pulsão individual de matar está presente e actuante.

São estes homicídios resultantes do livre exercício da inteligência reflexiva e simbolizadora do Homem, sinal da sua humanitude e, garante da sua colocação no nível do *Homo sapiens sapiens*, aquele que sabe que sabe e porque sabe? Certamente que não.

Então a relação entre Natureza e Ética, entre cérebro humano e decisão humana, entre percepção e comportamento, pode não ser uma relação determinista, uma causalidade fechada, mas também não é uma relação aleatória. O jovem que matou a mãe à facada porque esta o criticava pelas saídas nocturnas, transformou a sua percepção negativa das críticas em motivação para matar e matou. Saberá ele e saberemos nós explicar porquê?

Este aparente desvio da linha de desenvolvimento do tema pretendeu apenas chamar a atenção para a dificuldade em avaliar intenções.

Que qualidade ética e que valores subjacentes vamos atribuir aos que querem reproduzir as pessoas por um método de cópia que a evolução dos seres vivos rejeitou, para a imensa maioria dos animais pluricelulares, como estratégia de sobrevivência em eco-sistemas mutáveis?

Com as reservas que expus atrevo-me a dizer que é uma intenção desprovida de aceno a quaisquer valores, nem sequer utilitaristas e que é portanto, uma intenção eticamente perversa.

A perversidade desta intenção foi pressentida pelo Conselho da Europa, organismo de protecção ética e jurídica dos direitos humanos e da dignidade do ser humano, cujo Comité de Ministros ordenou, logo em 1997 – ano da publicação na NATURE, do artigo de Campbell, McWir, Ritchie e Wilmut anunciando o nascimento da ovelha Dolly por transferência nuclear de célula em cultura – ao Comité Director de Bioética a preparação urgente de um Protocolo anexo à Convenção dos Direitos do Homem e a Biomedicina que proibisse a reprodução por clonagem.

Este Protocolo foi preparado em tempo recorde, 72 horas de reuniões pelo Grupo de Trabalho para a Protecção do Embrião e do Feto, sob a minha presidência[1].

---

[1] Apresento, aqui, a constituição deste grupo de Trabalho, mandatado pelo Comité Director de Bioética, como homenagem ao empenho posto na rápida elaboração do texto e na aceitação da plataforma de consenso que apresentei no segundo dia da reunião. Daniel Serrão, Portugal, S. Friart e Y. Englert, Bélgica, S. Tomova, Bulgária, J. Michaud, França, A. de Hilster, Holanda, M. Pardo, Espanha, A. McLaren, Reino Unido, G. Gjertsen, Noruega e L. Kurilo, Rússia.

Durante os debates a questão – chave foi o julgamento ético sobre a intenção desta reprodução. Havia acordo quanto à ideia de proibir esta forma de reprodução mas não quanto à resposta à questão colocada, logo no início, por Anne McLaren: Why not? A minha proposta de que a clonagem reprodutiva era uma ofensa grave à dignidade humana obteve consenso e figura no Preâmbulo após a referência aos gémeos naturais nos seguintes termos: "Considérant cependant que l'instrumentalisation de l'être humain par la création délibérée d'êtres humains génétiquement identiques est contraire à la dignité de l'homme et constitue un usage impropre de la biologie et de la médicine».

Foi considerada tão grave esta ofensa à dignidade humana que no texto do Protocolo é utilizada uma formulação de ética deliberativa. Com efeito o Artigo 1.º **proíbe** qualquer intervenção que tenha como finalidade a criação de um ser humano geneticamente idêntico a outro ser humano vivo ou morto. Por motivos éticos.

Este Protocolo é, já, eficaz em muitos Países e também na nossa ordem jurídica interna pelo que, em Portugal, a reprodução humana por clonagem está proibida. Mas não havia, em nenhuma lei portuguesa, cominação de sanções penais para quem praticasse clonagem.

A Lei da Procriação Medicamente Assistida, recentemente publicada em Diário da República, proíbe a "clonagem reprodutiva tendo como objectivo criar seres humanos geneticamente idênticos a outros. (Artigo 7.º, n.º 1). No capítulo VII, Sanções, tem o Artigo 36.º, intitulado Clonagem reprodutiva que diz, e cito: "1 – Quem transferir para o útero embrião, obtido através da técnica de transferência de núcleo, salvo quando essa transferência seja necessária à aplicação das técnicas de procriação medicamente assistida, é punido com pena de prisão de 1 a 5 anos."

Parece, portanto, que, finalmente, a reprodução humana por clonagem tem moldura penal, em Portugal.

Mas o corpo do Artigo tem uma ressalva que isenta da pena quem transferir para o útero um embrião clonado porque tal se tornou necessário à aplicação das técnicas de procriação medicamente assistida.

Ora existe um caso de figura em que a obtenção de embrião clonado para assistência médica à procriação pode ser considerada como necessária. É o caso do casal em que um dos membros, ou ambos não produzem gâmetas e o casal não aceita a doação de gâmetas. Então a única solução é usar uma célula diferenciada do marido ou da mulher, preparar um embrião, masculino e geneticamente igual ao marido, ou feminino, geneticamente igual à esposa, e transferi-lo para o útero para que nasça um ser humano geneticamente idêntico a um dos membros do casal. No caso da infertilidade ser masculina, poderá ser usado um ovócito desnucleado da esposa e o futuro clone nascerá com genes nucleares do marido e alguns genes mitocondriais da esposa.

Tanto quanto me é dado interpretar a lei portuguesa actual, Antinori poderia vir a Portugal praticar a clonagem reprodutiva nos casos em que "a transferência seja necessária à aplicação das técnicas de procriação medicamente assistida" como estabelece o Artigo 36, n.° 1.

Para Antinori, como referi, a clonagem reprodutiva deve ser eticamente aceite quando tem como finalidade o tratamento da infertilidade conjugal e seja a única técnica aplicável para obter uma gravidez, como é o caso da azoospermia (não produção de espermatozóides).

Sem ironia, reconheço que não era este o objectivo dos legisladores e que se trata de um lapso de redacção. Mas porque não foi corrigido antes da promulgação? Resta-nos aguardar que o Conselho Nacional de Procriação Medicamente Assistida, uma vez constituído, venha esclarecer esta questão, no âmbito das suas competências.

O mesmo fundamento para uma avaliação ética negativa é invocado no Parecer n.° 48 do Conselho Nacional de Ética para as Ciências da Vida quando no seu número 2 afirma, e cito: "Independentemente da viabilidade da clonagem com finalidade reprodutiva esta deve ser proibida porque viola a dignidade humana".

Já as Recomendações dos Colégios de Genética Médica e de Obstetrícia e Ginecologia da Ordem dos Médicos aduzem outros motivos para a proibição. Cito: "A clonagem reprodutiva, pelos seus problemas éticos que levanta, mas também pelo perigo de malformações e doenças degenerativas que comporta, pelo menos neste momento, não deverá ser permitida".

Deixa, assim, a porta aberta a uma eventual futura legitimação técnica da clonagem reprodutiva, quando os actuais riscos de malformações ou de doenças degenerativas puderem ser, ou já estejam, ultrapassados. Restarão os problemas éticos sobre os quais os Colégios – e a meu ver, bem – não se pronunciam.

Ficam, assim, abordadas, ainda que de modo sucinto as perspectivas éticas da clonagem reprodutiva antes do nascimento de um ser humano clonado.

2.2. *Depois do nascimento*

Farei uma reflexão breve porque é, apenas, especulativa.

Tanto quanto é possível saber não existe, como situação de facto, o nascimento, com vida e viabilidade, de um ser humano produzido pela técnica de transferência nuclear.

Oxalá nunca exista.

Mas se existir, que reflexão ética suscitará?

Em termos de ética social ou moralidade pública não poderá ser discriminado.

Apresenta-se com um corpo humano no qual, um cérebro humano manifesta capacidades intrinsecamente humanas; ama e odeia, sofre e alegra-se, pensa reflexivamente, compreende e cria ideias abstractas; tal como a Dolly poderá reproduzir-se. Que o seu genoma seja igual ao de um dos seus "progenitores" oficiais, ninguém o pode ver e a sua semelhança fisionómica com um deles será socialmente aceite, não obstante serem uma espécie de gémeos diacrónicos.

As religiões, enquanto estrutura sociais, não farão nenhum apelo à rejeição e à discriminação e cada uma, à sua maneira, saberá como acolhê-lo.

Mas em termos de ética individual, de juízo ético pessoal, como irá, cada um de nós olhar esse improvável clone nascido?

Tento ver-me na situação concreta. Eis, aqui, um clone humano nascido.

Imagino que, apesar da repugnância pelo processo técnico que o constituiu, e de sentir a grave ofensa à dignidade humana que o uso de um

O clone humano 361

artefacto técnico como imitação de um embrião humano configura, a visão deste ser humano me despertará uma imediata e emocional aceitação da sua presença no mundo como a presença de um outro eu que me suscita amor e me impele à dedicação e ao cuidado.

A sua origem pode repugnar-me. A sua natureza não.

3. Perspectiva jurídica

Devo escrever pouco, neste tópico, para não errar muito.

Referi já os instrumentos legais, nacionais e internacionais que balizam, em Portugal, a reprodução humana por clonagem.

Lamento que após três anos de debate a Assembleia Geral das Nações Unidas não tenha conseguido aprovar uma Convenção, com força jurídica, proibindo a clonagem reprodutiva, que seria consensual. Ao introduzir no debate, pela acção dos EUA, a questão do uso da técnica de transferência nuclear em investigação científica criou a divisão de opiniões e tudo terminou com a aprovação de uma Declaração ambígua, sem força legal e que foi aprovada apenas por maioria simples e com declarações de voto, muito críticas, dos representantes de numerosos Países.

Assim o único instrumento legal internacional de proibição da reprodução por clonagem continua a ser, apenas, o Protocolo anexo à Convenção de Oviedo.

Contudo este Protocolo, preparado em 1997, quando não havia, ainda, nenhuma pressão dos investigadores para o uso de clones como fonte de células estaminais, adoptou uma redacção que foi cuidadosamente preparada para permitir uma interpretação posterior não absolutamente desfavorável à utilização de clones fora da reprodução.

Com efeito o Artigo 1.º diz, na tradução oficial portuguesa, que "1 – É proibida qualquer intervenção cuja finalidade seja a de criar um ser humano geneticamente idêntico a outro ser humano, vivo ou morto."

Portanto, repare-se, é proibida a intenção de criar, pelo que intervenções, que não tenham esta finalidade como intenção não estarão proibidas.

Claro que esta interpretação depende da interpretação semiótica dada à expressão ser humano, "human being" na versão em língua inglesa e "être humain", na versão em língua francesa.

O Governo holandês, sempre muito cuidadoso e rigoroso em relação a disposições legais internacionais aplicáveis no seu País, fez a seguinte

Declaração no momento da assinatura do Protocolo em Maio de 1998: "In relation to the Article 1 of the Protocol, the Government of the Kingdom of the Netherlands declares that it interprets the term "human being" as referring exclusively to a human individual, i.e. a human being who has been born".

O mesmo entendimento tem o Reino Unido – que ainda não assinou a Convenção nem qualquer dos Protocolos – e vários outros Países, em especial da Europa do Norte e do Leste.

Para estes Países, o Protocolo não proíbe o uso da técnica de transferência nuclear desde que o produto técnico obtido não se destine a finalidade procriativa, ou seja, a fazer nascer um ser humano.

Como responsável pela preparação do Protocolo sei que foi esta a intenção ao redigir o Artigo 1.°; e a representação holandesa no Grupo de Trabalho anunciou logo a declaração que o seu País iria apresentar, com o fundamento de que a técnica de transferência nuclear poderia permitir criar células estaminais pluripotentes com previsíveis utilizações beneficentes no tratamento de doenças, como se confirmou; na sua perspectiva de ética utilitarista (diria calvinista) esta possibilidade não devia ser rejeitada e proibida por este Protocolo cujo objectivo era impedir a constituição de seres humanos nascidos.

Está aqui um problema de hermenêutica para os juristas portugueses: será que o Artigo 1 do Protocolo "portant interdiction du clonage d´êtres humains", proíbe a técnica de transferência nuclear, seja qual for o destino ou o uso a dar ao produto resultante? Ou proíbe, apenas, a reprodução? Entro, assim, no último aspecto que pretendo comentar sobre o clone humano.

4. Estatuto do clone humano

Esta questão é apaixonante no plano de reflexão intelectual.

Nascida a Dolly, cientistas, cidadãos comuns e a própria Academia Pontifícia para a Vida, logo fizeram uma ligação, diria em curto-circuito, e afirmaram: o produto de transferência nuclear é um embrião.

Não fiquei, digo-o com toda a honestidade intelectual, convencido desta colagem da palavra "embrião" ao produto de transferência do núcleo de uma célula somática diferenciada retirada de um corpo adulto.

De facto, um embrião humano é humano por ser parte de um projecto de parentalidade vivido por um homem e uma mulher. É esta pertença e esta intencionalidade que lhe conferem a imensa dignidade que lhe é, em geral, atribuída. O embrião humano, como primeira apresentação de um novo corpo humano, único, irrepetível e insubstituível, tem direito absoluto à vida e ao desenvolvimento; é um ser humano com "pessoalidade" pelo que deve ser tratado, desde a fase do zigoto, como se fosse já a pessoa que vai ser.

Reificar, coisificar ou instrumentalizar um embrião humano para qualquer outra finalidade que não seja a do seu pleno desenvolvimento pessoal é, do meu ponto de vista, ofender, gravemente, a dignidade humana e manipular, grosseiramente, o processo natural da fecundidade humana. E não vale dizer que são embriões que sobraram, que estão a mais ou que ninguém os quere salvar
Todo o respeito, cuidado e protecção lhe são devidos, mesmo que a sua constituição tenha ocorrido, como na fertilização *in vitro*, em meio laboratorial, antes da sua entrega à protecção do interior do corpo da mãe.

O produto de transferência nuclear de uma célula somática, que é, apenas, o resultado de uma tecnologia laboratorial não participa, a meu ver, de nenhum dos elementos que dão ao embrião gamético a sua imensa dignidade de ser humano.

Com efeito, ele nada tem a ver com qualquer projecto de parentalidade de homem e mulher. É uma célula, colhida no corpo de um ser humano já nascido – jovem, adulto ou idoso – que é manipulada em cultura e o seu núcleo colocado em condições de responder a estímulos externos que vão re-programar, o seu genoma. Esta re-programação pode levar o núcleo à fase G 0 (G zero) e depois estimulá-lo para que duplique o ADN sem libertação da informação de nenhum outro gene codante. Nesta fase o núcleo vai repetir o comportamento do zigoto nas primeiras fases de desenvolvimento; nalgumas espécies pode, até, atingir uma morfologia idêntica ao do blastocisto, semelhante ao blastocisto que se forma no desenvolvimento de um embrião gamético. Mas não é um embrião, é uma célula diferenciada diplóide, cujo genoma as acções epigenéticas silenciaram, inibindo a expressão para a diferenciação de qualquer gene e levando-o, assim, a regredir até uma fase de características bio moleculares idênticas às de um zigoto, às da fase do zigoto verdadeiro de que esse núcleo manipulado, é descendente.

Há, aqui, como que uma modulação sinusoidal – zigoto gamético célula diferenciada – célula indiferenciada – pseudo-zigoto – célula diferenciada – que foi aproveitada em algumas espécies para levar esta neo-diferenciação de uma célula somática "turbinada" até à constituição de um corpo completo fazendo-o diferenciar-se no útero de uma fêmea da mesma espécie.

Por carência de uma terminologia nova adequada a uma situação biológica nova, falamos de embrião, de feto e de gravidez, mas o certo é que estamos a nomear da mesma forma realidades significativamente diferentes. Todas as categorias linguísticas próprias do processo procriativo, natural ou in vitro, são desadequadas a este processo de produção de uma cópia genética de outro ser humano já existente, vivo ou morto, que pode ser um recém-nascido ou um adulto.

Não é um absurdo dizer que um recém-nascido "procriou" um filho na própria mãe?

No meu ponto de vista e excluída, em definitivo, a possibilidade, apenas ainda hipotética, de fazer nascer um ser humano usando o produto de transferência nuclear, o que é que temos, efectivamente, no Laboratório?

Temos um conjunto de células que se dividem e não se diferenciam. Não temos, de toda a evidência, um produto com estatuto de embrião, nem pela sua origem nem pelo seu destino.

Chamar-lhe embrião é o mesmo que afirmar que todas as células diplóides, diferenciadas ou não, de um corpo nascido, são embriões, já que o genoma do núcleo a transferir, que vai copiar o corpo, é, exactamente, o mesmo.

O que caracteriza, define, singulariza e dá importância biológica e particular dignidade ética ao embrião gamético é que este não copia nem reproduz nenhuma identidade genética já existente. E que esta singularidade do seu comportamento só nele acontece porque ela é consequência

O clone humano

de uma relação corporal de homem e mulher que tem, em si própria, uma significativa dignidade biológica e, em muitos casos, também humana, ética, jurídica e até religiosa.

O clone ou clonoto, está ausente deste universo de dignidade; não tem dignidade biológica nem religiosa ou transcendental e penso que nenhum teólogo cristão, islâmico ou hebraico afirmará que ele é suporte de uma alma espiritual.

Sou, pois, de opinião que a utilização deste mero produto laboratorial não levanta outros problemas éticos além dos que são comuns ao uso de material de origem humana em investigação científica[2].

O parecer do Conselho Nacional de Ética para as Ciências da Vida adoptou uma linha prudente assim expressa:

"3 – A prática da clonagem para fins de investigação biomédica poderia ser recomendada ao abrigo dos princípios da utilidade e da solidariedade vistos os potenciais benefícios terapêuticos para os seres humanos. Contudo, o juízo ético sobre o uso da clonagem depende da natureza que for atribuída ao produto da transferência nuclear somática:
3.1 – Se for considerado um embrião não pode ser usado porque tal constituiria uma violação da sua intrínseca dignidade;
3.2 – Se for considerado um artefacto laboratorial pode ser usado em investigação biomédica sem suscitar problemas éticos além dos inerentes à utilização de material biológico humano, nomeadamente o da não comercialização.

A utilização do clonoto é hoje, essencialmente, a obtenção de células estaminais para investigações sobre diferenciação dirigida por acções epigenéticas, para o que se procura obter uma progressão até blastocisto e colher as células na massa celular interna.

---

[2] Apresentei esta opinião ao intervir num debate no Congresso da World Association for Medical Law, (Maastrich, 2000).

Estavam na mesa principalmente juristas e a minha intervenção causou alguma surpresa e o comentário foi que se esta proposta pudesse ser aceite muitas das dificuldades da clonagem não reprodutiva estariam ultrapassadas; até hoje, têm preferido as dificuldades.

No entanto, investigações que estão a ser desenvolvidas nos USA e em Israel, procuram obter a passagem directa de células diferenciadas, por exemplo os monócitos do sangue, a células com função estaminal tão ampla como a que têm as que são colhidas nos embriões gaméticos e nos blastocistos de origem clonal.

Logo que este resultado esteja conseguido, reproduzido em diferentes laboratórios e estabilizado, não haverá mais lugar para se dizer que uma célula diferenciada que adquire directamente por acções apenas epigenéticas, a capacidade de exercer a função estaminal plena, como a das células embrionárias, é um embrião.

Porque pode afirmar-se, com total segurança, que um monócito com funções estaminais, se um cientista louco o transferir para um útero humano, não se transformará nunca num ser humano. Mas ninguém cometerá o erro grosseiro de lhe chamar embrião, mesmo que nunca seja feita a tentativa de o introduzir num útero humano, com finalidade de produção de uma cópia de um corpo já existente.

5. **Conclusão**

Há clones humanos. A Advanced Cell Technologiy provou, de forma científica correcta, a sua constituição. Sabe-se pouco sobre o seu tempo de vida e a fase de desenvolvimento que já lograram atingir e se há ou não células estaminais humanas retiradas destes clones.

O esforço para ultrapassar os problemas técnicos que têm sido encontrados é muito grande e desenvolve-se em várias partes do mundo, porque a esperança de criar células diferenciadas sem problemas imunológicos para uso terapêutico na pessoa de cujas células foi originado o clone, é muito grande.

Propõe-se, aqui, um novo olhar sobre o clone humano.

Nenhum cidadão comum, a precisar de células musculares ou cerebrais para ser tratado e que, para esse tratamento, entrega uma célula epitelial sua e recebe células musculares ou cerebrais suas, compreenderá que tal tratamento é eticamente inaceitável porque a sua célula da pele se transformou num embrião, e este foi morto para que ele pudesse ser tratado.

O cidadão comum responderá que não teve nenhuma relação sexual com uma mulher para que pudesse ter sido constituído um embrião e que se limitou a permitir que lhe tirassem umas células da pele.

As células estaminais retiradas do produto de transferência nuclear, têm uma relação biológica com o período embrionário pelo qual todos nós passamos; como a têm as células do sangue do cordão umbilical do recém-nascido ou as células mesenquimatosas que apoiam, na medula óssea, as células progenitoras de todas as células livres do sangue.

A função estaminal pluripotente é uma função embrionária que permanece, no corpo adulto, ao longo de toda a vida. Colher estas células numa estrutura biológica que, na sua constituição, nada teve a ver com procriação ou reprodução é, no meu ponto de vista, tão eticamente legítimo como colhê-las na medula óssea ou no sangue circulante de um adulto ou no sangue do cordão umbilical de um recém-nascido.

O clone não é um embrião.

Reservemos toda a nossa capacidade de intervenção ética para proteger o embrião, impedir que ele apareça como sobrante, que seja abusado pelos investigadores científicos ou que morra ultra congelado ao fim de cinco ou dez anos.

E deixemos que investigadores sérios e responsáveis pratiquem a transferência nuclear das células somáticas diferenciadas até que possam obter células estaminais imunologicamente compatíveis que sirvam para tratar doenças e prolongar a vida.

Textos úteis para o enquadramento do tema.

Livros:

La Clonación Humana
Mónica López Barahona e Salvador Antuñano, A.
Ariel Social. Barcelona. 2002

O que é o Homem
Pedro Laín Entralgo
Tradução portuguesa de Anselmo Borges, Daniel Serrão e João Maria André
Editorial Notícias. Lisboa. 2002

368 Daniel Serrão

La fin des certitudes
Ilya Prigogine
Editions Odile Jacob. Paris. 1996

Documentos:

Droit de l´Homme et Biomédicine
Edição de bolso do Conselho da Europa, em francês ou inglês contendo a Convenção de Oviedo e os Protocolos da clonagem, da transplantação de órgãos e da Investigação biomédica. O estado actual das assinaturas e ratificações destes documentos bem como as declarações de reserva encontram-se em www.coe.int

Texto da Convenção e do Protocolo de proibição da clonagem
É a versão fidedigna em língua portuguesa
Diário da República – I Série A, n.º 2, 3 de Janeiro de 2001 páginas 26 a 35

Parecer sobre aspectos éticos da clonagem humana
Relatório sobre aspectos éticos da clonagem humana
Do qual são autores os Conselheiros Maria do Céu Patrão Neves e Pedro Ferreira
www.cnecv.gov.pt
Lei 32/2006 – Procriação Medicamente Assistida
www.parlamento.pt

OS DESAFIOS CONTEMPORÂNEOS DA GENÉTICA

DANIEL SERRÃO
Professor Catedrático Jubilado da Faculdade de Medicina do Porto

SUMÁRIO: 1. O Desafio científico; 2. Desafios ético e jurídico; 3. Bibliografia.

A bioquímica molecular, apoiada pela "robotização" laboratorial, marcou o alvorecer do Século XXI, ao apresentar ao público leigo a quase completa descodificação ou descriptação do genoma humano.

O que os cientistas conseguiram, dito em termos simples, foi obter conhecimento da posição exacta que ocupam os elementos químicos estruturais que compõem a longa cadeia macro-molecular do ADN (Ácido desoxiribonucleico). Porque é do modo como estes elementos químicos (Adenina, Guanina, Citosina e Timina) se agrupam e se sucedem que resulta uma "informação" biológica concretizada, essencialmente, na construção de uma proteína; assim, o conhecimento obtido pelos bioquímicos conduz ao conhecimento da "informação" codificada na estrutura química. À sequência codante, ou seja, a cada código, dá-se o nome de gene e a Genética é a disciplina científica que estuda os genes: a sua estrutura, a sua localização nos cromossomas, o modo como funcionam na célula em repouso e na célula em divisão (mitose) e, finalmente, a "informação" que contêm e se revela pelos seus efeitos.

O desenvolvimento desta nova Disciplina – que nasceu em Brno, às mãos pacientes de um Frade Augustiniano, G. Mendel, apaixonado por ervilhas de cheiro – a partir dos trabalhos de Morgan, Nobel em 1993, e de Watson e Crick, Nobel em 1962, tem gerado múltiplos desafios que irei comentar em três níveis – o científico, o ético e o jurídico. Sem a pretensão de ser exaustivo, em nenhum deles, nem de referir a imensa literatura disponível sobre este tema. Mas procurando ser radical e polémico.

1. O desafio científico

O principal desafio no campo científico é o da questão seguinte: o que vale, efectivamente, o conhecimento do genoma humano? Vale muito ou vale pouco?

Sem que tenha sido por responsabilidade dos cientistas, quero crer, passou para o público leigo em ciência, a noção de que o ADN era a "molécula da vida" e que a genética é a explicação *total* de todas as características dos seres humanos, tanto físicas como mentais, tanto orgânicas como comportamentais. Dentro do paradigma científico clássico da relação causa/efeito. Neste entendimento, tornou-se banal a noção de que a genética é uma explicação completa e coerente da vida de vegetais e animais e, igualmente, da vida dos humanos, em todas as suas manifestações.

Com a descoberta da estrutura química do ADN e a sua ampla divulgação, pelos meios de comunicação não-científica, ao público em geral, aconteceu, nos países mais avançados, nos quais as tecnologias da ciência e sua aplicação são objecto de acalorados debates públicos televisionados, aconteceu uma espécie de assimilação conceptual entre ADN e Alma. E até entre ADN e Deus.

Com efeito, Alex Mauron, bioquímico e eticista suíço, publicou na SCIENCE um significativo artigo interrogando se o ADN é o moderno equivalente do Espírito (*soul*).

Luís Archer[1], num fascinante livro recentemente publicado, conta que no Curso de Genética Molecular (1969), por ele organizado, na Fundação Calouste Gulbenkian, para licenciados, "muitos deles bem ilustres", tem este inciso "Branquinho de Oliveira, por exemplo, confidenciava a um amigo: «Afinal... sempre é verdade que existe alma: o ADN é a alma»". Muitos anos antes de Alex Mauron, deve dizer-se, Nelkin e Leder, dois autores americanos especializados em sociologia, fizeram um grande estudo populacional nos Estados Unidos e concluíram o seguinte: a cultura da tecnologia pós-moderna fez da genética um grande mito explicativo e este "essencialismo genético", como lhe chamam, é um componente central do sistema actual de crenças do americano médio. O ADN aparece na cultura popular como uma entidade semelhante à alma, uma *ens sancta et imortalis*, um território proibido. A semelhança entre os poderes do ADN e os da alma segundo o cristianismo, é mais do que linguística ou metafórica: o ADN assumiu os fundamentos sociais da alma.

---

[1] Archer, Luís – Da Genética à Bioética. Gráfica de Coimbra 2. Coimbra 2006.

Deixo as conclusões deste trabalho dos investigadores americanos como sugestão para uma reflexão mais aprofundada que tenha em linha de conta a força das grandes simbolizações linguísticas, das quais a biologia se apropriou e muito particularmente no campo da genética e da imunologia. Qualquer biólogo fala de "memória" celular, de "expressão" génica, de "informação" arquivada, de "sintaxe" da sequência nucleotídica; e do ADN como o grande "livro" da vida onde está escrito o nosso passado e previsto o nosso futuro.

Pondo de lado esta identificação entre ADN e alma, o certo é que o conceito de gene, apesar das suas fragilidades de objectivação científica que fizeram sofrer Mauron (hoje atenuadas mas ainda bem presentes agora num nível mais elevado de interpretação) foi coisificado e adaptado como bom, tanto no mundo científico como no universo da cultura geral. A leitura simplificada é assim: todos nós temos umas coisas, os genes, por meio dos quais transmitimos aos nossos descendentes as nossas características corporais e de personalidade. É hoje comum ler, em jornais e revistas correntes, a frase: "isso está-lhe nos genes", tanto para explicar o sucesso numa família de excelentes *performers* artísticos ou científicos, como para compreender capacidades atléticas ou desportivas em geral, no filho ou filha de... este ou aquele triunfador.

No entanto, no estrito campo do que está cientificamente demonstrado quanto à operacionalidade da "informação" que se postula suportada nos "genes", é muito pouco o que podemos dar como seguramente adquirido.

No grupo crescente dos críticos ao paradigma do determinismo genético na Biologia e na Medicina, é justo salientar as publicações de um conhecido e reputado investigador de Biologia Molecular e Celular, R. C. Strohman[2], que após a sua jubilação, em 1991, tem procurado demonstrar que o determinismo genético – que é o mais importante componente do reducionismo biológico – se revela cada vez mais incapaz de entender e explicar os novos achados da complexidade biológica; e que é, hoje, indispensável, construir uma nova teoria científica dos sistemas vivos que seja, como se necessita, mais holística.

---

[2] Strohman, Richard C. – Genetic Determinism as a failing paradigm in Biology and Medicine. Implications for Health and Wellness. In M. S. Jamner and D. Stokols`s (editors) Promoting Human Wellness: Frontiers for Research, Practice and Policy. University of California Press. 2000.

A pergunta de Strohman é radical: se, reconhecidamente, não são os genes que nos determinam nem que explicam 98% das doenças que nos afectam; se os processos de desenvolvimento que nos conduzem a construir uma forma corporal humana, não podem ser reduzidos a programas genéticos; se a fonte das alterações evolutivas, ao longo do tempo, de todas as espécies e também do Homem, não pode apoiar-se, apenas, em mutações genéticas ocorridas ao acaso; o que é que nos determina? Onde está situada a causalidade das doenças? Como e onde está a natureza do crescimento e desenvolvimento programados dos organismos vivos e qual é a fonte criativa para as novas morfologias e funções que actuam como substratos para a selecção natural? Em síntese; se o programa para a vida não está nos genes... e os organismos são claramente programados... então, onde está o programa?"

A resposta que Strohman dá a esta pergunta radical é todo um projecto de investigação global e multidisciplinar, de muito difícil execução e que demorará muitos anos até que consiga modificar o actual paradigma prevalecente do determinismo genético – um gene, uma proteína, uma função.

A resposta é que o programa não está em lugar nenhum, porque está distribuído por muitos níveis do organismo e, em todos eles, sem excepção, permanece aberto aos sinais exteriores do micro e do macro ambiente. Vamos encontrar controles nos circuitos génicos, nas redes metabólicas, nas estruturas do cito-esqueleto, nas unidades de membrana, nos elementos da matriz extra celular, na célula como um todo orgânico e nas redes de células com seus vários níveis de organização supra-celular (tecidos e órgãos).

Entramos, assim, em pleno, no universo da complexidade que não se deixa analisar por metodologias reducionistas, se o nosso objectivo for compreender o significado global da forma e da função dos organismos vivos. Porque, em todos os níveis, há mecanismos de interactividade, de feedback, não é possível trabalhar com interpretações lineares, representadas por uma linha recta e desenvolvidas ao longo, apenas, da variável tempo; mas impõe-se a invenção de leituras oscilatórias, pulsáteis, mas de pulso variável, no tempo, e não-previsível, como se os acontecimentos biológicos fossem quase caóticos. A metodologia para a invenção destas outras leituras é, actualmente, o grande desafio colocado à inteligência dos investigadores e dos pensadores que estão a tentar avançar para o pós-reducionismo.

O tópico mais apropriado para este trabalho de invenção é o da genética do cancro.

Os desafios contemporâneos da Genética · 373

Em 1980, foi proclamada, com grande repercussão nas mais qualificadas revistas científicas, a descoberta, por Weinberg, do gene do cancro. O título do Artigo era "Oncogenes: genes which causes Cancer". Na Science. Mais do que ser um claro exemplo de reducionismo, que o era, este título denotava uma grande ingenuidade e um total desconhecimento do modo como uma informação, "arquivada" num gene, pode lograr exprimir-se num complexo organismo vivo. De facto, quando a operatividade do chamado oncogene, foi testada em modelos experimentais, começou-se por verificar que não era um oncogene mas vários oncogenes, e alguns pré ou quase oncogenes, e, o mais importante, na óptica do que estou a expor, encontraram-se os anti-oncogenes. Assim acabou a glória do esquema simples – um oncogene, um cancro – assim de desmoronaram as construções que já apontavam para a prevenção do cancro por manipulação genética e assim se abriram linhas de investigação complexas sobre a causa dos diferentes tipos de cancro na perspectiva holística e dando lugar de relevo ao entendimento da investigação dos factores epigenéticos plurais.

É importante o oncogene? Certamente que é importante.

Mas a informação que ele tem e que pode exprimir é, apenas, o primeiro passo numa cascata de acontecimentos e procedimentos bio moleculares, celulares e do micro-ambiente, dos quais o resultado final poderá ser a emergência de um fenótipo celular capaz de se multiplicar incessantemente e de se "instalar" numa determinada área de um organismo e aí sobreviver e diferenciar-se, ou seja, um fenótipo de célula tumoral maligna, de célula cancerosa. Desta célula até ao cancro vai um longo caminho, tão longo que muitas vezes o tempo de vida da pessoa não é bastante para que o cancro biológico se manifeste como um cancro clínico

De forma concisa diremos, então, que os genes são necessários mas não são suficientes para determinar uma função ou uma disfunção nas células e organismos multicelulares (excluindo as muito raras doenças monogénicas, e não todas, em que o defeito génico é determinante).

A esta luz, o mais ambicioso e o mais caro programa de investigação transnacional, o programa do genoma humano, não pode dar, por si próprio, nenhum contributo directo para a saúde e o bem-estar dos seres humanos. Porque a saúde e bem-estar humano são características do organismo na sua totalidade e resultam de processos com uma dependência dinâmica do tempo e do espaço, como enfatiza Strohman, que estão abertos aos sinais do meio ambiente e à própria experiência de vida de cada pessoa singular.

Como já escrevi noutro lugar[3]: "A convenção linguística do ADN genómico revelou-se muito mais complexa que as convenções das linguagens propriamente ditas, nas quais as sequências das letras formam palavras que, no interior de cada convenção linguística – português, inglês, francês, alemão, russo, etc., – têm um significado, arbitrário, mas preciso. Casa, maison, house, são palavras construídas com letras do mesmo alfabeto, são diferentes entre si porque pertencem a convenções linguísticas diferentes, mas representam o mesmo objecto.

O ADN humano, como linguagem é espantosamente complexo por dois motivos primordiais.

O primeiro é que não conhecemos, com rigor, as regras da convenção linguística que levam à formação das palavras. Porque é uma linguagem que se foi construindo, em todos os seres vivos, ao longo de milhares de milhões de anos de evolução adaptativa; não sabemos de que forma foi e é extraída a informação, a partir das pressões adaptativas extra celulares, e de que modo esta informação foi e é depositada no ADN existente, mudando-o, ou gerando a construção de uma nova sequência e fazendo crescer o ADN. Provavelmente, e consoante a importância da nova informação para a sobrevivência, terá sido usado um ou outro dos processos; mas o resultado final é o mesmo: a memorização e, no futuro, a utilização dessa informação nova para obter um efeito novo, protector da vida. Nos seres unicelulares este mecanismo é razoavelmente conhecido nas suas linhas gerais, por exemplo na génese da resistência das bactérias aos antibióticos, mas continuamos a desconhecer a regra linguística, a convenção, para o processo de codificação da informação – mesmo nos unicelulares.

Nos metazoários multicelulares e, portanto, no homem, nos quais há separação entre as células somáticas – que estão expostas às pressões adaptativas externas mas não reproduzem o indivíduo – e as células germinativas – que reproduzem o indivíduo mas estão muito protegidas das acções externas – a aprendizagem genómica é infinitamente mais complexa e a transcrição inversa há-de criar e usar uma linguagem também infinitamente mais difícil de decifrar. E sem transcrição inversa não teria havido evolução."

Assim, o desafio científico está longe de ter sido ultrapassado e são hoje bem frequentes os avisos de prudência nas interpretações de estudos

---

[3] Serrão, Daniel – Genética Humana. Implicações éticas, legais e sociais do conhecimento do genoma. Conferência inaugural do XX Congresso Nacional de Gastrenterologia editada em separata pela Sociedade Portuguesa de Gastrenterologia (sem difusão).

Os desafios contemporâneos da Genética   375

genéticos por parte de cientistas de grande prestígio como Goodwin, Weiss e o próprio Strohman que é muito claro na sua conclusão:

"Certamente que os genes são essenciais para definir qualquer fenótipo mas eles próprios são, de facto, um material inerte. Para que a informação genética seja replicada ou "descodificada" e usada para juntar fenótipos, o ADN deve primeiro ser manipulado por sistemas de enzimas e pequenas moléculas que constituem a causa eficiente da construção dos fenótipos. Quase todos os biologistas acolhem, hoje, esta realidade.", afirma Strohman.

2. Desafios ético e jurídico

Esta fragilidade científica da Genética torna muito difícil a análise do desafio ético e quase impossível a do desafio jurídico.

Não fugirei às dificuldades mas quero enquadrá-las numa perspectiva sociológica, como se impõe.

As repercussões sociais do conhecimento da bioquímica dos genes e das suas funções, terão, como pano de fundo, a natureza das relações entre a sociedade e a ciência e o papel dos governos na mediação destas relações.

Está a produzir-se uma mudança profunda no relacionamento triangular: sociedade, política e ciência. E muitos responsáveis, particularmente no nosso País, ainda não se aperceberam desta mudança que é um aspecto particular da transição do modernismo para o pós-modernismo.

Não oferece contestação o conceito de que a tecnologia é um elemento muito importante na estruturação das culturas humanas, seja a tecnologia do ferro, do betão armado ou dos computadores. As tecnologias, ao tornarem possível a intervenção dos homens sobre a natureza, expandiram o controle humano sobre o mundo natural e configuraram o tipo das relações entre os homens e destes com um certo modelo de sociedade. Tanto o Marxismo como o Capitalismo são sistemas políticos e económicos cujo objectivo é maximizar o poder do homem sobre a natureza por intermédio das máquinas.

Assim, as tecnologias funcionam, politicamente e culturalmente, como estruturas sociais: elas constituem a maior parte do mundo no qual a vida se desenvolve, constituem os sistemas de relações (pensem na actual cultura do telemóvel), oferecem as oportunidades para as acções humanas e a auto-realização, o desenvolvimento psicológico e a fruição da cultura exterior simbólica, etc.

Dos finais do séc. XIX até aos anos cinquenta do século passado, a cultura moderna, nos países desenvolvidos, prestou vassalagem às tecnologias: os automóveis e os aviões, as grandes barragens hidroeléctricas e a mecanização da agricultura são os ícones principais do domínio tecnológico sobre a natureza. A Física foi a ciência emblemática da cultura do modernismo com o seu ícone sagrado, Albert Einstein.

A Segunda Guerra Mundial confirmou o êxito das tecnologias e reforçou a relação entre o poder político e a ciência, com o aplauso dos cidadãos; a cultura modernista orientava os cidadãos para o domínio da natureza. Por esta altura, nos Estados-Unidos, por exemplo, os cidadãos forçaram os políticos a atribuir 200 milhões de dólares para a investigação sobre o cancro, convencidos de que, com este dinheiro, os cientistas descobriam uma tecnologia para curar o cancro. O que, finalmente, não aconteceu.

A tecnologia configurou uma sociedade em que os objectos tecnológicos são um fim em si próprios em vez de serem instrumentos para a melhoria da condição humana; e as pessoas individuais perderam a capacidade de avaliar as tecnologias com referência a valores e normas éticas, independentes do objecto tecnológico em si próprio.

O movimento ecologista parecia ser uma reacção contra a cultura tecnológica modernista mas não era: ao criticar os abusos tecnológicos no uso do mundo natural, o que reclamava, e reclama ainda, era a passagem das tecnologias duras para as tecnologias doces que produzem o mesmo benefício aos humanos com menor prejuízo para a natureza. Mas não contestam o paradigma da cultura tecnológica modernista na qual o objectivo dos cidadãos e dos políticos é, sempre, o de dar prioridade ao domínio da natureza.

Se a descoberta do genoma humano tivesse acontecido nos anos 50, ou mesmo nos anos sessenta, teria sido apresentada pelos cientistas e saudada como um notável triunfo da ciência sobre a natureza, teria sido acolhida pelas pessoas como uma vitória da cultura tecnológica do modernismo, teria sido integrada pelo poder político nas estruturas da sociedade burocraticamente organizada. E não o foi. Os cientistas esconderam-se atrás dos políticos no momento da apresentação pública, como se necessitassem da sua protecção. Porquê?

O que é que no final do século aconteceu para provocar esta mudança?

Muitos factos relevantes de que referirei alguns. O Conselho da Europa elabora uma Convenção para a protecção dos direitos do homem e da dignidade humana *contra* as intervenções da biologia e da medicina. A UNESCO elabora uma Declaração Universal, sobre os direitos humanos

Os desafios contemporâneos da Genética   377

e o genoma aprovada pela Assembleia-Geral das Nações Unidas em 1998. O Presidente Clinton, cria uma Comissão para lhe dar opiniões éticas em questões como as que resultam da investigação biomédica. O Presidente Bush mantém e amplia os poderes dessa Comissão. E as pessoas, de uma forma não organizada ou mesmo organizada, manifestam a sua preocupação com os resultados da investigação científica e deixaram de reverenciar os sábios e os cientistas passando a enfrentá-los, muito claramente.

Qual é, então o sentido profundo da mudança do modernismo para a cultura pós-moderna, no plano das relações entre ciência, política e cidadãos?

De forma esquemática direi: é a passagem, progressiva mas fácil de comprovar com a evolução dos financiamentos públicos e dos investimentos privados, de uma cultura científica orientada para a física e a química da natureza, para o financiamento de uma cultura científica preocupada com a genética, a bioquímica, a psicologia e a farmacologia, não já da natureza, mas do ser humano, como ser vivo. O ser humano, o *self*, passou a ser o objectivo principal de toda a investigação científica, porque o homem é, de todos os objectos naturais, o mais merecedor da atenção dos investigadores. As neuro-ciências aí estão a comprová-lo, mas podia dar dezenas de outros exemplos. A reprodução humana, as intervenções prénatais, o tratamento de embriões e fetos, a investigação em transplantes, a clonagem, o envelhecimento, são áreas em constante expansão. O corpo humano, o cérebro, as emoções, a consciência cognitiva e as próprias decisões éticas, são hoje o primeiro campo de investigação e já está ao seu dispor toda a ciência do tratamento informático dos dados científicos sobre estes grandes temas – a bio-informática.

Mas o que verdadeiramente caracteriza a mudança e permite que falemos de uma cultura tecnológica pós-moderna é que, sendo o homem, em todos os seus aspectos, o próprio objecto da investigação, o homem passou a reclamar para si o direito de decidir, quando e como investigar. Não são os cientistas, nem os políticos que decidem: é a pessoa, o *self*, no uso da sua autonomia que passou a ser o verdadeiro conteúdo da dignidade humana, no quadro da Declaração Universal dos Direitos Humanos que tem pouco mais de 50 anos e foi o arranque para o pós-modernismo.

Esta mudança deu lugar a uma vertente nova das relações da pessoa com o seu corpo com aspectos muito negativos, que vão da cirurgia cosmética ao body-piercing, da medicação psicotrópica ao consumo de drogas que alteram não só a percepção do mundo exterior mas, perigosamente, a leitura interna, auto-consciente, do *self,* e as várias outras formas de auto manipulação da imagem corporal externa e interna, num quadro de individualismo feroz e de uma autonomia do self levada ao extremo.

Sucede ainda que, ao contrário da cultura das máquinas, visível e acessível a todos os cidadãos com uma educação mínima, a cultura pós-moderna sobre o homem é invisível para o homem comum, ou mesmo com educação superior noutras áreas alheias à Biologia. Nestas condições as pessoas vão ter de decidir, mas decidem sobre o que para elas é uma figuração abstracta, seja um embrião, um gene, uma molécula de ADN, ou um vírus.

O que ficou dito suporta a minha afirmação conclusiva: a questão do genoma humano nas suas implicações sociais não vai ser decidida pelo poder político, nem pelos cientistas, nem pelos grupos económicos da biotecnologia, nem pelas declarações da UNESCO ou pelas Convenções do Conselho da Europa, bem intencionados, mas platónicas.

Quem vai decidir serão os cidadãos, as suas organizações não governamentais e não lucrativas, as associações de doentes, as associações de defesa do ambiente e do desenvolvimento sustentado e até as grandes movimentações espontâneas que dão vazão ao direito à indignação que é um direito ético, anterior ao direito civil e criminal.

Consciente, como estou, desta mudança tenho apelado para a necessidade de uma reflexão bioética permanente sobre os problemas da vida humana desde o seu início, no zigoto, até à sua extinção, pela doença ou pela senilidade. E tenho afirmado que a cultura democrática da autonomia da pessoa retira ao poder político qualquer legitimidade para legislar em matérias que devem ser de opção pessoal, num quadro de valores que sejam, apenas, os valores essenciais à manutenção da coesão social.

Tenho ainda defendido que uma ética de mínimos ou ética minimalista é o indispensável apoio para a convivência pacífica de cidadãos que, numa sociedade democrática pós-moderna, são entre si, *"moral strangers"*, ou seja, estrangeiros uns em relação aos outros nas suas opções morais. A ética de mínimos é condição para que uma sociedade humana cresça até uma ética de máximos, de valores superiores, para realizar a utopia da sociedade perfeita, que tantos homens têm ambicionado atingir, desde Aristóteles e Platão, cada um segundo os valores que aceita.

Direi, para terminar, que o conhecimento do genoma humano e da transmissão genética de informações relativas à construção do corpo do homem é, hoje, um problema com implicações predominantemente sociais no quadro da sociedade pós-moderna que se desenvolve nos países tecnologicamente mais evoluídos, mas que tem tendência a globalizar-se.

Na óptica pós-moderna os cientistas têm toda a liberdade de investigar sobre o homem, mas não terão liberdade para aplicar, aos homens, as suas descobertas e invenções tecnológicas. E não é o governo que vai regular, com leis de controlo das bio-ciências, a aplicação aos homens dos resultados das investigações sobre o corpo e o espírito dos homens. Quem vai decidir é o próprio homem. E o homem decidirá num quadro de valores éticos pessoais, livremente assumidos e em confronto com valores sociais mínimos, aqueles que serão indispensáveis para a coesão social, segundo cada modelo de sociedade.

O cidadão pós-moderno que tenha preocupações, ou mesmo ansiedades, em relação aos malefícios eventuais que lhe possa provocar o conhecimento e a manipulação do genoma humano não se voltará para o poder político pedindo-lhes leis.

Procura outros cidadãos com as mesmas preocupações e ansiedades, procura a informação, hoje amplamente disponibilizada na Internet, promove debates, suscita a participação das instituições culturais livres, como as Universidades e outras, solicita a participação das televisões públicas e privadas e assim se encaminha para uma apresentação explícita dos valores em causa e para a consensualização ética dos cidadãos. Por isso, nestas matérias, quando haja necessidade de uma decisão política só o referendo a poderá legitimar.

Estamos a entrar em tempos muito difíceis.

O antigo equilíbrio entre a cultura tecnológica, o poder político e os cidadãos está perdido, partiu-se. A globalização do poder económico, e a do poder político a ele ligado, suscitou, nos homens, uma contra resposta eficaz que é a da cidadania global, apoiada numa bioética global.

Como já não posso viver outros 50 anos para testemunhar os novos tempos, permitam-me que termine com a síntese de um texto que publiquei em 1996, e é uma profecia: "Bioética não é apenas uma palavra de fácil sucesso nos meios de comunicação social. Ou me engano muito ou a reflexão profunda que a palavra suscita nalguns dos mais brilhantes e responsáveis espíritos do nosso tempo vai abrir o caminho para que a Bioética seja a grande e generosa Utopia do Sé. XXI sobre a qual se irá construir uma economia global mais justa, uma ecologia mais sensata, uma política mais responsável e uma religião mais alegre – tudo contribuindo para a realização do melhor bem dos seres humanos, em paz"[4].

---

[4] Serrão, Daniel – Bioética – a aventura de uma utopia saudável. Colóquio/Ciência, 18 (1996), pp. 59-66.

A MORTE MEDICALIZADA
E O PENSAMENTO DE HIPÓCRATES

João Ribeiro da Silva

A morte medicalizada e o pensamento de Hipócrates constituem duas frases ambíguas, nenhuma delas correspondendo ao significado que pretendem ter.

A morte medicalizada contem, em si própria, o erro de tornar a Medicina ciência participante no desencadear da morte, uma vez que medicalizar a morte é atribuir à Medicina a sua causa.

Do pensamento hipocrático não podemos ter a certeza do que ele realmente foi, por não haver conhecimento objectivo sobre a existência, não do próprio Hipócrates, que evidentemente existiu, mas de vários Hipócrates, prováveis opiniões médicas do seu tempo que ficaram incluídas no Corpus Hippocraticum de Alexandria, numa compilação de setenta e dois volumes e de cinquenta e nove tratados.

Para além disso, a existência de contradições entre o que ficou expresso no Corpus Hippocraticum e tudo que se resumiu no juramento de Hipócrates, juramento que até aos nossos dias chegou, embora sucessivamente modificado e transformado, quer na sua essência quer na sua forma, nos deixa a dúvida sobre qual teria sido, realmente, para diversos aspectos da profissão médica e da moral médica, o pensamento de Hipócrates ou de vários médicos do seu tempo, seus discípulos ou até seus contrários que ficaram reunidos, pela tradição e por decisão histórica, num só Hipócrates, uno ou subdividido, mas símbolo perfeito de uma Medicina hipocrática cuja moral se tornou exemplo para os médicos actuais como para os médicos do passado, e cuja compreensão humana da vida, da saúde e da doença, ainda hoje corrige os exageros técnicos que o progresso da Medicina foi, até aos nossos dias, criando.

Talvez desse pensamento hipocrático, pensamento de um só ou de muitos, a melhor definição se encontre numa frase recolhida do Corpus

Hippocraticum e traduzida, nos nossos dias, do grego para inglês, ou seja da linguagem dos cientistas filosóficos do século V e do século IV antes de Cristo, para a linguagem mais comum aos cientistas médicos do nosso tempo. Transcrevo da tradução de Dickinson Richards, ousando verte-la para a lingua portuguesa: "A vida é breve e a arte é longa; o momento certo é apenas um instante; a terapêutica é precária; a crise é penosa, ao médico é necessário não só tratar o próprio doente mas também apoiar os que o rodeiam e todas as suas circunstâncias".

A análise desta frase do Corpus Hippocraticum permite-nos avaliar alguns dilemas da Medicina de hoje e algumas preocupações médicas contemporâneas, como adiante tentaremos explicar.

Morte medicalizada, termo que artificialmente surgiu, nos nossos tempos, que quer realmente dizer, ao incluir, como inclui, aspectos diferentes e diferentes preocupações do fim da vida?

É evidente que a Medicina existe para salvaguardar a vida e não para desencadear ou fazer surgir a morte. Acompanhando a vida, a Medicina, por meios preventivos, profiláticos ou curativos, acompanha o Homem, desde o seu nascimento até à morte, e mesmo antes do nascimento, a Medicina intervem no acompanhamento que fizer à normal evolução ou ao perturbado desenvolvimento do embrião e do feto.

Desde que a vida humana se manifesta até que a vida acaba, tem a Medicina o seu lugar, prolongando o tempo da nossa existência, suavizando o sofrimento e mantendo-se do lado do Homem, enquanto vida houver e a morte não chegar.

A Medicina acompanha o Homem até à morte, é essa a função correspondente ao profissionalismo médico, sendo esse o pensamento definidor da Medicina, ou seja, ser pela técnica que se criar, pelas teorias que vão surgindo e vão desaparecendo, e pela assistência médica que for dada, o sustentáculo da vida que, em grande parte, está no que a Medicina puder realizar.

Morte medicalizada não é sinónimo de assistência médica no fim da vida, no complemento clínico da doença, morte medicalizada é um erro grosseiro, pois cria a ambígua ligação entre o medicamento, ferramenta fundamental da Medicina, da qual etimológicamente e científicamente depende e a própria morte, sugerindo morte medicalizada que a Medicina a desencadeia ou a inclui entre os seus propósitos. A Medicina está constantemente acompanhando a saúde ou a doença na prevenção da morte, nunca no planear do seu inevitável acontecimento.

Por morte medicalizada, que deveria chamar-se, em minha opinião,

A morte medicalizada e o pensamento de Hipócrates

morte condicionada por drogas letais, entende-se, no nosso tempo, como discussão ética e por vezes decisão legislativa, a eutanásia e o suicídio medicamente assistido. Segundo penso, entre eutanásia e suicídio médicamente assistido a diferença está na realização dessa morte voluntariamente aceite e desejada, por alguém que concorda em o fazer, ou simplesmente facilita os meios, drogas letais, a quem voluntariamente deseja morrer.

Mesmo que no primeiro caso haja a presença profissional de alguém, num caso e noutro, a Medicina não está presente, a morte não é medicalizada, os fármacos usados podem até ser medicamentos de diferente dosagem, mas não actuam como tal, não estão tratando ninguém, estão voluntária e decididamente a provocar a morte.

A morte medicalizada, termo que repito, me parece errado, pode ainda surgir como designação numa situação, sob este aspecto, mais confusa, na chamada e muitas vezes praticada obstinação terapêutica.

A obstinação terapêutica, no entanto, não conduz à morte, é um acto médico inútil, é uma futilidade terapêutica, nada tendo a ver com a Medicina paliativa que procura a sobrevivência sem sofrimento, pacificando o fim da vida.

A obstinação terapêutica é o recurso terapêutico perante a morte evidente, na certeza da morte cerebral, é toda a tentativa que mantém, sem hipótese científica de verdadeira vida, a respiração artificial, prolongando, num estado vegetativo, as funções vitais. Nestas circunstâncias, não há razão para tornar a morte medicalizada sinónimo de obstinação terapêutica, que não tem uma finalidade médica e cuja utilidade, para a vida, não é nenhuma.

Apesar disso, a obstinação terapêutica representa o exagero da actuação médica comtemporânea, no fim da vida. Nos dias de hoje, o fim da vida acontece, na maior parte dos casos, em ambiente hospitalar, aí decorrendo toda a intervenção médica adequada à modernidade dos nossos conhecimentos, com o apoio complexo das técnicas indispensáveis e da terapêutica correspondente, quer ao intensivismo médico, quer ao apoio que procura suavizar o fim da vida, dos meios clínicos que possuímos e que todos os dias se aperfeiçoam, tanto no que diz respeito aos fármacos que vão surgindo, como ao entendimento ético da morte.

Tudo se transformou no fim do séc. XX e neste século em que nos encontramos, relativamente à atitude médica do fim da vida. Ao contrário do que dizia Edgar Morin, não existe uma crise contemporânea da morte, embora ela já não aconteça, geralmente, no ambiente do moribundo, na sua casa e entre parentes e amigos.

A morte contemporânea, por dever assistencial que é direito de todo o homem, deve surgir depois da vida ter sido apoiada até ao fim, pelos meios mais aperfeiçoados que a medicina possui. É esse entendimento médico do fim da vida que se adequa ao pensamento de Hipócrates.

Ressalva-se uma interrogação. Deverá ou não deverá, o doente ser informado da proximidade da morte e mesmo da gravidade da sua situação clínica?

O pensamento médico sempre se dividiu entre duas maneiras de actuar, resguardar a verdade, tentando proteger o doente de um sofrimento psíquico maior, ou revelar a verdade, pelas razões mais diversas, desde as religiosas, que impunham ao doente tudo fazer para salvar a sua alma, até aos motivos éticos da actualidade, que impõem a revelação da verdade, respeitando a autonomia do doente.

Seja como for, esta morte, com assistência clínica, é um natural e inexorável acontecimento que nada tem a ver com a morte medicalizada.

É essa morte clinicamente testemunhada e monitorizada a morte que, por ventura, Hipócrates julgaria certa, se tivéssemos em conta os princípios básicos da Medicina Hipocrática, toda inclinada para o doente e para o moribundo, maneira de ser que criou, cientificamente e por etimologia grega, a actividade clínica.

É mais complexo ainda o problema da interrupção da gravidez, o qual também não justifica a designação de morte medicalizada, uma vez que a decisão médica de interromper a gravidez, tem como finalidade, a salvaguarda da vida materna, embora haja interrupção e morte da vida fetal, ou seja, de uma vida humana.

Sob estes aspectos, que opinião podemos encontrar no que sabemos da Medicina hipocrática, no que o juramento de Hipócrates diz e no que ficou consignado em opiniões mais vastas no Corpus Hippocraticum?

No assim designado juramento de Hipócrates, provavelmente incluido nos textos coligidos sob a designação de Corpus Hippocraticum, no I século da era cristã, ficaram consignadas as seguintes regras:

1. Dedicação ao mestre em todos os aspectos profissionais e também sociais e económicos, entendendo-se essa gratidão, pelo ensino transmitido, a toda uma família médica que nesse mestre ou nesses mestres se originou, igualando-se os filhos e os discípulos e sendo obrigatória a transmissão familiar do conhecimento médico adquirido.

2. Limitação do ensino médico, porém e apenas, à família dos mestres e seus discípulos.

A morte medicalizada e o pensamento de Hipócrates

3. Respeito pelo doente, pelo ambiente em que ele vive e pelo grupo familiar que o rodeia.

4. Completo sigilo sobre todas as coisas ouvidas, vistas e observadas no doente, na habitação do doente e em tudo que com o doente se relaciona.

5. Proibição do uso de drogas letais, seja em que circunstâncias for.

6. Proibição de métodos abortivos e da interrupção da gravidez.

7. Recusa de incisões com objectos cortantes, recusa da provocação de hemorragia, e especificamente, da resolução cirúrgica de cálculos renais.

Analisando os propósitos do juramento de Hipócrates, nas suas intenções originais, justificam-se as seguintes considerações:

Na sua essência, este juramento tem como aspecto fundamental, a dedicação do discípulo ao mestre, ponto de partida para a formação de uma "escola", como de resto aconteceu em Cós.

Mesmo tendo em conta a época recuada em que o juramento de Hipócrates surgiu, parece-nos hoje difícil entender a limitação da escola originada num determinado mestre, apenas aos seus discípulos e à sucessão das suas respectivas gerações.

Considera-se, porém, da maior importância o relevo dado ao sigilo médico, que em todas as circunstâncias, até aos nossos dias, sempre continuou como um dever definidor do profissionalismo médico.

Igualmente, mantém completa actualidade o respeito pelo doente relativamente ao qual só é permitido praticar o Bem, contrariando todas as práticas que, de algum modo, possam afectar, no físico ou no psíquico, na saúde ou na doença, quem no médico confie e deva receber a sua ajuda.

Existem, no entanto, no juramento de Hipócrates, pelo menos, duas contradições entre o que ele afirma e o que ficou expresso no conjunto do Corpus Hippocraticum, relativamente à proibição de métodos cortantes, como meio semiológico ou terapêutico, havendo em consequência, produção de hemorragia e também relativamente à proibição de métodos abortivos e mesmo da prevenção da gravidez.

São duas as razões que procuram explicar essa aparente incongruência, entre textos que se apresentam com a mesma origem, a origem da escola hipocrática e de outros médicos do mesmo tempo, da Grécia e da Sicília, a essa escola ligados, e com ela, pelo menos, tendo largo comércio intelectual.

Na história da Medicina orientada por Albert Lyons e no capítulo que este historiador da Medicina e professor da Escola de Medicina Monte Sinai, em Nova York, escreveu, admite-se que as contradições encontradas entre textos que parecem ter a mesma origem, se explica pela introdução tardia do juramento de Hipócrates no Corpus Hippocraticum, provavelmente, só no I século depois de Cristo, nunca esse juramento tendo sido parte utilizada como peça fundamental na pedagogia da escola de Cós. Na verdade, é estranha a proibição de métodos incisivos causadores de hemorragia, no juramento de Hipócrates, tanto mais que os meios cirúrgicos e a própria importância da cirurgia é parte fundamental do Corpus Hippocraticum.

Por outro lado, as referências aos métodos abortivos, no juramento de Hipócrates, e de meios contraceptivos, que aparece no Corpus Hippocraticum, relativamente aos métodos obstétricos, não coincide com a proibição, muito claramente expressa, no juramento de Hipócrates, quanto ao seu uso.

As contradições são ainda explicadas por influências pré e pós hipocráticas, nesse mesmo documento, que nunca teria sido utilizado no ensino da "escola" de Hipócrates. Teria havido intervenção do pensamento pitagórico sobre a hemorragia, pelo entendimento de que a alma residia no sangue e que, pela hemorragia, essa alma humana se iria esvaindo e se iria perdendo.

Por outro lado, no primeiro século depois de Cristo, quando o juramento de Hipócrates teria surgido, pelo menos, com maior relevo no ensino médico, a influência da Igreja cristã, ao modificar as invocações divinas, anteriormente dirigidas a Apolo, Esculápio, Egeia e Panaceia, tenha também aperfeiçoado alguns aspectos ou feito surgir novos pensamentos de base cristã, como os que dizem respeito à interrupção da gravidez.

É evidente que todas estas explicações são hipóteses, podendo todas elas ter sido influenciadas pela evolução dos tempos e pela substituição das crenças.

É interessante notar, no entanto, sem que para isso eu possua qualquer base para o afirmar, que ainda existem, nos nossos dias, grupos religiosos ou de cariz religioso, que mantêm ligação entre a alma e o sangue, entre a hemorragia e a perda da alma, coisa que nos parece absurda, mas que talvez encontre a sua raiz distante no pensamento pitagórico.

Seja como for, o juramento de Hipócrates, sem que a ele possa atribuir-se qualquer valor absoluto, continua a entender-se como o primeiro e talvez único documento médico com expressão bioética, no relevo dado ao bem do doente, ao cuidado pelas circunstâncias que o rodeiam e o podem afectar, ao sigilo médico e à honestidade no comportamento dos profissio-

A morte medicalizada e o pensamento de Hipócrates 387

nais de Medicina. Por outro lado, a recusa na administração de qualquer dose letal e a preocupação firme relativamente à interrupção da gravidez, são aspectos de natureza profissional e moral que chegaram aos nossos dias e que, embora permitam todas as controvérsias que estão acontecendo, representam uma espantosa actualidade nas preocupações já sentidas há dois mil e quinhentos anos.

Que confronto podemos estabelecer entre os vários aspectos da morte medicalizada e o pensamento de Hipócrates?

Se indubitavelmente, a morte medicalizada representa uma violência, também é verdade que essa violência, na maior parte dos casos, na eutanásia e no suicídio medicamente assistido, é voluntariamente aceite e provavelmente desejada, baseando-se na explicação que, frequentemente se dá, do sofrimento físico impossível de suportar e tendo, por vezes, origem no isolamento, no abandono, no envelhecimento e na perda de todo o sentido para a vida.

Que razões hipocráticas aceitam ou recusam estas explicações, muitas vezes dadas, que parecem constituir o motivo que favorece ou aceita o princípio da chamada morte medicalizada? Qual é o pensamento hipocrático no qual nos possamos basear, se apenas a esse pensamento nos referíssemos, para a recusa ou aceitação do fim da vida, voluntariamente desejada, sugerida ou não, e por drogas letais produzida?

Apenas podemos cojecturar. Segundo os textos hipocráticos, a vida é breve, a crise é penosa e a terapêutica limitada, o que nos leva a supor que Hipócrates ou os médicos do seu tempo, tinham consciência do sofrimento, por vezes insuportável, e da impossibilidade de o solucionar.

Por outro lado, embora a vida seja curta e a crise penosa, afirma-se, nos textos hipocráticos, ser contrário à profissão de um médico, o uso de drogas letais, e por isso, admitimos que a morte não era solução proposta, embora o tratamento fosse escasso.

Por outro lado, há no pensamento hipocrático, uma referência às circunstâncias em que o doente vive, à sua casa, à sua família, que nos permitem admitir, com razão, que para a Medicina hipocrática, o apoio do doente, a presença e a ajuda de parentes e de amigos, a recusa do isolamento e o respeito pelo sofrimento eram condições fundamentais para que um doente sobrevivesse, permitindo admitir que, aquilo a que hoje chamamos cuidados paliativos, fosse parte da proposta hipocrática, suavizando a doença e o doente. A afirmação de que a terapêutica era precária, quando se diz que o tratamento é escasso, não exclui o uso de narcóticos que suavizariam a dor e que eram dos poucos fármacos conhecidos e usados na Medicina hipocrática, para além de laxantes e eméticos, o que chama, desde logo, a atenção para o tratamento da dor.

As reflexões feitas permitem admitir, pelo menos como base de uma discussão, que o pensamento hipocrático, todo virado para o bem do doente, contrariando o uso de drogas letais, e entendendo o doente como uma pessoa cujo sofrimento se corrige, quando é possível e se apoia sempre, não pode aceitar a morte induzida, como a melhor ou mesmo como a pior solução.

O pensamento hipocrático apenas considera a vida, competindo ao médico tudo fazer em benefício dessa vida, na recusa do que a possa contrariar ou agredir.

Aqui encontramos paralelismo com os dois primeiros princípios da Bioética, o benefício e o não-malefício, transparecendo claramente, no pensamento hipocrático, embora se possa discutir o que é o benefício e o que é o não-malefício, naquilo a que Hipócrates chamava a crise, ou seja, o vértice e epifenómeno do sofrimento, na sua maior acuidade.

Fica fora do pensamento hipocrático, pelo menos por omissão, a importância da autonomia.

É evidente que o pensamento hipocrático não é nem nunca foi entendido como um dogma, e temos de o ver à luz da época em que não parece provável ter podido haver qualquer preocupação ou verdadeiro significado do que hoje entendemos por autonomia.

No entanto, o princípio da autonomia, na nossa actualidade, parece ser condicionante fundamental daquilo que, em termos bioéticos, se propõe, se aceita se recusa e se decide. A autonomia está presente, com força de decisão, na defesa da morte medicalizada, a qual surge perante o sofrimento que não encontra solução terapêutica e de acordo com a vontade expressa do doente.

Não sendo, pessoalmente, um principialista, ou seja um estudioso da Bioética que, nos princípios de Beauchamp e Childress constantemente se apoia, considero, no entanto, que na base do pensamento hipocrático, a falta de decisão autonómica não permite estabelecer um paralelo entre o que na escola dos médicos filósofos gregos se afirma e as ideias actuais, sobre o que hoje chamamos, embora erradamente, a morte medicalizada.

Não há dúvida que o benefício e o não-malefício do pensamento hipocrático claramente o recusam e expressamente o afirmam relativamente ao uso de drogas letais. Fica fora de uma avaliação comparativa a vontade do doente, que sem grande receio de errar, podemos admitir que essa vontade não seria considerada, tanto mais que verdadeiramente só no século XX da nossa era, a autonomia surgiu e a vontade do doente, para todas as circunstâncias médicas, foi ouvida, desejada e pedida.

A Medicina hipocrática baseava-se na observação do doente, acompanhando a evolução da doença, ou seja, a história natural de uma patologia, que livremente se desenvolvia, agravando-se ou terminando no epifenómeno a que chamavam, como ainda podemos chamar, a crise.

A escassez dos tratamentos, e portanto, a limitação terapêutica expressa no tratamento hipocrático, condicionava a Medicina grega dos séculos V e IV, a.C. ao acompanhamento dessa evolução patológica, sem grandes possibilidades terapêuticas. Entre esse tempo da filosofia científica e a ciência do nosso tempo, está todo o desenvolvimento da técnica e todo o espantoso progresso terapêutico, permitindo o intensivismo que encaminha a emergência médica, intensivismo transformador do prognóstico de muitas doenças, até há pouco terminais, e criando também a obstinação terapêutica que não agride a vida mas que constitui um caminho impossível a uma insistência inútil perante a presença da morte ou a sua bem esclarecida inevitabilidade.

A obstinação terapêutica não encontra apoio nem recusa na Medicina hipocrática que, evidentemente, não a conhecia, não havendo qualquer relação entre o que hoje pensamos sobre futilidade terapêutica e a escassez terapêutica da antiga Medicina helénica.

Hipócrates, a sua obra e a legenda mítica do seu nome constituem hoje, como ao longo dos tempos, e cerca de dois mil e quinhentos anos passaram, um símbolo de correcta Medicina, um símbolo da ética Médica, de deontologia, sendo também uma definição que permanece actual da humanização da Medicina que deve acompanhar e orientar o progresso científico e o enorme desenvolvimento técnico do nosso tempo.

Não pode nem deve considerar-se, o juramento de Hipócrates, para além do seu valor simbólico, como orientador do que quer que seja, na Medicina do nosso tempo e na ética dos nossos dias. De resto, a transformação que ele foi tendo ao longo dos tempos, numa tentativa de o adaptar à modernidade e à actualidade, foi-lhe retirando importância histórica e credibilidade ética, temos de ler o juramento de Hipócrates tal como ele foi incluido no Corpus Hippocraticum, independentemente do momento em que essa inclusão aconteceu.

A Medicina hipocrática tem de entender-se como um dos degraus da Medicina e não como uma mitologia a exigir, nos dias de hoje, a nossa devoção.

No pensamento hipocrático, no que desse pensamento até nós chegou, não há uma palavra para a morte, porque a morte, para a Medicina helénica e para a Medicina do nosso tempo, é uma ausência da vida.

A Medicina existe para que o Homem sobreviva e, sem vencer a morte, vai-a distanciando e reduzindo a força das suas inevitáveis agressões.

Diria ainda, reflectindo sobre o pensamento hipocrático e a morte medicalizada, que à Medicina compete medicalizar a vida. Podemos encontrar, no quotidiano da vida profissional, o médico ao lado da vida, acompanhando a aproximação do fim, mas contrariando esse fim, enquanto a ciência e a técnica o permitam.

Vida medicalizada é a saúde prevenida e a doença contrariada, é o pensamento hipocrático e o pensamento médico do século XXI e é esse pensamento irmanado em dois mil e quinhentos anos de progresso da Medicina, que fez o médico ser médico e que ajuda o Homem a ser Homem.

BIBLIOGRAFIA

Mazenod, Lucien – "Les Medecins celebres", Genève, 1947;

Lyons, Albert S. – " Medecine in Hipocratic Times", in " Medicine an illustrated history", de Lyons, Albert S. e Petrucelli, R. Joseph, Nova Iorque 1987;

Lyons, Albert S. – "Hipocrates" in "Medicine an illustrated history" de Lyons, Albert S. e Petrucelli, R. Joseph, Nova Iorque 1987;

Ariés, Philippe – "Sobre a história da morte no ocidente desde a Idade Média", Lisboa 1989.